Das Ich und die Wirklichkeit

Perspektivische Übungen
jenseits von Geist und Eigentum

mit Hilfe von
individueller Weltbildtheorie und Meditation

Manfred Gith

Bibliografische Information der Deutschen Nationalbibliothek: Die Deutsche Nationalbibliothek verzeichnet diese Publikation in der Deutschen Nationalbibliografie; detaillierte bibliografische Daten sind im Internet über dnb.dnb.de abrufbar.

© 2016 Manfred Gith Köln

Herstellung und Verlag: BoD - Books on Demand, Norderstedt

ISBN 978-3-74-123859-8

Inhalt

Vorwort   7

I. Ein Überblick: Das verrückte Zeitalter, das Ich und die Wirklichkeit   19
    1. Das aktuelle Zeitalter als Psychokrise   19
       1.1 Ein Bild und seine Wirklichkeit   19
       1.2 Die metaphysische Krise   22
    2. Die geniale Erfindung des Ichs   24
    3. Die evolutionären Effekte der metaphysischen Krise   25
       3.1 Vom magisch-animistischen zum metaphysischen Zeitalter   25
       3.2 Vom metaphysischen zum gewusst projizierten Ich   31
       3.3 Das durchaus beachtenswerte Zwischenergebnis: die Aussicht auf das Ende   32
    4. Der metaphysische Problemhorizont   37
    5. Der Einzelne und die Welt der Dinge   43
    6. Das Problem: Die Icheitelkeit des Einzelnen als handfester Teil der Wirklichkeit   46
    7. Ein Beispiel: Zum Verhältnis von „Basis" und „Überbau" bei Karl Marx   48
    8. Der eine Geist und das Eigentum   52
       8.1 Kopplung von Geist und Eigentum   52
       8.2 Landeigentum (Land als Produktivkraft)   54
       8.3 Eigentum an sich selbst   56
       8.4 Schon immer der Zweck: das eingebildete und gut getarnte Auffüllen von Ich und Eigentum mit eingebildeter Substanz   57
    9. Die wichtigste Übung: Den Blick auf die Wirklichkeit halten   60
       9.1 Vom Ich zur Wirklichkeit   60
       9.2 Das Basiswerkzeug: Meditation in vielen Formen   64
       9.3 Der Blick auf sich und die Welt formuliert als Theorie   70
       9.4 Kombinierte Wirkung von Meditation und Theorie: Stärkung des Ichs, Erfahrung tatsächlichen Verbundenseins mit anderen, psycho-politische Durchsetzungskraft   76
       9.5 Individuelle Weltbildtheorie und Meditation finden zusammen in der Intimität des intelligenten Gesprächs   78
    10. Keine Wahl für Autor und Leser   79
    11. Das Resonanzmodell und das Ich   82
    12. Zusammenfassung: Sich der Wirklichkeit stellen mit Meditation und selbstgemachter Theorie   85
       12.1 Was kommt nach der Krise?   85
       12.2 Die paradoxe Aufgabe: Stärkung des Ichs   87
    13. Aus aktuellem Anlass eine kleine Leseübung mit einem Artikel aus *Der Spiegel 24/2014*   90

II.	Ein Blick in meinen Theoriebaukasten	99
	1. Das Resonanzmodell	99
	1.1 Einleitung	99
	1.2 Was ist Resonanz?	101
	1.3 Neuronale Resonanz	106
	1.4 Verständigung durch Resonanz	119
	1.5 Projektion von Bedeutung und Wirklichkeit	129
	1.6 Resonanz, Ich, Theoriebildung und Meditation	133
	2. Das wirkliche Ich als Resonanz	136
	2.1 Übersicht	136
	2.2 Das Ich als Schnittstelle	141
	2.3 Das Ich als soziale Institution	145
	2.4 Die lebendige Resonanz zwischen den vielen Gehirnen und der Welt ist die tragende Wirklichkeit der Ichs	149
	2.5 Das wirkliche Ich als Resonanz, eine Zusammenfassung	151
	2.6 Das unverzichtbare Ich, ob wirklich oder eingebildet	152
	2.7 Das missverstandene Individuum und die neue Bedeutung des Einzelnen	156
	3. Die Wirklichkeit und der Innen-Außen-Dualismus	157
	4. Das Unerkennbare aushalten, ein Gedankenexperiment gegen die Überheblichkeit jeder Geistprojektion	159
III.	Aus meiner Sicht: Der aktuelle Stand meiner Weltbildtheorieübungen	165
	1. Das metaphysische Ich und seine Wirklichkeitsdefizite	165
	1.1 Das Ich und das Missverständnis von der menschlichen Intelligenz	166
	1.2 Das Ich ist nicht das Bewusstsein	174
	1.3 Das Ich ist nicht die Individualität	178
	1.4 Das Ich und der freie Wille	179
	1.5 Das Ich und die Freiheit	181
	1.6 Das Ich und die Geschichte	182
	1.7 Das Ich und die Macht	183
	1.8 Das Ich und die Liebe	184
	1.9 Das Ich der metaphysischen Kultur und die Wirklichkeit: eine Geschichte aus Vor- und Nachteilen	187
	2. Das Ich als Eigentümer	192
	2.1 Die Projektion von Eigentum	193
	2.2 Geist-Eigentum-Projektionen und Grundkonflikte	197
	3. *Der Einzige und sein Eigentum*, Ich und Eigentum bei Max Stirner	204
	3.1 Die historische Bedeutung von Max Stirner	204
	3.2 Einleitung: *Ich hab mein' Sach' auf Nichts gestellt*	205
	3.3 Kurzer Einstieg in die beiden Hauptteile (Abteilungen) des Stirner-Buches	217
	4. Ichentstehung beim Einzelnen: Zur traumatischen Implementierung des Ichkerns durch die Mutter	221

	4.1	Vorbemerkung: von der Kultur zum Einzelnen	221
	4.2	Das Verhältnis zwischen den Geschlechtern: Modelle aus meiner Geschichte	223
	4.3	Mein Erklärungsmodell des frühkindlichen Traumas auf der Basis von Ich und Eigentum	229
	4.4	Der traumatische Ichkern als Chance	240
5.	Schwächende und stärkende Kräfte für das Ich aus der Umwelt		243
	5.1	Das Ich und seine Widersacher: die Wirklichkeit und die Ichs der Anderen mit ihrem Eigentum	245
	5.2	Abwehrversuche der Wirklichkeitsdefizit-Bedrohung	248
	5.3	Das Ich und seine Verbündeten: Körper und Theorie als Vermittler von Wirklichkeit	252
6.	Das Ich und die Vernunft		257
	6.1	Vorbemerkung	257
	6.2	Unzertrennbar: Theorie und Vernunft	258
	6.3	Ein neues Ichverständnis analog zur neu verstandenen Vernunft	260
	6.4	Rationalisierung: eine enge Verbindung zwischen Vernunft und Ich	263
	6.5	Der Einzelne als Forscher seiner selbst	267
7.	*Persönliche* Auswege: *Mein Ich* stärken und schwächen		270
	7.1	Vorbemerkungen	270
	7.2	Angst überwinden	273
	7.3	Die Königswege: Meditation und Theorie	279
	7.4	Ich muss mein Leben ändern	283
	7.5	Der Umgang mit der Eitelkeit	292
8.	Nochmal von vorne: Fokus Wirklichkeit		296
	8.1	Worum geht's? Die Wirklichkeit!	296
	8.2	Das Problem mit der Wirklichkeit	302
	8.3	Unsere Wirklichkeit will erklärt werden	309
9.	Ein Rückblick		311
	9.1	Am Ende: Sie und ich und unsere Motive	311
	9.2	Mein tiefster Punkt	312

IV. Leseübungen mit Jürgen Habermas, Thomas Metzinger und Peter Sloterdijk — 316

1. Jürgen Habermas: *Freiheit und Determinismus* — 316
2. Thomas Metzinger: *Der Ego-Tunnel* — 319
3. Peter Sloterdijk: *Du mußt dein Leben ändern: Über Anthropotechnik* — 325
   - 3.1 Was will Peter Sloterdijk? — 325
   - 3.2 Was konnte ich von Peter Sloterdijk übernehmen? — 329
   - 3.3 Der konservative Künstlerbürger — 331
   - 3.4 Sloterdijks Von-oben-Philosophie — 333
4. Texte der Leseübungen als Steinbruch und Werkzeuglieferant meines Theoriebaukastens — 336

V.	Weitere Einblicke in den verworfenen Band 2	337
	1. Alte Vorbilder	337
	2. Leseübungen	340
	3. Theoriebaukasten	340
	4. Nachbürgerliche Aussichten	341
	5. Ichübungen und Ichtherapie	345

Vorwort

- Meine Perspektive

Sind wir denn alle verrückt? Ja, sind wir. Allerdings möchte ich Sie nicht von dieser meiner Einsicht überzeugen. Es hat sich bei der theoretischen Durchdringung und Formulierung meiner Sicht auf meine Wirklichkeit herausgestellt, dass unsere Kultur uns alle - jeden einzelnen - dazu verurteilt, an ein freies Ich zu glauben, das den vorläufigen Höhepunkt des metaphysischen[1] Zeitalters darstellt. Daran ändert auch die theoretische Einsicht oder ein tief gefühltes Wissen nichts. Wir sind fest eingewoben in eine Tiefe Grundveranlagung unserer Kultur (die nicht einmal als Religion gewusst ist), die uns wie ein Prägestock zu einem Ich macht, das fest daran glaubt, den Körper zu besitzen und zu regieren. Durch schwierige Lernprozesse, die man von Lebenserfahrungen nicht unterscheiden kann, reifte in mir die Überzeugung, dass eine Entwicklung der gesamten Kultur diese geistig-metaphysische Pest nur abschütteln kann, wenn die Mehrheit der Einzelnen in die Lage versetzt wird, sich ein ganz eigenes Weltbild aufzubauen mit einem Theoriegebäude als tragendes Gerüst. Diese Weltbildautarkie wird Ihnen als Leser natürlich nicht nahegelegt, wenn ich Ihnen mein Weltbild zur Übernahme empfehlen würde. Alles hängt an der Logik des Ichproblems. Das Ich kann sich selbst ernsthaft nur in Frage stellen, wenn es - als Ich! - die Einsichten selber gemacht hat und sein Selbstbewusstsein an das Theoriegebäude anlehnen kann. Dieses seltsame Erkenntnisparadox wurde von Friedrich Nitzsche entdeckt und er kam auch zu der Schlussfolgerung, dass eine in das Leben eingewobene Perspektive, aus der heraus man den Blick auf diese Verrücktheit aushält, nur von einem Individuum (einem Körper mit seinem Gehirn) getragen werden kann, wenn es täglich die psychische und körperliche Nahrung bekommt, die ihm die entsprechende Kraft dazu verleiht. Der Einzelne muss diesen Kraftfluss kontinuierlich dem Wahnsinn in seinem Inneren entgegenhalten.

---

[1] Ich verzichte hier in den ersten Absätzen des Vorworts auf erläuternde Textergänzungen am Rande. Der Begriff Metaphysik wird noch erklärt.

- Alltagstaugliche Meditation

Meine Erfahrung hat mich allerdings gelehrt, dass richtige Ernährung, körperliche Ertüchtigung und eine gut fundierte Theorie, die das Ich als pure Einbildung entlarvt, nicht ausreichen, um eine Perspektive auf sich selbst auszuhalten, aus der heraus man sich täglich als manifest wahnsinnig erfährt: Ich bin gespalten, weil Ich als göttlich-überirdische Instanz meinen Körper besitze und dann das Zwitterwesen aus Körper und *Geist* (Einbildung) auch noch als ein Individuum missverstehe. Das ist nicht leicht zu halten. Ich musste in meinem Leben durch lange Jahre der klassischen Meditationspraxis (zuletzt begleitet von Psychotherapie) noch die Fähigkeit entwickeln, die Stille und Stärke der meditativen Körperzentrierung unbemerkt in meinen Alltag zu integrieren (mit kleinen Techniktricks, von denen ich berichte). Erst dieses Kräftegemisch hat mich in die Lage versetzt, überfallartigen Schüben von stark veränderten Körper- und Selbstgefühlen so viel Haltekraft entgegenstellen, dass ich den inneren Kampf an der Diesseits-Jenseits-Bruchlinie - fast - vollständig vor den Mitmenschen verbergen kann. Offensichtlich bleibt eine fühlbare stabile Mitte übrig: der ungeteilte Körper. Diese Körpereinheit lässt mich erfahren: Als Körper mit all seinen Gehirnzellen bist du eine Einheit und die Abspaltung des Ichs bildest du dir nur ein. Es gibt kein Ich! Aber es gibt diesen wunderbar intelligent fühlenden Körper mit seiner ihn abschließenden Haut und seinen phantastischen Wahrnehmungsorganen angeschlossen an das Wunderwerk Gehirn. Welche Erleichterung und Kraftquelle.

- Mein Weltbildgebäude nur als Muster

Doch all das ist meine Sache, mein Weg, mein Leben. Wie wenig kann ich davon in diesem Buch vermitteln. Eigentlich nur das Theoriegebäude und meine Versicherung, dass es mir geholfen hat, mich vom herrschenden Ichwahnsinn nicht irre machen zu lassen. Doch auch ich habe mich bei der Konstruktion meines Weltbildes auf die Theorien anderer stützen können, von den Aufklärern über Nietzsche bis zu den aktuellen neurologischen Einsichten in die Natur des Gehirns (nicht zuletzt mit Hilfe der Computer). Doch ich musste alles zu meinem eigenen theoriebasierten Bild zusammentragen und zuletzt ist der Grund für die nötige Weltbildautarkie ganz einfach: Wir machen uns sowieso ein Bild von der Welt, immer und alle, von Jugend an. Doch dieses Bild entwickelt sich aus verrückten Ideologien und wird aus zufälligen Erfahrungen zusammengewürfelt, was sogar einer stillen Absicht der Mächtigen entspricht, die uns schwach und obrigkeitsbedürftig halten wollen. Ich lade Sie als Leser also dazu ein, mein Buch als Muster und Theoriebaukasten zu verwenden, um sich selbst ein autarkes Weltbildtheoriegebäude aufzubauen. Wir werden uns später mit der Frage beschäftigen, warum der Selbstbau einer Weltbildtheorie nicht im Widerspruch steht zu der Forderung, dass die Theoriebausteine hohen Ansprüchen an Allgemeingültigkeit genügen. Vorerst mag der Vergleich mit dem Hausbau genügen: Jedes Haus kann anders sein, dennoch beachten die Architekten und Bauingenieure bei den Bauelementen und Konstruktionsweisen zu allgemeingültigen Regeln verdichtete Einsichten.

- Gute Theorie eröffnet Wirklichkeit

Schlechte Theorie macht schwach, weil unser Durchgriff auf die Wirklichkeit davon behindert wird. Gute Theorie über die Welt verschafft einen direkteren, brauchbareren, stärkeren Durchgriff auf die Wirklichkeit, was natürlich immer nur aus der Sicht der Einzelnen bewertet werden kann, denn es ist seine Theorie zu seiner Wirklichkeit. Nur der Einzelne kann beurteilen, ob eine bessere Theorie ihm bei der erfolgreicheren Bewältigung von Wirklichkeit geholfen hat. Ich versuche also folgende Frage zu beantworten: Welche Sichten auf Strukturen unserer allgemeinen oder meiner individuellen Wirklichkeit ergeben sich von meiner Aussichtsplattform? Ich habe dabei keinen Anspruch auf „Wahrheit", ich will nicht einmal als inhaltliches Vorbild dienen, sondern nur Beispiele oder Muster liefern, wohin sich Weltbilder entwickeln können, wenn sie in ein stabiles Theoriegebäude eingebettet werden, an dessen Architektur lange und intensiv gearbeitet wurde unter Beachtung einer langen Ahnenreihe von Konstrukteuren. Vielleicht wird auch sichtbar, warum dieses Theoriegebäude mir in meinem Leben dienlich war. Es stellt sich jedenfalls heraus, dass ich darauf vertraue, mit dem *eingebildeten Ich* eine

---

Weltbilder: Wenn wir genauer verstehen, wie unser Gehirn die Welt verarbeitet, kann man zwei Bedeutungen des Begriffs Weltbild unterscheiden: Das eine wäre das Bild, das das Gehirn sich in direkter Resonanz mit der Welt (siehe Teil II, *Theoriebaukasten*) macht (sich vorstellt), das andere Weltbild wäre eine Erklärung der Welt, die, explizit oder nicht, eine Form von Theorie darstellt, meistens eingebettet in eine herrschende Ideologie. Da einerseits die Ideologie/Theorie bei den meisten Menschen die größere Rolle spielt und ich andererseits für die innere Vorstellung den Begriff Simulation verwenden werde, benutze ich das Wort Weltbild im Sinne von theoriebasierter Erklärung.

Formel gefunden zu haben, mit der ich den Phänomenen der letzten zweieinhalbtausend Jahre, dem metaphysischen Zeitalter, neue, zusammenhängende, tiefer in die Wirklichkeit reichende Erklärungen geben kann. Gleichzeitig hat mich diese Formel durch ihren persönlichen Inhalt auch zu der Einsicht gebracht, dass jeder einzelne Mensch sich mit der Arbeit der Welterklärung beschäftigen *muss*, denn mit dem *eingebildeten Ich* reicht das Problem hinein bis in jedes Individuum.

Formel: Die menschlichen Kulturen haben nur selten griffige Formeln hervorgebracht, die unsere Perspektiven drastisch verschoben haben. Man kann Darwins Evolutionstheorie nennen oder Einsteins $e=mc^2$. Im philosophischen Bereich ist vielleicht Nietzsches Verschiebung der Perspektive *Jenseits von Gut und Böse* der bekannteste Fall. Wie jeder Forscher bemühe ich mich natürlich auch darum, solche wirksamen Formeln zu finden. Wie weit ich damit gekommen bin, können nur Sie als Leser entscheiden.

- Struktur des Buches und meine Intentionen

Es geht in diesem Buch nicht darum, einen inhaltlich runden Text zu liefern, sondern um seine Wirkung beim Schreiben und Lesen. Ich versuche also schon beim Schreiben dazu zu stehen, dass es bei Ihnen als Leser unvermeidbar eine Wirkung auslöst (und hoffe auf entsprechende Kommentare auf meiner Webseite[2]). Das Buch ist so aufgebaut, dass Sie als Leser sich nicht Seite für Seite von vorne nach hinten durcharbeiten müssen[3], sondern von einem Teil in einen anderen springen können, so dass Sie sich Ihren eigenen Leseweg bahnen können, um damit in erster Annäherung das erreichen zu können, worum es hier eigentlich geht: das eigene Weltbild zu optimieren durch Verlagerung in ein selbsterstelltes Theoriegebäude mit tragfähigen Strukturen. Ich habe bei dieser Ordnungsarbeit meines Weltbildes festgestellt, dass unser Ich als Produkt des metaphysischen Zeitalters der entscheidende Faktor ist, der uns einerseits von der Wirklichkeit fernhält, unser Weltbild ideologisiert, der uns andererseits aber zu erstaunlichen Leistungen befähigt: Das Ich ist auch eine geniale Erfindung der Menschheit, deren still gewachsenen Anspruch wir - analog zur unerreichbaren Vernunft - nicht wirklich erfüllen können, es sei denn in einem Tanz auf einem Seil, gespannt zwischen der Wirklichkeit und unseren eingebildeten - und doch kommunizierten - Vorstellungen. Diesen gefährlichen Akt - immer gegen unsere Natur - können wir nur durch strengere, besser gebaute Theorien, mit genauerer Selbst- und Weltbeobachtung, mit perspektivischen Übungen und nicht zuletzt durch meditative Selbstvergewisserung bewältigen.

von vorne nach hinten: Man kann beispielsweise das Buch auch so lesen, dass man vom Teil I, *Ein Überblick*, in die anderen Teile und Kapitel springt und wieder zurückkehrt. (Wird leider derzeit von keiner mir bekannten E-Book-Leseanwendung unterstützt - s. nächste Textergänzung.)

eigenen Leseweg: Eine Vision während des Schreibens war, das Buch auch als Leseapplikation zur Verfügung stellen zu können, die nicht nur Sprünge zu zitierten Autoren und Werken erlauben würde, sondern die auch den Leseweg aufzeichnet, so dass sich durch die Vor- und Zurücksprünge schon Ihr eigenes Buch als Leser abzeichnet.

---

[2] www.ich-und-wirklichkeit.de
[3] Überspringen sie bedenkenlos das Vorwort, wenn Sie etwas formalere Vorbemerkungen weniger interessant finden, oder springen Sie als philosophisch interessierter Leser gleich in den Teil II, *Ein Blick in meinen Theoriebaukasten*.

Das Wort „einbilden" oder „Einbildung" werde ich oft in diesem Buch verwenden. Ich spiele dabei absichtlich mit den zwei Bedeutungen: Erste Bedeutung: etwas ist nicht wirklich, man bildet es sich bloß ein. Zweite Bedeutung: etwas ist eingebaut, hineingebaut, verwandt dem Wort „Engramm", wie es die Mediziner zur Bezeichnung der physiologischen Gedächtnisspur verwenden. Vor allem die mitschwingende zweite Bedeutung soll deutlich machen, dass ich das Wort auf keinen Fall im despektierlichen und abwertenden Sinne verstehe. Das heißt, das „bloß" aus der ersten Bedeutung kann man getrost streichen, denn niemand hat die Kontrolle über die Programmierung seines Gehirns, weder beim Wahrnehmen noch beim Nachdenken.

- **Alles Übungen**

Meine Beschreibungen sind am besten als perspektivische Übungen zu verstehen: Stellen wir uns vor, wir würden uns unser freies Ich nur einbilden? Was würde das für unser Verständnis von Wirklichkeit bedeuten? Das Witzige ist, dass solche Übungen mit konjunktivischen Formulierungen völlig ausreichen, um unsere Wahrnehmung dauerhaft zu verschieben. Wer im christlichen Mittelalter zu der Übung aufgefordert hätte, sich eine Welt ohne Gott vorzustellen, wäre vermutlich schnell auf dem Scheiterhaufen gelandet. Heute sind wir selbst unsere Feinde. Selbst die spielerische Vorstellung vom eingebildeten freien Ich verletzt unsere Eitelkeit.

Es lässt sich schon erahnen, dass es heutzutage eine echte Herausforderung ist, sich ein eigenes, halbwegs konsistentes Bild von der Welt zu machen. Das hängt vor allem damit zusammen, dass jeder von uns sich sowieso eine theoretische Erklärung der Welt zurechtlegt, über deren Stabilität wir uns allerdings im Normalfall wenig Gedanken machen. Weltbilder wurden tradiert, von Kirchen geliefert oder von Machthabern vorgegeben, auf jeden Fall kommen sie entweder von oben oder erscheinen den Einzelnen allzu selbstverständlich. Ein anderes Problem hängt damit zusammen, dass die Philosophie nach einer kurzen politischen Aufklärungsphase (Säkularisierung) sich entweder immer stärker in die Akademien zurückzieht (im besten Fall als Gehilfe der *echten* Wissenschaften) oder in journalistischer Manier auf Verkaufszahlen aus ist oder – wie bei Nietzsche – sich als Dichtung versteht.

- **Meine Theorie soll mir, dem Leser und der kulturellen Entwicklung dienen**

Meine Schreibintention hat zwei Seiten. Einerseits schreibe ich dieses Buch, um mir selber Klarheit zu verschaffen und für meine eigenen Kämpfe gute Gründe und gute Strategien zu bekommen. Einige Konsequenzen zeigen sich erst, wenn man versucht, die Argumente geordnet zu formulieren; ein Buch ist ein brauchbarer Test für ein Theoriegebäude. Andererseits bewegen mich durchaus Intentionen im Sinne von Aufklärung und eines Wiederaufgreifens einer 68er Politikbewegung, deren Aufstieg und Niedergang ich miterleben konnte. Die Architektur meiner Sicht auf die Welt lässt sich auch als ein Versuch begreifen, die Philosophie zu demokratisieren, sie von der Bevormundung durch Akademien, Schulen, Medienkonzernen und jedem Von-oben-Anspruch zu befreien und damit auch zu einer psychopolitischen Bewegung beizutragen. Die politisch-institutionelle Konsequenz muss irgendwann die direkte Demokratie sein, für die es keinen anderen Motoren geben kann als die eigenständigen Einzelnen von unten.

- Anmerkungen zur Entstehung der Titel

Normalerweise ist die Entstehungsgeschichte eines Buches nicht von besonderem Interesse für den Leser. In diesem Fall geht es aber gerade darum, die Theorieproduktion durchsichtig zu machen. Denn hier geht es weniger um das Endprodukt als um den Erstellungsprozess, der praktisch auch nicht zu einem natürlichen Ende finden kann. Das Buch abzurunden war entsprechend auch ein schwieriger, irgendwie schmerzhafter Vorgang. Das eigene Weltbild ist lebendig, entsprechend wächst oder verändert sich das Theoriegebäude. Dennoch präsentiere ich nicht nur meine Theorie als Muster, sondern auch das Ausformulieren in Buchform. Es hat vielen Aussagen eine klarere und schärfere Form gegeben.

- Haupttitel: Das Ich und die Wirklichkeit

Ursprünglich lautete vor nun schon fast zehn Jahren der Haupttitel *Jenseits von Geist und Eigentum*. Erst im Laufe der letzten fünf Jahre habe ich die tiefe Bedeutung des Verhältnisses von Ich und Wirklichkeit entdeckt, allerdings zunächst nicht im Sinne von Thomas Metzingers Egotunnel und dem Menschen als naiven Realisten mit dem Fokus auf die einzelne Psyche, sondern mit dem Fokus auf den schwierigen Prozess des Ergreifens von Wirklichkeit mit seinem überwiegend psychopolitischen Charakter. Das Kapitel III.8, *Nochmal von vorne: Fokus Wirklichkeit*, ist in einer ursprünglichen Fassung als neue Einleitung geschrieben worden, um diese Verschiebung der Buchaussage zu erfassen.

Die Eigenschaft oder den Begriff *psychopolitisch* benutze ich in Anlehnung an Peter Sloterdijk, der ihn abgrenzt vom Begriff *gesellschaftlich*. Er verwendet letzteren höchst selten, da darin einerseits der Psychoanteil des Einzelnen in seiner Bedeutung nicht gewürdigt wird und andererseits der in unseren menschlichen Kulturen ausschlaggebende politische Machtanteil der Verdrängung anheimfällt. Mir leuchtet ein, dass die sozialwissenschaftliche Sprache von Institutionen und Systemen den Eindruck nahelegt, dass die Verhältnisse so sein müssen, wie sie sind, und der Einzelne daran nichts ändern kann. Dennoch ist die Arbeit der Sozialwissenschaft (Ausmachen von Institutionen, Unterteilen in Systeme mit ihrer jeweiligen Umwelt) unverzichtbar, man sollte nur vermeiden, sich unter Gesellschaft etwas allzu Konkretes vorzustellen (Formulierungen wie „unsere Gesellschaft" haben nicht selten einen ähnlich metaphysischen Beigeschmack wie „die Deutschen"). Ich verwende demzufolge meistens den allgemeineren Begriff der menschlichen Kultur und schaue mir ihre psychobasierten Strukturen an, wie sie sich zu politischen Machtverhältnissen verdichten. Von Gesellschaft (oder sozial) spreche ich nur dann, wenn ich mich auf institutionalisierte Untersysteme beziehe, wie zum Beispiel dem Ich als Kommunikationsschnittstelle.

Der Hauptarbeitstitel spielte damals um den Begriff Wirklichkeitsphilosophie. Doch das Buch nahm nur für kurze Zeit eine Wendung in Richtung Philosophie der Wirklichkeit im Unterschied zur Philosophie über die Natur. Es wurde schon bald klar, dass es überhaupt nicht mehr um Philosophie im akademischen Sinne ging oder geht, also auch nicht um eine Theorie mit einem Allgemeingültigkeitsanspruch, wie wir ihn von der Mathematik kennen. Der Fokus verlagerte sich auf die Verantwortung des Einzelnen, speziell im Umgang mit dem eigenen Ich, und dann konnte das ganze metaphysische Zeitalter als Periode erscheinen, in der es von Anfang an um die Hervorbringung des Ichs ging. Jedes einzelne Individuum muss klären, wie sein Verhältnis zwischen Ich und Wirklichkeit aussieht. Damit war der endgültige Haupttitel geboren: Das Ich und die Wirklichkeit.

> Eine kurze Recherche im Internet hat mich auch davon überzeugt, dass der Begriff Wirklichkeitsphilosophie schon auf eine Weise besetzt ist, die eine Anlehnung an diese Tradition verbietet; außerdem ging es mir im Buch zunehmend nicht mehr um Philosophie. Aber ein anderer philosophischer Terminus, der Realismus, wird von mir verwendet, allerdings mehr im Teil *Theoriebaukasten*, mit seiner erkenntnistheoretischen Bedeutung. Hier ganz kurz vorweg: Es gibt da draußen eine von unserer Wahrnehmung unabhängige Wirklichkeit (Natur), die sich aber als Ganze sich für immer ins Unerkennbare entzieht. Deswegen ist der von mir verstandene Realismus nicht ontologisch, sondern nur erkenntnistheoretisch.

- **Untertitel: Perspektivische Übungen Jenseits von Geist und Eigentum**
  - Jenseits der Jenseitigkeiten: ganz ohne Geist

Die als Haupttitel verworfene Überschrift *Jenseits von Geist und Eigentum* blieb lange als Untertitel erhalten, weil sie recht genau zum Ausdruck bringt, was aus meiner Sicht die entscheidenden Punkte auf meinem Lösungsweg waren: Erstens die Überwindung der Metaphysik, der Hinterweltlerei, der Jenseitigkeiten, aber nicht nur im Denken (eigene Theorie), sondern auch im eigenen Sein; denn das eigene Ich entpuppte sich - neben der Befreiung der Dinge von den Gespenstern - als zweiter Kern der gesamten metaphysischen Bewegung. Zweitens geht es um unsere metaphysische Vorstellung von Eigentum, und drittens geht es um den engen Zusammenhang von unerkannt projiziertem Geist und unerkannt projiziertem Eigentum. Es gibt kein patriarchales Eigentum ohne den einen Geist und keinen sinnvollen Nutzen für die Behauptung des einen Geistes ohne das neue Verständnis von Eigentum. Und das Ich ist die individuell erlittene Verknüpfung von Geist und Eigentum.

> Jenseits der Jenseitigkeiten: Wenn ich mal davon absehe, dass der Untertitel *Jenseits von Geist und Eigentum* auch eine Verneinung an Nietzsche und Skinner ist, hat natürlich die Wortkombination aus Jenseits und Geist auch etwas Witziges, weil man sie in der metaphysischen Zeit auch als *Jenseits der Jenseitigkeiten* übersetzen kann.

  - Die Jenseits-Vorbilder

Der Jenseits-Titel ist aber auch eine würdigende Anlehnung an wichtige Bücher meines Lebens, deren Titel auch mit Jenseits begannen: Friedrich Nietzsche: *Jenseits von Gut und Böse*[4], B.F.

---

[4] Friedrich Nietzsche, *Jenseits von Gut und Böse. Zur Genealogie der Moral*, Stuttgart 1976, ISBN 3-520-07610-1

Skinner: *Jenseits von Freiheit und Würde*[5]. Beide Autoren werden mit ihren erkenntnistheoretischen Beiträgen zu meiner Weltsicht im Kapitel V.1, *Alte Vorbilder*, näher betrachtet, wobei im Fall Nietzsche sein Buch *Also sprach Zarathustra*[6] die entscheidende Rolle spielen wird, denn die Überwindung der Gut-Böse-Moral spielt aus unserer Perspektive der Ichmetaphysik nicht die Hauptrolle. Skinners deutlich jüngeres Werk, *Jenseits von Freiheit und Würde,* kann man allerdings schon als einen direkten Vorläufer meines Themas betrachten. Da geht es um moderne Sozialwissenschaft und Sozialpsychologie, auf die sich noch heute jeder Werbefachmann berufen kann. Beiden Titeln gemeinsam ist eine gewisse schmunzelnde Ironie im Begriff *Jenseits,* da es schließlich um ein Jenseits der Jenseitigkeit geht. An dieses Spiel habe ich mich gerne angelehnt.

- Die Geist-Eigentum-Allianz

Die Begriffe Geist und Eigentum im Untertitel sind ineinander überführ-, beziehungsweise als ein Begriff verstehbar. Wir könnten also auch von Geist-Eigentum oder von Eigentum-Geist sprechen oder vom Geist des Eigentums oder der Eigentümlichkeit des Geistes, wobei jede Begriffskombination für sich leicht missverständlich ist. Das hängt nicht zuletzt damit zusammen, dass in der metaphysischen Zeit der Geist natürlich dem Jenseits und das Eigentum dem Diesseits zugerechnet wird, es also auf den ersten Blick kaum gegensätzlichere und inkompatiblere Begriffe geben könnte. Die unterstellte Überführbarkeit hängt damit zusammen, dass es Eigentum nicht ohne den metaphysischen Geist (Eigentum als metaphysische Eigenschaft von Welt) geben kann, und der metaphysische Geist wäre ohne den Legitimationsdruck des Eigentums nicht entstanden. Wir können Geist auch als wesentliche *Eigen*schaft, als Eigentum Gottes sehen. Geist ist Eigentum oder vielleicht etwas plausibler: Geist ist *die Eigen*tümlichkeit Gottes. Der monotheistisch-metaphysische Geist verlangt nach einem Eigentümer und Eigentum muss eine göttlich-geistige Eigenschaft der besitzbaren Welt sein; das bedeutet, Eigentum muss Geist sein, weil seine Grenzen in der Wirklichkeit nicht natürlicherweise vorliegen.

- Die neue Besitzlegitimation

Wir ahnen, wie sich zwangsläufig eine Bedeutung für massive Grenzsteine und Mauern aufbaut, die durch Wuchtigkeit den *natürlichen* (wirklichen) Bedeutungsmangel kompensieren müssen. Mauer und metaphysische Legitimation gingen Hand in Hand.

Nietzsche selbst hat im *Zarathustra* einen eigenen Entwicklungsschritt festgehalten von einer Fixierung auf die Kritik der christlichen Moral hin zum Übermenschen, also zum nächsten Entwicklungsschritt, wie er ihn verstanden hat. Seinen zu überwindenden Menschen verstehe ich als den metaphysischen Ich-Menschen. Der zukünftige Mensch ist für mich einfach der von der Ich-Krankheit befreite Mensch. Mit dem freien Willen des Ichs glauben wir zwar, zwischen Gut und Böse unterscheiden zu können (im Geist lag das Gute, in der Erde das Böse), doch zu meiner eigenen Überraschung stellte sich die Vorstellung vom freien Willen als das wichtigste Problem des metaphysischen Ichs heraus (siehe Kapitel III.1.3, *Das Ich ist nicht die Individualität*).

Das Problem des heute viel diskutierten geistigen Eigentums lasse ich außer Acht, weil es erstens bei der Entstehung der Diesseits-Jenseits-Spaltung vor zweieinhalbtausend Jahren noch keine Rolle spielte und zweitens die heutige Diskussion eher darauf verweist, dass die Spalte sich langsam schließt, weil Geist hier nicht mehr von Gott abgeleitet gedacht, sondern einem konkreten Individuum zugeordnet wird. Geist ist hier schon zu verstehen als geäußerter Gehirninhalt, als Information.

Mauern: Man kann die Frage stellen, ob beispielsweise die chinesische Mauer mehr der Eigentumbehauptung nach innen oder der Abwehr der Feinde nach außen galt.

---

[5] B.F. Skinner, *Jenseits von Freiheit und Würde*, Reinbek bei Hamburg, 1973, ISBN 3-498-06101-1
[6] Friedrich Nietzsche, *Also sprach Zarathustra. Ein Buch für alle und keinen*, Stuttgart 1975, ISBN 3-520-07517-2, Kurzform der Quellenangabe: Nietzsche Zarathustra

Wenn Könige ein Stück Land als ihr ewiges und unbestreitbares Eigentum darstellen wollten, waren sie gut beraten, sich mit Hilfe der Priester den Segen eines Gottes zu holen, den man sich als den obersten Besitzer vorstellen konnte, der dem König einen Teil der Welt zueignet. Geistgott und Welt mussten daher einerseits unbedingt verschieden sein, wie Physik und Metaphysik, und andererseits sich im König überschneiden, der sich am besten gleich als von Gott eingesetzt präsentierte. Erwartbarerweise stehen die großen Kapitaleigentümer bis heute den monotheistischen Kirchen sehr nahe.

- Tiefster Punkt: das Ich als Eigentümer des Körpers

Wenn wir also einen Anfang und ein Ende des metaphysischen Zeitalters ausmachen wollen, dürfen wir nicht einfach den Geist rausdenken, sondern müssen auch unsere gängigen Vorstellungen von Eigentum in Frage stellen: Das Eine ist abhängig vom Anderen entstanden. Für den Einzelnen wirklich heikel wird es natürlich, wenn wir heute den Geist (und die Spaltung) als gedachte Eigenschaft des Einzelnen erkennen und das Ich dabei als Eigentümer des Körpers auftritt. Diese letzte Variante der metaphysischen Spaltung ist nicht mehr wie zu Karl Marx Zeiten einfach durch eine Kriegserklärung an die Kapitaleigentümer oder sonstwie Herrschenden zu lösen. Aber es könnte sein, dass wir durch einen nachmetaphysischen Blick und einen Kampf an der inneren Front das Rätsel lösen, warum sich in der Welt an den Besitzungerechtigkeiten nichts geändert hat. Sicher ist, dass wir mit der Offenbarung des Ichs als zentralen Ort der Metaphysik den Punkt erreichen, an dem Denken alleine das Problem nicht mehr lösen kann (und physischer Druck schon gar nicht).

- Keine Einzelwissenschaften: meine Theorie als mein Beitrag zur Überwindung der Metaphysik

Das Buch wird den Zusammenhang von Geist und Eigentum näher beleuchten, aber keine Geschichte des Geistes (oder gar Geisteswissenschaft) und auch keine Geschichte des Eigentums betreiben. Eine historisch wissenschaftliche Herangehensweise müsste sich der Entstehungsgeschichte der Begriffe Geist und Eigentum widmen und den dazugehörenden kulturellen Gegebenheiten.

- Perspektivische Übungen

Es liegt wohl in der Logik dieses lange betriebenen Buchprojekts, dass sich viele Untertitel angeboten haben. Einige klingen auch immer noch passend und fallen nur weg, weil man sich entscheiden muss. Zum Beispiel ein Untertitel im Stil von Ratgeberbüchern: *Zur Vermeidung von Wirklichkeitsdefiziten* oder *Philosophie zum Selbermachen,* oder mit politischer Färbung: *Zur Demokratisierung von Philosophie.* Der wichtigste Punkt meiner Buchintention, der in einem plakativen Titel, *Das Ich und die Wirklichkeit,* nicht zum Ausdruck gebracht werden kann, ist eine

---

ein Stück Land: Es gibt Thesen darüber, dass die Erfindung der Landwirtschaft vor circa acht bis zehntausend Jahren durch Frauen erfolgte, die zum ersten Mal in einem Garten Getreidekörner ausstreuten. Das Bedürfnis, an gleicher Stelle zu ernten, hat vermutlich schon den ersten Gartenzaun entstehen lassen. Vielleicht kommt die Männerkraft erst ins Spiel, als in ersten sesshaften Dörfern Pflüge verwendet wurden und Dorfgrenzen verteidigt werden mussten.

Folgerung aus dem Verhältnis von Ich und Wirklichkeit: dass sich jeder sein Weltbild selber macht und machen muss und mein eigener Versuch als Muster dazu dient, es möglichst konsistent und tragfähig zu machen. An dieser Weltbildtheorie kann man ein Leben lang arbeiten und diese Arbeit ins Leben integrieren. Das Ergebnis ist die Klärung und der Hinzugewinn von guten Perspektiven. Um diesen wichtigen Punkt des Selbermachens, des immer weiteren Übens und der Integration von Theorie und Leben zum Ausdruck zu bringen, wurde der Untertitel entsprechend erweitert: *Perspektivische Übungen[7] jenseits von Geist und Eigentum*.

- **Untertitel: Mit Hilfe von individueller Theoriebildung und Meditation**

Das Buch war praktisch schon fertig, und ich war dabei, einige begriffliche Kontrollen durchzuführen, bei denen mir auffiel, dass die im Buch oft erwähnten Säulen, individuelle Weltbildtheoriebildung und Meditation, nicht im Titel vorkamen. Die ursprüngliche Intention des Buches, diese Techniken von spirituellen Implikationen zu befreien und die eitle Selbsterhöhung jeder Art von Geistprojektion herauszustellen, trat mit der Zeit in den Hintergrund zugunsten des Herausarbeitens der Metaphysik des bürgerlichen Ichs und der Notwendigkeit, dass jeder Einzelne in der Lage sein sollte, sein Weltbild - mehr oder weniger - in ein eigenes Theoriegebäude umzuformen (was auch, wie das sowieso vorhandene Weltbild, ganz im Kopf stattfinden kann). So kam es, dass die beiden Säulen einen Platz im Untertitel fanden.

- **Ein verworfener Band 2**

Da ich nun weiß, wieviel Zeit mich dieser vorliegende Band gekostet hat, habe ich die Ankündigung und die Aufteilung in zwei Bänden aufgegeben. Wichtige Aussagen der dort geplanten Teile *Theoriebaukasten* und *Leseübungen* habe ich demzufolge noch in dieses vorliegende Buch in Kurzformen eingebaut. Dennoch gehe ich im Teil V darauf ein, was ein Band 2 noch beinhaltet hätte. Dieser Schritt wurde notwendig, da ich die vielen inhaltlich interessanten Verweise auf Band 2 nicht mehr aus dem Text herausnehmen wollte. Wenn ich im Text also auf inhaltliche Zusammenhänge mit Band 2 verweise, werden sie nun in den

---

[7] Perspektivische Übungen: siehe Kapitel I.1.1, Abschnitt *Erste perspektivische Übung*, oder zum Beispiel Kapitel III., Abschnitt *Perspektivische Übungen und Theoriebildung*

Teil V, *Weitere Einblicke in den verworfenen Band 2*, umgeleitet.

- Textgestaltung

Die relativ zahlreichen verschiedenen Ausgabeformate der Druckversion erklären sich auch als Grundlage für die schon erwähnte Webapplikation: Fußnoten, Kapitelendnoten, eingerückte Kleinschriften, Textergänzungen in der äußeren Spalte. Der Leser kann sich seinen eigenen Weg bahnen, indem er zum Beispiel zunächst alle Sonderformate überspringt.

Bezüglich dieser Sonderformen gelten folgende Gewichtungsregeln beim Textverstehen:

Die einen Punkt kleiner gesetzten Passagen im Textfluss der Hauptspalte erläutern den vorherigen Textteil (Absatz oder Unterkapitel). Diese Erläuterungen helfen beim inhaltlichen Verständnis am ehesten weiter.

Die Textergänzungen in der Außenspalte beziehen sich auf einen leicht hervorgehobenen Begriff oder Namen in der Hauptspalte. Die römischen Endnoten (i, ii..) zu einem Namen oder Begriff führen an das Ende des Oberkapitels und haben mit Blick auf die Webapplikation oder eine E-Book-Ausgabe vor allem die Funktion, Erläuterungen und Links zu anderen Textstellen zu bieten, idealerweise auch zu anderen Büchern oder Internetseiten (beispielsweise zu Wikipedia), soweit sie lizenzrechtlich der Applikation zur Verfügung stehen. Die vertiefenden Texte in den Endnoten können für ein erstes Verstehen noch am ehesten weggelassen werden.

Das letzte Textformat sind die Fußnoten am Ende der Seite, die den klassischen Zweck der Quellennachweise oder der Verweise auf andere Textstellen erfüllen sollen. In der Webapplikation oder dem E-Book kann es sich beim Hinweis auch um einen Link handeln.

Textergänzungen: Wenn zum Beispiel ein Autor wie Friedrich Nietzsche zum ersten Mal erscheint, gibt es in dieser Textergänzung entsprechende Hinweise. Die Textergänzung ist aber vor allem für die Leser gedacht, die Erläuterungen zu philosophischen Fachbegriffen brauchen. Hier können auch vertiefende Kommentare erscheinen, die für das Verständnis des Haupttextes nicht zwingend erforderlich sind.

I. Ein Überblick: Das verrückte Zeitalter, das Ich und die Wirklichkeit

1. Das aktuelle Zeitalter als Psychokrise

Die Menschheit kämpft schwer mit einer „geistigen" Krise, mit einer Art Schizophrenie, der Geist-Eigentum-Krankheit, seit ungefähr zweieinhalbtausend Jahren. Das ist eine ernsthafte Krankheit der Wirklichkeitsspaltung. In ihrem fiebrigen Wahn sieht sie sich zwischen Geist und Erde eingeklemmt und die Zellen ihres Körpers sind wie von einem Krebs befallen und verdauen sich gegenseitig. Es gibt Anzeichen dafür, dass die Krankheit aktuell ihr letztes Stadium erreicht hat, das Ichoffenbarungsstadium, ein Aufbäumen und Rütteln am irdischen Bett. Falls das Bett seine Menschentragfähigkeit nicht vorzeitig einbüßt, sollte die Genesung nicht mehr lange auf sich warten lassen.

Die ungewöhnliche Wortwahl Ichoffenbarungsstadium wird im weiteren Verlauf näher erläutert. Da der Begriff im Buch eine zentrale Rolle spielt, hier nur kurz der Hinweis, dass ich die monotheistische Phase unseres Zeitalters als Entstehungsgeschichte des Ichs verstehe.

Erste Erläuterungen zum zentralen Begriff Wirklichkeit in der Endnote.

1.1 Ein Bild und seine Wirklichkeit[i]

- Das Bild vom Krankenbett

Die *Menschheit auf dem Krankenbett* ist vor allem ein Bild, und man kann es problemlos verwenden, weil vermutlich niemand auf die Idee kommt, das Bild mit der Wirklichkeit zu verwechseln, in der es selbstverständlich kein irdisches Bett gibt, das die Menschheit für sich beanspruchen könnte. Das Ansprechen des Bildes als Bild gibt mir Gelegenheit für den Hinweis, dass die Menschen in ihrer Kommunikation glauben, wie selbstverständlich zwischen ihren Bildern und *der* Wirklichkeit unterscheiden zu können, und dabei davon ausgehen, dass die anderen *ihre* Wirklichkeit ganz ähnlich wahrnehmen. Doch die Wirklichkeit erweist sich als sehr komplex und nicht so einfach zu ergreifen, wie wir glauben möchten. Und wir Individuen spielen dabei auch noch eine entscheidende Rolle, weil einerseits Verstehen - oder Missverstehen - von Welt sich zuletzt immer in jedem einzelnen Kopf ereignet, und andererseits zeigt sich immer mehr: Wir Individuen entpuppen uns mit einem *verrückten* Verständnis von uns selbst als Kern des Problems.

- Erste perspektivische Übung

Vor allem aber gibt uns das Bild den Einstieg in eine perspektivische Übung. Tatsächlich ist das Lesen des ganzen Buches als eine perspektivische Übung zu verstehen, doch hin und wieder lade ich Sie zu einer Leseübung ein mit einem Inhalt von besonders verschiebefähigem Potential oder zu einer expliziten Übung, bei der Sie aufgefordert werden, den Lesefluss zu unterbrechen und etwas Bestimmtes vor ihrem geistigen Auge ablaufen zu lassen. Ich möchte Sie, den Leser, zu einem Aussichtspunkt einladen, zu dem wir in diesem Buchprojekt mehr oder weniger ausdrücklich immer wieder zurückfinden werden. Möchten Sie sich mit diesem Bild auf eine Perspektivenhöhe einlassen, von der aus das aktuelle Zeitalter unseres Kulturraums als eine menschheitsgeschichtlich kurze Krisen- oder Übergangszeit erscheint?

Unter unserem Kulturraum verstehe ich dabei grob das geographische Europa und den Mittelmeerraum, doch je weiter das Zeitalter voranschreitet, verschiebt sich der Schwerpunkt in Richtung dessen, was wir heute den säkularen Westen nennen. Den Beginn

wir: Die persönliche Ansprache wir kann ich mir leisten, weil sie aus meiner Sicht frei ist von jeglichem kumpelhaften Schulterklopfen. Ich verstehe das wir wortwörtlich, da es mich als den kreativ aus sich selbst heraus schöpfenden Autor genauso wenig gibt, wie den frei die Inhaltsaufnahme entscheidenden Leser. Der Inhalt meines Kopfes ist vollständig das Produkt meines wahrnehmenden Gehirns und seiner homöostatischen Arbeit, also meiner Kultur, die Ihr Gehirn zu großen Teilen genauso aufgenommen hat wie meines. Sie würden diesen deutschen Text gar nicht verstehen, wenn unsere Gehirne nicht in großen Teilen den gleichen Inhalt hätten (siehe Teil II, *Theoriebaukasten*). Das Buch ist ein Resonanzprodukt meines Gehirns und es kann mit Ihrem Gehirn nur resonieren, weil die Gehirninhalte in hohem Maße identisch sind. Diese Resonanzen kann man als Basis eines tatsächlichen Wir verstehen. Das Ich-Pronomen wird in meinen Texten bunt gemischt gleichfalls verwendet und verschiebt den Fokus lediglich ein wenig auf meine persönliche Sicht.

I. Ein Überblick

Achsenzeit: In meinem Verständnis dieser Zeit gehe ich nur von der Großtatsache aus, dass damals von Bauernwirtschaft getrieben dualistisch-metaphysische Weltbilder mit monotheistischen Göttern entstanden und politische Staaten mit neuen hierarchischen Strukturen. Die Zeit davor, die sogenannte prähistorische Zeit, vor allem seit der neolithischen Revolution, fasse ich der Einfachheit halber in meiner Terminologie als monistische, magisch-animistische Zeit zusammen, wobei ich auch dafür in diesem Buch keine ausführliche Begründung liefern kann. Insbesondere das mythologische Zeitalter in Europa, bei dem es schon selbständige Geistgötter gab, die aber in der einen gemeinsamen Welt lebten, lasse ich außer Acht und betrachte es kulturell (im engeren Sinne) als einen Übergang von der animistisch-magischen zur metaphysischen Zeit (siehe auch Kapitel I.3.1, *Vom magisch-animistischen zum metaphysischen Zeitalter*). Stichworte der neuen metaphysischen Zeit sind: griechische, römische, arabische Kultur (Technik, Wissenschaft), abrahamitische Religionen (jüdisch, christlich, islamisch), Altertum, Mittelalter, Neuzeit und Kriege ohne Ende. Aus der Sicht der kurzen Krise wirkt das Wort Zeitalter für die aktuelle Epoche unzutreffend, und wir müssten eher von einer Übergangszeit sprechen, ein Übergang von einem vorherigen animistisch-magischen Zeitalter, das mindestens siebzigtausend Jahre währte, zu einem kommenden Zeitalter, über das man als ein Zeitalter wissensbasierter Kulturen spekulieren könnte. Aber auf dem Hintergrund, dass es unsere Zeit ist, mit der unsere Geschichtsschreibung beginnt und es einen vergleichsweise genauen Anfangszeitpunkt gibt - eben die wenigen Jahrhunderte der Achsenzeit -, werde ich dennoch vom aktuellen Zeitalter sprechen.

des Zeitalters sehe ich fünfhundert Jahre vor unserer Zeitrechnung mit der sogenannten Achsenzeit (ich übernehme den Begriff von Jürgen Habermas[1]). Für die Zeit von zirka 800 bis 300 vor unserer Zeitrechnung hat Karl Theodor Jaspers den Begriff Achsenzeit eingeführt. Historiker und Archäologen stehen ihm mit seinem weltweiten Anspruch kritisch gegenüber, aber in dieser Zeit hat zweifellos ein großer Strukturwandel stattgefunden, der unsere abendländische Kultur hervorgebracht hat (der zum Gegenstand der Historiker wurde, die Zeit vorher beschäftigt mehr die Archäologen). Ich kann mich nicht an der Diskussion beteiligen, was damals warum wirklich stattfand. Ich folge neben der bei Jürgen Habermas dargestellten Begründung in Anlehnung an Karl Jaspers auch dem Argument von Peter Sloterdijk, der mit dieser Bruchstelle auch die Entstehung der Lautschrift (Konsonanten plus Vokale) in Verbindung bringt und der damit verbundenen Fähigkeit, menschliche Sprachereignisse[ii] als soziale Vorgänge zu fixieren.

- Krise des Einzelnen

Doch es geht nicht nur um eine Krankheitskrise unserer westlich abendländischen Kultur, sondern in gleichem Maße um eine Krise in jedem Einzelnen. Als perspektivische Übung formuliert: Jeder Einzelne hat in seinem tiefsten Innersten einen großen, abgespaltenen und gut verdrängten Schmerz, der sich mit und an der Basis der kulturellen Diesseits-Jenseits-Spaltung entwickelt hat. Wir werden uns diesen Spaltungsschmerz näher anschauen[2] und feststellen, dass es sich um einen Kern handelt, um den herum sich der metaphysische Teil des Ichs kristallisiert hat. Im Fundament der Kultur gibt es ein Problem, das nur in jedem Einzelnen gelöst werden kann. Die kulturelle Entwicklung hilft uns dabei, aber eine Mehrheit der Einzelnen muss von unten einen Integrationsschritt, eine Aufhebung der innersten Spaltung vornehmen, andernfalls werden die kulturgetragenen Revolutionen - wie bisher - weiter scheitern. Das Buch versteht sich dabei als Übungsanleitung mit den Säulen eigene *Weltbildproduktion* und *Meditation*[3].

---

[1] Habermas hat sich die These von der Achsenzeit schon in früheren Werken zu eigen gemacht. Ich möchte aber auf eine jüngere Stelle in *Nachmetaphysisches Denken II* verweisen: Kapitel 3. *Eine Hypothese zum gattungsgeschichtlichen Sinn des Ritus*, S. 77 (Quellenangabe Anmerkung 4, Seite 17). Das Kapitel ist auch interessant für die Habermasche Ableitung der Religion aus dem Ritus.
[2] Spaltungsschmerz: siehe Kapitel III.4, *Ichentstehung beim Einzelnen: ..*
[3] Meditation: siehe Kapitel I.9.2, *Das Basiswerkzeug, Meditation in vielen Formen*

1.2 Die metaphysische Krise

- Zeitalter der Metaphysik

Eine Intention dieses Buchprojektes liegt nun darin, diesen zur Übung empfohlenen Perspektivepunkt mit seiner ungewohnten Aussicht plausibel zu machen, die weitreichenden Konsequenzen für den Einzelnen daraus abzuleiten und ihm Werkzeuge und Techniken aufzuzeigen, wie er zum Ausgangspunkt für den Lösungsweg werden kann. Wir können dieser Psychokrisenzeit einen Namen geben, der gleichzeitig das grundlegendste Symptom der Krankheit beschreibt: Wir leben seit den alten griechischen Denkern im Zeitalter der Metaphysik.

- Nachmetaphysisches Denken oder Sein?

Dieser philosophische Terminus, auf den ich gleich noch näher eingehe, trifft die Sachlage ziemlich genau und hat immerhin Jürgen Habermas zu zwei Buchbänden mit dem Titel *Nachmetaphysisches Denken*[4] inspiriert. Ich erwähne diesen Buchtitel schon hier im Einstieg, um den Begriff Metaphysik mit der Autorität von Jürgen Habermas aufzuladen; aber es gibt mir auch Gelegenheit, den Leser schon früh auf einen wichtigen Unterschied zu Jürgen Habermas einzustimmen: In diesem Buchprojekt geht es nicht ums Denken, das ist bestenfalls akademisch, sondern ums nachmetaphysische Leben oder Sein (so wie Schreiben und Lesen dieses Buches ein Lebensakt ist). Um die von Nietzsche hervorgehobene Verbindung aus Denken und Sein zu benennen, verwende ich seinen Begriff Perspektive. Das Denken muss man dabei nicht abstellen, doch so, wie ich eine Perspektive auf mein Leben nur selber einnehmen kann, kann ich ein theoretisches Fundament dafür nur selber erstellen. Außerdem wird mit dem Begriff Perspektive deutlich, dass ich in meinem Leben Voraussetzungen schaffen muss,

Metaphysik: Der mit philosophischen Begriffen wenig vertraute Leser braucht an dieser Stelle nicht befürchten, dass ich ihn mit Fremdwörtern wie Metaphysik quälen werde, aber mancher Begriff ist nicht verlustfrei ins Deutsche zu übertragen. Wörtlich steht Meta für *hinter* oder *jenseits* und der Begriff Physik, dank der gleichnamigen Wissenschaft noch vertraut, ist gleichbedeutend mit *natürlicher Grundlage*. Nietzsche hat für die Anhänger der metaphysischen Weltsicht den treffenden Begriff *Hinterweltler* geprägt, weil die Menschen der metaphysischen Zeit daran glauben, dass es *hinter* der erfahrbaren Welt noch eine andere, zweite Welt gibt.

Im verworfenen Band 2, im Teil *Leseübungen*, wollte ich zeigen, wie die akademische Sicht Jürgen Habermas dazu verführt, weiterhin metaphysische Perspektiven einzunehmen, weil es mit dem nachmetaphysischen Denken nicht getan ist; Stichwort: objektiver Geist (siehe Teil IV, *Leseübungen*).

Um eine bessere Perspektive auf mein Leben zu erreichen, muss ich mein Leben ändern, sonst fehlt mir die Kraft, die Perspektive zu halten. Aus der Sicht der akademischen Philosophie gibt es stringentes oder weniger stringentes Denken. Aus der Sicht der perspektivischen Philosophie gibt es starke oder weniger starke Psychen, um eine Sicht auf die Welt auszuhalten. Daraus folgt nicht, dass jeder einsam und alleine für die tiefen Blicke auf sein Leben übt, im Gegenteil: Ein wesentliches Motiv des Buches ist es, meinen Aussichtspunkt zu einer breiten Plattform auszubauen und andere Menschen einzuladen, auch von dort - oder einer ähnlichen Blickhöhe - auf ihr Leben zu schauen. Das Besondere dabei sollten die individuellen Motive sein und nicht tradierte Wahrnehmungsnormen. Erwähnenswert beim Wechsel von der Betonung des Denkens auf das perspektivische Sein ist noch, dass Nietzsche damit auch das Ende einer Ära der Überbewertung des Bewusstseins markiert hat, die mit der Spiritualitätswelle bis in unsere Zeit hineinwirkt.

---

[4] Jürgen Habermas, *Nachmetaphysisches Denken, Philosophische Aufsätze*, Frankfurt am Main 1988, ISBN 978-3-518-28604-3; Jürgen Habermas, *Nachmetaphysisches Denken II, Aufsätze und Repliken*, Berlin 2012, eISBN 978-3-518-73956-3

I. Ein Überblick

Sichten auf meine Welt: Aktuell hören wir über die Nachrichtenkanäle, dass in Teilen Zentralafrikas der Ebolavirus sich ausbreitet. Die Menschen dort beachten bestimmte Hygienemaßnahmen nicht, weil sie mit ihren schamanischen Sichten auf ihre Welt nicht vereinbar sind. Im kulturellen Vergleich ist die Verbindung aus Perspektive und dem geführten Leben leichter verstehbar. Diese in alten Stammeskulturen lebenden Afrikaner müssten ihr ganzes Leben ändern, um eine Sicht einnehmen zu können, aus der heraus die Krankheit nicht durch böse Geister, sondern durch einen Virus verursacht wird.

um bestimmte Sichten auf meine Welt einnehmen zu können, um kritische Einsichten haben und halten zu können. Die simple Tatsache, dass für manche Einsicht sozialpsychologische Voraussetzungen beim Einzelnen erfüllt sein müssen, ist der Grund, warum ich hier keine Ratschläge geben kann, sondern nur Hilfen, um sie selber zu finden. Letztlich muss man das eigene Leben ändern[5], um eine nachmetaphysische Perspektive ertragen zu können.

---

[i] Mir ist klar, dass ich für einen philosophischen Text Begriffe wie Wirklichkeit, Welt oder Natur nicht sauber genug auseinanderhalten kann, aber es lassen sich Bedeutungsschwerpunkte ausmachen. Der Begriff *Wirklichkeit* hat gleich zwei: Einerseits ist „Wirklichkeit" das, was durch die menschliche Wahrnehmung erst entsteht, andererseits ist es aber auch unser tiefster Seinsgrund, dessen Ränder sich bald ins Unerkennbare entziehen. Man kann das schön in einem Beispielsatz zusammenfassen: In Wirklichkeit ist die Farbe, die ich da draußen auf der Blume sehe, nicht rot. Sie ist nicht als Farbe der Gegenstände vorhanden, sondern nur ein Zusammenspiel von Ding, Licht, Auge und Gehirn; und doch ist in meiner Wirklichkeit die Blume rot. Eine Aussage über die Wirklichkeit können wir aufgrund ihrer Doppelbedeutung (unsere Wahrnehmung und tiefster Seinsgrund) nur mit Hilfe von Theorien von ihrer jeweils individuellen Beschränkung befreien. Die *Welt* ist dagegen das, worauf wir uns als kollektive Projektion geeinigt haben. Im Unterschied zur Wirklichkeit ist sie also erstens nicht tiefster Seinsgrund, sondern schon informationell vermittelt, und zweitens ist sie nicht in erster Linie individuelle Wahrnehmung, sondern kollektives Bild. Wobei der Begriff Welt durch die Paarbildung mit dem Wort Geist stark belastet ist, da die Geistprojektion keine überprüfbaren Reflexionen von Wirklichkeitswänden zurückwirft. Heute sprechen wir demzufolge lieber von der *Natur* (Naturalismus als Richtung) als dem alles beinhaltenden Raum. Da wir ihn unabhängig von uns Wahrnehmung vorstellen, entzieht er sich uns aber auch schnell ins Unerkennbare. Nur Naturwissenschaftler können es sich leisten, ihre Gegenstände genau genug abzugrenzen. Wollen wir uns unsere *Welt* besser erklären, um von der Geist-Eigentum-Krankheit zu genesen, müssen wir uns wohl an eine eigene Theorie über die Wirklichkeit halten.

[ii] Zum Thema Achsenzeit hat sich Peter Sloterdijk schon in früheren Werken geäußert, wo er sich auch differenzierter auf die Bedeutung der zur Achsenzeit entstehenden Lautschrift einlässt. Da ich mich im vorliegenden Buch aber auf ein Werk von ihm konzentrieren möchte, hier ein Zitat aus *Du mußt dein Leben ändern:* „Verantwortlich ist hierfür - in ihrem wichtigsten Teil - die von den frühen Schriftkulturen ausgelöste innere Beschleunigung. Sie war dafür verantwortlich, daß die Gehirne der Schreibenden den Habitus der Nicht-schreibenden überholen - so wie die Körper der Asketen, Athleten und Akrobaten die Körper der Alltagsmenschen überholen. Die veloziferische Kraft der Schriftübung, die zusätzliche beschleunigende Disziplinen nach sich zieht, macht die Trägheit des in die durchschnittlichen Körper eingesenkten alten Ethos spürbar." Peter Sloterdijk, *Du mußt*

---

[5] Das ist einer der Gründe, warum ich das Buch von Peter Sloterdijk *Du mußt dein Leben ändern* als eine Grundlage für das Buchprojekt gewählt habe (siehe Teil IV, *Leseübungen*).

dein Leben ändern: Über Anthropotechnik, Frankfurt am Main 2009, ISBN 978-3-518-41995-3, S. 10. Ich erlaube mir bei weiteren Zitaten aus diesem Werk folgende Kurzform zu verwenden: Sloterdijk 2009. Siehe auch Kapitel IV.3, *Leseübungen, Peter Sloterdijk*.

2. Die geniale Erfindung des Ichs

- Das Ich als verantwortbare Instanz

Die Menschheit (unserer Kultur) und der Einzelne winden sich im Schmerz der schizophrenen, sprich metaphysischen Krankheit. Doch aus meiner Sicht diagnostiziere ich einen völlig ungewussten, aber von Beginn an ablaufenden Prozess der Hervorbringung des Ichs. Der bisher metaphysische Teil ist zweifellos eine Verrücktheit, aber das Ich als ansprechbare und verantwortbare Instanz des Individuums ist zweifellos eine der genialeren Errungenschaften der menschlichen Evolution. Ähnlich wie die Vernunft[1] entstand das Ich auf metaphysischem Boden, und genauso wenig wie wir auf Vernunft verzichten wollen, möchten wir auf die Errungenschaft des Ichs verzichten. Die Vernunft hat ihre Entmetaphysierung schon überstanden: Wir haben gelernt, uns provisorisch ein Ganzes vorzustellen und das Ergebnis als vorläufig gültiges Modell. Etwas Vergleichbares muss uns mit dem Ich gelingen: Wir müssen in der Kommunikation und in den Verträgen lernen, so zu tun, als gäbe es ein verantwortlich machbares Ich, das seine Abmachungen einhalten und zu seinen Aussagen stehen könnte.

- Ist auch das Eigentum unverzichtbar?

Wie der Untertitel des Buches nahelegt (*Perspektivische Übungen jenseits von Geist und Eigentum*), werde ich die Entstehung von Geist- und Eigentumsprojektionen mit der Entstehung der Ichprojektion in Verbindung bringen. Also liegt die Frage auf der Hand, ob uns ein ähnliches Vorgehen wie mit Vernunft und Ich auch mit dem Eigentum gelingen kann. Auf den Geist werden wir zugunsten von informationsbasierten Modellen[2] sicher verzichten können, aber

Die Vernunft braucht als Bezugsrahmen immer ein Ganzes. In der Sachlogik scheint die Sache selbst den Rahmen zu liefern, doch selbst für diese Sicht mussten die Menschen sich in die Perspektive eines Gottes versetzen, der selbst das Ganze der Welt von außen erfassen konnte.

---

[1] Vernunft: siehe Kapitel III.6, *Das Ich und die Vernunft*
[2] Informationsbasierte Modelle: siehe Kapitel II.1, *Das Resonanzmodell*

auch auf die Vorstellung von Eigentum? Rücknahmeprozesse von Projektionen scheinen mit dem Eigentum schwerer durchführbar zu sein. Andererseits spricht nichts dagegen, in Eigentumsurkunden eine Vorläufigkeitsklausel einzubauen, in der Art wie wir in Verträgen Konventionalstrafen einbauen, die unter bestimmten Bedingungen eine Rückgabe an die Gemeinschaft regeln. In machen Gesellschaften sind Erbschaftssteuern schon so hoch, dass sie einer Enteignung gleichkommen mit dem Argument einer Chancengleichheit für die nächste Generation. Begleitet von anderen möglichen Einrichtungen, wie zum Beispiel dem Grundeinkommen, ließe sich jede Art von Vererben gänzlich abschaffen, was tatsächlich einer Neubestimmung der Vorstellung von Eigentum gleichkäme. Der Unterschied wäre lediglich, dass der Rücknahmeprozess nicht mehr kontinuierlich vom Einzelnen, sondern von der Gesellschaft durchgeführt würde. Es hat sich jedenfalls gezeigt, dass eine Kultur, die den Umgang mit dem Ich gelernt hat, ob in vergangenen oder zukünftigen Formen, nicht leicht auf persönliches Eigentum verzichten kann. Die Abschaffung von persönlichem Eigentum an Produktivkräften im Kommunismus hat sich jedenfalls nicht bewährt.

> Konventionalstrafen: Die Abschaffung des Strafrechts wird in einer kommenden, nachmetaphysischen, nachmoralischen Kultur unvermeidbar sein. Vermutlich wird man Verträge zugrunde legen, die praktisch jeder Einzelne mit dem Staat eingeht, in der Konventionalstrafen für das genannt werden, was bis heute im Strafrecht geregelt wird.

3. Die evolutionären Effekte der metaphysischen Krise

3.1 Vom magisch-animistischen zum metaphysischen Zeitalter[i]

- Das magisch-animistische Zeitalter

Es geht aber auch aus einem anderen wichtigen Grund nicht einfach nur um eine neue Art des Denkens. Um das zu verstehen, müssen wir uns kurz das vorherige Zeitalter vor Augen halten: die magisch-animistische oder schamanische Zeit.[1] Diese Zeitperiode war ein echtes Menschheitszeitalter und dauerte vermutlich mehr als siebzigtausend Jahre. Wir können die Sichtweise dieser Zeit in alten Stammeskulturen noch heute beobachten. Selbstverständlich

---

[1] Magisch-animistische oder schamanische Zeit: siehe Textergänzung Achsenzeit in Kapitel I.1.1 *Ein Bild und seine Wirklichkeit*

lebten die Menschen vor unserer Spaltungskrise nur in der einen Welt, allerdings bestand sie nicht einfach nur aus Materie, sondern aus einem Geist-Natur-Gemisch. Alle Dinge der *einen* Wirklichkeit waren beseelt. In dieser Sicht lag natürlich auch ein erhebliches Wirklichkeitsdefizit, da die Menschen den Projektionscharakter ihrer Wahrnehmung auch nicht in Ansätzen erkennen konnten.

- Der Veränderungsdruck der Achsenzeit

Die besagte Achsenzeit brachte nun aus verschiedenen Gründen einen Druck auf diese Sichtweise mit sich, den ich hier nur mit wenigen Begriffen grob skizziere: Der Übergang von der Jäger-und-Sammler- in die Bauernkultur brachte die Notwendigkeit nach größeren sozialen Einheiten, Landeigentum, politischen Hierarchien, militärischer Aristokratie und der Entwicklung einer Lautschrift mit sich; für Transport, Pflüge und Schwerter mussten neue Techniken entwickelt werden. Der Blick auf die Dinge einerseits und die Menschen andererseits änderte sich und der Geist-Ding-Brei wurde störend und behinderte die Entwicklung. Die Dinge verlangten eine ungestörte Untersuchung ihrer Beschaffenheit und die menschliche Selbstbetrachtung verlangte nach einer eigenen Sichtweise auf sich selbst.

- Teilrücknahme der Geistprojektion

Die Zeit war gekommen, in der Menschen*geist* und Natur getrennt werden mussten. Sachvernunft einerseits und *gottgegebene* Herrschaft über andere wurden möglich, weil der animistische Natur*geist* als Teil der Menschenwelt erkannt wurde. Ein bestimmter Teil der Projektion konnte zurückgenommen werden, nämlich der, von dem die Menschen erkannten, dass er mehr mit ihnen als mit der Natur zu tun hatte. Für die Sachvernunft war das ausreichend produktiv, während gleichzeitig die Herrschaft über andere möglich wurde, da nicht alle Teile der Projektion durchschaut wurden: Die Spaltung

Um sich den Psychomodus einer Geist-Natur-Gemisch-Wahrnehmung vorstellen zu können, wurden verschiedene Thesen aufgestellt, zum Beispiel die vom Zwei-Kammern-Bewusstsein oder von einer Sicht auf die Welt, bei der die Materie die Eigenschaft der Transparenz hat. Vor allem die Transparenzthese lässt erkennen, dass unsere heutige Materie-Geist-Spaltung als selbstverständlich unterstellt wird. Meiner Meinung nach müsste man eher fragen: Wie kann heutzutage eine Psyche die Zweiteilung gesund verarbeiten. Mit dem Geist-Natur-Gemisch waren die Menschen der Wirklichkeit teilweise näher als wir es heute sind: Die permanente Mischung aus Sinneswahrnehmung und Projektion entspricht immerhin der Arbeitsweise des Gehirns.

In vielen Zusammenhängen würde man umgangssprachlich nicht von Wirklichkeitsdefizit, sondern von Wirklichkeitsverlust sprechen. Ich vermeide den Begriff Wirklichkeitsverlust, weil er unterstellt, dass man einen Zugriff auf die Wirklichkeit zunächst haben und dann verlieren kann. Das mag ja hin und wieder auch vorkommen, ist aber in den hier dargestellten Zusammenhängen nicht von Bedeutung, da es fast immer um Wirklichkeit geht, auf die es grundsätzlich oder von vornherein keinen Zugriff gab oder gibt.

neue Techniken: Wie die Archäologen wissen, hatte die Entwicklung neuer Techniken ihre eigene Logik. Man kann also nicht davon ausgehen, dass das Ausbleiben der Antilopen und die Ausdehnung des Gartenbaus automatisch zur Entwicklung des Pflugs führte. Die prähistorischen Zeitalter werden bekanntlich nach den Metallen benannt, deren Entdeckung und Verarbeitung die Zeitalter prägten: Kupfer, Bronze, Eisen. Die an bestimmten Orten früh entstehende Kupfererzeugung hat vermutlich schon weit vor der Achsenzeit und dem von mir so genannten metaphysischen Zeitalter zur Hervorbringung kapitalistischer Produktionsverhältnisse geführt begleitet von hierarchisch organisierten politischen Strukturen mit zunächst Priester- später Militärkönigen und ihren entsprechenden Kasten. Es könnte in bestimmten Regionen zunächst wichtiger gewesen sein, Erzlagerstätten zu besitzen als Land für die Landwirtschaft. Vielleicht hat sich das Muster für militärgestütztes Eigentum an Land auch von dort her verbreitet. Die genauen historischen Abläufe sind hier nicht wichtig. Für uns ist es Beleg genug, dass mit der ersten Kontrolle von Erzlagerstätten auch Priesterkasten entstanden, sich also Eigentum und Geist schon früh verbündeten.

I. Ein Überblick

selbst und der menschenverwandte jenseitige Geist waren als Projektionen nicht erkennbar. Der abgespaltene Geist musste in Form von existierenden jenseitigen Göttern erscheinen. Die Menschen konnten den kollektiven Wahnsinn darin nicht fühlen, aber vor allem konnten sie nicht - und können es bis heute nicht - die notwendige Leistung des Einzelnen mit seinem Projektionsbeitrag würdigen.

- Selbstanerkennung der eigenen Gehirnkapazität über vier Umwege

Oder anders formuliert: Die Tatsache der großen Gehirnkapazität mit ihren herausragenden Fähigkeiten zur Projektion und Identifikation konnten sich die Menschen nur über Umwege zuschreiben: (1) Zunächst durch eine Projektion von Beseeltheit auf alles in der Welt und rückwirkend durch die Identifikation mit vermeintlichen Kräften von Dingen und Tieren. (2) Dann zu Beginn unseres Zeitalters durch die vertikale Projektion eines einzigen Gottes und der rückwirkenden Identifikation mit seiner vermeintlichen Macht. Dieser Schritt erlaubte die Entwicklung stabiler, hierarchisch organisierter Kulturen. (3) Im nächsten Schritt fand das entstehende Besitzbürgertum mit dem Bedürfnis, sich vom Landbesitzadel abzugrenzen und Freiheit für das Maschinenkapital zu bekommen, den Weg, dem höheren oder humanistisch gebildeten Menschen göttliche Fähigkeiten zuzuschreiben: Der Mensch, der sich Bildung leisten konnte, wurde vernünftig. Dieser Projektionsschritt war kein bisschen weniger metaphysisch und mindestens genauso vertikal, hatte aber den Vorteil, dass Eigentum nun an die Potenz der bürgerlichen Kapital- und Bildungsbesitzer gekoppelt werden konnte und weniger abhängig war von Gottes Gnaden und der Priesterschaft. Außerdem galt der Vorteil nicht für das Proletariat. Der Besitzbürger identifizierte sich mit der Potenz seines Eigentums und seiner Bildung. Doch der zirkuläre und leicht instabile Charakter dieses Schrittes führte dazu, dass der Gottglaube bei den Neureichen wieder hoffähig wurde. Die Sehnsucht der reichen Bürger, den stabilen Status und die tiefe Anerkennung des Adels zu erreichen, ist bis heute unübersehbar. (4) Erst der jüngste Akt in diesem Prozess, die Individualisierung und erneute Spiritualisierung, konnte den persönlichen Gott

---

vernünftig: Das Tor zur Vernunft war das humanistische Gymnasium, in dem man verstehen lernte, wie man in der praktischen Vernunft Gott wieder einsetzen konnte, also mit dem Erlernen von Vernunft sich letztlich über ihn stellen konnte. Wie Nietzsche sagte: Kant als Spinne im eigenen Netz.

abschaffen und Potenz durch Kompetenz² ersetzen. Die vertikale Projektion erzeugt nun die eigene Persönlichkeit, die sich selbst identifiziert mit der freiwillig gesuchten Anstrengung zum Aufbau von Kompetenz (eine schon gefährlich zirkuläre Konstruktion). Mit dem letzten Schritt wird das Eigentum an Produktivvermögen unwichtiger (auch die einfachen Leute fangen an Aktien zu besitzen), dafür bekommt das Eigentum am persönlichen Leistungsvermögen eine immer größere Bedeutung (wobei die Reichen es sich nicht nehmen lassen, ihre Kinder besser auszubilden). Wir werden uns mit der Frage beschäftigen, inwieweit die Wendung des Geist-Eigentum-Wahnsinns in die individuelle Innerlichkeit des Kompetenzgeistes die Kultur einerseits gefährlich (aber hoffnungsvoll) instabil macht, andererseits fühlbar und sichtbar werden lässt, auf welche Weise das metaphysische Zeitalter seinen letzten Kampf mit dem eigenen Tod austrägt.

> Kompetenz: Es gibt ein Buch über *Willensfreiheit* von Geert Keil (ISBN 978-3-11-019561-3) aus der akademischen Philosophie, das die Kraft der individuellen Willensfreiheit an die Vorstellung von Kompetenz koppelt - mit dem erstaunlichen Versuch, unter dem Deckmäntelchen von Wissenschaftlichkeit die durchgängig metaphysische Basis seiner Sicht zu leugnen: die bürgerliche Kompetenzverliebtheit. Vermutlich sollen wir das Buch selbst als Beleg für seine Kompetenz und seine Fähigkeit zur Willensfreiheit verstehen.

- Zum Glück sind wir nicht die ersten Seiltänzer

Zum Trost und zur Aufmunterung sei noch angefügt, dass die Metaphysik in ihrem Todeskampf schon angezählt wurde. Nietzsche war der erste, der die bürgerliche Selbstüberschätzung durchschaute und auch schon das Gegenmittel kannte, die radikale Rückkehr des menschlichen Selbstverständnisses in die Natur, die Rücknahme aller Jenseitsprojektionen, den Aufbau einer Vertikalitätskultur mit absichtlichen und durchschauten und immer wieder rücknehmbaren Projektionen und Identifikationen. Lasst uns Zarathustra spielen und mit der Wirklichkeit des Seiltänzers zwischen Himmel und Erde schweben. Schütteln wir die Peinlichkeit der Kompetenzhuberei der *seriösen* Wissenschaft ab, indem wir eine fröhliche Wissenschaft betreiben. Wir brauchen also nur Nietzsche ein Stück weiterzudenken.

- Die neue Bedeutung der Projektionsleistung des Einzelnen

Nur durch die Projektionsbeteiligung eines jeden individuellen Gehirns, durch den „Glauben" jedes einzelnen Menschen, konnte das Bild am Himmel lebendig gehalten werden. Die gesteuerte Projektion jedes einzelnen Individuums bekam eine völlig neue Bedeutung. Ohne es zu wissen, erhielt die mitlaufende Erschaffung der individuellen

> Mit dem Druck nach gesteuerten Projektionen entstehen von den Herrschenden verwendete Techniken, um die Psychen und Weltbilder der Massen zu manipulieren. Die Propaganda war geboren (zum Beispiel durch absichtlich eingesetzte Religionen).

---

² Potenz durch Kompetenz: siehe auch Kompetenz bei Peter Sloterdijk, Kapitel IV.3.4 *Sloterdijks Von-oben-Philosophie*

I. Ein Überblick

Innersten: Die auch von Anfang an mit den Göttern und dem Ich entstandene spirituelle Bewegung hat das Problem der Beweisbarkeit Gottes und der Spaltung versucht zu lösen durch eine Wendung ins Innerste und einen direkten Bezug von dort zu Gott. (Meister Eckhart: „Ja, das Reich Gottes ist in uns". In Anlehnung an Paulus geht er davon aus, dass es über alle Welt bis in unser Innerstes reicht.) Dadurch wurde die Jenseitigkeit des Geistes nicht aufgehoben, aber das Ich als Geist des Einzelnen bekam eine enorme Aufwertung, die bis heute nachwirkt. Allerdings hat der bescheidenere und nicht selten weibliche Christ der Anfänge seine Seele nicht mit seiner bürgerlichen Persönlichkeit gleichgesetzt. Persönlichkeit blieb Gott, den Priestern und sonstigen Herrschern vorbehalten.

Der Begriff Egotunnel entspricht dem Titel des Buches von Thomas Metzinger, *Der Ego-Tunnel*, mit dem wir uns im Teil IV, *Leseübungen*, genauer beschäftigen werden. Metzinger unterscheidet sich von den beiden anderen untersuchten Philosophen Habermas und Sloterdijk durch seine strikt naturwissenschaftlich basierte Sicht. Aus ihr kann er ableiten, dass unser Bewusstsein nur ein spezielles, mitlaufendes Datenformat des gesamten Gehirninhaltes ist und unser Gefühl von Wirklichkeit eine Simulation des Egotunnels ist (wir sind naive Realisten). Leider werden wir auch aufzeigen müssen, dass er bei seinem philosophischen Verständnis von Ethik an einer klassisch elitären Sicht festhält.

Perspektive eine große kulturtragende Aufgabe - von Anfang an als Bewusstseinsleistung missverstanden. In der schamanischen Zeit war es für das Kollektiv nicht entscheidend, welche Vorstellung der Einzelne vom Geist in den Dingen hatte. Jeder Einzelne konnte sich von der Lebendigkeit dieses Geistes selbst überzeugen. Doch nun braucht das Kollektiv die offene Zustimmung seiner Mitglieder, weil es nirgendwo in der Wahrnehmung - und zuletzt auch nicht im stillen Innersten - einen Beleg für den Geist im Jenseits gab.

- Immer schon Ichmetaphysik

Erst rückblickend erkennen wir, dass der Anfang des metaphysischen Zeitalters auch der Beginn des Ichs war - als Eigenschaft der Psyche mit seiner glaubensbestätigenden Kraft und als soziale Schnittstelle der psychopolitisch komplexeren Welt. Eine lange, schmerzhafte Zeit bis zum reinen Ich*geist* wird sichtbar. Die metaphysische Krise als Ganzes ist die Geburt des Ichs, eines Ichs, das zuletzt die Projektionsleistung der Psyche und seinen sozialen Anteil erkennt und die Projektion dynamisch zurücknehmen kann. Und die lange Geburtsphase war notwendig, weil die Geistprojektion der animistischen Zeit nicht länger unerkannt bleiben, die Wirklichkeitserschaffung des Egotunnels[3] aber noch nicht durchschaut werden konnte (der Blick auf die Sache Gehirn war gerade erst möglich geworden). Ding und Geist mussten getrennt werden, aber mit dem Preis, dass der Geist Teil der Menschen- und der Götterwelt werden musste. Der Weg führte über eine eingebildete Abspaltung ins Jenseits, die natürlich auch machttechnisch große Vorteile bot und von den Herrschenden gefördert wurde. Tatsächlich ging die Spaltung von Anfang an durch jedes einzelne Individuum hindurch, das die Projektion jeden Tag

---

[3] Siehe Kapitel IV.2, *Thomas Metzinger: Der Ego-Tunnel*

frisch halten musste. Über der Geburt des Ichs liegt ein metaphysischer Fluch. Doch diesen Weg ist unsere Kultur nun mal gegangen, um die störende Vermischung aus Geist und Natur aufzulösen.

- Das Ich und der Humanismus

Ich werde in diesem Buch auf das Thema Humanismus nicht gesondert eingehen, abgesehen vielleicht vom Kapitel III.3 über Max Stirner, da sich dessen Kritik hauptsächlich gegen den Humanismus seiner Zeit wendet. Ich weise hier darauf hin, dass das metaphysische Zeitalter auch das Zeitalter des Humanismus ist. Statt von der Ichoffenbarung könnten wir auch von der Offenbarung des Humanismus im 19. Jahrhundert sprechen. So wie wir die monotheistischen Zeiten nur als getarnte Vorstufen des eingebildeten Ichs verstehen, so könnten wir sie auch als getarnte Vorstufen des Humanismus interpretieren. Es geht immer um die Großartigkeit und die eitle Selbsterhöhung des Menschen, um seine Sonderstellung in der belebten Natur, um seine eingebildeten metaphysischen Verbindungen. In diesem Buch geht es aber um den Einzelnen, um seine Rolle im humanistisch-metaphysischen Spiel und um die Tatsache, dass die Diesseits-Jenseits-Spaltung zuletzt und zuerst durch jeden Einzelnen hindurchläuft. Tatsächlich gibt es diesen Riss nur im Einzelnen, er muss ihn ertragen. Die ganze humanistische Moral hilft ihm dabei nicht, sondern verschärft sein Problem.

Unter Kultur verstehe ich durchgängig alles, was in unserem menschlichen Lebensraum stattfindet und von Menschen beeinflusst wird, ob nun gewusst oder nicht. Das Erzeugen und Unterhalten von Atomkraftwerken gehört genauso dazu wie das Schulsystem oder die kapitalistische Politik. Wenn alle Menschen ausgestorben sind, bleibt nur noch schiere Natur mit den Kulturen anderer Tiere angefüllt plus menschlicher Artefakte, aber die menschliche Kultur wäre tot. (Es sei denn, intelligente Computer würden überleben und unsere Kultur in modifizierter Form fortführen.)

humanistische Moral: Momentan, Anfang 2016, schlägt sie in der Flüchtlingskrise wieder hohe Wellen. *Seriöse* Journalisten finden viele Worte für die richtige, die gute Menschlichkeit, die sie auf rätselhafte Weise von der Unmenschlichkeit unterscheiden können. Ich stelle mir dann vor, wie das klingt, wenn wir bei Tierarten auch moralisch unterscheiden würden: das unschweinige Schwein, der unschimpansige Schimpanse.

3.2 Vom metaphysischen zum gewusst projizierten Ich

- Die Ichbeteiligung übergibt die Überwindungsverantwortung an den Einzelnen

Und nun zurück zu der These, dass es nicht reicht, die Metaphysik durch Denken zu überwinden. Denn jeder Einzelne muss die Projektion, die sich mittlerweile zum reinen Ichgeist entwickelt hat, in sich selbst zurücknehmen. Wir können aber nicht zurück in die Unschuld unseres Körpers mit seiner Naturverwobenheit als Materie-Geist-Brei. Wir müssen diese Spaltungskrise, diese Psychokrankheit produktiv überwinden. Im Klartext: Wir müssen einen Weg finden, ein psychopolitisch kommunikativ verantwortliches Ich zu behalten, ohne ihm einen abspaltbaren Geist zu unterstellen. Wie kann ich ein Ich haben, das nicht der eingebildete freie Herrscher über meinen Körper ist? Wie kommen wir heil aus dieser Krise heraus? Wie kommen wir zurück in die *eine* Welt, ohne die eigenen Projektionskräfte leugnen zu müssen? Ein neues Denken wird nicht reichen. Wir müssen unser ganzes Leben so ändern - jeder Einzelne -, dass wir tagtäglich das dynamische Kunststück der Projektion und der Rücknahme der Projektion bewältigen können.

Wir können aber auch nicht zurück (oder vorwärts) in ein Weltbild, in dem die Welt nur aus *Geist* besteht. Schon bei den alten Griechen gab es die Idee, unsere ganze Welt sei nur der Traum eines Gottes, und heute können wir uns das Weltall als Computersimulation in einem Supersystem einer höheren Zivilisation vorstellen. Ich habe mich eine Zeit lang mit dem Weltbild Don Juans aus den Büchern von Carlos Castañeda beschäftigt, der die eine Welt aus der schamanischen Sicht zu Ende gedacht hat: Alles ist Energie und die Wirklichkeit ist das projizierte Produkt eines sogenannten Montagepunktes innerhalb eines Energiekörpers. Alle diese Sichten haben den einen großen Vorteil, die Welt nicht spalten zu müssen, aber sie haben auch den Nachteil, dass wir uns vor der Aufgabe drücken können, unser Projektionsproblem zu lösen. Nur die naturalistische Sicht auf unsere Welt (und unser Gehirn) stellt uns die Aufgabe, uns von naiven Realisten zu gewussten Wirklichkeitsprojizierern zu entwickeln - mit allen sozialpsychologischen Konsequenzen.

- Die sachliche Entwicklungslogik in Außenprozessen kommt uns entgegen

Glücklicherweise kommen uns Prozesse entgegen, die die evolutionären Kräfte der Kultur hervorgebracht haben. So wie die militärische Bauernkultur das Aufgeben des Animismus beförderte, so wird die Computerkultur dem Einzelnen zu seinem Recht und zu seiner Kraft verhelfen (wenn wir es geschickt anstellen und neue Machtkonzentrationen verhindern). Die Hierarchien und Kapitalkonzentrationen werden störend und überflüssig. Der Computer wird dabei nicht nur direkt dem Einzelnen mit Weltwissen dienen, er wird auch die gesamte Wissenschaft und Technik revolutionieren und damit für einen Entwicklungssprung der Produktivität sorgen. Alle Produktions- und Verwaltungsprozesse werden sich stark verändern. Das wird auch für intellektuelle Berufe gelten, wie typischerweise bei Ärzten, Lehrern und Journalisten: Die Tendenz zur Bevormundung von oben wird stark abnehmen. Der Computer wird die Einzelnen vernetzen und ihnen die Fähigkeit zur kollektiven Steuerung des Ganzen geben, weil er sie gleichzeitig mit dem ausreichenden Wissen versorgen kann. So bekommen wir den potentiell alles wissenden Einzelnen in einer nur von ihm gesteuerten, völlig flachen Direktdemokratie. Dieses so lebende Individuum wird ganz selbstverständlich das Selbstbewusstsein haben, sich ohne Ichgeisteinbildung und Willensfreiheit in sich selbst wohl zu fühlen: autark, autonom und mitfühlend, und zwar nicht nur für das Menschliche. Die Frage, mit der wir uns in diesem Buch beschäftigen, lautet: Wie kommen wir mit unserer heutigen, immer angstvollen, eingebildeten Ichmächtigkeit dorthin?

Den Begriff Selbstbewusstsein verwende ich - soweit nicht anders erkennbar - in der Bedeutung „starkes *diesseitiges* Ich", wobei der bewusste Anteil nicht im Vordergrund steht, sondern die reflektierte Selbständigkeit, gelegentlich als das tatsächlich im Gehirn vorhandene Bild von sich selbst übersetzbar. In allen anderen Fällen spreche ich von Selbstwertgefühl oder Selbstgefühl. Der Begriff *Selbst* hat damit die Bedeutung des Rückbezugs auf sich selbst als Individuum, als Körper. Die spirituelle Tradition (siehe auch die Autoren der Leseübungen in Teil IV) hat im Gegensatz dazu das Ich mit dem Individuum in Verbindung gebracht und dem Selbst eine höhere und abstraktere Bedeutung gegeben. Auf diese Weise konnte das Alltagsich still und ungestört seinen metaphysischen Anspruch entfalten.

3.3 Das durchaus beachtenswerte Zwischenergebnis: die Aussicht auf das Ende

Die Naturwissenschaftler - auch tätig seit den Anfängen mit Aristoteles - haben mittlerweile gelernt, das Ganze als Vernunftgrund dem Unerkennbaren zu überlassen, ohne die Suche nach „Wahrheit" als Sachlogik oder das immer feinere Abtasten der Wirklichkeit aufgeben zu müssen. Sie machen sich einfach Arbeitshypothesen vom Ganzen und sind damit zufrieden, wenn das Ergebnis des nächsten Forschungsschrittes ein neues Modell, eine neue Theorie ist. Dieser Schritt zur immer vorläufigen Theorie, den ich in diesem Buch dem nichtwissenschaftlichen Denken zugänglich machen möchte, wird für den philosophischen Alltagsgebrauch erst verständlich, wenn wir die menschlichen Geistprojektionen vom Himmel herunter- oder aus unserem Innersten wieder zurückholen.

- Die einigende Kraft der gleichen Geistprojektion

In unseren Versuchen, die Wirklichkeit zu erklären, waren wir immer schon mit Theorien zufrieden, wir haben sie nur nicht als solche erkannt, sondern sie als Botschaften von Göttern (beziehungsweise ihren Priestern) missverstanden. Ein Gott, auch wenn man sich von ihm kein Bild

I. Ein Überblick

Großtheorie: Ich gehe hier nicht näher auf den Unterschied zwischen Ideologie und Theorie ein, weil ich große Teile dieses Buches der Veranschaulichung des Gedankens widme, dass mächtige Menschen wie zum Beispiel Moses aus dem Alten Testament nur dann erfolgreich eine Ideologie im Volk etablieren können, wenn sich auch im Psychohaushalt der Einzelnen ein Vorteil ergibt: die Gottesprojektion als Wegbereiter der Ich-Ideologie. Jede moderne Diktatur, wie die faschistische oder kommunistische, muss zuletzt von den Psychen im Volk getragen werden. Gewalttätige Versklavung der Einzelnen wurde unökonomisch. Wenn die Menschen heutzutage nur laut genug „Wir sind das Volk" wiederholen, fegen sie jede Diktatur hinweg. Die Intention dieses Buches: Wenn die Einzelnen sich den Satz zutrauen „Ich erkläre mir die Welt selbst", dann werden sich die metaphysischen Gespenster in heiße Luft auflösen und die Schimäre aus Ich-Persönlichkeit und Körper wird zu einer individuellen Einheit verschmelzen. Das Wort Ich wird auf die körperliche Identität verweisen und nicht auf eine gespenstische Persönlichkeit.

Ichoffenbarung: Wie wir weiter unten mit Hilfe von Max Stirner noch erläutern werden, war der Schritt vom allgemeinen Humanismus zur reinen, anmaßenden Ichoffenbarung nicht sehr weit.

Die Ablösung von den Von-Oben-Traditionen: Die metaphysische Abspaltung verlagert sich zunehmend in den einzelnen Menschen als einzigem Ich-Träger und bedroht ihn mit Wahnsinn. Aushaltbar ist das nur mit viel Werbung, vielen Heldenfilmen und besonders den Vorabendserien, die Persönlichkeitsklatsch und Werbung kombinieren.

machen durfte, ist die erste eigenständige Großtheorie. Es macht keinen so großen Unterschied, ob wir die Nachbarn umbringen, weil wir an den wahren Gott glauben, oder ob wir sie umbringen, weil wir einfach kollektiv vereinbart davon ausgehen, dass wir uns einen richtigen Gott (oder ein Ich) einbilden. Das Ergebnis ist das gleiche: Wir finden zu einer Identität, die uns einig und stark macht. Ich behaupte, dass wir still und leise dieses Wissen der letzten zweieinhalbtausend Jahre zur Verfügung haben und mitlaufen lassen. Moses und Kant haben es in ihrem Umgang mit den Göttern vorgeführt: Moses wusste, dass er die Gesetzestafeln geschrieben hatte (das Volk sollte glauben) und Kant wusste – mit einer eigentlich noch größeren Anmaßung, dass wir uns für die praktische Vernunft besser wieder einen Gott zulegen (damit die Akademiker dem Volk gegenüber vom Ganzen sprechen können).

- Von der Vereinigungsprojektion durch Manipulation von Oben zur Ichausstattung aus den Tiefen der Kultur

Heute gilt es festzuhalten, dass bisher alle einigenden Projektionen von oben gesteuert wurden. Da der Gottglaube seine Kraft verloren hat, können wir die Manipulationen der Priester und Könige seit Moses gut durchschauen. Aber die humanistisch-akademische Zumutung seit Kant haben wir noch in den Knochen, weil sie direkt zur aktuellen Ichoffenbarung führte. Die zunehmende Verselbständigung des Ichs (jede Persönlichkeit scheint wie aus der eigenen Natur heraus zur Freiheit fähig zu sein) geht einher mit einer immer stärkeren Ablösung der Persönlichkeit von den metaphysischen Von-Oben-Traditionen und speist sich direkt aus der nicht mehr hierarchischen Breite der Kultur. Wie ich als vermeintlicher Leistungsverächter[4] (nach Peter Sloterdijk müsste ich mich nach meiner Kompetenzkritik so verstehen) noch bei der Interpretation der drei Autoren Jürgen Habermas, Thomas Metzinger und Peter Sloterdijk im Teil IV, *Leseübungen*, zeigen werde, gibt es auf sehr verschiedene Weise einen Widerstand aus den Eliten gegen die völlige Ablösung der Von-Oben-Einflüsse. Neben der Würdigung ihrer großen Beiträge zu meiner Lebenstheorie werde ich zeigen, wie jeder einen anderen Ausweg findet, sich an entscheidender Stelle die Aufrechterhaltung des Von-Oben-Anspruchs zu erhalten.

---

[4] Zur Verwendung des Wortes „Leistungsverächter" durch Peter Sloterdijk siehe das Zitat im Kapitel IV.3.4, *Sloterdijks Von-oben-Philosophie*

- Die Aussicht auf das Ende der psychotischen Krise

Dennoch stehen alle drei Autoren in erster Linie für den Kampf um das Ende der metaphysischen Krise, weshalb sich das genauere Lesen auch tatsächlich lohnt. Aber die Krankheit endet nicht, weil einige geniale Philosophen oder Sozialwissenschaftler es zu Ende denken, sondern weil die Krankheitsgeschichte einen inneren Druck produziert, der zu einer Überwindung der Krise führt: Weil die positiven Effekte der Krankheit sich verbrauchen und zunehmend die Lebensfähigkeit des ganzen Körpers bedroht wird, weil das verrückte Intelligenzselbstverständnis der Menschheit in diesem psychotischen Schub genau die Intelligenz in Form von Computern aus sich heraussetzt, die sie für ihre eigene gehalten hat.

- Die neue Verantwortung

Und vor allem bringt die Krankheit ihr eigenes Ende hervor, weil der sich zuspitzende Ichwahnsinn die Menschen entweder umbringt (vielleicht indirekt durch den entsprechenden Umgang mit der Natur) oder der Einzelne einen Weg findet, sich verantwortungsvoll gegenüber der restlichen Welt um ihn herum zu verhalten (einschließlich der anderen Menschen), ohne sich dem Ich-bin-frei-Wahnsinn zu ergeben. Wir brauchen also keine übergeordnete Evolutionslogik zu unterstellen, sondern uns nur die bisherige Entwicklung der Krankheit anschauen. Das von mir erkennbare Ergebnis lässt hoffen. Aber vielleicht kommt es auch so, wie im Film *AI* von Steven Spielberg, in dem die Menschen sich abschaffen und die Evolution einer verantwortungsvoll mitfühlenden Spezies von menschenähnlichen Wesen auf der Basis von künstlicher Intelligenz anstoßen.

psychotischen Krise: In meinem Kopf hat sich mit den Jahrzehnten der Lektüre verschiedenster Fachbücher folgende Einteilung von der Schwere psychischer Erkrankungen abgelagert (soweit sie nicht körperlich bedingt sind): Die schwerste Erkrankung ist die Psychose (oft eine Persönlichkeitsspaltung), die meistens auf Verletzungen und Abspaltungen vor dem Erreichen des dritten Lebensjahres zurückzuführen sind (praktisch unheilbar). Die zweitschwerste ist die Borderline-Persönlichkeitsstörung, zurückzuführen auf psychische Verletzungen in der Kindheit, die wir noch erinnern können (schwer heilbar). Die dritte Störung ist die Neurose (psychische Störungen), die meistens mit der Pubertät entsteht (nicht selten heilbar). Wie ich in Kapitel III.4, *Entstehung beim Einzelnen: Zur traumatischen Implementierung des Ichkerns durch die Mutter,* versuche plausibel zu machen, wird der schizophrene Wahnsinn der Diesseits-Jenseits-Spaltung tatsächlich vor dem dritten Lebensjahr in unsere Psychen eingebaut, sodass wir zurecht von einer kollektiven Psychose sprechen können.

---

[i] Da wir in diesem Buch Sichthöhen einüben, aus denen Zeitalter und Welterklärungsmuster (Grundstrukturen der Weltbilder) sichtbar werden, habe ich eine Grafik mit der *Entwicklung der Weltbilder* aufgebaut, wie sie sich mir darstellt (nächste Seite). Die metaphysische Zeit der Ichentwicklung habe ich in zwei Phasen aufgeteilt, M1 und M2 (A steht für animistisch-magisch und N steht für naturalistisch). Die Weltbildmuster sind zeitlich nicht genau trennbar, außerdem existieren sie auch heute noch praktisch alle zeitlich parallel oder gesellschaftlich ver-

teilt über die verschiedenen Gruppen und Schichten. Zum Beispiel waren die europäischen Intellektuellen, aber auch Teile der Arbeiterschaft), zu Beginn des zwanzigsten Jahrhunderts schon einmal mehrheitlich beim Weltbild N angekommen (der Nietzscheeffekt), aber nach den Weltkriegen gab es ein großes Zurück zu den metaphysischen Weltbildern. Auch die in diesem Buch immer präsenten Philosophen wie Jürgen Habermas und Peter Sloterdijk sehe ich noch im Weltbild M2 verhaftet.

Entwicklung der Weltbilder

Spätestens mit dem neolitischen Zeitalter (~10'000 J. vuZ): animistisch-magisch, monistisch, alles ist beseelt (A)

Mit der Achsenzeit (~500 J. vuZ): göttlich metaphysisch, real dualistisch, monotheistisch, Gott hat eigene Substanz (M1)

Mit der bürgerlichen Kultur (seit ~1800): geistig metaphysisch, epistemisch dualistisch, Geist hat objektive Realität (M2)

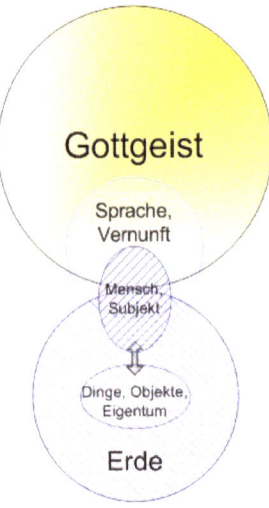
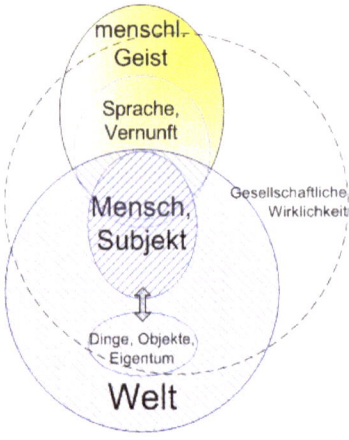

Mit dem selber denkenden Bildungsbürger (Ende 19. Jht): naturalistisch ohne Geist, monistisch, Kultur ist das Resonieren der lebenden Menschen (N)

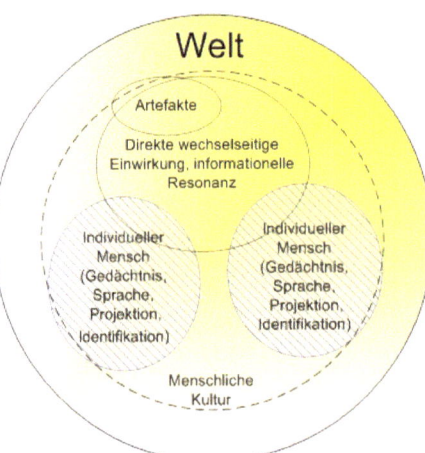

4. Der metaphysische Problemhorizont

- Geist in der Diesseits-Jenseits-Welt: Metaphysik

Nun zum Basiswort Metaphysik: Im Bild vom Krankenbett habe ich von der Geist-Eigentum-Krankheit gesprochen und damit die beiden Begriffe erwähnt, die uns helfen sollen, vom philosophischen Terminus Metaphysik zur Wirklichkeit zu gelangen, oder besser gesagt zu dem, was bei jedem einzelnen Leser in seinem Kopf bei diesem Begriff mitschwingt. Doch bevor wir darauf eingehen, welche Rolle das Eigentum beim Krankheitsbild spielt, zunächst ein genauerer Blick auf Metaphysik und Geist.

Die metaphysische Sicht spaltet die Welt in eine diesseitige und eine jenseitige. Die Substanz der diesseitigen, erfahrbaren Welt soll dabei die Materie, und die Substanz der jenseitigen Welt soll der Geist sein, zu dem der Mensch auch - irgendwie - eine Verbindung haben soll. Der Mensch wird also im Unterschied zu den Tieren als eigentümliches Zwitterwesen zwischen diesen beiden Welten oder Weltteilen gesehen.

- Geist als Substanz

Dass die Menschen zu einer Aufspaltung der Welt in Geist und Materie kamen, lässt sich leichter auf dem Hintergrund verstehen, dass sie siebzigtausend Jahre an die Beseeltheit oder Geistigkeit der Welt geglaubt haben, also ihre eigenen Projektionen in keiner Weise durchschauen konnten. Doch das entscheidend Neue zu Beginn unseres Zeitalters ist die Vorstellung, dass dieser Geist eine eigene, von unserer Wahrnehmung und der wahrnehmbaren Welt unabhängige Substanz, also eine von unserer materiellen Welt völlig verschiedene und unabhängige Existenz hat. Das Praktische an der Geistvorstellung war schon immer, dass man den Geist nicht sehen konnte. Nachdem wir uns

---

jedem einzelnen Leser: Ich kann natürlich hier nicht die Welterklärung jedes Einzelnen ansprechen. Solche mir leicht aus der Hand rutschenden Formulierungen sind aber nur dann gänzlich falsch, wenn der Leser dem Text die klassische Autorautorität mit einer in sich geschlossenen Aussage unterstellt. Der Textinhalt, der mir vorschwebt, entsteht aber erst, wenn sich eine Resonanz zwischen meinem Text und dem Gehirninhalt des Lesers ergibt. Versetze ich mich in diese zukünftige Wirkungsebene, dann spielt tatsächlich die Welterklärung jedes einzelnen Lesers mit. Ich spreche also von Ihrer Welterklärung als Leser.

Substanz ist so ein schönes philosophisches Wort, das glücklicherweise relativ klar definiert ist: Ein Ding oder Wesen mit eigener Substanz hat ein selbständiges Sein. Wenn der Geist also im Jenseits existierte, dann hätte er auch Substanz. Man sollte sie auch heute nicht mit der *Masse* der Physik verwechseln, denn es gibt im aktuellen Standardmodell Seinsformen ohne Ruhemasse, beispielsweise Photonen. Gleichwohl gehe ich in meinem Weltbild mit einer naturalistischen Sicht davon aus, dass tatsächlich nur *das* Substanz hat, was Teil der natürlich-materiellen -statischen- Welt ist. Wir können die Wirklichkeit zwar nicht mehr statisch sehen, aber bei dem Begriff Substanz stellen wir uns eher ruhende Materie vor. Danach hat Information keine Substanz, der Datenträger aber sehr wohl. Die Quantenphysik hat uns zwar auf den ersten Blick den Glauben an die ruhende Festigkeit der Materie erschüttert, uns aber mit dem zweiten Blick und den hochgenauen Vorhersagen der Wellenfunktion gezeigt, dass die Welt um uns herum sehr streng und verlässlich nach Naturgesetzen funktioniert, was auch immer die grundlegendste Substanz sein mag.

heutzutage so etwas Unfassbares wie Information vorstellen können, ohne dabei an Geister zu glauben, wird erst verstehbar, wie fatal es für die metaphysische Sicht gewesen wäre, wenn jemand jemals nachweisbar einen Geist gesehen hätte.

Die ganze Materie-Geist-Spaltungsbehauptung konnte nur funktionieren, wenn der Geist hundertprozentig unwahrnehmbar war. Erste Religionsgründer wie Moses, die oft gegen den Widerstand des Volkes monotheistische Herrschaftssysteme etablieren wollten, müssen sich im Stillen auf die Nichtexistenz ihrer Götter verlassen haben. Nur Gott hätte bezeugen können, dass Moses die Gesetzestafeln selbst geschrieben hatte. Aber Moses wusste auch, dass von dort keine Gefahr drohte.

- Aneignung durch Geistbehauptung

Die Aufspaltung der Welt in Geist und Materie ist die einfachste und grundlegendste Erläuterung des Begriffs Metaphysik. Um zu verstehen, welche Funktion die Projektion des Geistes und der monotheistischen Götter hatte, müssen wir uns die Verwendung der Geist- oder Gottvorstellung etwas genauer anschauen. Dabei fällt historisch auf, dass mit den monotheistischen Göttern eine neue Form von Eigentum entstand: das Besitzen von Land als Produktivkraft, das Besetzen und dauerhafte Besitzen von Land für Ackerbau und Viehzucht. Auch hier dient das Alte Testament als nützliche Quelle. Die Landnahme durch die von Moses geführten Israeliten in Kanaan kann man als Geburtsstunde eines sesshaften Bauernvolkes betrachten. Dabei kommt es gar nicht darauf an, was historisch im Nahen Osten wirklich passiert ist. Im schriftlich festgehaltenen Gedächtnis unserer Kultur ist das Schicksal eines Volkes mit der Besitznahme von Land verbunden. Die Entstehung des einen Gottgeistes und die Landnahme sind eng miteinander verwoben und wirken im israelisch-palästinensischen Konflikt bis heute nach, bei dem es immer noch in der Siedlungspolitik um Landnahme

Wir haben heute eine recht genaue Vorstellung von Information, weil wir massenhaft und weltweit mit Computern umgehen und das Internet kennen, in dem Information - von Menschen und Computern - permanent ausgetauscht wird. Dieser Schritt ist kulturell von größter Bedeutung, weil wir uns nun vorstellen können, dass es zwar materielle Datenträger gibt, die Information aber erst im kommunikativen Austausch von Daten entsteht. Unser Weltbild ist dynamisch und kommunikationsorientiert geworden: Die Welt bleibt statisch gesehen materiell, aber es gibt Phänomene, die nur in Bewegung und im interpretierenden Austausch ein Teil unserer Wirklichkeit sind. Mit der Information wird die Wirklichkeit nicht mehr nur substantiell, sondern auch informationell. Außerdem können wir uns nun etwas unter künstlicher Intelligenz vorstellen, weil auch ohne Beteiligung eines Menschen Rechner Informationen austauschen. Der Mensch hat sein Privileg auf „Geist" verloren und damit den Geist überhaupt.

Schon im alten Ägypten, das Moses ja kannte, machte Pharao Echnaton den Versuch, die Vielfalt der alten Götter durch den einen Sonnengott zu ersetzen, um die Priester zu entmachten und seine Macht absolut zu setzen. Ganze Städte und riesige Tempel wurden zu diesem Zwecke gebaut, aber das Volk wollte seine Religion nicht annehmen, wie auch die Israeliten lieber um das goldene Kalb tanzten.

Die Kenner des Alten Testaments könnten natürlich auch erwähnen, dass Abraham selbst als der anerkannte Urvater aller unserer monotheistischen Religionen (Judentum, Christentum, Islam), schon eine Landnahme vorgenommen hatte. Allerdings hatte er das Land nicht erobert, sondern er war nur mit seiner Familie nach Kanaan gezogen. Der bis heute nachwirkende Charakter der Besitznahme äußert sich aber umso klarer darin, dass nach Überlieferung Gott ihn dazu aufgefordert und ihm dieses Land gezeigt hat. Man kann sich einfach keine bessere Legitimation für das Besetzen von Land vorstellen, als dass der einzige und wahre Gott dir sagt, dass du genau dieses Land in Besitz nehmen sollst. Solange Israel ein jüdischer Staat ist, wird keine politische Vernunft dieser Welt ihre Siedlungspolitik ändern. Zu dumm, dass die Palästinenser sich auf den gleichen Abraham berufen. Produktivkräftebesitz (das heißt, Landeigentum und, zunehmend für unsere Reichen im Westen, der Besitz an Produktionsstätten und Serverfarmen) ist nach wie vor für die Eigentümer ein guter Grund, den richtigen Gott auf ihrer Seite zu wissen.

geht. Wir werden uns später genauer mit dem Zusammenhang von Geist und Eigentum beschäftigen, wir halten hier zunächst fest, dass ein wesentlicher Effekt der Behauptung eines jenseitigen Gottgeistes darin besteht, Diesseitiges als Eigentum markieren zu können.

- Der Ichgeist

Doch die Beziehung zwischen Herr und Eigentum zu stiften, ist nur die eine Funktion des Geistes. Seine mindestens so wichtige andere Funktion ist seine Beziehung zum Individuum, das immerhin durch seine Projektionskräfte das Leben des Geistes permanent aufrechterhalten muss (sterben die Bilder in den Gehirnen, stirbt auch der Geist) und das auch will, weil er durch die Nähe zum Geist eine enorme Aufwertung erfährt (der Trick der Herrschenden: der Eitelkeit schmeicheln). Doch es gibt auch eine körperliche Basis: Die Natur unseres Gehirns verurteilt uns zu einer permanenten Projektion von Pseudowirklichkeit. Schon in den animistisch-magischen Jahrtausenden war der Geist ein regelrecht unvermeidbarer Nebeneffekt dieser Projektionskräfte, die bis heute als solche nicht erkannt und nicht zurückgenommen werden können. Die Verselbständigung des Geistes ins Jenseits und das Andichten von Substanz müssen also direkt einhergehen mit einer Veränderung des Projektionsmechanismus, also mit einer Veränderung in der Psyche der einzelnen Individuen. In dieser einleitenden Erläuterung nur kurz die Hauptthese zur Veränderung des kollektiven Psychomechanismus: Mit unserem Zeitalter beginnt gleichzeitig auch die Geschichte unseres Ich. Wie das erwähnte Wort vom Zwitterwesen schon deutlich macht, kann die metaphysische Spaltung der Welt vor dem Einzelnen nicht Halt machen, im Gegenteil: Die Psyche des Individuums ist von Anfang an der eigentliche Ort der Spaltung. Die Wirklichkeit kennt keine Spaltung, sie findet nur informationell in den Köpfen der Menschen statt. Die metaphysische Krankheit ist eine Einbildung der Psyche. Unser Ich ist die Bruchlinie in jedem Einzelnen. Nur ein Ich kann eingebildet mehr sein, als die Grenzen des nahtlosen Körpergewandes ihm vorgeben. Nur ein Mensch, der glaubt, dass er eine unsterbliche Seele

---

Es ist sicher nicht einfach, sich unter dem Zurücknehmen der Nebeneffekte von Projektionskräften etwas vorzustellen. Vereinfachen wir auf die Frage, wie wir Projektionen zurücknehmen können und nehmen wir als Beispiel zunächst die angesprochene Urprojektion unseres Gefühls von Wirklichkeit. Tatsächlich sind wir auf diese Projektion angewiesen und können sie im Sinne von Rückgängigmachen auch nicht zurücknehmen. Aber wir können die Tatsache, dass unsere wahrgenommene Welt nicht der Wirklichkeit entspricht, in unser *Wissen* einbauen und durch gewisse Übungen, mit denen wir uns noch beschäftigen, auch ein Gefühl dafür entwickeln. (Dass unsere Kinder sich zum Beispiel ständig mit Handys fotografieren und anschauen, bewirkt eine gewisse Distanz zu ihrem Wirklichkeitsgefühl.) Mit dem Wissen nehmen wir dann weniger die Projektion als den naiven Glauben zurück, unsere Wahrnehmung bilde die Wirklichkeit ab. Bei anderen Projektionen, wie bei Geistern oder unserer Ichmächtigkeit, die sich erst kulturgetragen entwickelt haben, sieht das anders aus. Eine Gottesprojektion können wir zurücknehmen, genauer, damit aufhören, und ähnliches gilt vielleicht für den Glauben an den freien Willen. Schwierig wird es bei der Rücknahme des Gefühls, dass unser Ich den Körper steuert, dafür werden die meisten Menschen eine kulturelle Unterstützung brauchen. Der Lernweg dorthin könnte von dem bestimmt sein, was ich einen Projektionsdynamo nenne. Wir üben, einer Projektion häufig einen Akt der Rücknahme folgen zu lassen beispielsweise durch eine einfache, sehr kurze *Meditationsübung*, bei der wir das Bewusstsein von einem Ganzkörpergefühl überfluten lassen. In diesem Gefühl ist einfach kein Platz für ein besitzendes Ich. Ich-projizierende Handlung gefolgt von einer kurzen Ich-auflösenden Meditation. Also genauer ein Projektions-Rücknahme-Dynamo, ein Wechsel aus Projizieren und Zurücknehmen unter Zuhilfenahme der beiden in diesem Buch vorgeschlagenen Hauptmittel: Theoriebildung (Wissen) und Meditation. Zum Thema Theoriebildung kann nicht oft genug angemerkt werden, dass die Wirkung eines wirklichkeitsprägenden gefühlten Wissens sich nur einstellt, wenn das Weltbildtheoriegebäude von jedem Einzelnen selbst erbaut wurde.

hat, die das innere Licht seines Bewusstseins bildet, kann in seiner Einbildung sowohl Körper wie Geist zugleich sein. Doch im Unterschied zur offensichtlichen Jenseitigkeit von Geist und Seele konnte das Ich die Eigenschaft einer sozialen Schnittstelle im Diesseits entwickeln und seinen Jenseitigkeitsgehalt hinter dieser Schnittstelle verstecken. Der riesige Preis war und ist eine jeden Einzelnen erfassende Schizophrenie, ein kollektiver Wahnsinn.

- Ich, Geist, Eigentum und Macht

Erst jetzt können wir das ganze Krankheitssyndrom aus Ich, Geist und Eigentum dingfest machen: Die tatsächliche Psychospaltung hat bei den Menschen ein Selbstbild hervorgebracht, bei dem eine *geistige*, informationelle Instanz, das Ich, den Körper besitzt. Mein Ich ist der Befehlshaber über den Körper. Und so wie ich Macht über meinen Körper beanspruche, will ich Macht über die anderen Körper. Das Ich basiert auf der Geist-Eigentum-Logik und hat als naheliegendes Ausdrucksmittel den Willen zur Macht. Die Menschen haben Jahrtausende gerne geglaubt, dass ein Gott, für den viele blühende Menschenleben geopfert wurden, doch wohl irgendwie existieren muss (all die Opfer umsonst, das kann doch wohl nicht sein!). Etwas Substanzloses giert logischerweise nach den wertvollsten Substanzen. Analog haben wir beim Ich die Gier nach Macht über die anderen Ichs. Ich muss einfach ein Ich haben, wenn ich über tausend Sklaven, Leibeigene oder Kinder befehle. Mein Ich ist wirklich, weil ein anderes Ich tut, was ich ihm sage. Die einzige Voraussetzung für all das: Der Mensch muss sich eine verklebte Einheit aus geistgeborenem Ich und Körper einbilden.

> Stellen Sie jedem beliebigen Menschen in unserem Kulturraum die Frage, ob der Körper unter seinem Kopf sein Körper ist. Er wird mit überraschtem Staunen ein „Ja, natürlich" antworten. Heutzutage, im Stadium der Ichoffenbarung, sehen sich alle Menschen als Persönlichkeit, die wir als wesentliche Eigenschaft des Ichs verstehen können.

> Zum Stichwort Befehlshaber vorweg zur Einstimmung auf das Buch: Die ganzen Machthierarchien im Schlepptau der Metaphysik haben im Besitzverhältnis des Einzelnen zu sich selbst ihre unerschütterliche Basis. Meine These: Solange wir die Ichschizophrenie in uns nicht heilen, werden wir auch die Herrschaft von oben nicht los.

> Man kann das Stichwort Wille zur Macht nicht erwähnen, ohne an Nietzsche zu denken. Mein Verständnis vom Willen zur Macht ist allerdings ein ganz anderes: Der Wille zur Macht ist keine universelle Lebenskraft, sondern Macht ist nach meinem Verständnis auf die Welt der Ichs beschränkt. Nur das mit eingebildeter Substanz aufgeladene Ich will Macht als nachgeschobenen Beweis für seine vermeintliche Substanz. Es bleibt freilich beim Wollen, denn die Natur kennt keine Macht, dort gibt es nur Ketten von Wirkungen und aufs Ganze gesehen nicht einmal Ursachen, sondern nur Kräfte. Was wir psychopolitisch unter Macht verstehen, ist eine grobe Abstraktion von tatsächlichen körperlichen oder psychischen Unterdrückungen. Macht ist also bestenfalls ein Teil der sogenannten zweiten Natur und hat viel zu tun mit Wertkonten, die in den einzelnen Köpfen geführt werden.

- Nochmal Altes Testament: Adam und Eva

Vielleicht ist es hilfreich, nochmal kurz zum Thema Eigentum zurückzukehren, weil manchem Leser sicher der Gedanke kommt, dass das Phänomen Eigentum schon deutlich älter ist als das Bedürfnis nach festem Landbesitz beim Säen und Ernten. Wir kehren nochmal zum Alten Testament und zu Adam und Eva zurück. Mit diesem Urpärchen

I. Ein Überblick

erkennen, dass sie nackt sind; Vielleicht haben Sie auch eine Erinnerung an Jugendtage bei der Lektüre des Alten Testaments, als dort plötzlich von Sex die Rede war. Ich fühle noch jetzt die Verwunderung über die Formulierung, dass die Liebemachenden sich erkannten. Was haben sie gesehen sich in die Augen schauend? Erst später wurde mir klar, dass hier schon zwei Persönlichkeiten Sex machten, die sich als Ichs erkannten und damit sich vom tierischen Sex zu unterscheiden glaubten. Wir haben also den Gegenvorgang zu dem bei Adam und Eva, die sich erst als Tiere entdeckten und schämten.

Macht: Um das sich abzeichnende neue Machtverhältnis der Geschlechter besser zu verstehen, sollte man vielleicht daran erinnern, dass in den vergangenen siebzigtausend Jahren eher die Frau im Mittelpunkt des gemeinsamen kulturellen Geschehens stand. Außerdem war der Anteil der Männer an der Kinderproduktion unbekannt und die Erblinie war daher eher matriarchal. Ein Übergewicht der weiblichen Sexualität hatte also schon eine lange Tradition (siehe die üppigen Figuren der Muttergottheiten). Der Hauptteil der Nahrung wurde damals auch von den sammelnden Frauen geliefert, was sich in der Bauernkultur mit der schweren Feldarbeit dramatisch änderte. Wie überliefert ist interessanterweise das Eigentumphänomen aus der Sicht Gottes auf beide Geschlechter verteilt: Macht *euch* die Erde untertan.

können wir auch einen raschen Blick auf das Thema Mann-Frau-Konfrontation werfen, bei dem sich im Ichmachtzeitalter auch immer eine Kampflinie bildet. In der Adam- und Eva-Geschichte wird zunächst mal der Mann als der eigentliche Urmensch präsentiert, was nicht weiter verwunderlich ist, da der alttestamentarische Gott auch ein Mann sein soll. Wir registrieren die alte Einsicht: Dem Männlichen wurde eine deutlich größere Verwandtschaft mit dem Geist zugestanden als dem Weiblichen. Doch wenn es zum Sündenfall kommt und zum verbotenen Apfel vom Baum der Erkenntnis, spielt plötzlich das Weibliche die größere Rolle und hat die engere Beziehung zum Geist in Form der Schlange. Ich habe die Stelle immer so verstanden, dass die Frau mit ihren erotischen Äpfeln Adam zum Sex verführt und daraufhin beide erkennen, dass sie nackt sind. Der reizvolle Apfelbaum der Erkenntnis steht dann sowohl für die Schnittstelle zwischen Gott und Mensch, als auch für den sexuellen Reiz der Frau, der in einer ersten Form zur Frau gehört. Auf Adams Seite haben wir also den männlichen Gottgeist, auf Evas Seite haben wir die Frucht (die Fruchtbarkeit) und die weibliche Verführungskraft. Beide, Mann und Frau, haben also erste Eigentümlichkeiten (ein sprechendes Wort!), wobei die Verwandtschaft zum Gottgeist noch weit vom Mann entfernt zu sein scheint, während die sexuellen Reize schon eindeutig Eigenschaft der Frau sind und ihr zur Verfügung stehen. Das heißt, die Frau scheint mit ihrem Eigentum eine gewisse Macht über den Mann zu haben, der seinerseits der weisenden Macht Gottes näherstehen soll. Der alte Mann-Frau-Machtkampf ist eröffnet und es wundert uns nicht, dass schon in den Anfängen der Bauernkulturen (Vertreibung aus dem Paradies der Jäger und Sammler), dem Mythos folgend, erste Formen von jenseitigem Geist einerseits und Eigentum an Eigenschaften des Körpers andererseits auftauchen.

▪ Mann-Frau-Machtkampf

Im Kapitel III.4, *Ichentstehung beim Einzelnen: Zur traumatischen Implementierung des Ichkerns durch die Mutter*, werden wir uns näher mit den Ursachen des Mann-Frau-Machtkampfes beschäftigen[1], weil natürlich dieser aktuelle Kulturkomplex eine unerschöpfliche Quelle für Ichdramen

---

[1] Mann-Frau-Machtkampf: siehe auch unter politischen Aspekten Kapitel V.4, *Nachbürgerliche Aussichten*

darstellt. Der Adam- und Eva-Mythos zeigt uns, wie arbeitsteilig und tief das Problem reicht. Außerdem hilft der Mythos mir bei der Ankündigung, dass meine kompromisslose Ichdeutung dazu beiträgt, die beiden Machtblöcke *Männlich* und *Weiblich* als zu jeder Zeit sich gleichwertig gegenüberstehend zu sehen. Wenn es den Geist nie gab, brachte die männliche Nähe zum Geist genauso Vorteile wie Nachteile für die konkreten Männer. Gleiches gilt für die erdig-fruchtbaren Frauen, die noch bis heute einen Machtvorteil aus ihrer unschuldigen Naturnähe ziehen und einen Nachteil aus der Geistferne. Das Vor- oder Nachteilkriterium wird immer bestimmt von Gewinn oder Verlust an Wirklichkeitsbezug. Die sich schon früh abzeichnende Spaltungsmetaphysik trifft grundsätzlich alle gleich und alle entwickeln ein Ich.

- Geist-Eigentum-Krankheit und Heilung

Statt von der Geist-Eigentum-Krankheit könnten wir umgedreht auch von der Eigentum-Geist-Krankheit sprechen, weil alles auf ein Krankheitssymptom hinausläuft: das Ich. Was kann man tun? Lässt sich die Krankheit heilen? Es liegt in der Logik der Sache, dass nur jeder Einzelne sich selbst heilen kann, indem er mit Hilfe einer guten Theorie sich selbst als Problem erkennt und mit Hilfe von Meditationstechniken sich selbst und die Tatsache aushalten lernt, dass er zunächst fast nichts machen kann. Das Lösungsmotto lautet: Wissen aushalten.

- Das metaphysische Ich ist voller Angst

Eine Psychokrankheit ist immer eine Form von Wirklichkeitsdefizit. Damit haben wir den Reigen der Titelworte geschlossen: Geist, Eigentum, Ich und Wirklichkeit als Problemraum; und als Lösungswege erstens Theoriebildung von und mit jedem Einzelnen, um sich selbst der Wirklichkeit zu vergewissern, und zweitens Meditation als Königsweg zu einem Gefühl von innerer Einheit; was - in aller Klarheit - für uns zunächst paradoxerweise bedeutet, unser Ichgefühl

> Es wird in diesem Buchprojekt viel von Meditation die Rede sein. Für die Leser, die keine Erfahrung mit Meditationstechniken haben, hier eine kurze Übung: Stehen Sie auf und bewegen Sie sich so wild (Tanzen, Hüpfen, Kniebeugen), dass ihr Puls spürbar ansteigt. Atmen sie dabei intensiv, als wären Sie einem Stress ausgesetzt. Setzen Sie sich spätestens nach zwei Minuten auf einen bequemen Stuhl, schließen Sie die Augen und schalten ganz auf Entspannung um. Nach wenigen Augenblicken der Ruhe sollten Sie schon auf eine intensive Weise Ihren Körper spüren, den erhöhten Herzschlag, das Rauschen der erregten Nerven. Bleiben Sie ganz bei diesem Rauschen, bleiben Sie ganz in Ihrem Körper, bleiben Sie bei keinem vorbeiziehenden Gedanken hängen. Obwohl Sie sich noch im Zustand einer leichten Aufregung befinden, lässt sich im Hintergrund schon eine erstaunliche Ruhe beobachten, die zunehmend spürbarer wird in dem Maße, wie die Aufregung nachlässt. Die Ruhe entstammt dem Körper selbst und wir erleben sie, weil wir durch diese Übung dem Körper eine erhöhte Aufmerksamkeit geschenkt haben. Meditation ist nichts anderes, als sich der Stille zuzuwenden, die zur Natur des Körpers gehört. Im Alltag - vor allem im Ich-Alltag - lassen wir es zu, dass diese Stille von den Außenwahrnehmungen, Konzentrationen und Aufregungen überlagert wird. Wir vergessen, dass wir nichts anderes sind als dieser Körper. Das Gehirn hat die Fähigkeit, uns aus uns herauszustellen, weil es uns in eine Wirklichkeitssimulation stellt, uns das Gefühl gibt, es gäbe tatsächlich genau diese Wirklichkeit da draußen. Meditation ist ein Vorgang, der sich gegen die angeborene Neigung des Gehirns stellt, *uns* mit dem Bewusstsein aus dem Körper herauszuziehen. Diese Neigung ist sehr nützlich, um mit der Welt umgehen zu können. Doch es birgt auch die Gefahr, den Kontakt zum Boden zu verlieren, nicht mehr mit beiden Beinen auf der Erde zu stehen. Projektionen werden für substantielle Wirklichkeit gehalten, Wirklichkeitsdefizite machen *uns* schwach. Mediation führt *uns* in den Körper zurück, lässt die Projektionen still werden und führt *uns* zu der sicheren Tatsache, dass wir ein individueller Körper sind, der *uns* mit einmaligen Wahrnehmungen versorgt. Das kursive *uns* sagt: Wir sind zur Ich-Interpretation gezwungen, doch es zeigt auch, dass das erlebende Ich-Bewusstsein auf diese paradoxe Weise eine enorme Stärkung erfährt. Übt man diese Technik systematisch, lernt man eine Stille kennen, die keine Angst mehr kennt. Diese körperliche Stille wurde in der metaphysischen Krankheitszeit als Kraft eines vermeintlich externen Geistes missverstanden.

zu stärken, das naheliegenderweise immer Angst davor hat, sich selbst zu verlieren oder sich aufzulösen. Das Individuum braucht also nichts anderes, als sich um seinen möglichst intimen Bezug zur Wirklichkeit zu kümmern, der Wirklichkeit in seinen Vorstellungen so nahe wie möglich zu sein. Den großen Störenfried dabei, das angstvolle Ich, sollte man dabei möglichst immer genau im Auge behalten. Schauen, dass es sich nicht aufbläst, aber auch nicht zu ängstlich wird, denn dann neigt es zu besonders dämlichen Kurzschlusshandlungen. Wir können uns zwar zur langfristigen Lösung dieses Problems von niemandem etwas einhandeln, andererseits ist es aber auch sehr nützlich, andere Problemeinsichtige in den Icheiertanz des Alltags einzuweihen und einzubinden. Damit habe ich dann auch mein letztes und wichtigstes Motiv bei dieser Buchproduktion zum Ausdruck gebracht: die Verbindung mit den Anderen, doch dazu später mehr. Zunächst bleiben wir noch beim Einzelnen.

5. Der Einzelne und die Welt der Dinge

- Die Sicht des Einzelnen

In diesem Buchprojekt, insbesondere im Teil I und III, beschäftige ich mich mit den Möglichkeiten des Einzelnen, einen klareren Blick auf seine Wirklichkeit zu bekommen. Diese Chance ergibt sich aus der Tatsache, dass die kulturelle Entwicklung einen Punkt erreicht hat, an dem eine kollektive Erkrankung der Psychen erkennbar wird, die wesentliche evolutionäre Weiterentwicklungen behindert: die Icheinbildung. Diese Erkrankung ist nur von unten und durch den Einzelnen zu beheben. Glücklicherweise gibt es auch andere Großstrukturen der Kultur, wissenschaftliche, technische, wirtschaftliche und politische, die einen Schwenk der Von-oben-Steuerung zu einer Von-unten-Steuerung immer schlüssiger und notwendiger machen. Der aktuelle Kern dieser Bewegung ist die Entwicklung der Computertechnik, durch die nicht zuletzt die direkte Demokratie möglich wird.

- Die Wirklichkeit und die Dingwelt

In diesem Kapitel möchte ich mich kurz mit diesen sachlichen Großstrukturen beschäftigen, um in unseren esoterischen Zeiten erst gar nicht das Missverständnis aufkommen zu lassen, dass es zur Weiterentwicklung unserer gesamten Kultur nur auf die Inhalte in unseren Köpfen ankommt. Unsere Wirklichkeit wird in erster Linie von den Großstrukturen bestimmt, die sich ganz sachlich handfest in unserer Welt gebildet haben. Falls Sie in der Stadt wohnen, genügt nur ein Blick aus dem Fenster, um sich all die Fabriken, Büros, Geschäfte, Häuser, Straßen, Autos vor Augen zu führen, durch die unsere Wirklichkeit strukturiert wird. All diese Dinge stellen Jahrzehnte und Jahrhunderte von menschlicher Arbeit dar, die entsprechend nur langsam verändert werden können. All diese Dinge in Verbindung mit den existierenden Psychen bestimmen die Programmierung der alten und jungen Gehirne durch Wahrnehmung. Hinzu kommen sozialpolitische Institutionen wie Schulen, Gerichte, Ministerien, Kasernen, Verwaltungen aller Art, die mit Millionen Gehirninhalten resonieren[1] und damit für eine erhebliche Eigenträgheit der kulturellen Strukturen sorgen.

- Das Auto als Ichprothese

Da wir uns mit dem Ich beschäftigen, möchte ich das Auto als Beispiel herausgreifen, denn das Auto trägt (vergleichbar mit der Werbung) in einem erheblichen Umfang zur Verfestigung der Ichillusion bei. Das Auto hat das Individuum, den einzelnen Körper beweglich gemacht, aber je länger je mehr ist das Auto zu einer Ichprothese geworden, welche die Herrschaft des Ichs über den Körper verstärkt und wie den Beweis zu führen scheint, dass das Ich über dem Körper steht. Das Ich kann sich mit Hilfe der Auto-Ichprothese einbilden, seine Macht über die natürlichen Grenzen des Körpers hinaus erweitern zu können. Ich steuere das Auto mit dem Körper als Mittel zum Zweck und dem Ich als Kapitän. Gleiten wir nun bei dieser perspektivischen Übung über unsere Republik und stellen uns all die Einrichtungen vor, die mit dem Bauen und Bewegen von Autos zusammenhängen: Fabriken, Straßen, Ampeln, vollgeparkte Bürgersteige, Blechmassen. Über viele Jahrzehnte

---

[1] Resonieren oder Resonanz: siehe Kapitel II.1, *Das Resonanzmodell*

I. Ein Überblick

Städten: Kürzlich war ich zum ersten Mal in der Stadt Essen und fand dort vor lauter sich übereinander schlingenden Stadtautobahnen den Hauptbahnhof nicht. Auch der öffentliche Raum meiner Stadt Köln ist praktisch schon vollständig dem Auto geopfert worden, doch in anderen Städten scheint man es noch schlimmer getrieben zu haben.

haben wir unser gesamtes wirtschaftliches und soziales Leben, vor allem in den Städten, auf das Nutzen von Autos eingerichtet. Das sollte genügen, um verständlich zu machen, dass die Möglichkeiten des Einzelnen durch Aufräumen seiner Psyche und seiner Welterklärungen sehr begrenzt sind. Doch das Beispiel Auto kann uns auch wieder ermutigen, weil sichtbar wird, wie eng die äußerlichen Großstrukturen mit dem Ichphänomen verbunden sind. Wird das Auto als Ichprothese mehr und mehr durchschaut, kann es mit dem alles beherrschenden Autoverkehr in den Städten in wenigen Jahrzehnten wieder vorbei sein.

Mir fällt als Ganzkörperprothese für die Fortbewegung die *Rüstung* aus der Filmserie *Iron Man*[2] ein. Wenn schon eine Prothese für die Fortbewegung, dann doch lieber eine solche High-Tech-Rüstung. Die Wirkung auf unsere Ichs wäre so stark, dass wir sicher alle danach süchtig wären. Das Thema Sucht bei solchen Ichprothesen wird im Film Surrogates - *Mein zweites Ich*[3] ausformuliert. Dort liegen die Menschen zuhause auf einer Liege und steuern mit ihrem Gehirn einen Androiden, der genauso aussieht wie der ersetzte Mensch nur etwas jünger und gesünder. Die Kultur im Film kann die Sucht nach der Nutzung dieser Surrogates erst überwinden, als die steuernden Computersysteme zerstört werden - natürlich durch einen Helden. Schon das Auto als Ichprothese macht süchtig, sonst hätte die Kultur schon längst vernünftige Fortbewegungsmittel eingeführt, wie es sich bei den Aufzügen in Hochhäusern wohl aufgezwungen hat. In der etwas ichfreieren Zukunft werden uns automatisch fahrende Kabinen von A nach B bringen und wir werden uns alle fragen, warum es die nicht schon genauso lange gibt wie die Aufzüge. Ich hoffe, dass wir uns dann den Grund - die Ichsucht nach Prothesen - einfach nicht mehr vorstellen können.

- „Basis" und „Überbau"

Um hinsichtlich des Verhältnisses der Psychostrukturen des Einzelnen und den äußerlich-dinglichen Großstrukturen keinerlei Missverständnisse aufkommen zu lassen und auch um die Notwendigkeit politischer Arbeit nochmal zu betonen, werde ich weiter unten auf die Unterscheidung von Basis und Überbau bei Karl Marx[4] eingehen und die Bedeutung der „Basis" nochmal herausstellen. Aber gleichzeitig werde ich auch auf den metaphysischen Ballast der

---

[2] Iron Man: http://de.wikipedia.org/wiki/Iron_Man_(Film)
[3] Surrogates - Mein zweites Ich: http://de.wikipedia.org/wiki/Surrogates_-_Mein_zweites_Ich
[4] Karl Marx: siehe Kapitel I.7, *Ein Beispiel: Zum Verhältnis von „Basis" und „Überbau" bei Karl Marx*. Siehe auch: http://de.wikipedia.org/wiki/Karl_Marx

marxschen Unterscheidung hinweisen, was wesentlich zum historischen Versagen des Marxismus beigetragen hat.

6. Das Problem: Die Icheitelkeit des Einzelnen als handfester Teil der Wirklichkeit

- Der individuelle Problemrest: die Icheitelkeit

Wenn wir die Tatsache im Hinterkopf behalten, dass die „Basis"-Wirklichkeit uns nur einen sehr begrenzten individuellen Einflussspielraum lässt, dann können wir uns wieder der Sicht des Einzelnen zuwenden, ohne seine Einbindung in das kulturelle Ganze zu unterschätzen. Das Gute an der Arbeit an uns selbst und an unserer interpretierenden Sicht auf die Welt ist, dass wir einfach loslegen können, ohne zunächst die Erklärungen der anderen beachten zu müssen. Niemand hindert uns daran (wir haben den Spielraum), an unserem Theoriegebäude zu arbeiten oder an unserem Selbstwertgefühl durch Gewissheiten oder Körperzentrierung. Unsere eitle Ichfixierung wird uns schon bald genug Grenzen ziehen. Sobald solche Begriffe wie Eitelkeit[1] ins Spiel kommen, neigen wir zu moralischen Interpretationen. Wir müssen uns also immer wieder in Erinnerung rufen, unsere Gehirninhalte wie physikalisch gegebene Strukturen zu betrachten, die nur aufwändig und langsam umstrukturiert werden können, um eine moralische Anforderung an uns selbst vermeiden zu können.

- Die-da-oben sind nicht das Problem

Es ist eben nicht einfach der zynische, autoritäre Druck der Mächtigen und Besitzenden von oben, dem die Masse der Minderbemittelten sich beugen muss, es ist die Icheitelkeit des Einzelnen, die ihn schwächt. Und diese Icheitelkeit sagt ihm: Du bist selbst ein Herrscher über deine Gedanken, deine Entscheidungen, deinen Körper. Du bist frei wie ein Gott und verantwortlich für dein Schicksal. Du selbst bist ein Teil der Kraft, die hinter dieser Welt aus dem Jenseits heraus das Diesseits lenkt. Der metaphysische Riss packt uns bei unserer Eitelkeit, egal ob verdeckt durch einen Gott

Die Eitelkeit als Gefühl kann sehr produktiv sein und gehört vermutlich zu unserer genetischen Grundausstattung. Sie ist an sich nicht problematisch und wird gefährlich nur in Verbindung mit der Icheinbildung, weil das Wirklichkeitsdefizit direkt auf uns selbst zurückwirkt.

---

[1] Eitelkeit: siehe Kapitel III.7.5, *Der Umgang mit der Eitelkeit*

I. Ein Überblick

Wir erkennen meistens bei der Werbung die immer gleiche Botschaft nicht und glauben, dass in den Kinderköpfen die verschiedenen Werbungen, zum Beispiel Hosenmarken, sich irgendwie kompensieren. Die subtilere, aber immer gefährlich gleiche Wirkung lässt sich schon daran ablesen, dass Kinder heute immer Markenkleidung tragen wollen, weil sie andernfalls nicht mehr die Achtung und Anerkennung der anderen bekommen. Durch unsere Ideologie der Entscheidungsfreiheit machen wir uns schuldig gegenüber unseren Kindern.

oder offen als Ich. Wie heute Unterwerfung unter die Spaltungsverhältnisse funktioniert, ist an der allgegenwärtigen Werbung erkennbar: Wenn du dich für mein Produkt entscheidest, bist du eine freie Persönlichkeit. Dieser schmeichelnden Botschaft in jeder Werbung setzen wir sogar unsere Kinder aus mit der erschwindelten Entschuldigung, dass sie sich ja frei entscheiden können.

- Der Kampf des Einzelnen gegen ein kollektives Problem in sich selbst

Das Problem steckt in uns selbst, aber nicht individuell psychopathologisch (der eine Unglückliche mit den schlechten Eltern), sondern als kulturelle Weltanschauungskrankheit, die sich zwar in den einzelnen Köpfen ablagert, aber bis auf kleinste Abweichungen überall gleich ist. Der Wahnsinn muss allerdings gegen die Wirklichkeit jeden Tag neu aufgefrischt werden und darin liegt die Chance des Einzelnen auf seine Abweichungen und Abmilderungen. Aber man kann die Lösung nicht in der Schule lehren, wie wir 68er glaubten, oder durch eine Vernunftideologie diktieren, wie die Kommunisten glaubten. Jeder Einzelne muss seinen Kampf um eine bessere Sicht auf die Welt, um einen direkteren Zugang zur Wirklichkeit kämpfen, gegen einen Feind in sich selbst und in jeder Werbebotschaft: die vermeintlich freie Persönlichkeit.

Weltanschauungskrankheit: Nietzsche stellt in diesem Zusammenhang fest, dass in unserer Kultur der individuelle Wahnsinn eine seltene Ausnahme ist, der kollektive Wahnsinn aber die Regel.

- Mehr Selbstbestimmung durch weniger Persönlichkeit

Doch niemand kann gegen die Programmierung in seinem Kopf durch Entscheidung oder Disziplin etwas ausrichten. Wir müssen lernen, sehr vorsichtig mit uns selbst zu sein, weil die Ichreligion nicht mehr Priester einer Kirche braucht, wir sind selbst unsere eigenen Priester geworden. Auf den ersten Blick ein Paradox: mehr Selbstbestimmung durch weniger Persönlichkeit. Auf den zweiten Blick ist es nichts anderes als ein Abschütteln der Metaphysik, mit der man uns - oder wir uns - für dumm verkauft hat. Doch wie soll man etwas abschütteln, wenn das Ich, das sich vermeintlich dazu entscheidet, das eigentliche Problem ist? Ärger über sich selbst hilft nicht, sondern verschärft das Spaltungsproblem. Kluge Analysen und Erklärungen von anderen helfen auch nicht, weil die verstandesmäßige, sprachliche Aufnahme mein vernetztes Gehirn nicht ausreichend umprogrammiert. Mein Vorschlag hier: sich die Mühe machen, langsam und integriert mit den Alltagserfahrungen ein eigenes theoriebasiertes Weltbild aufzubauen, bei der *Ich* als Individuum mit Körper und Gehirn den Mittel- oder Ausgangspunkt bilde. Eine gute Ausgangsfrage dabei ist immer: Was glaube ich wahrzunehmen oder für wahr zu halten und was habe ich von der Wirklichkeit vielleicht übersehen?

7. Ein Beispiel: Zum Verhältnis von „Basis" und „Überbau" bei Karl Marx

- Marx als Beispiel für die Benutzung philosophischer Texte

An dieser Stelle der einführenden Überblicke sich mit Karl Marx zu beschäftigen, bietet sich aus drei Gründen an: Erstens kann ich die erwähnte Bedeutung der „Basis"-Strukturen nochmal herausstellen, zweitens lässt sich an den Marxschen Thesen gut die Verirrung durch unerkannte metaphysische Sichtweisen zeigen und drittens ist die Arbeit mit seinen Thesen ein gutes erstes Beispiel für die Arbeit mit philosophischen Texten.

- Die Marxsche Unterscheidung von „Basis" und „Überbau" entstammt dem metaphysischen Weltbild

Karl Marx hat die Begriffe Basis und Überbau verwendet, um die Bedeutung der materiellen Wirklichkeit herauszustellen. Einer seiner berühmten Sätze bringt das zum Ausdruck und könnte auf den ersten Blick auch zu meinem Buch passen:

» Die Philosophen haben die Welt nur verschieden *interpretiert*, es kömmt drauf an, sie zu *verändern*.[1]
«

Marx ist mit seiner Kritik durchaus auf dem richtigen nachmetaphysischen Weg, denn er bezieht sich auf die Tatsache, dass die Menschen bis dahin das Spezifische ihres Daseins an ihrer Sprachfähigkeit festgemacht haben. Die sprachlichen Repräsentationen der Wirklichkeit hatten augenscheinlich eine starke Verbindung zum menschlichen *Geist*. Für den säkularen Bürger seiner Zeit (und bis heute) war die Sprachfähigkeit sogar konstitutiv für ihre humanistische Ideologie, die sich zuletzt auf das Ich stützte. Das

---

Ich erwähne hier Karl Marx nicht nur wegen seiner berühmten Begriffe Basis und Überbau, sondern auch, weil im Band 2, im Teil *Nachbürgerliche Aussichten*, noch ein Blick geplant war auf seine brillante und nach wie vor gültige Mehrwertanalyse und des daraus resultierenden Mehrwertdiebstahls, dem das Eigentum an Produktivkräften zugrunde liegt. Meine These: Die von Marx vorhergesagte Revolution fand nicht statt oder ist fehlgeschlagen, weil das Ich-Individuum das Eigentum an sich selbst nicht aufgeben wollte und deswegen der gleichen Metaphysik des Eigentums an Produktivkräften nicht die Grundlage entziehen konnte. Außerdem konnte - in engem Zusammenhang - der Kommunismus nicht auf die Metaphysik der Vernunft zur Legitimation von Herrschaft verzichten. Der Zusammenhang von Vernunftglaube und Metaphysik wird weiter unten erläutert.

materiellen Wirklichkeit: Für Marx war die materielle Welt mit der Wirklichkeit identisch, weil er noch nicht über die heutige Theorie von Information verfügte.

---

[1] Thesen über Feuerbach, MEW 3:7, zitiert nach http://de.wikipedia.org/wiki/Karl_Marx

I. Ein Überblick

heißt, die sprachliche Interpretation von Wirklichkeit erschuf eine zweite, parallele Wirklichkeit, die immer wichtiger wurde, bis zuletzt der absolute Geist im Idealismus eines Georg Wilhelm Friedrich Hegel als die eigentliche Wirklichkeit galt. Marx hatte verstanden, dass diese metaphysische Sicht nur dem Zweck der Herrschaftslegitimation diente. Aus diesem Grund bekannte er sich zu einer materialistischen Philosophie, was schon zu seiner Zeit und bis heute die erkenntnistheoretische Grundlage der Naturwissenschaften war und ist (heute verwenden wir dafür den Begriff Naturalismus).

> Ein andere berühmter Satz von Marx besagt, dass er Georg Wilhelm Friedrich Hegel vom Kopf auf die Füße gestellt hat, weil die historisch evolutionäre Kraft, die nach Hegel vom absoluten Geist ausging, von Marx der Entwicklung der Produktivkräfte zugeschrieben wurde.

- Es kommt darauf an, die Welt SELBST zu interpretieren

Kommen wir zu dem Satz von Marx zurück: „Die Philosophen haben die Welt nur verschieden *interpretiert*, es kömmt drauf an, sie zu *verändern.*" Wir können mit seiner Hilfe auf den grundlegendsten Fehler des Marxismus aufmerksam machen: Wie Marx durch sein Werk belegt, interpretiert er erst einmal die Welt und dann kommt die Änderung. Und seine Interpretation wird genauso herrschaftlich philosophisch von oben vorgenommen wie eh und je. Sein Ziel dabei, die Änderung der Welt, ist erstens nicht so neu (schon Plato wollte den philosophisch geformten Staat) und zweitens kann Marx nicht wissen, welche Änderungen die richtigen sind. Kein Marxist wäre je auf die Idee gekommen, das Volk zu fragen. Heute können wir festhalten: *Die* **Philosophen** *haben bisher die Welt interpretiert, es kommt darauf an, sie* **selbst** *zu interpretieren, jeder Einzelne.*

> Volk zu fragen: Die tatsächlich praktizierten kommunistischen Gesellschaften sind nicht zufällig Diktaturen. Die Von-oben-Sicht liegt in der Natur des Marxismus.

Wenn sich nämlich im Volk (in einer Gesellschaft, einer Kultur) neue Interpretationen formieren, dann kommen die Änderungen ganz von selbst, wie wir am Ende der kommunistischen DDR gesehen haben. Außerdem kommen die größten Veränderungsbewegungen sowieso von selbst aus dem Inneren der Systeme heraus. Die Computerisierung unserer Welt auf der Basis von künstlicher Intelligenz wird unsere Welt in den nächsten hundert Jahren so sehr verändern, dass wir Heutigen sie nicht mehr wiedererkennen würden. Und wenn wir - aus meiner Sicht - das freie Ich und den letzten Rest von Metaphysik loslassen, wird der Kapitalismus sicher nicht zu halten sein (und die repräsentative Lobbyistendemokratie auch nicht).

- Die Psychologie führt den „Überbau" zurück zur „Basis"

Marx konnte der humanistischen Ideologie seiner Zeit

noch nicht entkommen und konnte die bis heute herrschende Projektion des menschlichen *Geistes* an der metaphysischen Basis nicht durchschauen - das dafür erforderliche informationelle Potential des menschlichen Gehirns war einfach nicht vorstellbar. Die in der humanistischen Ideologie verbleibende metaphysische Spaltung schlägt sich bei ihm in der Unterscheidung zwischen Basis und Überbau nieder. Der „Überbau" repräsentierte dabei die „geistige" Ebene: Welterklärungen, Ideologien und Kulturelles im engeren Sinne, und die „Basis" war die handfeste materielle Wirklichkeit einschließlich der Natur, der Fabriken, der Minen, der Waffenarsenale der Unterdrückungseinrichtungen. Ich kann seiner Unterscheidung natürlich nicht folgen (daher die Anführungszeichen), weil er den informationellen Bewegungen und Strukturen in den Gehirnen der Menschen eine zu flüchtige, zuletzt noch geistfixierte Bedeutung gegeben hat. Er konnte die Eigendynamik der „geistigen" Prozesse nicht erkennen und damit auch nicht die Bedeutung der Herausbildung von Ichidentitäten, zu deren Analyse und Therapie die Psychologie entstand. Erst in der Zeit nach Marx entstand ein Verständnis dafür, dass im Gehirn auf einer ererbten Struktur im Laufe der Sozialisation Psychoinhalte erlernt und dauerhaft abgespeichert werden. Die Psychen erschienen als ein Teil der Natur, die damit zur einzigen Basis wurde.

- Die Begriffe Basis und Überbau helfen bei einer analytischen Klärung

Wie oben schon erwähnt, bietet sein Basis-Überbau Begriffspaar dennoch einen guten Aufhänger, um zwischen zwei Ebenen theoretisch unterscheiden zu können. Es geht zwar in diesem Buch um die Repräsentationen von Außenwirklichkeit in den Gehirnen der Menschen in Verbindung mit dem, wie die Menschen die Welt - ideologisch, mythisch, religiös - erklärt haben und erklären. Aber diese Erklärungen bilden kollektive Großstrukturen, die in der naturalistischen Sicht von den Gehirninhalten der Menschen getragen werden. Diese Strukturen sind damit Teil der wirklichen Welt und nicht Teil eines geistigen „Überbaus". Durch diese Aufwertung von Welterklärungen zur beobachtbaren Sache sollte aber in keiner Weise die große Bedeutung der Strukturen geschmälert werden, die man der „Basis" zugerechnet hat: Das heißt, die naturwissenschaftlichen, mathematischen, lautschriftlichen, produktions- und

Die Psychologie entsteht in der Generation nach Karl Marx, zu der auch Friedrich Nietzsche gehört. Man nennt Nietzsche auch den ersten Psychologen, weil in seinem Weltbild zum ersten Mal alle „geistigen" Prozesse Teil der materiellen Welt sind. (Später mehr dazu.) Die kommunistischen Machthaber haben im 20. Jahrhundert diesen Lernschritt sehr schnell nachvollzogen und die Psychen der Menschen als disponible Masse verstanden. Ihre Mittel zu Steuerung der Psychoinhalte sind berühmt geworden: Zensur und Propaganda. Leider ist die Steuerungstechnik der Kapitalisten, die Werbung, noch nicht im selben Maße vom Volk durchschaut worden.

kriegstechnischen, volks- und betriebswirtschaftlichen, pädagogischen, medizinischen, architektonischen, landwirtschaftlichen und politischen Errungenschaften (und viele andere) kann man in der Bedeutung für die kulturelle Entwicklung nicht hoch genug einstufen.

- Das Buchthema stellt die große Bedeutung von Basiselementen nicht in Frage

Auch wenn man für die ganze Kultur nicht von einer gradlinigen Entwicklung zum Höheren sprechen kann (das Krankheitsbild unterstellt auch Rückschritte), so kann man doch für einzelne sachbezogene Bereiche eine Entwicklung vom Einfachen zum Komplexeren feststellen: von der Tontafel zum Laptop, von der Lehmhütte zum Wolkenkratzer, vom Grabstock zum Mähdrescher, vom Pferd zum Flugzeug, vom Addieren zur Infinitesimalrechnung. Wenn ich auch Marx nicht darin folgen kann, dass die Basis den Überbau bestimmt (weil letztendlich die in den Gehirnen gespeicherten Informationen auch zur „Basis" gehören), so ist doch die große Wirkung all dieser Phänomene auf die Gesamtkultur und deren Entwicklung unbestritten.

- Die Ungleichheiten an der „Basis" lösen derzeit keine Revolution aus

Wie man an der Computertechnik sehen kann, braucht man sich um die Weiterentwicklung der Sache selbst keine Sorgen zu machen. Auch kann man mit Sicherheit davon ausgehen, dass Computer und Internet die Kultur massiv verändern werden. Große Sorgen müsste man sich aber machen, wenn sich nichts an der psychosozialen Reife der großen Mehrheit der Menschen ändern würde. Die schweren Verletzungen unseres Rechts auf Datenschutz und Privatsphäre, wie sie durch Edward Snowden bekannt wurden, haben deutlich gemacht, dass die alten Hierarchien und Kriegsverhältnisse noch ungebrochen weiterbestehen, aber ihre - vorübergehende - öffentliche Präsens löst durchaus keine Revolutionsstimmung aus. Gleiches gilt für die Schere zwischen Arm und Reich, die sich wahrscheinlich weiter öffnet[2]. Demokratie gibt es nicht wirklich, die Lobbyisten diktieren den Parlamentariern die Gesetze. Statt um die eigenen Rechte zu kämpfen, gehen selbst die gebildeten Leute lieber in sich und werden „spirituell" (die weniger gebildeten wählen wieder Nationalisten).

---

[2] Zunehmender Unterschied zwischen Arm und Reich: siehe Thomas Picketty, *Kapitalismus im 21. Jahrhundert*, ISBN 978-3-406-67527-0, der in Europa auch keine Massen in Rage bringt.

- Der „Überbau" als Problemzone

Woran liegt es, dass von all den Bemühungen der 68er Generation um mehr Demokratie und Selbstbestimmung kaum etwas übriggeblieben ist? Wie können der volkswirtschaftliche Reichtum, die Technik und die Produktivität so rasant anwachsen, ohne dass in den unteren Schichten (die Mehrheit) die Armut und die Angst vor Existenzverlust beseitigt wurden? Warum musste der Kommunismus versagen, während im Kapitalismus an dem von Marx so benannten Mehrwertdiebstahl sich nichts geändert hat? Warum überall noch so viel Angst, so viel Dummheit, so viel Mangel an Selbstbestimmung? Offensichtlich liegt es nicht daran, dass wir in den Sachbereichen vom Ackerbau bis zur Medizin nicht ausreichend Fortschritte zu verzeichnen hätten! Warum also? Was ist am Fundament unserer abendländischen Kultur so konstant, festgefügt und tabu, dass sich die Mehrheit der Individuen in unserer Kultur seit zweieinhalbtausend Jahren nicht aus einer entwürdigenden Existenzangst befreien kann? Diese Frage hat mich Jahrzehnte beschäftigt und zuletzt musste ich Nietzsche Recht geben mit seiner radikalen Kritik an den Hinterweltlern. Noch in der Unterscheidung zwischen „Basis" und „Überbau" versteckt sich das metaphysische Selbstverständnis des Menschen und hält ihn davon ab, den Inhalt der programmierten Gehirne als festen Teil der „Basis" zu begreifen oder eben, in meinen Worten, als Teil der einen Wirklichkeit.

> Wenn mir das Stichwort Selbstbestimmung in den Sinn kommt, habe ich oft das Bild von alten Stammeskulturen vor Augen, in denen sich im Zelt des Häuptlings oder auf dem Thingplatz alle erwachsenen Männer trafen, um über Schicksalsfragen zu entscheiden. Sicher, die Frauen waren nicht zugelassen, aber man kann davon ausgehen, dass sie über ihre Männer mehr Einfluss auf die rechtlichen und politischen Entscheidungen hatten als heute die große Mehrheit aller Männer und Frauen gemeinsam. In Sachen Selbstbestimmung haben wir definitiv große Rückschritte gemacht.

8. Der eine Geist und das Eigentum

8.1 Kopplung von Geist und Eigentum

- Auch Eigentum braucht eine Jenseitsprojektion

Wenn man unser Zeitalter als metaphysisches diagnostiziert, dann ist leicht verständlich, dass das Jenseits mit der Projektion des einen Gottgeistes gefüllt wird: hier Welt, da Geist. Aber dass die Projektion von Eigentum so eng mit der Geistprojektion verkoppelt ist, dass ihm eine gleichermaßen treibende Kraft bei der Aufspaltung der Welt zukommt, ist nicht so selbstverständlich. Genauso wenig wie ein Mensch als natürlicher Körper - einschließlich seiner Gehirnzellen - die Eigenschaft Freiheit haben kann, so gibt

I. Ein Überblick

es auch nichts was in dieser Natur darauf hinweist, dass irgendetwas unabhängig von menschlichen Projektionen die Eigenschaft Eigentum haben könnte.

- Was kam zuerst: Geist oder Eigentum

Ich versuche in diesem Buch plausibel zu machen, dass es einen starken, notwendigen, wenn nicht sogar hinreichenden Zusammenhang zwischen der Vorstellung von Geist und der Vorstellung von Eigentum gibt. Anders formuliert: Ohne die kollektive Projektion von selbständigem Geist hätten wir keine Projektion von Eigentum vornehmen oder kollektiv als *real* durchsetzen können. Mit dem zu Beginn des Zeitalters entstehenden Bedürfnis nach Umgrenzung von Eigentum (Land für die Landwirtschaft) war die neue Vorstellung von einem einzigen absoluten Gott sehr hilfreich, da man heimlich die Autorität auf ihn projizieren konnte, Eigentum verteilen zu können. Da die Menschen Gott auch als den Schöpfer der Welt sahen, konnte das gleichermaßen von ihm erschaffene Eigentum einen quasi natürlichen Status erlangen. Eine universellere und stabilere Legitimation von Besitz kann man sich kaum vorstellen. Vermutlich lässt sich nicht mehr klären, was damals vorrangig war, die Projektion des einen Gottes oder die von Eigentum. Sicher ist, dass sich beide phantastisch ergänzt haben.

- Eigentum und spirituelle Weltfremdheit

Eine Bestätigung des engen Zusammenhangs von Eigentum und Geist stammt aus den spirituellen Anfängen des metaphysischen Zeitalters. Gehen wir zurück zu den ersten geistsuchenden Versenkungsübungen, zu den Säulenheiligen und In-die-Wüste-Fliehenden. Das noch oft angesprochene Verlassen der Welt, die Entsagung, die Wendung nach Innen zum reinen Geist war immer verbunden mit dem Verzicht auf Besitz. Die bald entstehenden Mönchsgemeinschaften fanden sich über die gemeinsame Idee, Häuser und Dinge dem Orden zu überlassen, so dass der Einzelne völlig ohne Bindung an Eigentum leben konnte. Offensichtlich war früh erkannt worden, dass das entstehende Ich sich durch Eigentum auflädt - und dass das Ich der Verschmelzung mit dem Geist im Weg steht. Da das Ich selbst nicht real war, musste jeder Versuch, ihm durch Eigentum Wirklichkeit zu geben, in einer ungesunden Überdehnung des Selbstbildes enden, wenn der Einzelne damit allzu erfolgreich war. Es war bekannt, dass eher ein Kamel durch eine

---

Den Begriff Weltfremdheit habe ich von Peter Sloterdijk übernommen aus seinem Buch *Weltfremdheit* (ISBN 3-518-11781-5). Sloterdijks Begriff in diesem Zusammenhang zu erwähnen könnte missverständlich sein, da in meinem Weltbild so etwas wie Weltfremdheit gar nicht möglich ist, auch nicht bei einer Versenkung ins Allerinnerste, denn die führt uns zu den Anderen. Deshalb weise ich darauf hin, dass Peter Sloterdijk sich dem Thema in positiver Absicht nähert (sein Aufenthalt in einem Bhagwan-Ashram in den 70er Jahren schwingt sicher noch mit). Im Klappentext heißt es: „Worum es ihm geht, ist eine Phänomenologie des weltlosen und weltabgewandten Geistes." Er verteidigt nicht explizit die spirituellen Implikationen, sondern betrachtet die von Menschen gesuchte Weltfremdheit im Sinne seines Verständnisses von Anthropologie. Für Sloterdijk ist die Fähigkeit der Menschen, sich von der Welt abwenden zu können, ein wichtiger Bestandteil seines Menschenbildes, bei dem der Mensch immer noch eine Sonderrolle in der Welt spielt als Mittler zwischen Himmel und Erde. Entsprechend unterscheidet er auch nicht zwischen Ich und Individualität. (Mehr zu Peter Sloterdijk im Teil IV, *Leseübungen*.)

im Weg steht: Die Einsicht, dass die Hervorbringung des Ichs der tiefere Sinn der Geistprojektion war, war in den Anfängen völlig unmöglich - wie auch die Vergeblichkeit der Geistsuche.

kleine Tempeltür geht, ein Nadelöhr, als ein Reicher in den Himmel kommt. Reine Geistigkeit und Eigentum wurden scheinbar früh als Antagonisten, als Gegensätze, verstanden. Wenden wir nun wieder unsere perspektivische Hauptübung an, von der aus sowohl Eigentum als auch Geist nur Einbildungen sind, und erinnern wir gleichzeitig, dass Geist ein unhintergehbarer Bestandteil der menschlichen Identität war, dann wird klar, dass die Vermeidung der peinlichen Eigentümlichkeit durch Besitzverweigerung ein Ausdruck des stillen Wissens war, dass Geist und Eigentum gemeinsam aufgewachsene Kinder des gleichen Spaltungsvatergeistes waren. Die Menschen griffen zur eitelsten Selbsterhöhung durch eine unausgesprochene Geistprojektion, um sich Besitzlegitimation von Gott geben zu lassen, mit dem Ergebnis, dass sie selbst besitzfähige Persönlichkeiten wurden. In den tieferen Abteilungen der Psyche entstand schon bald eine Ahnung von der Gefährlichkeit dieser unlauteren Allianz und eine Abtrennung des Geistes vom Weltbesitz wurde angestrebt, um in reiner Geistigkeit und Geistverbundenheit leben zu können. Man konnte sich eher mitten im Dorf für Jahre auf eine Säule stellen oder sich in eine Kartause einschließen lassen als die Geistprojektion zurückzunehmen. Mönch und Nonne wurden so zu einem wesentlichen Stabilisierungsfaktor für die Welt-Geist-Spaltung, weil die Betonung des eingebildeten Geistes - bei gleichzeitiger Unfähigkeit der Welt sich aufzulösen - das duale System umso wirklicher erscheinen ließ. Alle Landbesitzer mit ihren geistig behaupteten Grenzen waren dankbar. Und die heutige spirituelle Welle erfüllt immer noch die gleiche Funktion, allerdings unter den zugespitzten Bedingungen der säkularisierten Ichs, die ohne Gottesprojektion immer von einer machtlosen Nichtigkeit bedroht werden.

8.2 Landeigentum (Land als Produktivkraft)

Zurück zu unserer ersten perspektivischen Übung und der metaphysischen Krise. Um in naturwissenschaftlichen Zeiten die doch recht erstaunliche Geistprojektion von persönlichem Gott und Eigentum zu verstehen (zu Beginn des Zeitalters kulturtragend, aber bis heute noch wirksam), sollte man zwei Aspekte beachten.

I. Ein Überblick

- Der eine persönliche Gott im Jenseits

Erstens handelt es sich bei diesem persönlichen Gott nicht mehr um den magisch-animistischen Geist, der über mindestens siebzigtausend Jahre allen Dingen - projiziert - innewohnte, der aber wegen der engen Ding-Geist-Einheit die Welt nicht in zwei Teile gespalten hat. Seit der Zeitenwende haben wir es mit dem *einen* Geist zu tun, mit der *einen* monotheistischen Gottheit. Es sollte nach der Wende also nicht mehr die vielen Geister geben, sondern nur noch den einen, sogar persönlichen Gottgeist im Jenseits losgelöst von den Dingen.

- Entstehung des Eigentümers und neue Stufe der Besitzlegitimation

Zweitens muss man die im ähnlichen Zeitraum entstehende Vorstellung vom göttlich legitimierten Eigentum hinzunehmen, die einerseits dem Herrschenden (meistens ein König) erlaubte, eine geistige Glocke als Hand Gottes über sein Landeigentum zu legen, um damit eine neue Stufe der Besitzlegitimation zu bewirken. Zumindest der gottähnliche, persönliche Mensch (zunächst nur die Herrscher, aber auch bald der landbesitzende Adelige oder Bürger der Stadtstaaten) bekam nun einen Status, der ihn der dinglichen Welt gegenüberstellte, ihn von den weltlichen Dingen, von der Weltlichkeit selbst trennte. Der Mensch rückte in die Nähe eines höheren, überirdischen Geistes, während die Dingwelt jeden Geistbezug verlor (kein Waldgeist, kein Wassergeist, kein Erdgeist mehr, letztlich gab es im animistischen Zeitalter so viele Geister, wie die Menschen Gegenstände unterscheiden konnten). Als Europa die in schamanischer Tradition lebenden Indianer Nordamerikas entdeckte, konnten sich diese nicht vorstellen, dass man Land in Besitz nehmen konnte, da man sich den dazugehörenden Geist zum Feind machen würde. Der göttliche Mensch bekam nun eine Art uneingeschränktes Verwaltungsrecht über die geistlosen Dinge („Macht euch die Erde untertan!"). In diesem Buch geht es aber nicht darum, die vermutlich interessante Geschichte über die legitimierende Verbindung zwischen Eigentum an Dingen (nebst Sklaven, Leibeigenen, Frauen, Kindern) und den monotheistischen Göttern zu schreiben. Der Jenseitsgott ermöglichte vor allem die Trennung zwischen Ding und Mensch, was neue Eigentumsgrenzen erlaubte und die Entstehung des Eigentümers. Das Eigentum des Menschen an sich selbst (oder durch andere) und das

---

Landeigentum: Ich setze hier undiskutiert voraus, dass die Kultur zu Beginn unseres Zeitalters eine Komplexität erreicht hatte, bei der schiere militärische Gewalt nicht mehr überall zur Wahrung von Interessen präsent sein konnte, so dass ein allgemein anerkanntes Recht mit einer von Oben abgesicherten Autorität etabliert werden musste.

Eigentum: Dem allgemeinen Sprachgebrauch folgend trenne ich in diesem Buch nicht scharf zwischen den Begriffspaaren Besitz/Besitzer und Eigentum/Eigentümer, doch die in unserem Recht gemachte Unterscheidung, nach der zum Beispiel der Mieter der Besitzer einer Wohnung ist, aber nicht der Eigentümer, sollte immer durchscheinen, denn diese Unterscheidung macht anschaulich, wie abstrakt das Eigentum definiert ist: Sachherrschaft oder Nähe zur Sache, wie beim Besitz, sind beim Eigentum nicht erforderlich. Ob mit der Zeitenwende die Unterscheidung zwischen Besitzer und Eigentümer erst möglich wurde, ist natürlich Spekulation, aber es ist sehr plausibel, dass das animistische Gemisch aus Geist und Ding aufgehoben werden musste, damit der geistverwandte Mensch Eigentümer einer beliebigen Sache werden konnte - einschließlich anderer Körper (Kinder, Sklaven).

Ich als Besitzer seines Körpers wurden möglich. Außerdem erlaubte das nun geistlose Ding die Entfaltung der analytischen Sachlogik (Vernunft).

analytischen: Altgriechisch *analysis* = Auflösen in Einzelbestandteile

8.3 Eigentum an sich selbst

Beides, *Vernunft*[1] und *Eigentum an sich selbst*, sind tragende Säulen der hier betrachteten Übergangszeit. Aber der letzte Punkt, das Eigentum an sich selbst, bekommt in diesem Projekt eine größere Bedeutung, weil das neue Geist-Eigentum-Duo - eine sich gegenseitig verstärkende Projektionsleistung - den Riss durch die Welt von Anfang an bis in den einzelnen Menschen hinein fortsetzte. Der Mensch spaltete sich auf, nicht nur projektionstechnisch als Zwitterwesen auf der Grenze zwischen Materie und Geist, sondern vor allem auch als Akteur, als politisches Wesen, als Eigentümer. Der geistige Teil in ihm, die Persönlichkeit, die er mit dem einzigen Gott glaubte gemeinsam zu haben, brachte die Fähigkeit mit sich, ein Eigentümer sein zu können, weil nur der übermächtige, jenseitige Geist Eigenschaften vergeben kann, die in der Natur nicht vorkommen; und nur die göttliche Persönlichkeit im Menschen kann sich auf die Eigentumeigenschaft beziehen. Und da sein Körper ja Teil der materiellen Welt war (und ist), folgt daraus, dass jeder Mensch, wenn er die Fähigkeit hatte, eine geistfähige Person sein zu können, auch der Eigentümer seines Körpers war. Und damit haben wir bei unserer perspektivischen Übung den Punkt erreicht, an dem wir auf die Ichoffenbarung aus dem Krankenbettbild genauer eingehen können.

bis in den einzelnen Menschen: Auf diesem Hintergrund wird vielleicht besser verständlich, warum die Volksstämme oft zur Übernahme des monotheistischen Gottes gezwungen werden mussten (eine kurze, sehr unvollständige Liste aus der christlichen Geschichte über den Einsatz von Waffengewalt bei der Verbreitung des Glaubens: beginnend bei Moses gegenüber dem eigenen Volk, über die Etablierung der römischen Staatsreligion, der Christianisierungen Karls des Großen bis zum europäischen Imperialismus mit den Missionaren als Wegbereitern).

Eigentümer seines Körpers: Schon in den Anfängen wirkte die Besitzvorstellung - vermutlich aufgrund ihrer scheinbaren Natürlichkeit - sehr schnell bis in die individuellen Beziehungen hinein (zumindest bei den Landbesitzern), denn nun war es möglich, auch einzelne Menschen zu besitzen, Untergebene, Frauen, Kinder, Sklaven. Die Bürger der Moderne haben diesen individuellen Aspekt auf die Spitze getrieben, indem sie alle als Persönlichkeiten und Herren zu Besitzern ihres eigenen Köpers wurden. Falls Ihnen das etwas eigentümlich oder schizophren vorkommt, möchte ich in diesem Einstieg nur an Nietzsches Feststellung erinnern, dass der Wahnsinn kollektiv völlig verbreitet ist, die individuelle Abweichung vom kollektiven Wahn aber eher selten. Allgemein formuliert: Etwas als wirklich zu sehen, was tatsächlich nur eine Projektion der eigenen Vorstellungskraft ist, ist nun mal die Definition für Wahnsinn. Und mir einzubilden, es gäbe eine rein geistige Instanz in mir, die *mich* von der Natürlichkeit meines Körpers befreit und *mich* mit freiem Willen ausstattet, um dann als rechtmäßigen Besitzer den Körper wieder wie ein Instrument benutzen zu können. Das ist schon ziemlich verrückt. Man kann gut verstehen, dass trotz der durchgängig praktizierten naturalistischen Sicht ein großer Teil der Bürger dann doch lieber bei der Gottesprojektion bleibt oder dahin zurückfindet, zumindest rückt einem dann der Wahnsinn nicht so dicht auf die Pelle. Dass eine Kultur mit solch dramatischen Wirklichkeitsdefiziten nur durch eine hierarchisch organisierte Androhung von körperlicher Gewalt (die Psyche gehört auch zum Körper) bestehen kann, versteht sich fast von selbst, wird uns aber noch intensiv beschäftigen.

---

[1] Vernunft: siehe Kapitel III.6, *Das Ich und die Vernunft*

Schon immer der Zweck: In der Geschichte dieses Buchprojektes musste ich erst selber allmählich lernen, dass der moderne Mensch mit seinem Ich nicht Gott verdrängt hat (Gott war ja nie da!), sondern mit seinen Projektionen von Anfang an nur seine eigene Selbsterhöhung betrieben hat. Aber die Himmelsleinwand, auf die projiziert wurde, wird immer opaker, je selbstbewusster der Mensch wird, so dass der Mensch den Projektionsvorgang selbst zunehmend erkennen kann.

8.4 Schon immer der Zweck: das eingebildete und gut getarnte Auffüllen von Ich und Eigentum mit eingebildeter Substanz

- Macht euch die Erde untertan

Die Übungseinladung an Sie lautet jetzt nicht nur, die letzten zweieinhalbtausend Jahre als kurze metaphysische Krankheitsphase zu betrachten, sondern auch als einen Zeitraum, bei dem es von Anfang an darum ging, die besitzfähige Persönlichkeit und das heutige Ich hervorzubringen (natürlich nicht im Sinne einer evolutionären oder sonstwie zu verstehenden Intention). Deswegen spreche ich im Bild vom Ichoffenbarungsstadium. Heute wird sichtbar, dass das Entscheidende bei der Projektion eines persönlichen Gottes von Beginn an die stille aufladende Rückwirkung auf den Menschen war, der als Zwitterwesen oder Kind eines Gottes an der überirdischen Substanzkraft des einen Geistes teilhaben konnte, zumindest in seiner unaufgedeckten Einbildung. Dabei gilt: Je mehr das Ich sich zunächst hinter einem jenseitigen Gottgeist verstecken konnte, umso leichter fiel es, die Eigentumsfähigkeit zu entwickeln, die unbedingt überindividuell und übernatürlich sein musste. Das Ziel war schon immer ein von geradezu krankhafter Eitelkeit getriebenes, gigantisches Selbsterhöhungsprojekt, aber immer mit dem Zweck der Eigentumsbildung: „Macht euch die Erde untertan!" hieß: nicht nur beherrschen und verwalten, sondern vor allem auch besitzen und einverleiben (die Erde natürlich einschließlich der fremden oder schwächeren Menschen).

- Persönlichkeit mit Eigentum ohne Gottes Hilfe

Natürlich bilden sich dabei auch Hierarchien und die Wenigen mit intimer Geistnähe besitzen mehr als die Vielen in Erdnähe, aber die Tatsache, dass die Männer nun eine politische Überlegenheit mit dem Besitz größerer Körperkraft legitimieren und die Frauen ihre Sexualität nun gegen Geld oder Ansehen eintauschen können, macht unmissverständlich klar, dass von Anfang an die Spaltung zwischen Ich (Besitzer) und Körper (Eigentum) bis tief in den Einzelnen hineinragte. Heute ist in unserer Kultur jeder einzelne Mensch mit so großer Selbstverständlichkeit eine Persönlichkeit mit Eigentum (alle nennen sich Damen und Herren), so dass das hochmetaphysische Ich glaubt, auf Gott verzichten zu können, ohne dabei die Besitzerfähigkeit zu verlieren. Selbst*bewusstsein*, Vernunft und ursachenfreie, göttliche Entscheidungsfähigkeit plus der mindestens so jenseitigen Fähigkeit, Käufer, Eigentümer und Konsument sein zu können, ermöglichen heute so viel eingebildete Substanz, dass die Ich-Eigentum-Projektion sich von der Vorstellung eines Schöpfergeistes lösen konnte. Insbesondere die Konsumfähigkeit der Persönlichkeiten - vor allem in Bezug auf den menschlichen Körper: Essen, Kleidung, Sex - wird von der Werbung aufwändig unterstützt.

- Ichverselbständigung in der bürgerlichen Moderne

Wir werden uns später genauer mit der Ablösung des Ichs von Gott in der bürgerlichen Kultur beschäftigen, indem wir uns das Werk *Der Einzige und sein Eigentum* von Max Stirner[2] anschauen, das einen Höhepunkt darstellt in der bürgerlichen Geschichte des Ichthemas mit vom „Ich denke, also bin ich" eines René Descartes bis zum „Das Ich ist alles" eines Johann Gottlieb Fichte. In diesen Anfängen wurde das Ich noch stark mit dem individuellen Bewusstsein und seiner vermeintlichen Vernunftfähigkeit (Denken) gleichgesetzt. Mit zunehmender Etablierung als soziale Schnittstelle wurde es zur Institution und verliert seitdem mit wachsendem Tempo seine eingebildete Individualität. Vor allem die aktuelle naturalistische Bewusstseinsforschung ist dabei, das Triumvirat aus Ich, Bewusstsein und Individualität zu entthronen und aufzuspalten.

- Auflösungstendenzen des Triumvirats aus Ich, Bewusstsein und Individualität

Aber, wie wir sehen werden, ist der ärgste Feind des Triumvirats nicht die wissenschaftliche Theorie (woher auch), sondern paradoxerweise das Trio aus Werbung, Konsum und Computerintelligenz. Die Schwächungsfaktoren der herrschenden Ichideologie (Triumvirat): 1.) Die eingebildete menschliche Vernunft wird konfrontiert mit der viel besser sachlogisch arbeitenden Computerintelligenz (wir haben unsere Intelligenz missverstanden[3]) 2.) Der durch Werbung zur Entscheidungspersönlichkeit aufgeblasene

Besitzerfähigkeit: Dass die durch Erbschaft Reichen der Besitzlegitimation ohne Gott nicht so ganz trauen, zeigt sich in ihrer immer noch starken Anhänglichkeit zu christlichem Glauben und dem Besitzvorbild Kirche. Aber auch die weniger reichen Menschen finden wieder zur Spiritualität, weil der Substanzhaftigkeit des Ichs wohl auch nicht trauen. Im Verbund mit einem alles durchdringenden Geist fühlt das Ich sich einfach stärker.

Bewusstsein: Wenn ich mit anderen Menschen darüber diskutiere, was den Menschen vom Tier unterscheidet oder was seine Schuldfähigkeit ausmacht, werden immer noch das Bewusstsein und die Sprache genannt. Die Denk- und Entscheidungsfähigkeit des Menschen (Willensfreiheit) werden mit dem sprachfähigen Bewusstsein in Verbindung gebracht. Kürzlich sah ich einen Film (Side Effects - Tödliche Nebenwirkungen), in dem eine schlafwandelnde Frau ihren Mann umgebracht hatte, und das Argument des psychiatrischen Gutachters war, dass *wir* uns nur bei wachem Bewusstsein gegen innere Impulse behaupten können. Vermutlich spiegelt sich in diesem Argument die Meinung der Mehrheit. Es versteht sich fast von selbst, dass das Ich als psychosoziale Instanz des sprechenden Bewusstseins verstanden wird. (Witzigerweise stellte sich in diesem Film von Steven Soderbergh heraus, dass die Frau das Schlafwandeln als mögliche Nebenwirkung eines Medikaments nur gespielt hatte.)

---

[2] Max Stirner: siehe Kapitel III.3, *Der Einzige und sein Eigentum, Ich und Eigentum bei Max Stirner;* Quellenangabe zum Werk dort
[3] Intelligenz: siehe Kapitel III.1.1, *Das Ich und das Missverständnis von der menschlichen Intelligenz*: Die Unterscheidung zwischen horizontaler Computerintelligenz und vertikaler Menschenintelligenz.

I. Ein Überblick

Konsument wird zunehmend mit der Differenz aus Werbewelt und wirklicher Welt konfrontiert. Es liegt in der Logik der Werbelüge, dass sie sich verschleißen muss. 3.) Der Konsument ist nur ein sehr flüchtiger Eigentümer, weil die in den Besitz genommene Ware gleich wieder verbraucht wird. Selbst etwas langfristigere Güter wie Auto oder Einfamilienhaus können nicht wirklich konkurrieren mit dem Eigentum an Produktivkräften wie Fabriken oder Rechenzentren. Ohne die ständige Aufladung des KonsumentenIch durch die Werbung würde es bald an Ichschwäche sterben. Die Konsequenz in der aktuellen Konsumentenwelt - zumindest in den gebildeteren Schichten - ist ein Zurück in die Spiritualität und das Zurück kann man recht wörtlich nehmen, da der überpersönliche, gleichwohl intelligente Weltgeist der Mystik schon seit den Anfängen dem persönlichen Gott Konkurrenz macht. Ein Vorwärts zu einer dynamischen Ichprojektionsrücknahme ist auf breiter Ebene nicht zu erkennen. Natürlich darf man auch nicht vergessen, dass die humanistische Religion noch immer ihre Anhänger hat, bei den *Grünen* zum Beispiel sind sie immer noch in großer Zahl zu besichtigen oder in explizit humanistischen Vereinen.

- Das metaphysische Zeitalter mit zwei Phasen

Sie werden als Leser schon gemerkt haben, dass der gesamte metaphysische Zeitraum der letzten zweieinhalbtausend Jahre mehr oder weniger ausdrücklich von mir in zwei verschiedene Phasen unterteilt wird[4]. Vielleicht sollten wir etwas philosophischer orientierte Zeitmarken einbauen, um uns besser verständigen zu können. Grob und plakativ lässt sich der Anfang des ganzen metaphysischen Zeitalters der Körper-Geist-Verrücktheit mit Platos Metaphysik markieren und den Anfang vom Ende mit Nietzsches Zarathustra. Mit *Also sprach Zarathustra* und der Lehre von der ewigen Wiederkehr hatte sich Friedrich Nietzsche von der Moralkritik gelöst und einen radikal diesseitigen Weltentwurf begonnen, bei dem es keinen Platz mehr für Ichfreiheitsträume gab und Leben und Denken (wie auch Schreiben und Lesen) nicht mehr zu trennen waren. Genau genommen versuchen wir hier nur Nietzsches Auftrag zu Ende zu bringen. Die erste Phase des metaphysischen Zeitalters, die mo-

---

ewigen Wiederkehr: Zarathustras Lehre von der ewigen Wiederkehr ist eine physikalische Theorie von der Welt auf der Basis des physikalischen Wissens, das Nietzsche zu seiner Zeit vorfand. Danach war die Zeit unendlich und der Raum endlich. Unter diesen Bedingungen, so folgert Nietzsche, müssen sich alle Bewegungen und Strukturen in der Welt ständig wiederholen. Ein sehr radikales und einprägsames Bild für die Bedingtheit allen Seins. Heute wissen wir, dass Raum und Zeit keine voneinander unabhängigen Größen sind, der Raum also genauso unendlich ist wie die Zeit. Doch die Vorstellung, dass sich alles unendlich wiederholt, ist von der aktuellen Physik gar nicht so weit entfernt, denn ob sich alles wiederholt oder - der Vielweltentheorie folgend - unsere Welt mit allen denkbaren Varianten in Paralleluniversen unendlich oft existiert, macht keinen so großen Unterschied. Gewiss ist, dass bis ins Kleinste hinein sich alles nach Naturgesetzten bewegt. Kürzlich las ich von einem Buch des Kosmologen Max Tegmark, *Unser mathematisches Universum, Auf der Suche nach dem Wesen der Wirklichkeit*, das der Theorie von den vielen parallelen Welten wieder Aktualität verleiht.

---

[4] Phasen des aktuellen Zeitalters: siehe auch die Weltbildgrafik in Endnote i zu Kapitel I.3.1, *Vom magisch-animistischen zum metaphysischen Zeitalter*

notheistische, patriarchal-militäraristokratische Phase, beginnt ihren Todeskampf mit der Renaissance, der Aufklärung und ihr Ende findet seinen Ausdruck in der Entstehung moderner bürgerlicher Staaten (absolute Monarchien zur Schwächung des Adels als Übergang, später repräsentative Demokratien). Nietzsche diagnostiziert den Tod Gottes gegen Ende des 19. Jahrhunderts. Aber schon Anfang des 19. Jahrhunderts gibt es in der Welt der Philosophen klare Hinweise auf die Ersetzung des Jenseitsgottes durch das bürgerliche Ich: Wie schon erwähnt, ist die stärkste philosophische Markierung *Der Einzige und sein Eigentum* von Max Stirner. Wir können die zweite Phase auch kurz als bürgerliche Moderne zusammenfassen, deren wesentliches Merkmal, psychopolitisch gesehen, die Etablierung des selbständigen Ichgeistes ist, die bürgerliche Persönlichkeit, die Damen und Herren.

9. Die wichtigste Übung: Den Blick auf die Wirklichkeit halten

9.1 Vom Ich zur Wirklichkeit

Bisher haben wir bei der Betrachtung des Verhältnisses von Ich und Wirklichkeit den Fokus auf das Ichproblem gelegt. Nun verschieben wir unsere Aufmerksamkeit auf die Wirklichkeit.[1] Wenn wir von einer Wirklichkeit ausgehen, die vom projizierenden Ich, vom wahrnehmenden Menschen unabhängig ist, dann haben wir das Glück, in ihr einen absoluten Orientierungspunkt zu finden. Auch wenn wir unterstellen müssen, dass sich uns die Wirklichkeit an jedem Punkt ins Unendliche und Unerkennbare entzieht - je genauer wir hinschauen -, so teilen wir doch den größten Teil der von unseren Wahrnehmungsorganen erfassbaren Welt mit den anderen Menschen. Innerhalb des menschlichen Wahrnehmungsspektrums können wir uns darauf verlassen, dass die anderen Menschen etwas Ähnliches wahrnehmen. Dabei kommt es nicht darauf an, ob die Gehirne überall den gleichen Eindruck von *Rot* erzeugen. Wir lernen

---

[1] Fokussierung auf die Wirklichkeit: siehe Kapitel III.8, *Nochmal von vorne: Fokus Wirklichkeit*

alle, etwas Rot-Ähnliches mit dem Wort *Rot* zu verbinden. Die äußere Natur (einschließlich aller Gehirne mit ihren Inhalten) bietet uns also auf jeden Fall einen Anker, an dem wir unser Weltbild und unsere Verständigung mit den anderen Menschen festmachen können. Die - angenommene - Gesamtheit der äußeren Natur, die wir direkt oder indirekt wahrnehmen können, nennen wir die Wirklichkeit. Sie ist sehr konstant vorhanden und hat stabile Strukturen, weil sie strikt wenigen grundlegenden Naturgesetzten folgt. Diese stabile Konstanz gibt ihr die ankerhafte Trag- und Bezugseigenschaft, obwohl sie sich uns als Ganzes immer entziehen wird.

- Menschengemachte Bedingungen

Nun ist es in unserer menschendominierten Kultur leider so, dass die Menschen Bedingungen und Strukturen geschaffen haben, die nicht einfach als äußere Natur festmachbar sind. Für die *gottbestimmte* Vergangenheit lässt sich das an einem einfachen Beispiel erläutern: Wenn mich jemand gefragt hätte, ob ich an seinen Gott glaube, und ich damit hätte rechnen müsste, dass er mich bei der Antwort *Nein* erschießen würde, dann wäre in diesem Augenblick sonnenklar gewesen, dass ich mich an eine Wirklichkeit anpassen müsste, die nur in den Köpfen anderer Menschen existierte. Aus dem Beispiel lässt sich ablesen, wie sich der menschengemachte Charakter der Situation darin offenbar, dass man sich durch Lügen sehr gut aus der Lage herauswinden kann.

- Schwierige Umwelt: die eingebildeten Ichs

Sehr viel schwieriger ist der Umgang mit den anderen Gehirninhalten in den Zeiten der Ichreligion. Lügen hilft nicht mehr, weil ich ja selber an mein eigenes freies Ich glaube. Und nicht nur daran *glaube*, ich weiß, dass diese Kultur das metaphysische Ich in meinen Kopf gepflanzt hat, und zwar unumkehrbar. Wenn ich in meiner Theorie von der Welt also feststelle, dass ich mir dieses Ich nur einbilde - und mir sogar durch Meditationen eine gefühlte Gewissheit über den Einbildungscharakter verschaffe -, dann ändert das zunächst mal nichts an meinem gefühlten Selbstbild und meinem erlebten Bild von den anderen Ichs. Selbstverständlich bilden wir uns auch noch alle möglichen anderen Dinge ein, aber die sind oft an tatsächliche Natur gekoppelt, so dass wir nur jemanden, der beispielsweise nicht an die Pantoffeltierchen im Wasser glaubt, ans Mikroskop bitten müssen, um ihn näher an die Wirklichkeit zu bringen.

Das Ich gehört nun definitiv zu den Dingen, die nicht irgendwie mit der äußeren Natur verbunden sind. Wie schon bei den Göttern, ist die Substanzlosigkeit der Ichs die Voraussetzung dafür, dass sie ihre metaphysische Aufgabe erfüllen können. Doch damit wird auch die Rückführung in die Wirklichkeit und die Aufhebung der Einbildung zu einer echten Herausforderung. Lügen hilft nur noch vorübergehend, da der Selbstbetrug uns immer wieder auf die Probleme der Wirklichkeitsdefizite zurückwirft und das Belügen der anderen (ich tue so, als hätte ich ein freies Ich) führt leider dazu, dass ich selbst wieder zum kollektiven Ichwahndruck beitrage. Das gilt auch für den positiven Selbstbetrug: Ich habe die Einbildung vom freien Ich abgelegt. Schon dieser Gedanke widerlegt mich.

- Die größte Herausforderung: der Blick auf das eigene Ich

Aus diesen spezifischen Ichreligion-Problemen folgt, dass die größte Herausforderung darin besteht, den Blick auf die gewusste Wirklichkeit der Ich-programmierten Gehirne - zunächst und vorwiegend - einfach auszuhalten. Dabei ist natürlich der Blick auf das eigene Ich immer darauf ausgelegt, uns vom Wahnsinn bedroht zu fühlen. Fatalerweise führt dies zu einer Schwächung des Ichs, was in einem Teufelskreis in den Selbstbetrug zurückführt. Hilfe und Schutz kommt dann immer wieder durch die Fokussierung auf die Sicht von außen: Mein Körper und mein Gehirn mit seinen Einbildungen sind nur Phänomene und Ereignisse in der nahtlosen Wirklichkeit der Dinge. Dort ist Ruhe, dort ist Stille. Körper werden nicht wahnsinnig (von ihrem Gehirninhalt mal abgesehen). Wahn ist ein rein informationelles Phänomen, den Informationsverarbeitungssysteme sich einbilden müssen. Der individuelle Wahn ist die eingebildete Einbildung oder die nicht gleichzeitig durchschaute Einbildung. Was können wir tun, um die Stille der Dinge, der Körper, der Außenwelt herbeizurufen?

I. Ein Überblick

- Zwei Bedeutungen von Wirklichkeit[2] und von Ich: innen und außen

Aus dem engen Zusammenhang von Ich und Wirklichkeit einerseits und der völligen Selbständigkeit der substantiellen Wirklichkeit von unserer Wahrnehmung andererseits ergibt sich eine zweifache Bedeutung von Wirklichkeit, die sich auch auf das Ich erstreckt. Diese müssen wir sorgfältig unterscheiden, andernfalls bekäme unser Theoriegebäude eine windempfindliche Schieflage. Diese Zweiteilung ergibt sich aus der Tatsache, dass jedes Gehirn ein in sich abgeschlossenes System ist, das zwischen Außen und Innen unterscheiden muss. Gleichzeitig weiß das Gehirn vom Außen aber nicht mehr, als was von den Wahrnehmungskanälen kommend von ihm selbst als Wirklichkeit zusammengesetzt wird. Die Außenwirklichkeit bleibt also, trotz der Verwendung feinster Instrumente, prinzipiell unerkennbar. Daraus aber zu folgern, dass es keine andere Wirklichkeit gibt als die vom Gehirn simulierte, wäre ein fataler Fehler, genauso wäre es sehr unpraktisch, der Innensicht, der Simulation, jeden Wirklichkeitscharakter abzusprechen, weil wir in unserer Kommunikation gar nicht mehr von Wirklichkeit sprechen oder über Wirklichkeit kommunizieren dürften. Verstehen wir nun unser Ich als eine Instanz, die als Koordinator der Wahrnehmungsschnittstelle[3] fungiert - vor allem bei der komplexen menschlichen Kommunikation, dann wird verständlich, dass auch in den Eigenschaften des Ichs etwas von dieser Zweiteilung zwischen Innen und Außen sich ablagern muss. Berücksichtigen wir nun, dass der tiefere Blick auf die Natur unserer Wahrnehmung und auf die Simulationsvorgänge in unserem Gehirn uns noch nicht sehr lange zur Verfügung steht - und auch nicht die Vorstellung von Information als geistfrei und doch wirklich, dann erscheint die Vorstellung vom Ich als metaphysisches Doppelwesen ein geradezu zwangsläufiger Schritt in der kulturellen Entwicklung zu sein. Wir

innen und außen: Wir können also unterscheiden zwischen einer Innen- und einer Außenwirklichkeit und zwischen einem Innen- und Außen-Ich. Wenn wir nun das Innen mit Information gleichsetzen, können wir folgern, dass Innenwirklichkeit von Information getragen wird, während Außenwirklichkeit materieller Natur ist. Unser Innen-Ich lebt von der informationell simulierten Wirklichkeit, während unser Außen-Ich von der tatsächlichen Resonanz zwischen materiellen Gehirnstrukturen, bzw. symbolträchtigen Artefakten getragen wird. Voraussetzung ist, dass wir die fortdauernd kommunizierte Information als Wirklichkeit sehen können. Solange Gehirne resonieren, ist Information nicht etwas Eingebildetes, sondern Teil der Innen- und Außen-Wirklichkeit. Entsprechend können wir uns später auch mit dem wirklichen Teil des Ichs beschäftigen, mit der Innen- und Außen verbindenden Resonanz.

Fehler: Wenn man unterstellt, dass es eine selbständige Außenwirklichkeit gibt, dann müssen die äußersten Kontaktstellen unserer Wahrnehmungsorgane mit der berührten Wirklichkeit eine entsprechende Ähnlichkeit aufweisen. Und genau das lässt sich auch nachweisen. Zum Beispiel haben die Zapfen in der Netzhaut unserer Augen eine auf die Wellenlänge des Lichts abgestimmte Eigenschaft, so dass wir Farben unterscheiden können. Schaut man genau hin, erkennt man also in der nach außen gerichteten Seite unserer Wahrnehmungsorgane die tatsächliche Beschaffenheit der Außenwirklichkeit. Man kann das natürlich auch aufzeigen, indem man die Evolutionsgeschichte des Auges nachzeichnet. Wären unsere Innen- wie Außenwirklichkeit gleichermaßen von einem Computer simuliert, wäre der komplexe Aufbau unseres Auges eine reine Verschwendung. Es macht also großen Sinn, zwischen materieller und informationeller Wirklichkeit zu unterscheiden. Am Beispiel von Auge und Licht lässt sich auch plausibel machen, welch immense Rolle Theorie (oder Modell) bei der Erfassung von Außenwirklichkeit spielt, denn mit ihrer Hilfe können wir uns Licht als elektromagnetische Welle vorstellen und erkennen, dass es noch sehr viel kürzere und längere Wellenbereiche gibt ober- und unterhalb des für uns sichtbaren Lichts.

---

[2] Zwei Bedeutungen von Wirklichkeit: siehe auch Kapitel II.3, *Die Wirklichkeit und der Innen-Außen-Dualismus*
[3] Wahrnehmungsschnittstelle: Erläuterung des Ich als soziale Schnittstelle siehe Kapitel II.2, *Das wirkliche Ich als Resonanz*

mussten dem Ich eine geheimnisvolle Verbindung zur Außenwelt unterstellen und beiden die gemeinsame Eigenschaft Geist, um den Übergang vom Außen ins Innere phantasieren zu können. Dieser Schritt hat leider ausgesprochen verrückte Konsequenzen nach sich gezogen und es wird höchste Zeit, diese Erklärungskrücke wegzuwerfen.

höchste Zeit: Heutzutage haben wir ein Maß für den metaphysischen Irrsinn: Wir können ausrechnen, was Weltkriege und Umweltzerstörung uns kosten. Je religiöser Kulturen sind, umso leichter legitimieren sie Kriege als Kampf gegen das Böse und umso eher leugnen sie den menschengemachten Klimawandel.

9.2 Das Basiswerkzeug: Meditation in vielen Formen

Wie schon mehrfach erwähnt, werden in diesem Buchprojekt Meditation und eigene Theoriebildung als die Grundtechniken angeboten, um den paradoxen Herausforderungen der Ichwirklichkeit zu begegnen. In diesem Kapitel gehen wir nun etwas detaillierter auf die Techniken und ihre Wirkungen ein (wie immer nicht als systematische oder historische Abhandlung - siehe Wikipedialink, sondern als Extrakt meiner Erfahrungen und Ableitungen meiner Theoriebildung). Die Meditation ist dabei das Basiswerkzeug im Alltag, weil sie uns in leichten Formen praktisch immer zur Verfügung steht.

Meditation: Laut Wikipedia hat das Wort etymologisch keinen Bezug zum Wort Medium mit der Bedeutung Mittler oder Mittel. Es leitet sich aus dem lateinischen meditatio ab mit der Bedeutung von Nachdenken und Nachsinnen (http://de.wikipedia.org/wiki/Meditation). Damit ist die etymologische Bedeutung von Meditation der christlichen Kontemplation (anschauen, betrachten) verwandter als dem gängigen Vorurteil der Zentrierung oder des zur Mitte-Findens.

- Die verschiedenen Formen

Jeder kennt das Bild vom meditierenden Buddha oder dem Zen-Mönch, der viele Stunden am Tag reglos auf seiner Matte hockt. Mir haben die intensive Auszeit in einem Zenkloster und die Gespräche mit dem Zenmeister nicht nur ein erstes Verständnis vermittelt, wie Meditation funktioniert und wofür sie gut ist, sondern die Auszeit hat auch eine Grundlage geschaffen für weitere Übungen und Techniken. Die Technik des sogenannten Zazen meint nichts anderes, als stillsitzen und auf den Körper achten mit seinem Aus- und Einatmen im Zentrum. Nicht mehr und nicht weniger. Es braucht etwas Disziplin, die in gemeinsamen Ritualen wie in einem Zenkurs etwas leichter fällt. Man kann sich natürlich genauso gut aufs Bett legen und auf die inneren Ereignisse im Körper und in der eigenen Psyche achten. Dabei besteht allerdings die Gefahr des Einschlafens, was durch die aufrechte Sitzhaltung auf dem Meditationskissen vermieden wird. Regelmäßige Meditationsübungen finden bei mir seit Jahren auf der Toilette statt. Sobald ich mich hinsetze und den Kopf auf die Hände stütze, falle ich in einen Zustand der Stille oder des inneren Anhaltens, wobei sich das Anhalten nicht nur auf die Gedanken, sondern vor allem auf die Gefühle bezieht.

- Techniken im Alltag

Die traditionsreiche Betonung des Anhaltens der Gedanken halte ich für einen typischen Fehler der spirituellen Traditionen. Tatsächlich kann man die Tätigkeit des Gehirns nicht anhalten, auch nicht die Gefühle, aber man kann sich beispielsweise unspezifischen Gefühlen hingeben, bei denen die Betawellen nachlassen und die Alphawellen dominieren. Ein solches Gefühl könnte sein: Jetzt ist mir mal alles egal, ich fordere mal nichts von mir, alle Bewegungen der Psyche sind okay und erlaubt. Vielleicht denken Sie jetzt beim Lesen: Das kenne ich doch! Das soll Meditation sein? Ich bin davon überzeugt, dass alle Menschen mehr oder weniger stark, mehr oder weniger gewusst Meditationstechniken anwenden. Wir kennen es alle vom Schlafen, das ist die von der Natur vorgesehene große Anhaltetechnik. Das bewusst erlebte Einschlafen ist Meditation pur und lässt sich mit etwas Übung hinauszögern. Viele Menschen nehmen sich kleine Auszeiten, wie zum Beispiel beim Zigarettenrauchen. Die Sucht wird - meistens wohl unbewusst - für den wunderbaren Effekt des Anhaltens in Kauf genommen. Ein guter Trick wäre, sich das Rauchen abzugewöhnen, indem man sich andere Anhaltetechniken sucht oder vor die Tür geht und so tut, als würde man rauchen. Da ich schon die schlimme Nikotinsucht angesprochen habe, können wir auch gleich die Wirkung des Alkohols erwähnen. In unserer Kultur ist die vermutlich häufigste und wirksamste Methode, den gewohnten inneren Fluss abzubremsen, so dass sich ein anderes Bewusstseinsgefühl einstellt, die abendliche Einnahme von Alkohol. Der erste Schluck Wein noch vor dem Essen wirkt besonders schnell. Das Signal an die Psyche: bitte vom Arbeits- auf Entspannungsmodus umschalten.

- Alphawellendominanz stellt sich auch durch gleichmäßigen Input ein

Es gibt auch andere Formen, Meditationseffekte zu erzielen, die nicht direkt auf Anhalten innerer Bewegungen, sondern auf das Abhalten aufregender äußerer Einflüsse ausgelegt sind oder die inneren Bewegungen in einen gleichmäßigeren Rhythmus bringen. Ich habe dabei all die meistens jungen Menschen vor Augen, die sich Kopfhörer aufsetzten und Musik mit gleichmäßigen Rhythmen hören;

oder all die Spaziergänger und Jogger, die durch gleichmäßige Bewegung die Aufmerksamkeit auf den Körper lenken. Was immer Sie auch praktizieren, es geht immer um ein Abbremsen oder Anhalten der inneren Bewegungen der Psyche, die meistens allzu selbständig und gewohnheitsmäßig ablaufen, was in unserer Kultur der Ichillusion Vorschub leistet.

gleichmäßige Bewegung: Wie stark der Bedarf nach Meditationseffekten ist, lässt sich auch leicht an den Formen ablesen, in denen viele Techniken kombiniert werden: mit Ecstasy im Kopf in der Disko zu starken Rhythmen tanzen. Das sollte jeden Alltagsfluss anhalten.

- Erfolgsprüfung

Wieweit Sie mit solchen Anhalteübungen erfolgreich sind, lässt sich leicht daran ermitteln, wie leicht und schnell Sie in einer beliebigen Alltagssituation den aktuellen Psychofluss absichtlich unterbrechen können. Fixieren sie kurz den Blick auf den Horizont oder auf einen Punkt im Raum (Unschärfe wirkt auch mit dem Fokus auf Unendlich) und prüfen Sie, wie lange es dauert, bis Ihr aktuelles Seinsgefühl deutlich spürbar umschaltet. Ich habe für mich die Formulierung gefunden: Die Luft wird dicker. Interessanterweise habe ich die Erfahrung gemacht, dass mit diesem Bild andere Menschen auch etwas anfangen konnten.

- Die möglichen tieferen Wirkungen von Meditation

Die Wirkungen von Meditationen sind sehr fließend, von sehr intensiv, vielleicht nach einer Woche Zazen, bis zum einsekündigen Innehalten, wie es viele Menschen automatisch machen, um sich an etwas zu erinnern. Natürlich sind intensivere Erfahrungen - bis hin zu einer geradezu bedrohlich wirkenden Stille - besser geeignet, um das metaphysische Ich in den Hintergrund zu drängen und das körperzentrierte Selbstwertgefühl zu stärken. Aus diesem Grunde hier eine kurze Erläuterung der tieferen Erfahrungszustände.

Tiefere körperzentrierte Meditation ermöglicht erstens eine *Grenzerfahrung* mit dem Körper als Wahrnehmungsorgan und Schnittstelle zum Gehirn, zweitens kann eine *Allerfahrung* entstehen durch einen speziellen Gehirnmodus zwischen gesteigerter Aufmerksamkeit und Schlaf, drittens können mit einer gewissen Übung *leichte Meditationszustände* - hervorgerufen in *Alltagssituationen* - Konzentrationsstörungen, verlorene Zentrierungen oder einen Geduldverlust wieder herstellen, und viertens ermöglicht der meditative Gehirnmodus eine spezielle Art des Zusammensein mit Anderen, die als *gesteigerte Intimität*[4] gefühlt werden kann.

---

[4] Intimität: siehe Absätze zur Intimität weiter unten in diesem Kapitel

- Grenzerfahrung, Überwindung der Angst

Statt von Grenzerfahrung könnte man genauer auch von einer Erfahrung auf meiner Grenze zur Welt sprechen. Die Mediation macht den Körper als Erfahrungsschnittstelle bewusst: Nur der Körper nimmt wahr mit seinen Wahrnehmungsorganen. Die Grenze zwischen der eigenen gefühlten Welterfahrung und der Welt selbst stärker zu erleben wird in spirituellen Kreisen fälschlicherweise als Übersteigungserlebnis interpretiert, weil man glaubt, eine jenseitige Welt zu berühren[5]. Unerwarteterweise führt die Erfahrung des Körpers als Schnittstelle zur Welt, die als gänzlich integriert und als in die Welt eingewobener Teil erlebt wird, zu einem Verlust von Angst. Einerseits ist die Welt nicht so feindlich, wie das Ich denkt, denn mein Körper und mein Gehirninhalt sind die Welt. Andererseits verliert die Psyche die Angst vor der Einsamkeit, da diese nur für das Ich eine Bedrohung darstellen kann, denn nur das Ich will sich von der Welt absondern.

- Ozeanische Allerfahrung

Im Zusammenhang mit der sogenannten ozeanischen Allerfahrung ist das vielleicht folgenschwerste Missverständnis über die Wirkung von Meditation entstanden. Die dem Gehirn mögliche Erfahrung *meiner* gesamten Welt, wie ich sie in *meinem* Gehirn abgespeichert habe, wurde verwechselt mit der Erfahrung einer vermeintlich ganzen Welt da draußen. Diese Verwechslung basiert auf zwei Gegebenheiten: Erstens konnten die Menschen sich bisher nicht vorstellen, dass ihr eigenes kleines Gehirn so viel Wahrnehmung abspeichern kann, dass der Inhalt als eine Kopie der Welt dem Einzelnen erscheinen kann. Und zweitens wurde diese Verwechslung dadurch begünstigt, dass wir uns eine Verbindung zu einem Geist eingebildet haben, dessen Hauptaufgabe darin bestand, mit der ganzen Welt in Verbindung zu sein; wir konnten uns leicht einbilden, dass die Verbindung zum Weltganzen über diesen Geist vermittelt wird. Ich gehe davon aus, dass das sogenannte Erleuchtungserlebnis, das Gefühl der Verbundenheit mit allem - das lange das Ziel der Meditation war -, tatsächlich auf einer ererbten, dem Gehirn grundsätzlich zur Verfügung stehenden Fähigkeit beruht, einen sehr großen Teil des eigenen Gehirninhalts gleichzeitig erfühlbar zu machen. Der Trick des Gehirns besteht darin, die langen Wellen - wie im Schlaf - dominieren zu lassen, was dem bewusst Erlebbaren den Detailreichtum nimmt, dafür aber wesentlich stärker verschiedene Gehirnregionen mitschwingen können. Im Unterschied zum Schlaf bleiben die Bewusstseinsfunktionen voll erhalten und der Körper schaltet sogar in eine gewisse Aufregung. Insgesamt entsteht das Gefühl einer gesteigerten Bewusstheit.

---

[5] Jenseitige Welt berühren: siehe Kapitel III.5.3.1, *Das Ich und sein engster Verbündeter: der immer individuelle Körper*

- Alltagsbezug und Alltagstauglichkeit

Im Unterschied zur Arbeit am Theoriegebäude ist die Meditationstechnik besonders alltagskompatibel, weil es fließende Abstufungen gibt zwischen kurzem Innehalten und tiefer Allerfahrung. Und wie oben schon in Beispielen beschrieben, ist Meditation nicht nur alltagskompatibel, sondern in den leichten Formen ein immer schon erprobtes Mittel, um unsere leicht störbaren Ichpsychen wieder ins Lot zu bringen. Dies gilt natürlich vor allem für die letzten zweieinhalbtausend Jahre der metaphysischen Krisenzeit. Demzufolge wird unser Zeitalter von Beginn an mit Meditationsexperimenten begleitet[6]. Das eingebildete metaphysische Ich mit seiner prekären Substanzlosigkeit benötigt schon immer genau die Stärkung durch die Zurückbindung an den Körper, wie sie mit Meditationstechniken ermöglicht werden. Die oben in der Textergänzung erwähnte etymologische Ableitung des Wortes Meditation (nachdenken, nachsinnen) verweist darauf, dass es immer schon einen starken Alltagsbezug gab und Meditation sich nicht darauf beschränkte, was mit exzessiver mystischer Technik (Stichwort Säulenheilige) praktiziert wurde.

- Höchste Intimität

Der vierte und letzte Punkt der hier aufgezählten Wirkungen stellt tatsächlich einen gewissen Höhepunkt dar und geht über den individuellen Erfahrungsraum hinaus. Bei der Allerfahrung habe ich erwähnt, dass die Basis eine Eigenschaft unseres Gehirns ist, sozusagen ein Modus, in den das Gehirn schalten kann, der das gleichzeitige Erleben von vielen Gehirninhalten ermöglicht. Da die Welt, wie wir sie kennen und uns vorstellen, ganz darauf beruht, was wir im Laufe des Lebens wahrgenommen haben, erfahren wir das Mitschwingen vieler Speicherzentren als das Ganze der Welt. Wenn wir jetzt noch hinzunehmen, dass wir uns nur verständigen, kommunizieren und in derselben Welt lebend sehen können, weil unsere in hohem Maße gleich programmierten Gehirne miteinander resonieren, dann können wir die Meditationswirkung auf andere Menschen ausdehnen. Der gemeinsame gleichzeitige Wechsel in eine gesteigerte Aufmerksamkeit[7] mit hohen Allerfahrungsanteilen ermöglicht es, den anderen als einen wesentlichen, tief eingebundenen Teil der eigenen Welt zu erleben, mit der stimmigen Gewissheit, dass es dem anderen genauso ergeht. Den Mut zu diesem Schritt gewinnen wir durch die Überwindung der

---

[6] Siehe Kapitel III.5.2.2, *Spiritualität: Noch praktiziert und doch schon gescheitert*, Absatz *Spiritualität als Verstärkung der Spaltung*.

[7] Siehe Kapitel I.9.5, *Individuelle Weltbildtheorie und Meditation finden zusammen in der Intimität des intelligenten Gesprächs*

I. Ein Überblick

Angst, insbesondere der eingebildeten Angst vor der Einsamkeit (man könnte sie auch als Angst vor dem Verrat durch den Anderen lesen). Das Interessante dabei ist, dass es sich nur zu einem kleinen Teil um eine Illusion oder Einbildung handelt, denn der Andere verfügt ja über die nahezu gleichen Gehirninhalte, die mit meiner auftauchenden Gesamtwelt ja tatsächlich resonieren können[8]. Eingebildet sind nur die kleinen Informationsreste, die auf die Individualität des anderen zurückgehen und die ich in meine Welt nachträglich hineinprojizieren muss, damit das Gefühl entstehen kann, als ob man schon immer mit dem individuellen Anderen verbunden wäre.

- Eine jedem bekannte tiefe Meditationserfahrung: die Verliebtheit

Nahezu jeder Mensch kennt eine entsprechende Erfahrung aus einer Begegnung mit der ersten Liebe, auf die man sich ganz einlässt. Die sprudelnden sexuellen Hormone stoppen radikal das Alltagsbewusstsein und verschieben uns in eine andere Welt. Der Geliebte wird auf allen Sinneskanälen mit hoher Intensität wahrgenommen, in der Berührung, im Gespräch. Vielleicht hat die Natur den Meditationszustand der Allerfahrung - die Aktivierung vieler Gehirninhalte auf einmal - eigens eingerichtet, um zu einem wenig vertrauten Menschen eine tiefe Verbindung aufbauen zu können. Der Geliebte wird mit einer großen Anzahl von gespeicherten Erinnerungen verknüpft, so dass man sich ihm nahe fühlen kann, wie sonst nur den Eltern und Geschwistern, die man seit der Geburt aufnimmt.

- Die Intimität des intelligenten Gesprächs

Doch dieser Effekt tritt nicht nur bei frisch Verliebten auf, sondern auch in ernsthaften Gesprächen unter Erwachsenen, wenn es ihnen gelingt, gleichzeitig in einen Zustand der stillen Aufmerksamkeit einzutreten. Mein letzter „spiritueller" Lehrer, von dem ich im Zusammenhang mit meiner Zeit in einer tantrischen Lebensgemeinschaft[9] und der

Lehrer: Tatsächlich war mein Lehrer Samuel Widmer ein Psychotherapeut und im weiteren Textverlauf werde ich von ihm auch als solchem sprechen.

---

[8] Der Gedanke, dass die Gehirninhalte der menschlichen Gehirne sehr ähnlich sind und deswegen miteinander und auf ähnliche Weise mit der Umwelt resonieren können, ist eine tragende Annahme dieses Buches und wird in Kapitel II.1, *Das Resonanzmodell*, erläutert.

[9] Lebensgemeinschaft: siehe Kapitel III.7.4.3, *Hilfe aus der Kultur: die Partnerschaft als Übungsraums*

Wirkung von psycholytischen Reisen[10] noch berichten werde, hat das intelligente Gespräch im Zustand der gesteigerten Aufmerksamkeit als die höchste Form von Intimität bezeichnet. Diese Form der Begegnung im intelligenten Gespräch, bei der ja nicht nur Wörter ausgetauscht werden, sondern ganze Welterfahrungen miteinander resonieren, möchte ich als die höchste (oder tiefste) und in unserem Ichzusammenhang wichtigste Wirkung von Meditation bezeichnen. Wie wir am Ende des nächsten Kapitels über die Theoriewirkung noch näher ausführen werden, besteht die Besonderheit dieses intelligenten Gesprächs darin, dass auch die zweite Säule, die eigene Theorie, in dieses Gespräch mit einfließt; die Öffnung den anderen Gesprächspartnern gegenüber kann nicht größer sein, daher: höchste Intimität[11].

> Auf psycholytischen Reisen kommen heute Medikamente zum Einsatz, die leider illegale Drogen wie LSD und MDMA ersetzen müssen. Ich hatte noch das Glück, Reisen in einer Zeit miterleben zu können, in der für ausgewählte Ärzte in der Schweiz LSD und MDMA als therapeutische Mittel erlaubt waren.

9.3 Der Blick auf sich und die Welt formuliert als Theorie

- Warum eine eigene Theorie? Eine ursprüngliche Einleitung

„Warum sollte ich mir eine Theorie von der Wirklichkeit machen?" könnten Sie berechtigterweise fragen, und woher sollten Sie dann noch wissen, ob Ihre Theorie von der Wirklichkeit gut ist? Was heißt überhaupt gut? Und nicht zuletzt könnten Sie fragen: „Warum soll ich diese Theorie auch noch selber machen? Ist das nicht der Job der Philosophen oder Wissenschaftler?"

Meine Gegenfrage an dieser Stelle lautet: Haben Sie Probleme in Ihrem Leben? Haben Sie schon einmal darüber nachgedacht, wie Sie diese Probleme lösen können? Wenn ja, lohnt sich das Weiterlesen, denn meine erste Antwort auf die Warum-Theorie-Machen-Frage lautet: Wenn Sie Fragen an die Welt haben, dann haben Sie auch schon eine Theorie im Kopf, die Sie weitestgehend selber aufgestellt haben. Es scheint in der Natur des Gehirns zu liegen, dass wir uns ein Bild von der Welt machen müssen und das auch sprachlich formulieren. Das Phänomen führt schon bei Kindern zu endlosen Warum-Fragen und notgedrungen auch

> sprachlich formulieren: Aus der Tatsache des schon vorhandenen Weltbildes - wir fangen früh mit dem Weltbildbauen an - und der kulturell getragenen Versprachlichung können wir schließen, dass wir einem Zwang zur Weltbildtheoriebildung unterliegen. Dieser Zwang wirkt auf jeden Einzelnen, wodurch es einen Theoriebildungsdruck von unten gibt. Ist dieses Bemühen einem Theoriedruck von oben ausgesetzt (Herrscher, Priester, Philosophen, Lehrer, Journalisten), dann wird der Bildungsprozess von unten gestört.

---

[10] psycholytische Reisen: siehe Kapitel III.7.1, Absatz *Der wirkliche Teil des Ichs* und Kapitel V.5, *Ichübungen und Ichtherapie*
[11] Höchste Intimität: siehe Kapitel I.9.2, Absätze *Höchste Intimität* und *Die Intimität des intelligenten Gesprächs;* siehe auch Kapitel I.9.5

Heutzutage müssen wir bei Philosophen ganz besonders vorsichtig sein, weil sie meistens als vom Staat eingesetzte Akademiker daherkommen, die mehr die philosophischen Traditionen oder die eigene Karriere im Kopf haben als die Interessen der einfachen Leute. Wäre die akademische Philosophie schon eine echte Wissenschaft, würde sie die in den Köpfen der Menschen vorhandenen Weltbilder sammeln, systematisch zusammenfassen und uns mit statistischen Zahlen versehen präsentieren. Schon die einfache Tatsache, dass dergleichen an den Universitäten nicht gemacht wird, belegt die alte metaphysische Orientierung. Wir werden uns den Hang zur Bevormundung bei drei aktuellen Philosophen in Teil IV, *Leseübungen*, im Detail anschauen. Immerhin gibt es in der Philosophie ein Feld, die Erkenntnistheorie, bei dem wir von der akademischen Philosophie gefahrlos etwas lernen können (siehe Teil II, *Theoriebaukasten*).

dazu, dass die Kinder die Antworten der Erwachsenen erstmal übernehmen. Doch der Zwang zum Selbermachen ergibt sich nicht nur aus der Tatsache, dass in jedem Einzelnen sowieso schon ein höchst eigenes Bild von der Welt entstanden ist, welches wir lediglich in ein stabileres Theoriegebäude übertragen möchten, sondern auch aus dem Umstand, dass uns Theorien bisher von Obrigkeiten wie Politikern, Priestern und Philosophen vorgesetzt wurden, was ganz der hierarchischen Logik der metaphysischen Zeit entspricht. Wenn wir mit der Metaphysik die Bevormundung loswerden wollen, wenn unsere Theorie von der Welt unser eigenes Leben mit seinen Besonderheiten und Interessen widerspiegeln soll, dann bleibt uns nichts anderes übrig, als die Mühe der Übersetzungsarbeit vom gewachsenen Weltbild in eine wohlkonstruierte Theorie auf uns zu nehmen.

- Gute Theorie

Wenn wir nun näher auf die Gute-Theorie-Frage eingehen, sind wir schon bei der Intention dieses Buchprojektes: Ich möchte Ihnen Theoriebaukästen, Vorbilder und nicht zuletzt Erklärungsvarianten meiner Wirklichkeit vorstellen mit dem Ziel, dass Sie Ihre eigenen Erklärungen zur Wirklichkeit darauf abklopfen können, ob sie gut oder schlecht sind. Etwas genauer: Gut im Sinne von Regeln des Theoriebaus, die es durchaus gibt - ich spreche gerne von meinem Theorie*gebäude*, dessen Tragfähigkeit von einer angemessenen Bauweise abhängt; und gut im Sinne von brauchbar, das bedeutet, Ihre Theorie oder einzelne Theorieräume des Gebäudes sollten sich im Einsatz in Ihrer Wirklichkeit bewähren. Wenn es Ihnen gelungen ist, eine Ihrer Erklärungen von Phänomenen in Ihrer Welt zu einer besseren Theorie weiterzuentwickeln, dann sollte sich der Qualitätsmaßstab genau darin zeigen, ob Sie einzelne oder grundlegende Probleme Ihres Lebens damit besser lösen oder zumindest vorteilhafter, ökonomischer oder stressfreier damit umgehen können.

- Naturwissenschaftliche Theorie als Vorbild

Die Menschen unserer Zeit sind daran gewöhnt, dass Wissenschaftler vieles in Frage stellen und ganz neu erklären, was wir Jahrhunderte völlig anders verstanden hatten: Im Großen fing es damit an, dass die Erde rund war, und im Kleinen zeigte uns das Mikroskop einen neuen Kosmos kleinster Lebewesen; und zuletzt mussten wir noch hinnehmen, dass in der Relativitätstheorie Raum und Zeit nicht mehr klar getrennte Koordinaten unserer Welt sind und die Quantenphysik uns die Materiemasse unter den Füßen in schwammige Higgs-Felder auflöste. Die Naturwissenschaft führt uns fast täglich vor Augen, wohin uns gute, systematische, modellorientierte Theoriebildung mit eingebauter Selbstkritik führen kann.

- Lernen und Üben: ein menschliches Grundverhaltensmuster

So ist es nicht verwunderlich, dass auch die einzelnen Menschen ständig dabei sind, ihr Leben oder Teile ihres Lebens ändern zu wollen: Wie in der Schule oder beim Sport trainieren, lernen und üben wir bis zum Ende unseres Lebens, um uns besser für Herausforderungen in Form zu bringen[12].

- Warum keine Fortschritte bei den Welterklärungsgrundlagen?

Umso überraschender ist es, dass sich unsere alltäglichen Welterklärungen, vor allem, wenn sie sich mehr auf das Ganze richten, seit zweieinhalbtausend Jahren im Wesentlichen und an der Basis nicht geändert haben. Dass nicht Gott die Welt erschaffen hat, sondern der Urknall, und die Lebewesen Ergebnis der biologischen Evolution sind, können wir hinnehmen, aber die Sonderstellung des Menschen

brauchbar, Theorie: Einige Testleser haben im Zusammenhang mit dem Stichwort brauchbare Theorie die Kritik geäußert, dass ich einer utilitaristischen Philosophie anhänge. Dazu möchte ich anmerken, dass der philosophische Utilitarismus Aussagen zu einer allgemeingültigen Ethik macht. Das bedeutet aber, dass man Brauchbarkeit einer Theorie von außen definieren muss für Einzelne. Das ist zurecht sehr fragwürdig. Wenn ich die Beurteilung von Brauchbarkeit aber ganz der Perspektive des Einzelnen überlasse, hat sich dieses Problem erledigt. Bei individuellen Weltbildern würden wir diesen Anspruch auf Allgemeingültigkeit von außen gar nicht erst stellen, sondern voraussetzen, dass der Einzelne Weltbilder in seinem persönlichen Interesse konstruiert. Diese Tatsache lässt sich auch einfach mit der Beschaffenheit des menschlichen Gehirns erklären, weil Lernen und das Finden einer guten Erklärung für Wirklichkeit vom Gehirn mit dem Ausschütten von Glückshormonen belohnt wird, was wiederum den Gleichgewichtszustand (Homöostase) bestimmt, den das Gehirn jeweils anstrebt. Im Gehirn wird erfolgreiche Theoriebildung einfach mit Glücksgefühlen belohnt. Wikipedia bringt mit dem mir sehr geschätzten australischen Philosophen Peter Singer schlägt in diesem Zusammenhang den Begriff Präferenzutilitarismus vor (im Unterschied zum klassischen hedonistischen Utilitarismus). Leider hatte ich nicht die Zeit für eine intensive Peter Singer Lektüre, aber der Begriff Präferenz klingt überzeugend, weil er erst gar nicht dazu einlädt, etwas von außen oder allgemeingültig zu definieren. Nach diesem provisorischen Verständnis wäre Präferenzutilitarismus beim Theoriebau nur aus der Sicht des Einzelnen ausführbar, denn über die - immer mit der Umwelt geteilten - Werte, die den Präferenzentscheidungen zugrunde liegen, braucht es keine Aussagen.

---

[12] Die Idee vom Menschen als Übendem habe ich von Peter Sloterdijk. Sein Buch mit dem aussagekräftigen Titel *Du mußt dein Leben ändern* wird uns später in Teil IV, *Leseübungen*, beschäftigen.

zwischen Materie und Geist bleibt unangetastet. Eher überlassen wir uns dubiosen spirituellen Wellen, als dass wir uns bei der eigenen Eitelkeit ertappen wollen, mit der wir uns aus der Natur herausnehmen. Das Ergebnis: Kriegskultur seit der sogenannten Achsenzeit[13]. Die Mehrheit der Menschen in unserer Kultur glaubt immer noch entweder an einen Gott oder an einen allgemeinen Geist, der uns Menschen zu etwas Besonderem macht. Warum wird diese doch einigermaßen kindliche Sicht (wenn wir wohlwollend mal nicht von Eitelkeit sprechen) so selbstverständlich aus den allgemeinen kritischen Übungen herausgenommen? Dieses Buchprojekt wird nach besseren Erklärungen suchen, indem wir versuchen, dieses andauernde Phänomen Metaphysik mit der Theorieschwäche der Menschen bei ihrer Selbsterforschung in Verbindung zu bringen.

- Von der guten Theorie zum guten Leben

Wie man dieser schon einige Jahre alten Einleitung entnehmen kann, lag der Fokus - ganz in philosophischer Tradition - zunächst nur bei der guten Theoriebildung. Die Antwort auf die Frage, warum ich mir die Mühe einer selbstgebauten Theorie machen soll, lautete: Zur Lösung meiner eigenen Probleme brauche ich eine eigene Theorie. Intuitiv machen das die meisten Menschen sowieso, allerdings oft mit einem geringen Qualitätsanspruch, weil bei den Grundlagen herrschende Ideologien übernommen wurden. Also drehte sich meine Theorie um das Ausschließen der ideologischen Traditionen und um die Optimierungsfrage. Das metaphysische Ich als Grundproblem kam auf diesem Stand meiner Forschungen noch nicht vor. Ich könnte an Hand meiner verworfenen Texte aufzeigen, wie permanente Übung fast zwangsläufig zu einer höheren Stufe der Fertigkeiten führt, in diesem Fall zu den besseren Erklärungen. Denn es kristallisierte sich immer mehr die Frage heraus: Warum kleben die Menschen so sehr an der metaphysischen Welterklärung? Die Antwort heute lautet: Der einzelne Mensch selbst war schon immer der Kern des Problems. Die vertiefte Welterklärung hätte an der Basis immer zum Selbstbild geführt. Eine Änderung des Weltbildes hätte eine Änderung des Selbstbildes vorausgesetzt. Um sein Selbstbild zu ändern, braucht man aber vor allem ein starkes Selbstwertgefühl, das eine solche Änderung verkraftet. Deshalb lautet die Frage nicht mehr in erster Linie,

---

[13] Achsenzeit: siehe Kapitel I.1.1, Absatz *Erste perspektivische Übungen*

wie komme ich an eine gute Theorie über mich und die Welt, sondern: Wie komme ich zu einem starken Leben und in der Folge zu einem starken selbständigen Ich oder Selbstwertgefühl. Wie kann ich dafür sorgen, dass ich ein nachmetaphysisches Selbstbild aushalte?

> starken Leben: Nietzsche leuchtet mir wieder ein mit seinen Fragen nach dem richtigen Leben bis hin zur richtigen Diät.

- Meditation und Theorie

Die Bedeutung von guter eigener Theorie war in diesem Spiel natürlich nicht obsolet, sondern musste seinen Platz finden neben anderen Stärkungspraktiken. Unter den sonstigen Stärkungspraktiken wie erfüllende Arbeit, Kinder, gutem Sex und Sport kristallisierte sich eine heraus, die den Zweck der Ichstärkung besonders gut, besonders zuverlässig und jederzeit abrufbar erfüllte: die Fähigkeit, innerlich still zu werden, innere Psychoprozesse abzubremsen oder anzuhalten. So kam es zu dem Begriffspaar Meditation und Theorie. Was können oder müssen wir nun bei dieser Einordnung von der Theoriebildung noch erwarten?

- Theorie als Rückhalt bei einbrechender Metaphysik

Es wurde bald klar, dass wir in erster Annäherung die Theorie vor allem brauchen, um nicht bei jeder ungünstigen Gelegenheit den klaren Blick auf eine immer schon unmetaphysische Wirklichkeit zu verlieren. Ein verängstigtes Ich wird immer auf die gewohnten Selbststärkungen zurückgreifen, auch wenn sie nur eingebildet sind. Das Ich erschrickt sehr leicht vor der eigenen Substanzlosigkeit, deshalb liegt nahe, dass es sich schnell wieder in herrschende Erklärungsströme einklinkt - die ihm überall angeboten werden (Werbung!) - und die Einsicht in seine unmetaphysische, eingebundene Wirklichkeit verdrängt. Wie beruhigend, über Freiheit, Willen und Macht zu verfügen! Bei solchen Schwächeanfällen des Gefühlshaushalts helfen eine gewisse Selbständigkeit des Verstandes und seine rationalen Überlegungen (gekoppelt an Bedürfnisse nach nüchternen Gefühlen). Dieser vernünftige Rest kann sich des Theoriegebäudes erinnern und das aktuelle Selbstbild mit den dazugehörigen Gebäudeelementen vergleichen. Die Differenzen rufen ein unangenehmes Gefühl hervor. Die Widerspruchserfahrung und das unangenehme Gefühl werden gespeichert und senken bei der nächsten Gelegenheit die Wahrscheinlichkeit, dass die metaphysische Seite des Ichs wieder Überhand gewinnt.

I. Ein Überblick

- Verweben der Theoriegefühle mit dem Alltag

Dieser Effekt wird noch erheblich verstärkt, wenn theoretische Betrachtungen (über die Theoriebildung selbst oder eine andere Sache) sich mehr und mehr im Alltag einfinden und dort die schon an der Theorie hängenden Erfahrungen und Gefühle sich mit den neuen, gerade gemachten Gefühlen verbinden können. In meinem Leben hat es sich so entwickelt, dass ich spontan in vielen komplexeren Lebenssituationen statt oder neben einer gefühlsbetonten Meinung Theorieelemente assoziiere und mit der Situation überprüfe. Das ging so weit, dass ich in Diskussionen lernen musste, solche mitlaufenden Metaüberlegungen nicht mehr spontan mitzuteilen, weil die Zusammenhänge den anderen verständlicherweise nicht immer einleuchteten. Der mittel- und langfristige Vorteil für mich war ganz klar: Die Stärke der Theorieelemente - ihre eigene Stabilität und ihre Beweglichkeit (Überprüfbarkeit, leichte Austauschbarkeit) - wurden in den gesamten Gefühlshaushalt, in das gesamte Selbstbildgeschehen so eingewoben, dass die Eigenschaften der Theorie auf die anderen Gefühle abfärben konnten. Der ganze Gefühlshaushalt wurde stabiler und gleichzeitig beweglicher. Ich könnte diesen Lernweg belegen durch den Veränderungsprozess, den die Auseinandersetzungen mit meiner Frau durchliefen - wenn ich die Gespräche aufgezeichnet hätte. Doch den Prozess aus Streit und Versöhnung zwischen Ehepaaren kennen viele Leser wohl schon zur Genüge - und das Bedürfnis nach einem guten Rückgrat, wenn die Statements des anderen auf dich niederprasseln.

- Stabilität und Überprüfbarkeit

Da das Verweben der an die Theorie gebundenen Gefühle mit den aktuellen Alltagsgefühlen durch die übende Wiederholung entsteht und die Austauschbarkeit an die informationelle Natur der Argumente gebunden ist, können wir uns bei der weiteren Erörterung der Wirksamkeit von eigener Weltbildkonstruktion auf die Frage konzentrieren, wie stabile und überprüfbare Theorieelemente aussehen können. Gleichzeitig können wir der Frage nachgehen, inwieweit die Theorieelemente selbst, beziehungsweise die Beschäftigung mit ihnen, bestimmte Gefühle mit sich bringen, deren universelle Verknüpfbarkeit wir bei der Vernetzung mit - von außen angeregten - Alltagsgefühlen nutzen können.

Theorieelemente assoziiere: Der philosophisch informierte Leser könnte an Sokrates denken, für den Philosophie das Befragen des Lebens war. Peter Sloterdijk hat sich mit der Frage beschäftigt, was die Absenzen des Sokrates zu bedeuten hatten, der nicht selten erstarrte und nur noch inneren Prozessen lauschte. Das Nachdenken über Lebensfragen konnte offensichtlich eine sehr große Eigendynamik entwickeln. Bezüglich der Wirkung des intensiven Nachdenkens auf den Körper kann man auch von einer Meditationstechnik sprechen.

9.4 Kombinierte Wirkung von Meditation und Theorie: Stärkung des Ichs, Erfahrung tatsächlichen Verbundenseins mit anderen, psycho-politische Durchsetzungskraft

- Die Geistprojektion verhindert direkte Beziehung

Wenn ein Geist aus dem Jenseits das verbindende Element wäre, ginge der tatsächliche, diesseitige, materiell gebundene Effekt verloren. Es ginge immer um die persönliche Bindung zum Geist, nicht zum anderen Menschen. Eine direkte intime Verbindung zum Anderen wäre nicht möglich. Der andere Mensch ist in seiner Individualität gar nicht vorhanden.

Welches unglaubliche Machtinteresse kam zu Beginn unseres Zeitalters in die Welt, um diesen Beziehungsverlust zu rechtfertigen? Eine Hierarchisierung der Kultur vom Besitz an Produktivkräften, über den Besitz an anderen Menschen bis letztendlich zum Besitz am eigenen Körper, muss eine hohe evolutionäre Bedeutung gehabt haben. Der Preis war der Verlust, die Verdrängung oder der Missbrauch der tatsächlichen, vertikal verbindenden Fähigkeiten jedes einzelnen menschlichen Gehirns.

- Der Wiedergewinnung der direkten Beziehung und der echten Individualität

Die Meditation mit ihrem grenzerlebenden, allerfahrenden, verbindenden Potential hebt diese Verwirrung auf und lenkt den Blick zurück zur Verbundenheit mit sich selbst und mit den Anderen. Eingebildeter Geist und eingebildete Ichindividualität werden ersetzt durch die Erfahrung der sowieso vorhandenen Verbundenheit und der echten Individualität des Körpers. Das macht uns so stark, dass wir den Aufbau eines Theoriegebäudes wagen können mit dem Anspruch, dass es außerhalb von uns in den Augen der Anderen Bestand haben muss. Dabei macht die Theorie eigentlich nichts anderes, als uns Gewissheit und Diskutierbarkeit von einer Verbundenheit zu verschaffen, die in der Wirklichkeit sowieso schon vorhanden ist. Daraus folgt, dass unser Selbstwertgefühl, in dessen Mitte nicht mehr das Ich stehen muss, eine weitere dramatische Stärkung erfährt, weil sich die Verbundenheit nun auf einer äußerlich sichtbaren Ebene manifestiert. Gleichzeitig ergibt sich durch die

I. Ein Überblick

gewonnene Theorieaustauschfähigkeit eine Steigerung der kommunikativen Kompetenz und einer psychopolitischen Verantwortungskraft.

- Das Zusammenspiel von Meditation und Theorie am Beispiel einer für unser Ichzeitalter typischen Angst: der Einsamkeit

Nur die in der Geistprojektion verirrte Psyche hat Angst vor der Einsamkeit. Der individuelle Körper hat nie Angst vor der Einsamkeit, er fühlt sich in seiner Natur immer durch alle Fasern mit der Welt verbunden. Das ist ein wesentlicher Teil aller Meditationserfahrungen (ich bin die Welt in meinem Kopf). Weil die durch Angstfreiheit gewonnene Kraft dazu befähigt, die Selbständigkeit, aber auch Ohnmächtigkeit, der selbstgemachten Modelltheorie zu halten, kommt eine verstärkende Wechselwirkung in Gang, wenn die Theorie bestätigt, dass erstens die umweltprogrammierte Natur des Gehirns uns verbindet und zweitens eine vermittelbare Theorie über <u>meine *Welt* mit ihrer *Allgemeingültigkeit*</u> [14] eine weitere, in der intimen Kommunikation erfahrbare Ebene der Verbundenheit schafft. Diese gemeinsam geschaffene Wirklichkeit wirkt auf die Meditationserfahrung zurück und befördert die Fähigkeit der Ich-bin-die-Welt-Erfahrung. Das Bedürfnis nach theoretischer Bevormundung oder nach der Durchsetzung ideologischer Positionen wird weiter abnehmen. Und so weiter. Der Kreislauf fließt allerdings nicht von selbst, sondern bedarf der immer wieder erneuerten Übungsintentionen in beiden Techniken. Aus diesem Grund übt man auch immer wieder gemeinsam mit anderen. Das Zurückdrängen einer falschen Identitätsforderung eines metaphysischen Ichs bewirkt überraschenderweise eine selbstbewusstere Individualität und eine intimere Bezogenheit. Der Grund dafür zusammengefasst: Der eingebildete Geist trennt uns vom Körper, von den anderen, von der Welt. Das Erleben und Wissen von der Wirklichkeit vermittelt tatsächliche Verbundenheit.

<u>meine *Welt* mit ihrer *Allgemeingültigkeit*:</u> Beim Korrekturlesen ist mir aufgefallen, wie leicht einem der Clou dieses Arguments abhandenkommt: Die selbstgemachte Theorie zur eigene Welt braucht sich über Allgemeingültigkeit zunächst keine Sorgen zu machen, weil ich die in mir aufgenommene Welt hochgradig mit vielen anderen Menschen meiner Umwelt teile. Und diese hohe Ähnlichkeit bezieht sich nicht nur auf die Gegenstände, sondern auch auf die Erklärungen. Für die eigene Welt Erklärungen zu finden, die nicht weitestgehend mit denen der anderen Menschen übereinstimmt, verlangt eine unglaublich starke, jahrzehntelange Anstrengung. Bei dieser Anstrengung macht man dann zunächst die bestürzende Erfahrung, wie wenig originell und *eigen* das eigene Weltbild ist. Typischer Begleitspruch dieser Zeit: Hätte nie gedacht, dass ich wie mein Vater - oder meine Mutter - werden würde. Kurz: Mit etwas Abstand lassen sich die Generationen kaum voneinander unterscheiden, weder mit ihren Handlungen noch mit ihren Erklärungen. Selbst Produktivkraftrevolutionen wie der Computer ändern daran nicht viel. Das Ich bildet sich eben die Fähigkeit zu einem individuellen Weltbild gerne ein. Kaum eine andere Generation als meine 68er-Revoluzzer hat das schlimmer getrieben.

---

[14] Allgemeingültigkeit: siehe auch Kapitel I.9.3, Absatz *Gute Theorie*

9.5 Individuelle Weltbildtheorie und Meditation finden zusammen in der Intimität des intelligenten Gesprächs

Im Vorwort habe ich erzählt, wie mir die Bedeutung der beiden Säulen, individuelle Weltbildtheoriebildung und Meditation, bewusstwurde. Dabei ist mir dann auch der Stellenwert der Intimität des intelligenten Gesprächs[15] deutlicher vor Augen getreten, weil genau an dieser Stelle die Wirkungen der beiden Säulen zusammenfinden. Die Intimität des intelligenten Gesprächs ist eine Technik, die ich auf psycholytischen Reisen[16] beim Psychotherapeuten Samuel Widmer gelernt habe. Auf dem Höhepunkt der Reisen traf man sich in der Mitte, still, hellwach und präsent, um die gemachten Einsichten miteinander zu teilen. Diese Art des miteinander Redens im Zustand einer gesteigerten Aufmerksamkeit ist mir heute eine wichtige Technik und Übung im Alltag. Erste Erfahrungen damit konnte ich auch bei Samuel Widmer machen, weil wir bei unseren psychotherapeutischen Einzelsitzungen meistens nichts anderes gemacht haben, als ein feines, intelligentes Gespräch zu führen.[17]

Die Verbindung zwischen der gesteigerten Aufmerksamkeit und der einen Säule, der Meditation, versteht sich von selbst: Die gesteigerte Aufmerksamkeit ist der Zustand, der sich als Effekt einer intensiven Meditation ergibt. Die Intimität des intelligenten Gesprächs stellt sich <u>in einem solchen Zustand</u> leichter ein. Die Verbindung zur anderen Säule, der Theoriebildung, ergibt sich durch den Inhalt des Gesprächs. Wenn man über etwas spricht, was dich direkt betrifft in deiner Verbindung zur Welt und zu den anderen und wenn dabei ein traumatisiertes Innerstes als Basis deines eingebildeten und zugleich kollektiven Ichs resoniert, dann ist ein Gefühl von Intimität das Resultat. Auf psycholytischen Reisen leicht zugänglich kann es dort für die Alltagserfahrung eingeübt werden, denn erst im Alltag entfal-

> <u>in einem solchen Zustand</u>: Die Alltagserfahrung zeigt allerdings auch umgekehrt, dass die gesteigerte Aufmerksamkeit durch das Führen eines feinen Gesprächs erst entstehen kann. Tatsächlich ist das Gefühl der Intimität ein Teil der gesteigerten Aufmerksamkeit, die oft unpersönlich wie eine Eigenschaft des Raums erlebt wird.

---

[15] Intimität im intelligenten Gespräch: siehe Kapitel I.9.2, Absätze *Höchste Intimität* und *Die Intimität des intelligenten Gesprächs*
[16] psycholytischen Reisen: siehe Kapitel V.5, *Ichübungen und Ichtherapie*
[17] Es ist folgerichtig nicht weiter verwunderlich, wenn bei der Vorstellung meiner eigenen Therapietechniken in Kapitel V.5, *Ichübungen und Ichtherapie*, das Stichwort *intelligentes Gespräch* wieder auftaucht: es ist Übung und therapeutisches Ergebnis zugleich.

tet das intime intelligente Gespräch seine wirkliche Bedeutung: Das zunehmende spontane Auftreten im Alltag ist einfach ein Gradmesser dafür, in welchem Maß man in einem Gespräch das eigene Ich zurücknehmen oder - gemeinsame mit dem Anderen - einen Blick von oben darauf werfen kann. Wie schnell erinnere ich mich, dass ich mir das Ich nur einbilde? Wie stark kommt ein in der Meditation eingeübtes Körpergefühl auf, dass es meinem Selbstwertgefühl erlaubt, die Ichverrücktheit überhaupt auszuhalten? Der folgende Absatz bringt vielleicht am besten zum Ausdruck, inwieweit die Durchstrukturierung meines Weltbildes tatsächlich eine positive Auswirkung auf meinen *persönlichen* Alltag hat. Und das ist der vielleicht klarste Punkt, mit dem dieses Buch ein Muster oder eine Übung sein möchte….. Tiefer oder kompakter kann ich mich nicht ausdrücken.

Das menschliche Gehirn ist zu einem Zustand gesteigerter Aufmerksamkeit[18] fähig durch Meditation oder - leichter und tiefer - durch Meditation auf psycholytischen Reisen. Die wichtigste Fähigkeit in solchen Zuständen: die Intimität des intelligenten Gesprächs. In solchen Gesprächen werden die beiden Wirkungen der Säulen Meditation und individuelle Theoriebildung zusammengeführt. Je geübter die Meditation im Alltag, je stabiler das Theoriegebäude bei jedem Einzelnen, umso mehr kann das Ich losgelassen werden, umso größer ist die Intimität. Und irgendwann passiert es immer häufiger wie von selbst im Alltag. Wer solche Zustände missversteht als Verbundenheit mit irgendeiner Form von Geist, verpasst das Wichtigste: die intime, gegenwärtige Resonanz zwischen zwei Individuen, zwischen zwei lebendigen, fühlenden Körpern.

10. Keine Wahl für Autor und Leser[1]

- Autor und Leser als Beispiele

Um uns unter dem Potential einer Verbundenheit ohne Ichgeistprojektion etwas vorstellen zu können, brauchen

---

[18] Gesteigerte Aufmerksamkeit: Den Begriff habe ich aus den Büchern von Carlos Castañeda übernommen.
[1] Autor und Leser: siehe Kapitel III.9.1, *Am Ende: Sie und ich und unsere Motive*

wir, Sie und ich, uns nur unsere eigene Beziehung vorzustellen, jetzt beim Schreiben und beim Lesen. Es ist eine einfache und wirksame Übung. Als Schreibender stelle ich mir die Frage, wer schreibt. Bin *Ich* das? Oder ist es nicht vielmehr mein gesamter Gehirninhalt mit seinen gefühlten Beziehungen zum Körper? Sie können sich fragen, wer liest? Haben Sie eine Wahl bei der Aufnahme der Inhalte? Natürlich nehmen Sie nicht meine Inhalte auf, sondern nur Ihre Interpretationen, aber diese sind von meinen Sätzen angesteuert. Sie als *Ich* haben keine Wahl. Doch genauer betrachtet führt das zu einer sehr viel engeren, verantwortungs- und vertrauensvolleren Beziehung, als wir geneigt sind zu glauben.

- Das seltsame Verhältnis zwischen Autor und Leser

Sie spielen in diesem Buch für mich eine besondere Rolle. Sie sind natürlich gerade der eine lesende Leser, was Sie - trivialerweise - für dieses Buch zu etwas ganz Besonderem macht. Aber etwas Ungewohntes und ganz Spezielles in Ihrer Rolle entsteht aus meiner Sicht, weil ich das Buch unter der gefühlten Perspektive schreibe, dass Sie meinen Wörtern nicht entrinnen können; sobald Sie sie lesen, hinterlassen sie eine bleibende Wirkung in ihrem Gehirn. Und zwar nicht, weil ich als Autor an eine überragende Bedeutung meines Textes glaube und auf Ihre unbedingte Zustimmung zu meinen Argumenten setze, sondern weil ich davon ausgehe, dass *Sie* keine Wahl bei der Aufnahme und Abspeicherung haben. Von einem wählenden und frei entscheidenden *Ich* auszugehen, gehört zu den wesentlichen - irrigen - Grundlagen unserer Kultur. Der Überwindung dieser herrschenden *Ichreligion* und ihren langfristigen Voraussetzungen gilt mein Kampf - sowie ihren sich selbst stabilisierenden Auswirkungen, wie typischerweise der Werbung. Wie wir sehen werden, stehe ich glücklicherweise nicht alleine da.

> Was ich mit Perspektive meine, habe ich schon angesprochen. Hier möchte ich betonen, dass eine im Leben einnehmbare Perspektive vor allem ein Gefühl ist. Ich könnte auch formulieren: Ich schreibe aus einem perspektivisch bedingten Gefühl, also einem Gefühl, das ich mir durch das Einüben einer bestimmten Perspektive erarbeitet habe.

> Das *Sie* habe ich kursiv geschrieben, weil das Pronomen gerne als eine Ansprache des persönlichen Ichs im Gegenüber angesehen wird als dem Herrscher des Bewusstseins. Ich möchte Sie in diesem Buch davon überzeugen, dass es eine solche freie und herrschaftliche Persönlichkeit nicht gibt. Ich spreche *Sie* also einfach an als das einmalige körperliche Individuum, das Sie ohne Zweifel sind.

- Eine neue Verantwortung

Außerdem bin ich als Autor bereit, meinen Preis dafür zu bezahlen: Ich kann aus meiner Perspektive nicht mehr die Verantwortung meiner Textwirkung auf den Leser abschieben. Die befreiende Autorenausrede, dass der Leser ganz alleine entscheiden kann, was er mit dem Text macht - oder wie der Text auf ihn wirken soll, ist nicht mehr möglich. Gelesen ist gelesen und aufgenommen und daraus folgt: Ihr

Gehirn wurde durch meinen Text umprogrammiert, für immer. Natürlich können Sie eine unangenehme Wahrnehmung durch eine angenehme überlagern und damit in tiefere Schichten Ihres Gehirns verdrängen, aber löschen können Sie das einmal Wahrgenommene nicht mehr. Worin die Wirkung besteht, kann ich nicht sagen - und auch sonst niemand -, weil das davon abhängt, was wie im Universum Ihres Kopfes auf meine Worte reagiert. Sicher ist, dass es ein Wechselspiel zwischen meinen Worten und Ihrem Gehirninhalt gibt, dass meine Worte dabei also eine nicht unwesentliche Rolle spielen und dass dieses Spiel wiederum in Ihrem Gehirn abgespeichert wird, und zwar unwiderruflich. Meine Verantwortung wird dadurch erträglich, dass ich beim Schreiben des Textes genauso wenig frei bin, wie Sie beim Lesen - was mich - und Sie - aber nicht von einer völlig neu zu definierenden Verantwortung[2] befreit.

- Weiterlesen? Eine Entscheidung Ihres Gehirns

Vielleicht geht Ihnen an dieser Stelle der Gedanke durch den Kopf, dass Sie auch mit dem Lesen aufhören könnten. Von meiner Seite aus muss ich damit rechnen, dass Ihr Gehirn ja durchaus zu diesem Ergebnis kommen könnte, ob sich Ihr Ich eine Entscheidungsfähigkeit darüber einbildet oder nicht. Aus diesem Grund einige Sätze zur Entscheidungshilfe.

- Entscheidungshilfen

Wer so gut in die gegebene Kultur integriert ist, dass er noch nie das Bedürfnis verspürt hat, sich ändern zu wollen, der ist vermutlich als Leser ungeeignet. Gleiches gilt für alle, die an den großen wirtschaftspolitischen Verhältnissen nichts ändern wollen. Wer aber schon mal die Faust vor Wut über die sozialen Ungerechtigkeiten in der Tasche geballt hat und wem schon mal der Verdacht kam, dass er selbst dafür Mitverantwortung trägt, der könnte interessiert sein. Oder wer schon mal die Idee hatte, dass er oder sie oder wir alle ein erfüllteres Leben führen könnten - und warum nicht hin und wieder im Rausch der Glückseligkeit -, der kann als Leser mit Bereicherung rechnen. Aber auch die Leser könnte das Buch bereichern, die das ungute Gefühl des Gedankens kennen, dass unsere Kultur nicht nur Fortschritte gemacht hat und manch ein auf schamanischem Entwicklungstand lebender Stamm im Urwald ein höheres

---
[2] Verantwortung: siehe Kapitel I.3.3, Absatz *Die neue Verantwortung*

Glücksniveau genießt als wir. Kurz, wenn Sie als Leser oder Leserin tiefsitzende, hartnäckige Probleme kennen und es wirklich wissen wollen, dann sind Sie herzlich zum Weiterlesen eingeladen. Aber nochmal: Nach meiner Überzeugung müssen Sie alle Lösungen selber finden und alle Wege selber gehen, ich biete nur Techniken, mit denen Sie bessere Werkzeuge erkennen oder erstellen können. Mein Weltbildtheoriegebäude ist nur ein Beispiel.

11. Das Resonanzmodell und das Ich[1]

Der einleitende Überblick kommt hier zu einem inhaltlichen Ende. In Kapitel 12 bis 14 des *Überblicks* folgen zusammenfassende und ergänzende Teile. Doch der Überblick wäre unvollständig, ohne einen kurzen Blick auf das Resonanzmodell und seine Bedeutung für das Ich zu werfen, womit wir uns in einem engeren philosophischen Sinne um Theorietechnik kümmern.

- Das Resonanzmodell

Im Teil II, *Ein Blick in meinen Theoriebaukasten*, wird ausführlich mein Resonanzmodell und die These vom wirklichen Ich als Resonanz erläutert. Das Modell muss hier in der Einleitung aber erwähnt werden, weil diese Theoriebausteine zu den zentralen Aussagen des Buches gehören, die ich außerdem nicht von irgendwo übernehmen konnte, sondern selbst entwickeln musste. Aus einer erkenntnistheoretischen Perspektive (siehe beispielhaft Jürgen Habermas in Teil IV, *Leseübungen*) entstand der Druck für die Erschaffung dieses Modells nicht nur durch die Notwendigkeit, das Ich in einem überindividuellen Raum im Außen ansiedeln zu können, sondern auch durch das große Problem der Bedeutungen, die wir in einer Kommunikation als bekannt voraussetzen müssen. Warum Computer unsere Eingaben verstehen oder die Mitteilungen anderer Computer, ist bekannt, denn wir geben ihnen Codes und Interpretationsmuster auf allen Rechnern gleichermaßen vor. Aber wie lernen Menschen auf allen Kanälen, ihre Ausdrücke zu interpre-

das Ich in einem überindividuellen Raum: Die Suche nach einem überindividuellen Raum für das Ich ergibt sich aus der Tatsache, dass unter, vor und mit der Entstehung des Ichs die Projektion des metaphysischen Geistes entstanden war. Das Ich entpuppte sich als Kern des Geistes, weshalb wir schon im Ansatz dem Ich eine überpersönliche Natur unterstellen müssen.

---

[1] Resonanzmodell und Ich: ausführlich dargestellt im Teil *Theoriebaukasten*, Kapitel II.1, *Das Resonanzmodell*, und Kapitel II.2, *Das wirkliche Ich als Resonanz*

I. Ein Überblick

tieren, ohne solche vorgeformten identischen Schnittstellen? Und vor allem: ohne einen Bezug zu einem vom Individuum unabhängigen Geist, das heißt, ohne einen Referenzpunkt im Außen, wie wir in unserem naturalistischen Weltbild unterstellen müssen.

- Entdeckungsweg

Auf meiner Entdeckungsreise kam zunächst die Einsicht, dass das Gehirn eine ganze Welt - unsere jeweils eigene Welt - speichern kann. Erst der Computer lehrte uns das Staunen über die Kapazität unseres Gehirns. Die zweite Einsicht war, dass diese Welt im Laufe unserer Wahrnehmungsgeschichte - durch unsere Sinnesorgane gefiltert - hineinkopiert wird. Die Umwelt, die dabei als Grundlage dient, ist allerdings für alle an einer bestimmten Umwelt teilnehmenden Menschen gleich - oder sehr ähnlich, was zu der dritten Einsicht führte, dass in der Kommunikation zwischen den Gehirnen durch die Ähnlichkeit der Inhalte eine Resonanz entsteht.

- Bedeutung

Das heißt, die mitschwingende Welt in den Köpfen gibt den ausgetauschten Kommunikationselementen die Bedeutungen. Wenn ich also in einem Gespräch ein deutsches Wort lautlich aufnehme, dann springt nicht nur eine Welt deutscher Wörter an, sondern alle Welterfahrungen, die seit meiner Kindheit mit einer deutsch sprechenden Mutter mit deutschen Lauten in Verbindung gebracht und abgespeichert wurden. Die Bedeutung eines deutschen Wortes ist also nicht sprachlich abgelegt, beispielsweise in Form von lexikalisch aufgelisteten Synonymen oder Beispielsätzen, sondern in einer direkten Verknüpfung mit den Dingen (was auch erklärt, warum wir so lange Kinder sind und keinen größeren Spaß kennen als Lernen). Wenn ich das Wort „Auge" höre, habe ich vermutlich das Bild eines Auges vor mir. Oder das Wort „Haus" zeigt mir eine Zusammenschau aller gesehenen Häuser und aller Zeichnungen von Häusern. Im Erstellen solcher Zusammenfassungen, Verallgemeinerungen und Abstraktionen ist das Gehirn genial und äußerst ökonomisch. All diese Welterfahrungen sind gleichzeitig immer auch an Gefühle gebunden, so dass Bedeutungen zuletzt für uns auch immer Gefühle sind.

- Das Ich im Resonanzraum

Meine Einsicht, dass das freie Ich eine metaphysische

---

keinen größeren Spaß kennen als Lernen: Ich will hier nicht näher auf das Thema Schule eingehen, ich gehe davon aus, dass Begriffskombinationen wie Spaß und Lernen dafür sorgen, dass das unangenehme Gefühl *Schule* auch bei Ihnen aufkommt. Aber vielleicht hatten Sie ja das Glück, eine zur Schule passende Intelligenz zu haben (siehe Kapitel III.1.1, *Das Ich und das Missverständnis von der menschlichen Intelligenz*).

Konstruktion ist, ist dagegen schon sehr viel älter (eigentlich seitdem im Alter von sechzehn Jahren Nietzsche in mein Leben einbrach). Aber mit dem Resonanzmodell hatte ich endlich ein theoretisches Modell zur Hand, mit dessen Hilfe ich erklären konnte, warum wir einerseits die Projektion unseres eigenen *Geistes* nicht durchschauen konnten und wir andererseits das Ich für frei und individuell halten mussten.

- Rücknahme der Projektion

Vielleicht ist ein weiterer sich ergebender Aspekt sogar noch wichtiger: Wir können jetzt in diesem Resonanzfeld da draußen dem Ich einen „wirklichen" Platz zuweisen. In der dynamischen Welle zwischen Umwelt, den anderen Gehirnen und meinem Gehirn können wir uns eine Instanz vorstellen, in der das Ich eine Art Schnittstellenfunktion einnimmt. Die Herausforderung für den Einzelnen liegt dann darin - wenn er den metaphysischen Ballast abwerfen will -, dieser Dynamik nachzuspüren, also Projektion und Rücknahme der Projektion als Prozess nachzuvollziehen. Um ein kurzes Wort zu nehmen, habe ich es den Projektionsdynamo genannt. Das ist natürlich eine lebenslange Übung, ein theoretisches und ein gefühltes Training, bei dem man sich nicht nur Freunde macht - aber vielleicht auch neue findet. Denn tatsächlich stellt sich schon bald in diesen Kommunikationsübungen ein völlig neues und innigeres Gefühl von Intimität ein.

- Intimität durch Resonanz, eine Übung

Eine schöne Übung: Man schaut sich in die Augen und sagt Sätze wie: „Ich sehe dich." Es stellt sich ein wunderbares Gedankenschwingen zwischen Zweifel und Gewissheit ein und man ahnt, warum das Gefühl entstehen konnte, die Gedanken des Anderen lesen zu können. Wenn es ein gewisses theoretisches Fundament auf beiden Seiten gibt, können Sätze wie „Ich bin nicht du" regelrechte Heiterkeitsstürme auslösen. Ich kenne solche Übungen schon aus der Jugend oder aus LSD-Reisen, doch die Vorstellung von der sich in diesem Moment ergebenden Resonanz in beiden Köpfen, die Nähe und Abgeschlossenheit des physikalischen Ereignisses, gibt dem Erleben eine neue, wunderschöne Tiefe.

Projektionsdynamo: Das theoretische Konstruieren und das übende Implementieren eines solchen Projektionsdynamos ist deshalb so wichtig, weil wir das Problem nicht grundsätzlich oder dauerhaft lösen können. Jedenfalls so lange, wie wir die geniale Erfindung des kollektiven Ichs oder die Ungeheuerlichkeit unserer Individualität nutzen wollen, brauchen wir die Projektion und ihre entmystifizierende Rücknahme.

12. Zusammenfassung: Sich der Wirklichkeit stellen mit Meditation und selbstgemachter Theorie

Mit dem Resonanzmodell im Hinterkopf und einem Verständnis des wirklichen Ichs können wir eine Zusammenfassung des einleitenden Überblicks wagen.

- Die Basistechniken: selbstgemachte Meditation und Theorie

In diesem *Überblick* habe ich in erster Annäherung den Titel des Buches erörtert und ich habe Ihnen als Leser einen ersten Eindruck davon zu vermitteln versucht, was ich unter dem *Ich* verstehe mit seiner äußerst prekären Beziehung zur Wirklichkeit. Außerdem hoffe ich, dass meine Motive, meine Perspektive auf die Welt und mein Angebot an Sie erkennbar wurden. Vor allem die beiden Säulen, die ich für den Versuch empfehle, theoretisch und lebenstauglich auf eigenen Füßen zu stehen: erstens den Aufbau einer eigenen Theoriearchitektur für einen erklärenden und überzeugungsfähigen Durchgriff auf die Wirklichkeit (Befreiung von Ideologien) und zweitens die Praxis der Körpermeditation zur Abmilderung der kollektiven Schizophrenie mit ihrer Wirkung auf die eigene Psyche (Beruhigung und Stärkung des Ichs, zuletzt des Selbstgefühls).

> Der Begriff Körpermeditation ist sicher problematisch und missverständlich. Schließlich geht es bei der Meditation um eine Wirkung auf das Gehirn (typischerweise sollten bei der Messung der Gehirnwellendominanz die längeren Wellen stärker sein), aber da der Körper immer das Medium oder der Weg dorthin ist (Grundübung: auf den Atem achten), erlaube ich mir hin und wieder diese Begriffszusammenziehung, um jegliche spirituelle Assoziation zu vermeiden. Oft wird bei der Wirkung von Meditation auch von einem Gefühl der Zentriertheit gesprochen, was sicher zuletzt auf einen Zustand der Psyche, des Gehirninhalts, verweist, doch meiner Erfahrung nach ist es sehr hilfreich, wenn man diesen Zustand erhalten oder zurückgewinnen will, sich den Körper als das Zentrum dieses Gefühls vorzustellen. Vielleicht ist auch der Hinweis angebracht, dass Sport und künstlerische Betätigung dem Meditationsziel gleichermaßen sehr nahekommen können.

12.1 Was kommt nach der Krise?

- Das Ziel: die Vision vom diesseitigen Ich

Wie alle produktiven Krankheiten - wenn wir sie überstanden haben - wird diese Zeit etwas Neues hervorbringen, einen neuen Blick auf uns selbst, oder genauer: auf das diesseitige Ich. Ich postuliere: Jedes Gehirn - informationstechnisch gesehen - ist in der Lage zwischen dem individuellen Körper und dem Rest der Welt ein Ich zu setzen, das als Kommunikationsschnittstelle zwischen den Menschen dient, ohne je *mehr* als Inhalt, als Information, als Psyche sein zu müssen. Hilfreich dabei wäre, wenn *die Menschen* lernen, Bedeutungen nicht *nur* mit Symbolen oder Sätzen auszutauschen, sondern komplette, in sich überprüfbare, sachvernünftige Theorien - oder daraus abgeleitete Thesen - über die Welt hervorbringen, die sie als Transportmittel ihrer Gedanken benutzen können. Auf diese Weise würde die Gültigkeit von individuellen Überlegungen - zum ersten Mal seit den Anfängen unseres metaphysischen Zeitalters - nicht mehr nur von schierer Waffengewalt abhängen. Wobei die Formulierung „die Menschen" nicht als etwas Allgemeines, als einem Kollektiv als Ganzes zu verstehen ist (das Kollektiv ist eine ungreifbare Stimme, die bisher doch immer nur von wenigen zu hören ist), sondern gemeint ist wirklich jeder einzelne Mensch. Im Unterschied zu dem, was Sozialwissenschaftler wie Jürgen Habermas sich als kommunikative Kompetenz dabei vorgestellt haben, genügt es in dieser Vision völlig, wenn der Einzelne auch *nur den Anspruch* hat, ein *eigenes*, nach seinem besten Wissen tragfähiges Theoriegebäude aufzustellen. Der einzige, entscheidende Unterschied zu dem am Stammtisch oder in den Mittagspausen geäußerten Welteinschätzungen besteht also darin, dass der Einzelne an seine Theorie Fragen nach selbstgemachter Eigenständigkeit und selbstdefinierter Rundheit stellt (architektonische Tragfähigkeit seines Theoriegebäudes). Dabei kann er sich an Traditionen anlehnen, ohne ihren ideologischen Ansprüchen folgen zu müssen.

> Das Argument lässt sich auf das Stichwort Waffengewalt reduzieren, weil nach wie vor die Institutionen wie Behörden, Schulen, Kirchen, Produktionsverhältnisse nicht ohne das von Polizei und Militär gestützte Gewaltmonopol des Staates auskommen. Unsere Ichs sind Ableitungen davon: ein Ich gegen ein anderes Ich gleich Krieg.

- Der Weg: Meditation und Theorie

Die in diesem Buch vorgestellten Techniken zur Verwandlung des metaphysischen Ich in ein diesseitiges sind körperzentrierte Meditation und selbstgebaute Theorie. Entwickelt habe ich diese Kombination, weil sie sich erstens theoretisch aus dem körperbesitzenden Ich ableitet und zweitens in meinem Leben funktioniert hat, und ich stelle sie hier in der größtmöglichen Verallgemeinerung und mit dem größtmöglichen historischen Bogen dar. Aber mein Weg ist nur ein Muster, jeder Einzelne muss den Weg selber gehen: immer wieder seine Psyche stärken durch die Rückbindung an den Körper und die Verknüpfung seiner symbolisch-sprachlichen Gehirninhalte mit einem möglichst stabilen Gerüst seines Weltbildes. Das gute alte Nachdenken, dem man früher auch den Namen Kontemplation gegeben hat und das ich als Nachdenken*fühlen* bezeichnen würde, ist sicher der immer und überall praktizierbare Königsweg, um die leicht zu verunsichernden Gefühle mit der Stabilität der Theorie zu verbinden. Zuletzt ist das

> Meditation und Theorie: Schon bei Robert Musil im *Mann ohne Eigenschaften* taucht diese Methodenkombination mit dem Begriffspaar Mystik und Genauigkeit auf - oder auch in der Formulierung „Mathematik und Mystik" (mit Mystik ist bei Musil die ozeanische Allerfahrung gemeint, wie sie durch Meditation herbeigeführt werden kann).
>
> Einige schöne Anmerkungen zum Thema *Ich* bei Robert Musil habe ich bei Johann Sonnleitner gefunden (*Literaturgeschichte I*, Johann Sonnleitner, 17.03.2009):
>
> »Robert Musil: über Ernst Mach dissertiert („Das Ich ist unrettbar.")
> → Anthologie: „Die Wiener Moderne" [..]
>
> **„Der Mann ohne Eigenschaften"**: „Das Ich ist nicht mehr Herr im eigenen Hause." → psychoanalytische Überlegungen von Ernst Mach klingen nach« (https://wassertroepfchen.files.wordpress.com/2009/06/2009_03_17-literaturgeschichte-i.doc)

Nachfühlen*denken* dann auch nichts Anderes als eine Meditation - vor allem, wenn irgendwo in einer Ecke des Erlebens gewusst ist, dass Gefühle sich immer über den Körper präsentieren.

12.2 Die paradoxe Aufgabe: Stärkung des Ichs

- Das metaphysische und das diesseitige Ich

In meiner Analyse gehe ich von zwei Ichformen aus[1]: erstens dem metaphysischen, substanzlosen und in diesem Sinne unwirklichen oder eingebildeten Ich und zweitens dem diesseitigen, im engeren Sinne wirklichen Ich, das seine Substanz in der Schnittstelle hat, die sich in den Gehirnen zum Zwecke der Kommunikation bildet. Aus dieser Zweiteilung, die mit der erkenntnistheoretischen Aufteilung des Begriffs Wirklichkeit zusammenhängt, folgt die jeweils passende Strategie zum Umgang mit diesen Phänomenen. Man könnte sagen, dass das metaphysische Ich einfach überwunden und vergessen werden sollte. Doch das ist nicht so einfach, weil es seiner Struktur nach kollektiv ist: Viele Menschen müssen sich dieses Ich einbilden, sonst kann es keine Bedeutung erlangen und keine Wirkung erzielen.

- Ich bin das Problem

Wir müssen also damit leben, dass erstens die Kultur uns die Ichreligion vorgibt und zweitens wir selbst diese Religion mit der Muttermilch aufgenommen haben. Wir sind Teil des Problems. Genauso wenig kann man einfach dem diesseitigen Ich mehr Raum oder mehr Bedeutung geben und es einfach vom jenseitigen Ich stärker abgrenzen. Der Einzelne kann diese beiden Ichs im Alltag kaum bei sich selbst unterscheiden. Erst in der Stille der Meditation kann das wirklichere Ich als Körpergefühl wahrnehmbar werden. Das jenseitige Ich wird von der Angst vor der Substanzlosigkeit beherrscht und giert deshalb immer nach Größe und Ausdehnung. Gleichzeitig drängt seine kollektive Natur nach individueller Besonderheit. Beides gibt dem metaphysischen Ich ständig das Gefühl, schwach zu sein. Nichts macht uns süchtiger nach Macht als ein Mangel an Wirklichkeit.

---

[1] Zwei Ichformen: siehe Kapitel I.9.1, *Vom Ich zur Wirklichkeit*

- Paradoxe Stärkung des Ichs

Wie alle Psychotherapie weiß, bleibt uns nichts anderes übrig, als diesem Ich ein Gefühl von Stärke zu geben, um dem Teufelskreis der Sucht zu entkommen. Aber kann man etwas stärken, was man sich nur einbildet? Der Trick liegt darin, die Stärkung des echten Ich auf das gesamte Ichsystem abfärben zu lassen. Nehmen wir die aktuell aufbrausende, tatsächlich seit den metaphysischen Anfängen immer schon rollende spirituelle Welle als Beispiel. Dabei finden wir unsere Säulen Meditation und Theorie wieder. Der verdächtige, allzu leicht als Jenseitsprojektion durchschaubare Gottgeist wird ins Innere verlegt („Der Himmel ist in uns."). Die Theorie lautet dann: Wir sind schon alle göttlich. Das Gefühl der ausdauernden Meditation, mit allem verbunden zu sein, bestätigt diese Theorie, weil man sich nur noch einbilden muss, ganz persönlich die innere Göttlichkeit nun auch tatsächlich bewusst zu realisieren. Meditation und Theorie verbünden sich zu einem phantastischen Hochgefühl des Ichs. Paradoxerweise zeigt uns der Prozess, der das metaphysische Ich erst so richtig inthronisiert hat, das geniale Zusammenspiel von Meditation und Theorie.

- Am Beispiel Spiritualität

Die Frage ist also, können wir dieses Zusammenspiel noch nutzen, auch wenn die neue Theorie die metaphysische Verwirrung mit eingebautem Wiederholungszwang vermeidet. Meine Antwort lautet: ja. Und Plausibilität liefert die Tatsache, dass es all die Jahrhunderte funktioniert hat, obwohl es nie einen begeisterten Himmel gab, weder drinnen noch draußen. Der Grund liegt darin, dass Einbildung - oder Simulation - in der Natur des Gehirns liegt, weshalb Meditation uns mit der Welt in uns verbinden kann. Da die nachmetaphysische Theorie nicht das Denken des Ganzen verbietet, zeigt uns die Meditation durchaus die Wirklichkeit, weil wir tatsächlich über die informationellen Resonanzen mit den anderen Menschen und mit der Welt verbunden sind. In der Meditation rauschen all diese Resonanzerfahrungen wieder auf, wenn auch nur in unserem Kopf. Die spirituelle Meditation war also gar nicht so weit weg von einer Verbundenheit, nur konnten die Menschen noch nicht verstehen, dass ein vermittelnder Geist dafür nicht nötig war. Wir können also das Gefühl der Verbundenheit mit dem Ganzen in der Meditation immer noch -

oder erst recht - in vollen Zügen genießen und unser Selbstgefühl (einschließlich des Ichs in allen Formen) aufblühen lassen. Die Theorie, dass wir dabei nur die informationelle Ganzheit der Weltkopie in unserem Kopf erleben, sollte uns immer wieder auf den Fußboden der Tatsachen, der Wirklichkeit, zurückholen.

- Ein Schritt ins nachmetaphysische Leben

An dieser Stelle schließt sich nun ein Kreis, der uns von der metaphysischen Seite des Ichs mehr und mehr unabhängig macht. Wenn ich mit der nachmetaphysischen Theorie und dem Resonanzmodell[2] im Kopf nach einer Meditation die Augen öffne und die Welt erlebe, den Freund oder die Freundin sprechen höre, dann ist die Wirklichkeit des gemeinsamen Resonierens noch ganz frisch und ich kann in ganz lebendiger Wachheit erleben, wie nicht Ich wahrnehme, sondern Weltwahrnehmung in mir stattfindet. Ich verstehe die Bedeutung dessen, was der andere sagt, nicht, weil Ich ein so genialer Interpretierer bin, sondern weil unsere Gehirninhalte so erstaunlich ähnlich sind, dass sich Bedeutung einfach als Resonanz ergibt. Diese Bescheidenheit wird belohnt mit einem Erlebnis tiefer Intimität. Macht man häufiger diese Erfahrung, wird das diesseitige Schnittstellenich immer stärker aufgeladen mit der schlichten Tatsache seiner überindividuellen Natur, ohne Angst vor individueller Substanzlosigkeit auszulösen. Unser Ichgefühl repräsentiert dann die sowieso vorhandene Verbundenheit mit der Welt und den anderen Menschen, ohne dass sich irgendwer darum bemühen müsste. Ich bin die Anderen, aber nicht in spiritueller Überhöhung, sondern in unseren resonierenden Schnittstellen auf der Basis unserer nahezu identischen Gehirninhalte.

- In Wirklichkeit sind wir verbunden

Die Theorie, die zunächst die Illusion der Ganzheit entlarvt und sie auf unseren Kopf beschränkt, liefert uns gleichzeitig das Recht, die Meditationserfahrung der Allverbundenheit als Wirklichkeit zu sehen, als meine Wirklichkeit, die ich doch ausgiebig mit anderen teile.

---

[2] Resonanzmodell: siehe Kapitel II.1, *Das Resonanzmodell*

13. Aus aktuellem Anlass eine kleine Leseübung mit einem Artikel aus *Der Spiegel 24/2014*

- Wir werden Bundeskanzlerin

Während ich die letzten Absätze von Teil III schrieb, las ich zufällig im aktuellen Spiegel Anfang Juni 2014 (SPIEGEL 24/2014, Seite 130-131) folgenden Essay von Dirk Kurbjuweit mit dem Titel: *Wir werden Bundeskanzlerin. Wie das Internet unsere Identität verändert.* (Ich werde ausführlich und immer dann in vollständigen Absätzen zitieren, wenn ich mich auf Textpassagen beziehe. Auf jeden Fall sollte sich der Sinn des bearbeiteten Textes erschließen, ohne ihn vorher gelesen zu haben.)

Der Anlass, der mich dazu verleitet hat, diesen Artikel im literaturwissenschaftlichen Stil des Teil IV, *Leseübungen*, in den Einstieg einzubauen, ist leicht vermittelt: Bisher kommt es nur selten vor, dass ich irgendwo Texte lese, in denen von meinen Kernbegriffen im hier umrissenen Sinne die Rede ist. In diesem Artikel kommen gleich vier davon vor: Ich, Identität, Resonanz und Internet. Am Anfang geht es um Folgendes: „Der Mensch des digitalen Zeitalters, der Homo digitalis, gleicht sich der Bundeskanzlerin allmählich an." Also geht es zunächst um die Identität, die Ichstruktur von Kanzlerin Merkel, die sich verflüssigt oder politisiert hat: „Es gilt nicht: Was will ich? Sondern: Was kommt an?". Dann wird festgestellt, dass die sozialen Netzwerke des Internets jedem Einzelnen die Möglichkeit geben - in ähnlicher Weise wie früher nur den Prominenten vorbehalten - die Öffentlichkeit als Resonanzraum zu nutzen. Das klingt zunächst verlockend und positiv, doch es ist anders gemeint: „Die Identität ändert sich, verschwimmt. Das Ich sind die anderen.".

- Der Journalist und das freie Ich

Mit dieser Ouvertüre im Hinterkopf dachte ich nach dem ersten flüchtigen Lesen, wie schön, dass sich nun schon die Journalisten mit meinen Themen beschäftigen. Die vier auftauchenden Begriffe in diesem Artikel lauten: Ich und Identität als soziale Konstruktion, Öffentlichkeit als Resonanzraum und das Internet als Vermittler. Als ich dann las, dass die Menschen durch schwindenden Gruppeneinfluss freier werden, hoffte ich noch auf lediglich geringe Beimischung von herrschender Ichideologie. Doch es kam viel schlimmer und der Artikel entpuppte sich als eine reine Verteidigung des freien Ich mit dem Journalisten als „gatekeeper" und Freiheitswächter. Die genaue Analyse erlaubt mir

I. Ein Überblick

nun in scharfer Abgrenzung eine Darstellung meiner Kernaussagen. Fangen wir vorne an.

» Wie wäre es, wären wir alle wie Angela Merkel? Für die einen ist diese Vorstellung womöglich ein Horror, andere finden sie ganz angenehm oder witzig. Aber egal wie wir das sehen, wir sind auf dem Weg dorthin, soweit wir das Internet rege nutzen. Der Mensch des digitalen Zeitalters, der Homo digitalis, gleicht sich der Bundeskanzlerin allmählich an. Es geht dabei um Identität, um die Struktur des Ichs. Sie wandelt sich gerade bei vielen Menschen, sie wandelt sich in Richtung Merkel. Im Juli wird sie 60, und wir könnten ihr zu diesem Anlass sagen, dass ihr Erfolgsmodell nach und nach unseres wird. Vielleicht freut sie sich. Und wir? Können wir uns darüber freuen, dass sich unser Ich politisiert?

> Mit der Bemerkung „Aber egal wie wir das sehen" scheint der Autor dem Leser Entscheidungsfreiheit in der Merkelfrage geben zu wollen (immerhin scheint ihm ja die Freiheit des Ichs am Herzen zu liegen), tatsächlich manipuliert er uns geschickt dahin, nicht wie Angela Merkel ihren Willen zugunsten der Öffentlichkeitswirkung zurückzustellen.

Wie ist Merkel? Was ist ihre Identität, also unsere Zukunft? [...] Sie richtet ihr Verhalten auf die Öffentlichkeit aus.

Es gilt nicht: Was will ich? Sondern: Was kommt an? Also: Wie komme ich zu Belohnungen? Wie kann ich Bestrafungen vermeiden? Merkel ist die Meisterin dieser Lebensform. «

Der Autor macht die sich politisierende Struktur des Ichs zu seinem Thema, was an sich schon sehr bemerkenswert ist - und in meinem Kopf wird die Frage, ob wir uns darüber freuen können, spontan mit einem begeisterten Ja beantwortet.

Allerdings kommt bezüglich der Antwort des Autors gleich ein leiser Verdacht auf, denn er macht den Fehler, Identität und Ich gleichzusetzen. Aber schon im übernächsten Absatz hält er fest, dass Ich (und Identität) zum großen Teil soziale Konstrukte sind, was mich beim Lesen wieder hoffnungsvoll stimmte:

» Wie steht es um die Identität der Bürger? Da hat sich schon vor der digitalen Revolution einiges getan. Ein Ich ist zum großen Teil ein soziales Konstrukt. Es entsteht auch durch äußere Einflüsse, es gilt: Das Ich sind auch die anderen. Das waren lange: Familie, Kirche, Partei, Gewerkschaft, Verein. Sie füllten das Denken und Sein der Mitglieder mit Werten, Traditionen, Überzeugungen. Man fiel da hinein, übernahm das von den Eltern. Das gab Sicherheit, war Heimat, war Identität.

> Das auch lässt er bei dem später geschilderten Ich der Prominenz weg (s. Zitat weiter unten)

> War das Ich vor der Zeit der Prägung durch Familie, Kirche, Partei, Gewerkschaft, Verein denn weniger ein soziales Konstrukt?

Allerdings schwindet die Bedeutung dieser Gruppen beständig. Die Menschen sind freier, das Ich ist offen für neue, andere Einflüsse. In diesem flockigen Zustand treffen wir auf das Internet. «

> Und offen für andere Einflüsse wie zum Beispiel Werbung! Es ist wohl ein Zweifel daran angebracht, ob die Menschen dadurch freier werden.

Die Nähe zum Begriff Heimat macht schon deutlich, dass er die Identität (der wörtlichen Bedeutung des Begriffs entsprechend) als das versteht, womit ich identisch, also gleich bin. In der so begriffenen Identität läge also sehr viel stärker der soziale

Bezug als im Ich. Umgangssprachlich wird Identität aber als die Markierung meiner Individualität (Einmaligkeit, Ungleichheit) verstanden. Der Autor spielt mit den begrifflichen Unklarheiten, um mit der sozialen Konstruktion des Ichs spielen zu können, und es deutet sich schon an, dass er sich durchaus nicht über das neue, sozial konstruierte Ich freut, weil in seinen Augen die Menschen eigentlich freier geworden sind, aber der schwindende Einfluss der prägenden Gruppen und die sozialen Netze uns so unfrei machen wie die Kanzlerin.

> Im Alltag verbinden wir das Wort Identität schon mit unserer Individualität, aber mehr in Bezug auf unseren Körper im Sinne von Identitätskarte oder Personalausweis. Das Ich ist im Unterschied dazu viel stärker eine *geistige* oder *seelische* Einheit. „Ich bin der ich bin." lassen wir unseren *Gott* sagen. „Ich bin meine Identität" würde eher unplausibel klingen.

Die in meinen Augen zunächst erfreulich klingende Aussage des Autors in Bezug auf die normalen Bürger „Das Ich sind auch die anderen" verliert zunehmend an Schärfe, weil er erstens in Bezug auf das, was sich bei den Bürgern schon vorher getan hat, ein relativierendes „auch" einschiebt. Zweitens werden durch die Gleichstellung von Ich und Identität die Grenzen von sozial und individuell, von körperlich und psychisch verwischt. Drittens liegt in der Formulierung „Das Ich sind die anderen" schon im Satzbau eine erhebliche Drohung Richtung Leser, weil es grammatikalisch gar nicht mehr um das Ich geht, denn „die anderen" sind das Subjekt des Satzes: Diese anderen sind mein Ich. Das Ich ist also nicht *auch* die anderen (geprägt von ihnen), sondern es existiert gar nicht mehr, es wird zum Resultat der anderen. Das ist so bedrohlich - mein Ich verschwindet -, dass es eigentlich nicht mehr wahr sein kann (vor allem, wenn ja Ich und meine körperliche Identität das Gleiche sein sollen). Um uns bezüglich der sozialen Konstruiertheit des Ichs alle vermeintlichen Sorgen zu nehmen, fügt er in einem eigenen Absatz noch hinzu, dass die bisherigen sozialen Einwirkungen der genannten Gruppen immer schwächer werden und wir freier und offener werden (Gott sei Dank!). Und diese noch leicht instabile Freiheit wird nun durch die Öffentlichkeit „für jeden" im Internet bedroht, wie schon im nächsten Absatz eingeleitet wird.

» Das Netz ist eine neue Form von Öffentlichkeit, also ein Resonanzraum, eine Quelle von Feedback, und zwar für jeden. Auch die Kirchengemeinde, der Ortsverband der Partei oder der Verein sind Öffentlichkeiten, aber begrenzte und im Prinzip wohlwollende. Zwar heißt es, dass kein Feind schlimmer sei als der Parteifreund, und tatsächlich wird hart gefochten, und doch herrscht eine Solidarität, die sich aus der gemeinsamen Identität speist. Die Versöhnungskräfte sind groß. Spätestens im Wahlkampf steht man Schulter an Schulter. «

> Ganz im Unterschied zu meiner Definition von Resonanz für die Ichbildung wird hier der Resonanzraum auf die Öffentlichkeit beschränkt, die sich auch noch in Form des Internet als wenig wohlwollend herausstellt.

Zunächst etwas überraschend wird nun wieder in einem positiven, wohlwollenden Sinne die kollektive Identität als versöhnende Kraft gepriesen, und im nächsten und übernächsten Absatz erfahren wir auch, warum.

> Wäre Ich gleich Identität, müsste die kollektive, wohlwollende Gruppenprägung auch auf das Ich stärkend wirken!

» Für die Struktur der alten Öffentlichkeit war der Torwächter bestimmend, der „gatekeeper". Das waren und sind meistens Journalisten, die darüber bestimmen, was in die Zeitung oder ins Programm kommt. Sie

I. Ein Überblick

sind oft gnadenlos gegenüber der Prominenz, Politikern, Spitzensportlern oder den Stars aus Film und Musik, aber der Bürger muss sie in der Regel nicht fürchten. Er lebt unterhalb von deren Wahrnehmungsschwelle oder wird geschützt, soweit Journalisten verantwortungsvoll handeln, was allerdings nicht alle tun.

Das Internet dagegen ist eine Öffentlichkeit fast ohne Torwächter, und es ist im Prinzip nicht wohlwollend, ist nicht wie Kirchengemeinde oder Ortsverband. Das sind die großen Unterschiede zu früher. Wer will, kann so leicht prominent werden wie nie zuvor. Auch wer nicht will. Für Talent, Witz, Ruchlosigkeit, Dummheit, Ungeschick, Glück und Pech gibt es eine große Chance, weltweit wahrgenommen zu werden.

«

Prominenz: Das Internet macht nicht nur gelegentlich prominent, sondern auch Meinungen der Vielen öffentlich. Der Journalist will die öffentliche Meinung alleine steuern. Das ist Bevormundung, die nur noch mit der Psychoprogrammierung der Werbung vergleichbar ist. Auf Werbung und Journalismus als die vielleicht stärksten Feinde des individuellen Spielraums werde ich immer wieder zurückkommen.

Der - gute - Journalist hat die äußerst ehrenvolle Aufgabe, uns vor den prominenten Mächtigen und vor der verantwortungslosen Internetgemeinde zu schützen (welch eitles Loblied auf die eigene Zunft!), weil er die Mächtigen verantwortungsvoll kritisch beobachtet, aber den gemeinen Bürger erst gar nicht bemerkt (puh! Gott sei Dank!). Der Journalist als Wächter am Tor zum Bösen. Im Sinne meiner Buchaussage bin ich wirklich sehr dankbar für die unverblümte Offenheit des Autors. Offensichtlich hat er die generelle Bedrohung des Journalismus durch das Internet verstanden. Deshalb ruft er uns zu, der Verführung durch Prominenz für jeden zu widerstehen - mit seiner Hilfe -, um die Freiheit unseres Ichs zu wahren.

- Öffentlichkeit und Prominenz

Doch gehen wir mit dem Autor wieder ins Detail. Im nächsten Absatz geht er auf den Zusammenhang von Öffentlichkeit und Prominenz ein.

» Öffentlichkeit ist die Möglichkeit der Prominenz. Sie ist ein ungeheurer Reiz, weil das Berühmtsein dem Ego so schmeichelt. Es multipliziert das eigene Ich in die Welt hinein. Ruhm! Aufmerksamkeit! Bedeutung! Doch was erst paradiesisch ist, wird zur Hölle, wenn sich das Vorzeichen ändert. Christian Wulff weiß das. Karl-Theodor zu Guttenberg weiß das. Prinzessin Diana wusste das. Michael Jackson wusste das.

«

Der Autor spricht das besonders schlecht bewachte Tor unserer Eitelkeit an. Und Berühmtheit ist ein machtvoller Stoff, mit der das Ich seine Substanzlosigkeit ausgleichen will. Natürlich kann man beim Spiel mit der Macht auch scheitern, aber hat das Ich eine Wahl? Tatsächlich ist es der Autor, der unserem Ego schmeichelt, um sein journalistisches Schutzgeld zu bekommen, denn er unterstellt uns eine eigene Ichinstanz, die scheinbar so klar in uns abgrenzbar ist, dass man sie sogar multiplizieren kann.

Woraus das harmlose Bürger-Ich nun immer bestehen mag (der Autor setzt auf Verwechslung mit der Körperidentität) oder was auch immer dem Autor beschütz- oder erhaltbar erscheinen mag, im nächsten Absatz wird er in der Schilderung des Ichs verderbenden Internets richtig drastisch:

93

» Im Ablauf der Prominenz gibt es einen Kipppunkt. Das Ich sendet in die Welt hinaus und wird mit der Wahrnehmung größer und stärker. Aber die Welt sendet zurück. Sie kriecht in dieses Ich hinein und verändert es, macht es kleiner und schwächer. Denn wer prominent ist, positiv prominent ist, will es in der Regel bleiben, will mehr davon und fängt an, sich so zu verhalten, dass er wahrgenommen wird und beliebt bleibt. Die Identität ändert sich, verschwimmt. Das Ich sind die anderen. Prominenz heißt auch: die innere und äußere Zurichtung für die Öffentlichkeit. Je größer diese ist, desto stärker wirkt sie auf das Gemüt. «

Eben noch durften wir uns mit einem multiplizierten Ich geschmeichelt fühlen, jetzt lernen wir, dass die Internetprominenz unser Ich kleiner und schwächer macht. Wollen wir diesen Widerspruch wohlwollend weginterpretieren, müssen wir folgern, dass das Ich und seine Identität (irgendwie kommt noch das Gemüt rein) von Natur aus stark und integer sind. Die Beeinträchtigung durch soziale Gruppeneinflüsse hatten wir gerade fast überwunden, da kommt das Internet und lockt uns mit Prominenz, die nur scheinbar das naturhafte Ich stärkt (die Eitelkeit macht uns blind), in Wirklichkeit aber wird es bis zur vollständigen Auflösung geschwächt, denn die Ausdehnung führt wohl zwangsläufig zur Überdehnung und Explosion: „Das Ich sind die anderen." Ich bin nicht mehr mein Ich, um es mal witzig zu formulieren, sondern die anderen sind jetzt Ich. Da gibt es auch kein relativierendes „auch" mehr (s.o.). Da frage ich mich, wie der positiv prominente Autor es schafft, die Naturstärke seines Ichs zu bewahren.

Aber vielleicht hilft uns im nächsten Satz sein Rückbezug zur Kanzlerin weiter: „Prominenz heißt auch: die innere und äußere Zurichtung für die Öffentlichkeit." Das heißt, der eigene Wille gilt nichts, nur die Resonanz bei den anderen, worin die Kanzlerin ja eine Meisterin sein soll. Kann der Autor vielleicht prominent sein und sich sein Ich bewahren, in dem er es schafft (wie auch immer), nach seinem eigenen Ichwillen zu leben? Wir schauen auf die nächsten Absätze, wobei uns zunächst die echten Prominenten wie Boris Becker und Michael Jackson in ihrer Künstlichkeit präsentiert werden, und dann kommt er zum Facebook- und Twitterverhalten der Normalos, denen es nur noch um die Anzahl der Gefällt-mir-Daumen geht.

> Das Ich sind die anderen: An dieser Stelle musste ich an die Kosten meines Spiegel-Abos denken und plötzlich kam mir dieser Schutzgeldbeitrag gar nicht mehr so groß vor.

» So entstehen Kunstgestalten, denen Aufmerksamkeit alles gilt. Boris Becker ist so eine […] Merkel […] wendete die politische Chirurgie und Chemie auf sich selbst an und erschien uns plötzlich als Sozialdemokratin, blassrot statt schwarz.

Das sind Extreme. Aber haben wir nicht schon ein bisschen davon übernommen? Zählen wir nicht die „Gefällt mir" bei Facebook […] Das sind Umfragen über uns selbst, das ist Demoskopie über das Ich. Damit sind wir den Politikern schon recht nahe. […] Wir stehen im Wettbewerb, im permanenten Wahlkampf für uns selbst.

I. Ein Überblick

Es liegt nahe, dass wir uns bald Gedanken darüber machen, wie wir Zustimmung und Aufmerksamkeit generieren, wie wir unseren „score" steigern, unsere Prominenz, dass wir unsere wachsende Erfahrung über das, was ankommt und was nicht, nutzen und vor allem Dinge schreiben oder tun, die ankommen. Manche machen aus ihrem Leben auf Facebook eine permanente Erzählung, und vielleicht versuchen sie irgendwann, das zu erleben, was ihnen Punkte einträgt.

«

Im letzten Absatz dieser Abfolge von den prominenten Kunstgestalten zu uns (?) sozialen Netzwerkern kommt er auf den Punkt: Wir leben irgendwann nicht mehr, wie wir wollen, sondern wie uns die anderen wollen, was sie uns durch die permanenten Bewertungen mitteilen.

Gehen wir aus meiner Perspektive davon aus, dass die soziale Schnittstelle Ich in jedem Fall eine mit den anderen geschaffene Konstruktion ist, dann offenbart sich der Autor zunehmend als geschickter Priester der Ichmetaphysik. Durch die bei Journalisten übliche Mischung aus Fakten (wir nutzen die sozialen Netze) und Meinung (es gibt geradezu naturhaft das freie Ich) führt er uns an einen Punkt, an dem jeder Leser auf seine Manipulation hereinfallen und ihm dabei zustimmen muss, dass er doch gar nicht von den anderen beherrscht werden will – was für das Freiraumbedürfnis des echten Individuums ja auch stimmt. Der Autor setzt wie alle Metaphysikhierarchie-Nutzer auf die Verwechslung von Körperindividuum und Ichgeist. Im nächsten Absatz – wie zur Sicherheit – kommt wieder die Gleichsetzung von Körperidentität und Ichgeist und das so zur echten Substanz erhobene Ich fällt nun unter die Diktatur des Volkes.

demokratisiert: Die Beschwörung eines von der Volksherrschaft geknechteten Ichs zeigt tatsächlich umgekehrt, dass um den Erhalt des Machtkartells aus Journalismus und Politik (und Lobby) in der repräsentativen Demokratie gekämpft wird. Das Internet als massenhafte Öffentlichkeit wird uns die direkte Demokratie bringen und damit das Ende der gesteuerten politischen Meinungsbildung (siehe Kapitel V.4, *Nachbürgerliche Aussichten*).

» Damit fängt es an, das Sein für andere, die innere Zurichtung, die Reform der Identität. Anders gesagt: Das Ich wird demokratisiert. Die jeweilige Öffentlichkeit im Internet, das digitale Volk, mischt sich ein, nimmt Einfluss, stimmt ab und entscheidet über Sieger und Verlierer.

gewinnt: Wieder fragen wir uns, wie es der Gewinner schafft, die Abwärtsspirale der Ichschwächung zu vermeiden.

Das kann schön sein für den, der gewinnt. Er wird berühmt, vielleicht reich. Nahezu jeder hat nun diese Chance. Wer kannte schon Friedrich Liechtenstein vor seiner viralen Werbekampagne für eine Handelskette? YouTube hat ihn zum Star gemacht.

Aber die digitale Öffentlichkeit macht sich gern über ihre Opfer lustig, sie schimpft, sie verdammt, sie straft. Ein Shitstorm tut weh, kann vernichten. […]

[…] Für Prominente ist die Öffentlichkeit nahezu total, sie lässt sich kaum beschränken.

«

Da der Autor damit rechnen muss, dass die Sozialen-Netze-Nutzer das aus eigenem Antrieb tun und kein manipulierender Journalist oder Politiker sie dazu verführt hat, geht er in folgendem Absatz darauf ein, wie unsere ahnungslose Öffentlichkeit grausam ausgenutzt wird.

» So ähnlich geht es uns nun auch. Facebook ist die freiwillige Seite der digitalen Öffentlichkeit. Aber da nahezu jeder ein Handy mit sich trägt und diese Handys fotografieren und Worte mitschneiden können, gibt es eine unfreiwillige Seite. Das erlebte eine Koreanerin, die sich nicht darum kümmerte, dass ihr Hund in die Bahn gekackt hatte. Jemand machte Fotos von dieser Szene und stellte sie ins Internet. Das Mädchen wurde als „Dog Shit Girl" berühmt und verdammt. Das erlebte auch Donald Sterling, Besitzer des Basketballteams Los Angeles Clippers. Als er seiner Freundin sagte, sie solle ihre dunkelhäutigen Freunde nicht zum Spiel mitbringen, wurde das mitgeschnitten und auf einer Website veröffentlicht. Auch dieser Satz war unsäglich, aber er war privat gesagt. Sterling muss die Clippers verkaufen.

«

Die Beispiele könnten drastischer kaum sein. Meinen freiwilligen Spaß an Facebook sollte ich unbedingt korrigieren und den Autor als willkommenen Bewacher meines Zugangs zur Öffentlichkeit akzeptieren, vielleicht ist der Journalismus ja doch ein ganz harmloser, weil wirklich gutwilliger Nachfolger der Kirche. Im nächsten Absatz wird der Gatekeeperanspruch noch mal wiederholt und gleichzeitig erfahren wir noch genauer, warum wir dem Journalisten trauen dürfen: Er weiß, was man der breiten Öffentlichkeit zumuten kann, außerdem operiert der Journalist ja nicht anonym, was uns breite Masse vor seinem Gift schützt.

» Die Privatsphäre schwindet für alle. Die NSA liest im Netz mit, und jeder kann eines jeden Paparazzo sein. Besonders gefährlich sind Schulhöfe oder private Partys. Es fehlen die Gatekeeper, die entscheiden, für wen eine breite Öffentlichkeit zumutbar ist und für wen nicht. Diese Öffentlichkeit ist überdies durch Anonymität besonders gemein. Das Gift wird häufig ohne Namen versprüht, und manche fühlen sich dadurch bemüßigt, proletenhaft aufzutreten.

Das alles landet im ewigen Archiv des Internets. [...] Ein Vergessen gibt es nicht. Damit muss nun auch der normale Bürger klarkommen.

«

So nebenbei wird noch die Tatsache ausgenutzt, dass die NSA unsere Privatsphäre verletzt, wobei Ichprivatheit und Datenschutz munter miteinander vermischt werden und still davon ausgegangen wird, dass unser politisches System in diesem Punkt nicht in der Lage sein wird, unsere in der Verfassung garantierten Rechte auf Privatheit auch durchzusetzen.

» Eine Folge von alldem ist die Selbstzensur. Wir hüten unsere Worte, achten auf unsere Handlungen. Damit sind wir endgültig bei Angela Merkel angekommen.

«

Mit dem Wort Selbstzensur ist der Autor nun definitiv auf der politischen Ebene angekommen und suggeriert uns, wir würden mit beliebiger Internetnutzung uns freiwillig einer Diktatur unterwerfen, der wir die Zensurarbeit der öffentlichen Äußerungen auch noch abnehmen. Der Begriff erinnert mich auch an die 68er Jahre, weil der Kampf gegen Meinungszensur durch die Autoritäten von oben eine große Rolle spielte. Autonomie war nur möglich, wenn die Einzelnen sich selbst ein Bild von der Wirklichkeit machen konnten. Witzigerweise spielten in unseren Augen die Medien wie staatlich gelenktes Fernsehen und kapitalgelenkte

I. Ein Überblick

Zeitungen bei der Umsetzung des Willens von oben eine zentrale Rolle (und natürlich die Schulen). Und witzigerweise ist ausgerechnet das Internet mit seinen individuellen Äußerungen die große Kraft, die uns von diesem Meinungsbildungsblock freisetzt. Der Journalist sieht seine Macht bedroht und reaktiviert genau die metaphysischen Kräfte, die die Von-oben-Logik überhaupt erst ermöglicht haben: das eingebildete Ich.

> » Den Politikern wird oft vorgeworfen, sie lebten in einer eigenen Welt, in einem „Raumschiff", in einem „Treibhaus", sie hätten sich entfernt vom Leben der Bürger. Jetzt holen wir sie zurück in unsere Mitte, nicht indem sie sich ändern, sondern wir uns. Wer sich in sozialen Netzwerken rumtreibt, kennt das Leben mit einer gewissen Prominenz, kennt die Veränderungen der Identität. Sie wird flüssiger, passt sich den Bedingungen der digitalen Öffentlichkeit an, dieses nervösen, unberechenbaren Resonanzraums. «

Durch das Wort „unberechenbar" wird unterstellt, dass Berechenbarkeit Sicherheit durch Vernunft ermöglicht. Wir sollen der Vernunft des Journalisten trauen. Die alte Liaison von Ich und Vernunft in unserem metaphysischen Zeitalter darf beim Beschwörungsritual nicht fehlen.

Die digitale Öffentlichkeit, entstanden durch die riesige Menge der Äußerungen von unten durch die echten Individuen wird uns als nervöse und unberechenbare Bedrohung eingeredet. Fast hätten wir uns darüber gefreut, dass das im öffentlichen Resonanzraum entstandene und lebende Ich im Internet zum ersten Mal so etwas wie einen dauerhaften, stabilen Repräsentationsraum findet, doch rechtzeitig macht uns der Autor darauf aufmerksam, wie gut und geschützt wir doch mit unseren metaphysischen Einbildungen im Obrigkeitsstaat gelebt haben. Lasst uns lieber von der Freiheit des Ichs träumen, als in der Öffentlichkeit unterzugehen.

Zu meiner Überraschung taucht dann im nächsten Absatz ein Wort auf, das in den 68er Zeiten auch sehr beliebt war: authentisch. Er stellt die Frage nach der Echtheit aus seiner Sicht folgerichtig, denn danach ist die Frage möglich, ob ein Individuum mit sich selbst identisch ist. Aus meiner Sicht ist es das natürlicherweise immer, denn den Körper kann man nicht aufspalten, nur die Psyche kann sich Spaltungen einbilden, bei denen man sich dann fragen kann, welche Selbstvorstellung die echtere ist. Der ichwahnsinnige Mensch ist demzufolge hochgradig mit der Frage nach Authentizität beschäftigt.

> » Ist man dann noch authentisch? Das ist eine Frage, die auch zu Merkel gestellt wird. Ist jemand, der seine Haltung so stark verändert hat, der sich so eifrig den Wählerwünschen anpasst, authentisch? Ja ist die Antwort, genau darin. Merkel ist in der Lebensform Anpassung authentisch. Der Homo digitalis ist es in seiner Anpassung an die Lebensbedingungen des Netzes. «

Warum er nun Frau Merkel Authentizität zugesteht, ist mir nicht ganz klar, denn eigentlich ist die totale Anpassung an die anderen eine völlige Aufgabe von individueller Echtheit. Ist es nur ein rhetorischer Trick, um die völlige Verrücktheit der digitalen Lebensform Anpassung zu verdeutlichen? Sollen wir uns -

geschickt angetriggert - die Frage nach unserer Authentizität stellen (für die Langsamen, die noch nicht von selbst darauf kommen)? Vermutlich weiß er, dass wir als Ich für diese Frage immer empfänglich sind.

» Muss das so sein? So wie Merkel freiwillig in der Politik arbeitet, erscheinen wir zumeist freiwillig im Internet. Wir müssen nur wissen, dass es sich in beiden Fällen um intensive Systeme handelt, die einen nicht unverändert lassen. Dann kann jeder selbst entscheiden, ob er der Bundeskanzlerin entsprechen möchte. «

Der Autor setzt bei der Kalkulation der Wirkung seines Textes keine Freiheit des Ichs voraus, und den neugewonnen Internetspielraum für den Einzelnen von unten will er uns ausreden.

In diesem Artikel hat der Autor uns mit allen Mitteln bei unserer Eitelkeit und unseren Ängsten gepackt, um uns von der Befreiung, dem neuen Spielraum durch das Internet abzubringen und uns durch die Ichmetaphysik weiter obrigkeitshörig zu halten. Es wirkt auf mich fast komisch, wie er die Haupteigenschaften des freien Ich im letzten Absatz nochmal wiederholend beschwört: freier Wille und Entscheidungsfähigkeit, während er mit seinen rhetorischen Tricks eigentlich gerade bewiesen hat, dass er dem Leser diese Freiheit durchaus nicht zutraut. Ähnlich wie die Priester ihren Schäflein die Fähigkeit zur Gottesfurcht auch nicht zugetraut und lieber auf die Wirkung von Strafe und großer Show gesetzt haben. Wenn sich heute die göttliche Persönlichkeit nur noch als freies Ich im Einzelnen offenbart, muss man natürlich feinere, psychologischere Mittel anwenden: die geschickt mit Eitelkeit und Ängsten spielende Rhetorik gepaart mit der Autorität des prominenten Autors.

Es gibt akademische Berufe, die von der Computerentwicklung überflüssig gemacht werden, zumindest, wenn sie ihren Aufgabenbereich nicht völlig neu definieren. Dazu gehören Lehrer, Ärzte, Journalisten, Werbefachleute und Künstler, das heißt, alle die, die in der bürgerlichen Kultur mit der von Gott befreiten Ichreligion stark wurden, weil sie ihre Autorität aus der alten Von-oben-Logik bezogen haben und denen der echte Spielraum eines selbstdenkenden und selbstfühlenden Individuums eine Bedrohung war. Irgendwann merken die Individuen, zum Beispiel mit Hilfe des Internet, dass ihre Ichs nur heiße Luft waren, an die zu glauben sie durch Werbung und Zeitungen programmiert wurden.

Gottesfurcht: Wie wenig die Kulturen tatsächlich einer vermeintlich selbstverständlichen Verbindung aus Gott und Mensch vertraut haben (als könnte es gar keine intrinsische Gottesfurcht geben), las ich heute noch im Internet: Eine Frau in Afrika wurde zum Tode verurteilt, weil sie sich vom Islam abkehren wollte.

II. Ein Blick in meinen Theoriebaukasten[1]

Theoriebaukasten: Die Kapitel im Teil II sind langsam über die Jahre entstanden. Dieser wachsende Charakter ist nicht zu übersehen, aber als Muster für den Theoriebau vielleicht gerade deshalb zu gebrauchen.

1. Das Resonanzmodell[2]

1.1 Einleitung

- Erkenntnisdruck

Das von mir selbst entwickelte Resonanzmodell ist das Universalwerkzeug und der fundamentalste Baustein meines Theoriebaukastens. Es gab einen inneren Erkenntnisdruck bei der Betrachtung des Ichs, wenn man alle Phänomene strikt naturwissenschaftlich erklären will. Wenn das Ich sich fließend in der menschlichen Kommunikation ergeben soll, dann muss es dafür eine physikalische Grundlage geben, einen Datenträger, der mehr transportieren kann als einzelne Zeichen oder Laute. Wenn so etwas Komplexes wie das Ich davon getragen werden soll, muss der Träger eine Information transportieren können, die auch jede Art von Bedeutung beinhaltet. Da ich lange Jahre auch Gitarre gespielt habe, wusste ich, wie ein gesungener Ton eine Saite der Gitarre zum Schwingen bringen kann. Zwei verschiedene Medien treten miteinander in Verbindung und die einzige Gemeinsamkeit war eine physikalische Ähnlichkeit bei der Bevorzugung eines bestimmten Grundtons. Diese Ähnlichkeit war damals für mich der Schlüssel bei der Beantwortung der Frage, was denn in den Gehirnen passiert, wenn bei einem Gespräch zwischen zwei Menschen der eine ein bestimmtes Wort ausspricht. Bei einer Lösung ohne jeden vermittelnden Geist, ohne Persönlichkeit, ohne überschätztes Bewusstsein, muss in bestimmten Regionen des zuhörenden Kopfes eine sehr ähnliche Struktur vorliegen wie im Wort erzeugenden Kopf. Dazu gehörte auch die genetisch bedingte Ähnlichkeit in den vermittelnden Sin-

Information: Wir werden Information selbst schon als potentiellen Träger von Bedeutung definieren, die sich nur im Kommunikationsfluss durch die Interpretation des Empfängers realisieren kann. In der substantiellen Wirklichkeit gibt es nur speziell strukturierte Datenträger, die ohne kenntnisreiche Decodierung nicht einmal ihre Formatierung in Bits und Bytes preisgeben. Siehe Kapitel II.1.4.2 *Zur Unterscheidung von Information und Bedeutung*

---

[1] Der Titel *Ein Blick in meinen Theoriebaukasten* verweist darauf, dass es sich bei diesem Kapitel um einen Auszug aus dem Teil *Theoriebaukasten*, des geplanten Band 2 handelt (siehe Teil V, *Ausblick auf Band 2*)
[2] Resonanzmodell: siehe Zusammenfassung in Kapitel I.1.1, *Das Resonanzmodell und das Ich*

nesorganen. Der lautproduzierende Mund funktioniert technisch zwar ganz anders als das Ohr, aber der Sprecher hört seine eigenen Laute auf die gleiche Weise wie der Hörer. Wenn er sich also beispielsweise das Wort „Welt" aussprechen hört, muss in seinem Kopf etwas sehr Ähnliches passieren, wie im Kopf des Zuhörers, vom Aufnehmen einzelner Laute bis zur inhaltlichen Entschlüsselung des deutschen Wortes „Welt". Das Mitschwingen bestimmter, ähnlich aufgebauter Neuronennetze stand als physikalisches Ereignis vor meinen Augen und damit war der Schritt zu einer echten physikalischen Resonanz als Basis von verstehender Kommunikation nicht mehr weit. Die Gehirne konnten sich direkt verständigen ohne die Mithilfe eines über allem schwebendem persönlichen und bewussten Ichs. Gleichzeitig ergab sich die Möglichkeit, einen Teil eines sozial basierten Ichs, das sich fließend in der Kommunikation immer neu erschafft, als informationstechnische Schnittstelle in den einzelnen Köpfen zu begreifen. So konnte ich das Ich erstens als etwas metaphysisch Eingebildetes begreifen, zweitens als soziales Kommunikationsereignis, drittens als handfeste Schnittstelle in den einzelnen Gehirnen.

- Vom Bewusstseins- zum Resonanzmodell

Die Theorie von den direkt mit der Umwelt resonierenden Gehirnen nenne ich das Resonanzmodell. Ganz analog zum Körper eines Saiteninstruments, der resoniert, wenn man eine Saite anschlägt, resonieren buchstäblich auch die Neuronen in ihren Netzen, wenn über Sinnesorgane Wahrnehmung im Gehirn verarbeitet wird. Mit dem Resonanzmodell verabschieden wir uns von der Vorstellung einer filternden und entscheidenden Instanz im Gehirn, die in erster Linie mit dem Bewusstsein und in zweiter mit dem Ich in Verbindung gebracht wird. Es gibt keine zentrale Prozessoreinheit, die praktisch die Input- und Outputkanäle vom Rest des Gehirns entkoppeln würde. Eine resonanzfähige Hardware ist eher so beschaffen, wie man es von einfachen digitalen Schaltmodulen kennt, bei denen auf der einen Seite zum Beispiel an acht Inputbeinchen ein bestimmter Bitzustand anliegt, der sofort über fest verdrahtete Schaltungen zu einem anderen Zustand an acht Outputbeinchen führt. Ein zentraler Prozessor, der nacheinander Bits verarbeitet, ist dabei nicht nötig. Die erstaunliche Schnelligkeit des Gehirns beruht auf dieser direkten Verdrahtung der

Neuronen. Wenn man sich nun solche Schalteinheiten komplex verschachtelt und vernetzt vorstellt, wie bei unseren Neuronen im Gehirn, und wenn die Inputzustände in bestimmten Schwingungen oder Rhythmen anstehen, dann kann man das Bild von den resonierenden Neuronennetzen schon sehr wörtlich nehmen.

1.2 Was ist Resonanz?

1.2.1 Physikalische Resonanz, ganz ohne Geist

- Resonanz in der Akustik

Die genauere Betrachtung des Gehirns hat auch den Vorteil, dass wir uns ein technisches Kommunikationsprinzip vor Augen halten können, das in diesem Buch eine zentrale Rolle spielt und entsprechend schon erwähnt wurde. Der Begriff Resonanz stammt eigentlich aus der Akustik und meint, dass ein Körper in gleichmäßige Schwingungen versetzt werden kann, indem er mit einer passenden Frequenz angeregt wird, die den Körper vibrieren lässt. Wenn man richtig über den Rand einer Flaschenöffnung bläst, entsteht ein Ton, weil der Körper der Flasche und die Luftmenge im Innenraum sich wechselseitig in Schwingung versetzen, eben resonieren. Ob wir über die Saite einer Geige streichen oder auf eine Trommel schlagen, der Effekt ist immer der gleiche, wobei der hörbare Ton eher ein Nebeneffekt oder ein Detektor dafür ist, dass wir einen Körper so angeregt haben, dass er in sich selber gleichmäßig schwingt. Diese Resonanz ist nicht immer erwünscht. Wenn ein gleichmäßiger Wind eine Brücke in regelmäßige Schwingungen versetzt, kann es zu Überlagerungen von Wellen kommen, so dass langwellige und starke Wellen dabei entstehen, die die Brücke zerstören können. Wichtig ist, dass immer mehrere Systeme beteiligt sind: der blasende Mund, die Luft und die Flasche, der Wind und die Brückenseile, der Geigenkasten, die Stahlsaite, der Bogen und die führende Hand. Resonanz entsteht, wenn die verschiedenen Systeme sich auf eine Weise aufeinander einstellen, dass sich etwas Gemeinsames ergibt, eben die Resonanz, die auch benachbarte Systeme einbeziehen kann. Ein schriller Ton kann das Glas auf dem Tisch, das zufällig von einer passenden Frequenz in Schwingung versetzt wird - eben resoniert -, zerbrechen lassen. Man kann sagen, dass Resonanz die Gemeinsamkeit von in Verbindung stehenden Systemen aufdeckt, was aber missverständlich ist, weil die resonanztragenden Eigenschaften oft unerkennbar komplex sind. Auf jeden Fall stimmt aber, dass die Resonanz selbst eine Gemeinsamkeit ist. Mein Vater hat oft gesagt, dass er mit seiner Arbeit als Elektroingenieur in guter Resonanz war, weil Elektronik seit Kindertagen auch sein Hobby war, seine Lieblingsbeschäftigung. Er liebte seine Arbeit, weil wichtige und ausreichend große Teile seines Psychohaushalts mit seiner Arbeit resonierten.

- Gehirnereignisse in Resonanz

Der Begriff Resonanz als Beschreibung für den Zusammenhang von Psyche und Arbeit hatte anfänglich noch einen stark bildlichen Anteil. Doch dieses Bild tauchte immer häufiger im Zusammenhang mit menschlicher Kommunikation und Gesellschaft auf[3], so dass er sich irgendwann als zentrales Werkzeug meines Weltbildtheoriegebäudes aufzwang. Aber können wir den fließenden Austausch zwischen Gehirn und Umwelt oder zwischen Gehirn und anderem Gehirn tatsächlich als eine echte Resonanz auffassen? Ich bin zunächst zurückgeschreckt, wie es vermutlich den meisten anderen Lesern auch erging oder ergeht. Irgendwann ging mir dann auf, dass mich mein Computerwissen in die Irre geführt hatte. Bei informationstechnischen Schnittstellen wird jedes sinnlich wahrnehmbare Ereignis durch einen Analog-Digitalwandler geschickt, so dass physikalische Resonanzen an dieser Stelle ein vorläufiges Ende finden: Auf der einen Seite gibt es noch analoge Schwingungen, auf der anderen Seite nur noch ununterscheidbare Bits, deren Bedeutung gleichfalls in Bits mitgegeben wird; für Menschen sind die Computerbits nur verstehbar, wenn sie auf der Ausgabeseite einen Digital-Analogwandler durchlaufen, dem die Menschen schon die Fähigkeit für verstehbare Formate mitgegeben hatten. Doch das Gehirn funktioniert tatsächlich anders. Natürlich wirkt das Ohr ähnlich einem Analog-Digitalwandler, weil die feinen Haarzellen in der Gehörschnecke nur noch elektrische Nervenimpulse weiterleiten, und doch gibt es einen entscheidenden Unterschied: Der computerbasierte AD-Wandler arbeitet sequentiell mit einem zentralen Prozessor, der dann auch die fertig formatierten akustischen Daten mit anderen

---

[3] Resonanz: wie zum Beispiel in einem Artikel von Dirk Kurbjuweit, analysiert in Kapitel I.13, *Aus aktuellem Anlass eine kleine Leseübung*

Daten aus anderen Bereichen in Zusammenhang bringen kann. Aber das Gehirn leitet die Impulse direkt auf dedizierten Bahnen zur auditiven Hirnrinde, wo ganze Netze gleichzeitig auf die Impulse reagieren. Wir können uns diese Netze als physikalisch existierende Einheiten vorstellen, die mit dem Rhythmus der Töne arbeiten. In diesem Sinne existiert im Gehirn immer noch eine direkte, physikalische Verbindung zwischen den akustischen Schwingungen draußen und den Reaktionen im Gehirn, so dass wir auch hier von einer Resonanz sprechen können. Diese Resonanz kann sogar nach außen zurückwirken. Haben Sie schon mal versucht, gemeinsam mit einem anderen Menschen genau den gleichen Ton zu singen? Das ist gar nicht so einfach und die leichten Abweichungen führen zu hörbaren Schwebungen. Es ist eine wunderbare Erfahrung, mit diesen Schwebungen zu spielen, indem man versucht, den Ton absichtlich ganz leicht zu modifizieren. Der Effekt kann sogar in Obertöne hineinwirken, so dass der Klang mitspielen kann. Zwei Gehirne mit vier Ohren und zwei Mündern resonieren miteinander. Wir können uns also vorstellen, wie im Gehirn von den Gehörzentren ausgehend die Netzwerke für die Mundsteuerung mitschwingen. Die Resonanz zwischen den singenden Menschen erfasst mehrere mitschwingende Netzareale in den Gehirnen und ich kann mir gut vorstellen, dass ein Gehirnscanner die Ähnlichkeit der Muster aufzeigen könnte.

- Das spekulative Resonanzmodell ist auf jeden Fall ein starkes Bild

Da meine Kenntnisse von den im Gehirn bei solchen Ereignissen ablaufenden Prozessen relativ gering sind, bewege ich mich mit diesem Resonanzbild auf sehr dünnem und spekulativem Eis. Aber ab einem gewissen Verallgemeinerungsgrad hat das Bild mich zunehmend überzeugt: Das Gehirn nimmt fließend schwingende Signale auf, die unmittelbar (vertikal!) weitergereicht werden von einem unentwegt schwingenden System; das ganze Gehirn ist bekanntlich so ausgeprägt schwingend, dass man Schwebungen als dominante Wellen mit bestimmten Frequenzen messen kann (Alpha-, Beta- usw. Wellen bis zu den langsamen Thetawellen des Schlafs). Gehirn und Außenwelt haben diesen schwingenden Charakter gemeinsam. Das befähigt das Gehirn, mit der Außenwelt zu resonieren. Die Resonanz bringt sehr scharf zum Ausdruck, was ich oben mit vernetzter, vertikaler Intelligenz gemeint habe. Das computerbasierte Modell - Lesen, Schreiben und Umwandeln mit festprogrammierten Schnittstellen - bringt in keiner Weise die Nähe und Direktheit zum Ausdruck, mit der das Gehirn in seine Umwelt verwoben ist. Das horizontale Missverständnis unserer Intelligenz hat uns den selbstverständlichen Zugang zu dieser Intimität geraubt.

- Menschliche Intelligenz ohne Geist

Inwieweit das Resonanzmodell nun der Wirklichkeit entspricht, ist glücklicherweise für unsere Perspektivenübung nicht ausschlaggebend. Es ist in jedem Fall ein sehr griffiges Bild für die simple Tatsache, dass die Menschen eng mit ihrer Umwelt verwoben sind: Die Wahrnehmung der Welt strukturiert und programmiert ihre neuronalen Netze, diese Gehirninhalte steuern die Ausgaben durch Ausdruck und Bewegung als verändernde Wirkung auf die Welt. Die Ähnlichkeit der Welterfahrung sorgt für ähnliche Gehirninhalte, so dass soziale Verständigung möglich wird. Diese wissenschaftlich unstrittigen Prozesse brauchen dafür keine externe geistige Instanz. Wegen der hohen Ähnlichkeit zwischen den durch Wahrnehmung entstandenen Netzen und den Weltobjekten einerseits und den Weltkopien in den benachbarten Köpfen andererseits, liegt die Annahme einer tatsächlichen Resonanz einerseits sehr nahe, aber vor allem erklärt es wunderbar die Intimität der intelligenten Kommunikation. Und so nebenbei räumt es unmissverständlich auf mit der Vorstellung, ein hinterweltlerischer Geist mit einer gleichzeitigen Verbindung zum Zwitterwesen Mensch wäre nötig, um bedeutungsvolle „geistreiche" Gespräche führen zu können.

1.2.2 Resonanz und Kultur

- Resonanz ein komplexes Phänomen

An dieser Stelle kann man festhalten, dass Resonanz ein komplexes Phänomen ist und es im Mitschwingungsprozess viele Übersetzungen und Umwandlungen geben kann. Sehr bewegliche Systeme, wie Luft oder Wasser, eignen sich besonders als Vermittlungsmedien. Die elektromagnetische Welle ist natürlich an Beweglichkeit kaum zu übertreffen und mit dieser Feststellung können wir zum Gehirn zurückkehren. Gehirnzellen kommunizieren miteinander mit elektrischen Impulsen. Wobei das Wort kommunizieren schon missverstanden werden kann, weil eine Zelle nicht die Entscheidung trifft, einer bestimmten anderen etwas mitzuteilen, sondern sie feuert einfach auf ihren Verbindungen nach außen, ihren Axonen, als Reaktion auf die Eingangssignale. Berührte Gehirnzellen entscheiden daraufhin ihrerseits, auf bestimmten Axonen zu feuern, und so beschäftigen sich Gehirnzellen unentwegt in ihrem Netz mit sich selbst, sie resonieren miteinander. Das Ziel scheint immer eine gewisse Harmonie zu sein, der man den Namen Homöostase gegeben hat. Man kann diesen Verbund von Gehirnzellen in ihrer permanenten Resonanz auch als äußerst direktdemokratisch beschreiben. Obwohl es auch vorgegebene Formen von Arbeitsteilung gibt, kann man feststellen, dass keine Äußerung einer einzigen Zelle verloren geht, weil jede auf die sich ergebene Resonanz einwirkt, die wiederum auf das Ganze zurückwirkt. Jede einzelne Zelle bestimmt mit, wie stark eine Resonanz wird, die wir dann als dominante Gehirnwellen messen können: typischerweise kurze Betawellen bei Aufregung, lange Thetawellen beim Schlaf. Glücklicherweise kann dieses wunderbar funktionierende Netz in Freiheit, Gleichheit und Brüderlichkeit nicht davon gestört werden, dass einzelne Zellen metaphysische Weltbilder entwickeln und Vormachtstellungen daraus ableiten.

- Die Resonanz der Neuronennetze als Klanghaube

Die von den menschlichen Sinnen und Ausdruckorganen verwendeten Kommunikationsmedien wie Licht und Luft erlauben eine hohe Flüssigkeit, und ein ausgesendetes Signal kann viele Empfänger gleichzeitig erreichen. Und tatsächlich zeigen menschliche Kulturen typische Resonanzphänomene, in denen man Überlagerungen und stehende Wellen ausmachen kann. Aus Peter Sloterdijks Sphärenbüchern kommt mir dazu ein Bild in Erinnerung von einem prähistorisch lebenden Stamm in einer Ansammlung von Häusern mit der typischen Kreisform. Peter Sloterdijk sah eine Blase von Geräuschen, die sich über diesem Dorf bildete und der Gemeinschaft eine spezielle, sehr menschliche Form von Zusammenhalt gab: Von den Geräuschen der Tätigkeiten über gerufene Befehle bis zum Gesang mischte sich alles zu einer Klanghaube, die jeder hörte und die jeden einband. Ein sehr eindrückliches Bild von einer akustischen Resonanz, die von der permanenten Rückwirkung auf das

Ganze eines Systems lebt, das aus einzelnen Menschen besteht, die Geräusche produzieren und gleichzeitig die sich ergebende Klanghaube in der Umwelt ihres Dorfes hören. Man kann ohne Übertreibung die These aufstellen, dass menschliche Kulturen das Ergebnis von Resonanzen sind, oder genauer: Die Strukturen der Kulturen sind der Ausdruck sich überlagernder Wellen.

- Die Kultur als Resonanzraum

Diese These bekommt einen fast trivialen Charakter, wenn man die in der Realität eng verflochtenen Ebenen der Gehirne und der Kultur gleichzeitig wirken sieht. Wenn man für einen Moment diese die menschliche Persönlichkeit beleidigende Sicht aushält (danach gibt es gar keine Persönlichkeit), dann wird klar, dass Aktivitäten in den einzelnen Gehirnen, verstärkt durch Resonanzen der Netzgruppen untereinander, zu Aktionen eines Menschen führen, die wiederum von anderen aufgenommen, beantwortet und gespiegelt werden und in deren Gehirnen wieder zu Resonanzen führen, so dass die ganze kulturelle Aktivität zu einem Resonanzraum wird. Nicht alle Aktivitäten fügen sich gleichermaßen in Resonanzen, einige wirken langfristig, zum Beispiel durch das Weitererzählen von Mythen, andere kurzfristig, zum Beispiel beim gemeinsamen Gesang, der vor allem die besondere Wirkung hat, dass das Resonanzphänomen selbst fühlbar wird. Beim Gesang verschmelzen die Menschen wie zu einem gemeinsamen Klangkörper. Natürlich profitieren kleine Stammesdörfer sehr vom gemeinschaftsbildenden Effekt des Alltagsklangkörpers, während zum Beispiel in heutigen Stadtkulturen der permanente Lärm, der erbarmungslos von Motorfahrzeugen dominiert wird, eher zersetzende Wirkungen hat.

1.3 Neuronale Resonanz

1.3.1 Resonanz und *Geist*

- Die Zähigkeit der Geistvorstellung

Die große Bedeutung, die der Resonanzbegriff für unsere perspektivische Übung jenseits von Geist und Eigentum hat, sollte jetzt leichter nachvollziehbar sein. In einer rein naturalistischen Welt, in der alle Ereignisse über Wirkungsketten determiniert und hochkomplex miteinander verwoben sind, gibt es keinen Geist, sondern nur Materie. Nietzsche hat aus dieser Tatsache bedrückende Konsequenzen gezogen, die er in das Bild von der Ewigen Wiederkehr gefasst hat. Doch wie wir aus dem Widerstand gegen die Bewusstseinserklärungen der Neurologen oder aus dem Festklammern am objektiven Geist und der Unerschütterlichkeit des bürgerlichen Subjekts mit seinem freien Willen ableiten können, ist diese naturwissenschaftliche Sicht weder bei allen Philosophen noch bei der breiten Mehrheit der Menschen angenommen worden. Der Widerstand hält sich nun schon über zweihundert Jahre und es scheint, als wäre die Vertreibung aus der Mitte des Universums in der Kopernikanischen Wende und der Verlust Gottes die leichter zu verkraftende Beleidigung der menschlichen Eitelkeit gewesen. Man kann die Zähigkeit der Geistvorstellung aber auch damit erklären, dass es einfach keine ausreichende Vorstellung für die Wirkungen der menschlichen Intelligenz gab. Erst allmählich, vor allem durch das Eindringen des Computers in den menschlichen Alltag, zeichnen sich tragbare Erklärungsmodelle ab, die keine Geistunterstellung mehr brauchen. Wir verstehen unser Gehirn in dem Maße, wie wir die Computer kennenlernen und die Vergleichbarkeit der künstlichen und der biologischen Informationsverarbeitung. Ich bin der Meinung, dass in diesem Verständnis- und Erklärungsprozess der Begriff der Resonanz eine entscheidende Rolle spielen kann. Beim World Wide Web mit all seinen Servern verstehen wir, dass es dort keines Rechnersubjekts bedarf, das die Entscheidung trifft, sich einem anderen Rechnersubjekt mitzuteilen. Die Bits fließen einfach und überall wird reagiert. Sich das Netz als ein riesiges Resonanzsystem vorzustellen fällt auch deswegen nicht sehr schwer, weil immer nur Bits auf Bits reagieren. In der Menschwelt reagieren wir zwar nicht nur mit der Sprache, sondern auch mit allen Sinnen der Körper, aber die Erfahrungen werden letztendlich auch alle als Bio-Bits im Gehirn gespeichert und verarbeitet. Die Resonanzeffekte all der kontinuierlich einströmenden Daten ergeben sich auch hier über die Gleichartigkeit und Konstanz der Verarbeitungsbedingungen.

- Singende Gruppe

Stellen wir uns einfach vor, wie wir mit einer kleinen Gruppe von Menschen zusammensitzen und gemeinsam ein einfaches Lied singen. Wenn Sie schon mal die Erfahrung gemacht haben, mit anderen einfach zu summen, ohne erkennbare Melodien zu produzieren und dabei dennoch genau auf den anderen zu hören und einen gemeinsamen Klang zu erschaffen, dann ist diese Erfahrung noch beispielhafter als beim Singen eines gemeinsamen Liedes. Singt man den gleichen Ton, können akustische Resonanzeffekte körperlich spürbar sein, weil es dann zu Schwebungen kommt (eine phantastische Erfahrung, wenn man es absichtlich und kontrolliert macht), denn Schwebungen sind immer der klarste Beleg für Resonanzen. Doch auch schon das Singen eines Liedes mit der gleichen Melodie und dem gleichen Text löst starke Resonanzeffekte hervor, was jeder leicht nachvollziehen kann, weil der ganze Spaß des gemeinsamen Singens darauf beruht.

- Klangproduktion im Kopf

Was passiert nun während der gemeinsamen Klangproduktion im Kopf? Die gleichmäßigen Klangwellen erzeugen gleichmäßige Bitwellen im Gehirn und mit diesem Beispiel vor Augen können wir uns leicht vorstellen, wie im Kopf ganze Netze von Gehirnzellen gleichmäßig schwingen, sich gegenseitig anregen und so das Netz selbst schwingt. Es schwingen natürlich nicht nur die Zellen mit, die fürs Hören oder die Stimmproduktion zuständig sind, sondern letztendlich alle, die über gespeicherte Sinneserfahrungen miteinander verbunden sind. Die an alle Sinneserfahrungen gekoppelten Gefühle verbinden alles zu einem neuen Eindruck, so dass man sogar glauben könnte, den sich zwischen den Menschen ergebenden Klang zu sehen. In dieser Singsituation können wir uns tatsächlich gar nicht vorstellen, wie sich ein pures Hören oder Tönen anfühlen würde. Der ganze Effekt basiert von vornherein auf einem Resonanzsystem von beachtlichen Ausmaßen. In unserem Beispiel haben wir also menschliche Körper, die aufeinander hören und abgestimmte Töne produzieren und dabei Wahrnehmungs- und Äußerungsorgane einsetzen, die mit einem riesigen Biocomputer verbunden sind, der Verknüpfungen zu gespeicherten Erfahrungen aller anderen Sinne aktivieren kann, in dem er ganze Netzwerke in Schwingungen versetzt, also verschiedene Gehirnregionen

---

Singende Gruppe: Vor Jahrzehnten habe ich in meiner Zenzeit im Kloster Musikmeditationen angeboten, deren Höhepunkt darin bestand, dass alle eng im Kreis saßen und gemeinsam Töne gesungen wurden, ohne dass Texte oder bekannte Melodien erkennbar wurden. Der Maßstab für die eigene Tonerzeugung war der gemeinsame Klangkörper, der wie von selbst an- und abschwellen oder sich verändern konnte und mit Summen anfing und endete.

Schwebungen: Schwebung entsteht, wenn zwei ähnliche Wellen sich additiv überlagern, so dass eine neue langwellige Schwingung entsteht.

mitschwingen lässt. Das ganze resultierende Erleben ist ein Resonanzeffekt. Wenn wir uns später etwas genauer mit Thomas Metzingers Modell vom Bewusstsein beschäftigen, werden wir noch besser verstehen, wie Neurologen sich Bewusstheit vorstellen als eine Zusammenfassung und Neuformatierung von Datenströmen auf einer höheren Ebene von Gehirnzellen, und die Entscheidung, welche Datenströme sich bis auf diese Ebene auswirken, ganz wesentlich mit der Stärke von resonierenden Netzen zu tun hat. Jeder, der schon mal Gelegenheit hatte, über Elektroden mit einem Computer verbunden die eigenen Gehirnwellendominanzen zu sehen und mit Meditationstechniken diese Dominanzen verändern konnte, also Betawellen schwächer und Alphawellen stärker werden zu lassen, der weiß, wie sehr das zusammenfassende bewusste Gefühl sich damit verändert.

- Geisterleben als unerkannter Resonanzeffekt

Versuchen wir uns nun wieder in die animistisch-magische Wahrnehmung eines Menschen vor unserem Zeitalter zu versetzen. All unser heutiges Wissen von unserem Gehirn, das wir uns über Elektroden und Computertechnik buchstäblich in die Wahrnehmung rückkoppeln können (wodurch eine neue Resonanzebene entsteht), stand diesen Menschen nicht zur Verfügung. Aber sie hatten schon das gleiche Gehirn wie wir und waren diesen phantastischen Resonanzeffekten ausgesetzt. Sie hatten gar keine andere Wahl, als diese Effekte als Geist nach außen zu projizieren. Geistprojektion ist eine geradezu technisch zwingende Folge nicht durchschaubarer Gehirnresonanzen. Man kann sich sogar spekulativ vorstellen, dass die evolutionäre Entstehung des opaken Bewusstseinstunnels selbst ein Resultat dieses Projektionseffektes ist. Die Nähe von Geist und Bewusstheit verweisen auf ihre gemeinsame, sich gegenseitig verstärkende Entstehung. Man muss nur verstehen, dass es in der Interaktion des Gehirns über den Körper mit der Umwelt schon starke Resonanzeffekte gibt, auch ohne den Beitrag des Bewusstseins. Das Bewusstsein spiegelt diesen Effekt und verstärkt ihn gleichzeitig ganz erheblich. Zusammenfassend können wir sagen, dass Geistprojektion eine Folge der mit sich selbst und der Umwelt resonierenden Netzwerke im Gehirn ist. Vielleicht sollte ich an dieser Stelle nochmal klarstellen, dass ich hier nur Wissen wiedergebe, das von anderen Wissenschaftlern zusammengetragen wurde, und das für mich persönlich den Charakter einer langen und breiten Tatsache angenommen hat.

1.3.2 Geist als missverstandene Resonanz

- Der Bedarf nach *Geist*

Der Bedarf nach dem Begriff *Geist* entstand auf dem Hintergrund der Tatsache, dass Kollektive, vom Stamm bis zum Staatenbund, über längere Zeiträume eine innere Homogenität zeigten, die man durch die immanente Untersuchung der Kulturen nicht erklären konnte. Halten wir uns nur kurz den Unterschied zwischen den heutigen Industriekulturen und den lange dominierenden Agrarkulturen vor Augen. Kulturtechniken aller Art sind über viele Jahrhunderte innerlich sehr stabil, von der Produktion über die sozialen Schichten bis zur Sprache, und doch sind trotz der langen Phasen hoher innerer Stabilität die Unterschiede zwischen den beiden Kulturformen sehr groß. Erst die moderne Sozialwissenschaft (Psychologie, Anthropologie, Archäologie usw.) hat die Instrumente hervorgebracht, mit denen wir die Stabilität einerseits und die Entwicklung zu etwas Neuem andererseits erklären können. Ohne diese Instrumente blieb den Menschen gar nichts anderes übrig, als von einem eigenständigen Geist der jeweiligen Kulturen zu sprechen, der den Zusammenhalt über viele Generationen garantieren konnte. Seitdem die Menschen ihre Sprachereignisse und sprachlichen Gedanken aufschreiben können, hat die Selbständigkeit des Geistes einen neuen Schub bekommen und die Menschen konnten sich ihn als den einen Schöpfergott im Jenseits vorstellen: Das war der Beginn unseres metaphysischen Zeitalters vor zirka 2500 Jahren. Denn das, was dem Einzelnen beim Lesen eines Buches begegnete, konnte doch wohl nur in ihm aufscheinen, weil der Autor, der geschriebene Text und der Leser mit diesem Geist verbunden waren. Heute gestehen wir den naturalistischen Humanwissenschaften zu, dass sie ohne den Geist auskommen, doch kann das auch für die Gegenstände und Forschungsbereiche der heutigen Geisteswissenschaften gelten? Ich vertrete in diesem Buch die These, dass Forschungsobjekte wie Sprachen, Literatur oder Kunst, tiefer und besser erklärt und verstanden werden können, wenn wir nicht mehr von einem eigenständigen Geist ausgehen (und

II. Ein Blick in meinen Theoriebaukasten

demzufolge müsste man der Fakultät Geisteswissenschaften auch einen anderen Namen geben). Wir brauchen uns testweise nur die Frage zu stellen, was vom Geist der Bücher noch übrigbleibt, wenn es keinen einzigen Menschen mehr gibt: <u>nämlich gar nichts</u>. Das Gleiche gilt für alle vom Menschen geschaffenen nichtsprachlichen Symbole oder Artefakte. Mit einem Wort: Sobald es keine lebendigen menschlichen Gehirne mehr gibt, die die Sprache sprechen, die Bücher lesen, die Symbole erkennen und die Artefakte benutzen können, wird es keinen damit verbundenen „Geist" mehr geben. Die Bedeutungen und Funktionen existieren nur so lange, wie sie durch menschliche Gehirne bewegt werden. Es gibt außerhalb dieses Rauschens der Neuronen keinerlei „Geist", das heißt, keinerlei Bedeutungen oder symbolische Verweise.

- Zweite Natur

Man hat zur Bezeichnung der Tatsache, dass die menschliche Symbolkultur eine scheinbar vom Einzelnen unabhängige Eigenständigkeit erlangt hat, den Begriff *Zweite Natur* verwendet. Dieser Terminus ist sehr irreführend, weil der Kultur eine Eigenständigkeit unterstellt wird, die sie im Unterschied zur ersten Natur nicht hat. Andererseits braucht es aber auch eine Erklärung dafür, dass die Kulturen über Generationen so stabil sind, so dass sich kulturelle Gesetzmäßigkeiten entwickeln, die - zumindest von den Ideologien gefordert - die Gültigkeit von Naturgesetzen zu haben scheinen.

- Neuronen in Resonanz

Um dieses Phänomen erklären zu können, schlage ich den Begriff *neuronale Resonanz* vor, wobei die physikalische Bedeutung des Begriffs Resonanz gemeint ist. Ich bin nicht der erste, der den Begriff Resonanz vorschlägt, aber die mir bekannten bisherigen Vorschläge waren weniger strikt physikalisch gemeint, wohl eher metaphorisch wie wir zum Beispiel das Wort *Stimmigkeit* bei zwischenmenschlichen Ereignissen verstehen. Mit dem Attribut *neuronal* beziehe ich mich auf den gesamten Körperraum, also auch auf das Gehirn mit dem sich über den gesamten Körper erstreckenden neuronalen Apparat, aber auch auf die Körperzellen, soweit sie Zustände speichern (wie häufig bei erfahrungsbedingten Änderungen des Stoffwechsels, die in Organ-, Muskel- oder Fettzellen gespeichert werden), die als Information an Nervenzellen weitergegeben werden

<u>nämlich gar nichts:</u> Wie an anderer Stelle genauer erläutert wird, ändern sich die Bedingungen für einen Totalverlust des menschlichen „Geistes", wenn wir computerbasierte künstliche Intelligenz hervorgebracht haben, die dem menschlichen Gehirn so weit überlegen ist, dass sie die menschliche Intelligenz simulieren kann. Falls Computer sich einmal selbst erhalten und reproduzieren können, wäre ein Fortbestand der menschlichen Art des Wissens auch ohne Menschen möglich (s. Steven Spielbergs Film, AI Künstliche Intelligenz).

können. Dieser Raum ist auf die Individuen begrenzt und bestimmt im Wesentlichen den aktuellen Zustand des Gehirns und seines Körpers. Eine menschliche Kultur (wie alle Zivilisationen von Lebewesen) ist demnach der Raum, in dem Interaktionen (direkte oder symbolisch vermittelte) zwischen Individuen stattfinden in dem Sinne, dass der Ausdruck des einen Individuums von einem oder mehreren anderen wahrgenommen wird, während diese sich auch gleichzeitig ausdrücken (wobei der Ausdruck über Medien vermittelt sein kann). Individueller Ausdruck und Wahrnehmung werden über neuronale Netze im Gehirn der Einzelnen gesteuert und verarbeitet. Neuronale Resonanz ist die Basis der Kultur, findet aber nur in den informationsverarbeitenden Organen der Individuen statt. Natürlich kann man die gesamte zur Informationsverarbeitung gehörende Interaktion zwischen den Menschen als Teil des Resonanzereignisses verstehen (zum Beispiel akustisch als das sich aus allen Gesprächen im Restaurant ergebende Rauschen, das tatsächlich auch auf die Gehirne zurückwirkt, oder die Lärmhalbkugel über einer Stadt[4]), aber erstens beschränke ich mich hier auf menschliche Kommunikation und auf das, was philosophische Theoriebildung dazu beitragen kann, und zweitens müssen wir die den ganzen Zivilisationsraum einbeziehende physikalische Resonanzanalyse eindeutig dem Bereich des Unerkennbaren zuordnen. Verständnis tragende Interaktionen, Handlungen, die Bedeutungen voraussetzen und vermitteln, erzeugen dabei neuronale Netzmuster, die ein entsprechendes Maß an Ähnlichkeit besitzen müssen, damit Bedeutung im Gehirn entstehen kann (Bedeutung wird nicht transportiert). Die tatsächliche Schwingung des neuronalen Netzes im Kopf des einen Individuums entspricht der Schwingung im Kopf des anderen Individuums. Je direkter oder lebendiger die Interaktion ist, umso mehr werden sich die Netze durch gegenseitige Anregung angleichen. Kurz, wir haben Verstän-

Bereich des Unerkennbaren: Es ist praktisch unmöglich, dass wir jemals mit noch so großen Quantencomputern die neuronalen Resonanzereignisse in menschlichen Gehirnen abbilden können, weil letztlich immer das ganze Gehirn mitschwingt - und damit auch der ganze Körper und mit ihm der Rest der Welt. Die Datenmenge wird immer zu groß sein.

---

[4] Peter Sloterdijk weist im Band III seiner Sphärentrilogie auf die einschließende Wirkung einer solchen Geräuschkugel hin: Im Kapitel „Das Phonotop - Sein in Hörweite" sagt er gleich zu Anfang: „Wer die anthropogene Insel erreicht, macht auf der Stelle eine akustische Erfahrung: Der Ort klingt nach seinen Bewohnern." (ISBN 3-518-41465-6, S. 377)

digung durch neuronale Resonanz, tatsächlich und physikalisch.[5] Die Tatsache, dass körperliche Vorgänge, Eingänge an Sinnesorganen und Ausgaben an Bewegungsorganen, immer rein informationell (elektrische Bits) umgeformt werden, ändert daran nichts, weil die Ein-Ausgabe-Formate durch die immer gleichen, weil fest verdrahteten Analog-Digital- beziehungsweise Digital-Analog-Wandler vorgegeben werden. Mit Lebewesen, ausgestattet mit völlig anderen Organen, Schnittstellen und Datenformaten, können wir uns nicht verständigen. Für machen klingt das vielleicht trivial, aber ich erwähne es, weil die physikalische Allgemeinbildung uns beim Begriff Resonanz vermutlich ein Instrument vor Augen führt, bei dem zwei nebeneinander ähnlich stark gespannte Saiten sich durch Resonanz gegenseitig zum Schwingen bringen, weil es einen vermittelnden Instrumentenkörper gibt (oder die Luft zwischen den Saiten); daraus folgt: dass wir uns Resonanz als direkte körperliche Wirkung vorstellen. Doch die informationelle Entkopplung spielt dann keine Rolle, wenn die AD- und DA-Wandler immer gleich sind (wie beim digitalen Telefon). Andererseits hat die informationelle Entkopplung auch Vorteile, weil gerade beim symbolisch vermittelten Ausdruck die Resonanzmöglichkeiten sehr groß werden.

- Beispiel für neuronale Resonanz: die Großstadtkultur

Halten wir uns einmal als ein Beispiel für neuronale Resonanz in der menschlichen Welt die Großstadtkultur vor Augen. Ich stelle mir vor, wie all die gesprochenen, gehörten, geschriebenen, gelesenen Wörter eine Resonanz zwischen den Gehirnen schaffen. Oder ich schaue auf eine Straßenbahn und stelle mir vor, welche Resonanzen dieses Bild in meinem Kopf wie in vielen anderen Großstadtgehirnen auslöst. Die ganze Stadt in einer Million Köpfen in ähnlichen Bildern (oder Mustern) milliardenfach abgespeichert in ständiger Resonanz mit Hilfe der Wahrnehmungen und der Aktionen der Menschen. Und was nicht mehr durch Wahrnehmung resoniert, das ist für immer verloren, hat keine Bedeutung mehr. (Stellen wir uns alte Bücher unter dem Schutt der Stadt vor, die nie mehr gefunden werden.) Und was nur noch ganz selten von einem Auge aufgenommen wird, das stirbt langsam aus. Was da wie ein auf- und

---

[5] Von dieser Stelle ab wiederholen sich bestimmte Gedanken. Durch die sprachlichen und perspektivischen Unterschiede ergeben sich Klärungen, weshalb ich das Ende dieses Absatzes nicht gelöscht habe.

abschwellender Klangteppich über der Stadt zu liegen scheint, haben die meisten Menschen bisher nur mit dem Begriff Geist erfassen können. Tatsächlich findet es nur in den Köpfen statt mit den menschlichen Körpern, den Symbolen und den Artefakten als Medien. Sind die Gehirne weg, könnten die Computer und Fernseher noch weiterlaufen, bis ihnen der Strom ausgeht, es hätte keinerlei Bedeutung mehr.

- Was hat sich geändert?

Um die Wirkung von neuronaler Resonanz in unserem Modell noch deutlicher zu machen, können wir die Frage stellen, was sich in jüngster Zeit in unserer Kultur geändert hat, sodass wir all die sozialpsychologischen und informationellen Phänomene der Kulturen ohne Konstruktion eines Geistes erklären können: Es ist, zusammengefasst, unsere Vorstellung von der Leistungsfähigkeit des menschlichen Gehirns. Das Resonanzmodell setzt voraus, dass in allen Gehirnen einer menschlichen Kultur nahezu identische Kopien der Wirklichkeit gegeben sind, und damit meine ich nicht nur Kopien der Symbole, sondern der gesamten wahrnehmbaren Umwelt. Menschen, die in der gleichen Kultur leben, fangen an mit der Entstehung der Wahrnehmungsorgane im Mutterleib und der Fähigkeit, Wahrnehmung zu speichern, ihr leeres Gehirn mit Welteindrücken zu programmieren (mit Hilfe von genetisch vorgegebenen Verdrahtungen). Hundert Milliarden Gehirnzellen mit insgesamt 100 Billionen Synapsen liefern mit sehr effizienten Wahrnehmungsverarbeitungsmethoden eine Weltaufnahmekapazität, die wir uns erst mit der Computerentwicklung und den Forschungsergebnissen der Neurowissenschaftler vorstellen können. Dieses Allgemeinwissen ist wirklich neu. Gehirne können miteinander in Resonanz sein, weil sie in riesigen Mengen sehr ähnliche Muster von der Wirklichkeit aufgenommen haben.

- Ein Bild vom Kölner Dom in unseren Köpfen

Waren Sie schon mal in Köln? Erinnern Sie sich an den Kölner Dom? Wenn ja, dann steht er jetzt als lebendiges Bild vor ihrem *geistigen* Auge mit allen im Moment der Wahrnehmung vorhandenen Gefühlen einschließlich einer großen Menge von Umgebungseindrücken. In wie vielen lebenden Gehirnen existiert ein solcher Bild-Sprache-Gefühl-Umwelt-Eindruck vom Kölner Dom, und zwar über Jahrzehnte? Als Informatiker schießt mir sofort das Wort

keinerlei Bedeutung: Der Gedanke wird im Roman von Thomas Glavinic *Die Arbeit der Nacht* durchgespielt, indem er eine Welt aus der Sicht eines Menschen schildert, der als einziger eine unbenannte Katastrophe überlebt hat.

Gehirns: Zu dieser Vorstellung konnten wir gelangen, weil unsere Kultur seit Mitte des letzten Jahrhunderts die Computertechnik in rasantem Tempo entwickelt hat und es seitdem eine verwandte und auch ganz andere Intelligenz als Gegenmodell gibt. Ende des 20. Jahrhunderts hat dann die neuronale Erforschung des menschlichen Gehirns ihren Anteil beigetragen.

Welteindrücken zu programmieren: Ich spreche ausdrücklich von Wahrnehmung gleich Programmierung, weil im menschlichen Gehirn Daten und Prozess nicht getrennt gespeichert werden. Für uns heutige Computerkenner ist der Begriff Speichern (von Wahrnehmung) irreführend, weil wir dann sofort an Daten denken, die ein fixes Computerprogramm abspeichert. Menschliche Wahrnehmungen werden aber immer mit dem gesamten Umweltbezug aufgenommen, wenn sie eine gefühlte Intensitätsschwelle überschreiten.

Redundanz ins Bewusstsein, was bedeutet, dass die gleiche Information mehrfach abgespeichert ist. Um nicht Speicherplatz zu verschwenden, möchte man Redundanz immer gerne vermeiden. Allerdings sind die Informationen im menschlichen Kopf nie identisch, sondern nur sehr ähnlich. Und genau diese Ähnlichkeit sorgt dafür, dass Sie eine Vorstellung davon haben, was für mich das Wort Kölner Dom bedeutet. Ganze Neuronennetze reagieren in Ihrem Kopf, wenn Sie das Wort *Kölner Dom* lesen. Wenn Sie sich nun eine Gruppe von Menschen vorstellen, die gerade miteinander handeln und sprechen und sich permanent gegenseitig wahrnehmen und die Wahrnehmungen wieder die Ausdrücke ihrer Körper bestimmen, wenn sie sich dann diese Gruppe wie einen schwingenden Körper vorstellen, dann wird vielleicht deutlicher, wie die einzelnen Gehirne unentwegt miteinander resonieren und die gemeinsame Schwingung in Gang halten. Um besser zu verstehen, wie durch diese Resonanz der geteilte Sinn, die Bedeutungen, die Interpretationen entstehen, müssen wir uns vor allem von der das Geistzeitalter prägenden Sonderbedeutung der Sprache verabschieden. In den meisten Gehirnen dürfte das Wort „Kölner Dom" in nur sehr geringem Umfang von sprachlichen Elementen getragen sein. Wir haben ganze Filme im Kopf von all unseren Dombesuchen, die - wie beim echten Film, allerdings mit allen fünf Sinnen - in unserem Kopf das Gefühl oder den Sinn „Kölner Dom" hervorbringen. Lassen wir uns noch zur Veranschaulichung, was mit Resonanz der Gehirne gemeint ist, auf ein weiteres Beispiel ein.

- Ein Spaziergang mit Hund

Stellen Sie sich vor, sie spazieren scherzend und lachend an einem schönen Sommertag mit einem zehnjährigen Kind und einem Hund um den Kölner Dom herum. Diese Szene wird von einem Partner mit der Videokamera aufgenommen. Am nächsten Tag sitzen Sie nun mit Kind, Partner und Hund vor einem großen Monitor und schauen sich den Film an. An einer Stelle heben Sie die Hand, zeigen auf den Bildschirm und bringen ihre Freude über die Erinnerung an diese Szene zum Ausdruck. Der Film in Verbindung mit ihrem Ausdruck lösen sofort Resonanzen im Kopf des Kindes und des Partners aus, die zu entsprechenden freudigen Reaktionen führen. Durch das Resonanzprinzip können alle beteiligten Menschen zu Recht davon ausgehen, dass sie eine sehr ähnliche Erfahrung teilen mit sehr ähnlichen Gefühlen in der - nahezu - gleichen Welt. Was ist mit dem Hund? Vielleicht erkennt er auch sich selbst und die anderen auf dem Bildschirm und vielleicht fängt er auch an zu bellen und zu tänzeln. Aber können wir „wissen", was er wirklich erlebt? Irgendwie scheint er eine gewisse Hundefreude zu erleben. Vermutlich kann man von Verwandtschaften in den Resonanzen der neuronalen Netze ausgehen, aber die dürften vergleichsweise sehr klein sein, weil der Hund erstens anders funktionierende Sinnesorgane hat und weil er zweitens die Wahrnehmungen völlig anders verarbeitet hat - so fehlt ihm vor allem der ganze Sprachraum, während er seinerseits in einer Geruchswelt lebt, die wir uns nicht vorstellen können. Die Menschen stellen sich gerne vor, dass der Hund mit ihnen die gleiche Welt teilt, doch das ist nur zu einem relativ kleinen Teil der Fall. Diese Projektion ist allerdings sehr verständlich, denn letztendlich muss jedes menschliche Gehirn die erlebte Gemeinsamkeit in der geteilten Wirklichkeit projizieren. Jedes Gehirn ist eingeschlossen in die Einsamkeit seines Egotunnels[6], der ihm die simulierte Realität präsentiert. Und doch ist die tatsächliche Gemeinsamkeit ganz erheblich, ablesbar an der Menge ähnlich reagierender Neuronennetze oder eben an der Größe und Stärke der Resonanz. Ganz ähnlich wie bei allen physikalischen Resonanzen von Körpern können auch Neuronennetze nur resonieren, wenn sie ein ausreichendes Maß an Ähnlichkeit aufweisen. Das Feld der resonierenden Neuronen ist die gemeinsame Wirklichkeit. So gesehen sind wir dann tatsächlich doch nicht so einsam, wie das Bild vom Egotunnel zunächst nahelegt. Das gesamte schwingende Neuronenfeld ist wirklich.

- Resonanz mit Dingen

Wir können mit Hilfe des Kölner-Dom-Films noch einen weiteren Aspekt des Resonanzmodells erläutern. Stellen Sie sich vor, sie schauen sich Wochen später den Film ganz alleine nochmal an. Die Freude über den Spaziergang am Dom mit Partner, Kind und Hund stellt sich wieder ein, wenn auch nicht so stark wie beim ersten gemeinsamen Anschauen. Wieder haben wir resonierende Neuronenfelder, allerdings nur in einem Kopf. Es gilt festzuhalten, dass Re-

---

[6] Egotunnel: siehe Kapitel IV.2, *Thomas Metzinger: Der Ego-Tunnel*

sonanzen nicht nur zwischen Menschen stattfinden, sondern auch zwischen Menschen und Dingen, soweit sie im Kopf schon in ähnlicher Form repräsentiert sind. Wenn Sie die Zeilen jetzt lesen, erzeugt der Text nun Resonanzen in Ihrem Kopf, vermutlich hochverwandt mit denen, die sich in meinem Kopf beim Schreiben ereignen. Das gilt auch, wenn Sie den Text schrecklich und die ganze Idee dumm finden, dann sind die ähnlichen Resonanzen nur geringer.

1.3.3 Permanente neuronale Resonanz

- Glocke aus Geräuschen über einer Region

Um dem Ich Anteile in der Außenwirklichkeit zuweisen zu können (vom einzelnen Gehirn aus betrachtet), können wir uns die neuronalen Resonanzen vieler Menschen als einen kollektiven Resonanzraum vorstellen, in dem sich permanent Resonanzen ereignen. Manche sind von vielen Menschen wahrnehmbar, wie zum Beispiel Autolärm, andere nur von einem Einzelnen, wie zum Beispiel alle visuellen, perspektivisch beschränkten Eindrücke. Dennoch ereignen sich alle diese Resonanzen in einem Raum, den wir uns am besten räumlich begrenzt vorstellen. Ich habe dann das Bild einer Klangglocke vor mir, wie sie sich über einer Stadt bildet. Solange es also menschliche Gehirne gibt, ereignen sich in meiner Umgebung ständig neuronale Resonanzen über Medien, die mir theoretisch auch zugänglich sind, deren Beschaffenheit aber nicht zwingend jedes Individuum erreichen.

- Vorstellung der Dauerhaftigkeit

Diese Vorstellung im Bewusstsein aufzubauen, fällt uns demzufolge nicht schwer. Wir können uns leicht in das Nachbarzimmer versetzten, wo ein Partner mit einem Kind spricht. Genauso einfach ist es, sich in einen Punkt über der Stadt zu versetzen, an dem wir alle Menschgeräusche der Stadt gleichzeitig aufnehmen. Auch wenn sie in ein Rauschen aufgehen, so vermittelt der Punkt doch, dass neuronale Resonanz stattfindet. Noch deutlicher wird die Permanenz der neuronalen Resonanz, wenn wir uns erneut vor Augen halten, dass wir mit den von Menschen beeinflussten Dingen der Welt auch resonieren, wenn kein anderes Gehirn sich gerade resonierend darauf bezieht. Solange es also noch ein menschliches Gehirn gibt, findet indirekt oder zeitlich versetzt Resonanz mit anderen Gehirnen statt. Romane oder Filme, die einzelne Menschen einsam durch verlassene Städte laufen lassen, vermitteln uns die Gewissheit, dass für diesen Menschen die gesamte Umgebung von menschlicher Bedeutung wabert.

- Es gibt neuronale Resonanz in einem eigenständigen Raum

Wir können also plausibel machen, dass dauerhaft neuronale Resonanz stattfindet, was von jedem Einzelnen - mehr oder weniger bewusst - wahrgenommen werden kann. Die Tatsache der Dauerresonanz ist der greifbarste Beleg für einen Resonanzraum in der Außenwirklichkeit, der Trägereigenschaften für den wirklichen Teil des Ichs hat. Die Existenz des neuronalen Resonanzraums außerhalb der Sicht des Einzelnen wird paradoxerweise dadurch belegt, dass die Menschen seit ihrer Existenz daran glauben, dass es substantiellen Geist außerhalb ihrer eigenen körperlichen Existenz gibt. Es ist, als würden sie die Dauerresonanz unbewusst erleben, ohne sie in ihrer physikalischen Wirklichkeit benennen zu können. Es bleibt ihnen nichts anderes übrig, als ihre eigene informationelle Beweglichkeit als Geist nach draußen zu projizieren, sei es in der langen magisch-animistischen Zeit als Teil der Welt, sei es in der kurzen metaphysischen Zeit als Gott-Ich außerhalb der Welt.

- Der Raum verschwindet mit dem letzten menschlichen Gehirn

Dennoch müssen wir festhalten, dass dieser Raum, wie bei jeder Informationsverarbeitung, an einen lebendigen Prozess gebunden ist. So wie wir Information in der Wirklichkeit definiert haben, als fließende Daten mit potentieller Bedeutung, können wir neuronale Resonanz verstehen als fließenden Informationsaustausch unter Menschen. Die Gehirnzellennetze resonieren zwar theoretisch auch beim Anblick von unberührter Natur, die keine menschliche Botschaft enthalten können, aber erstens ist diese Resonanz nicht gemeint, sondern nur die zwischen den Gehirnen, und zweitens ist es für einen Erwachsenen praktisch nicht möglich, in dieser Welt etwas zu sehen, was nicht irgendeinen Bezug zur menschlichen Kultur hat. Stirbt das letzte Gehirn, verschwindet auch der Resonanzraum. Doch die Tatsache, dass etwas nur kurzfristig fließend existiert, bedeutet nicht, dass es nicht Teil der Welt war. Im Falle der Information ist es lediglich von einem Sender, einem Medium und einem Empfänger abhängig. Wenn das Pfeifen eines Vogels völlig unerhört verklingt, war es deswegen nicht weniger wirklich. Der letzte Mensch ist auch der letzte Sender neuronaler Resonanz. Vielleicht wird sein Ausdruck irgendwann von einer außerirdischen Zivilisation gelesen und deren Gehirn- oder Computerzellen werden resonieren.

1.4 Verständigung durch Resonanz

1.4.1 Verständigung und Bedeutung

Vielleicht erscheint es Ihnen beim Lesen dieser Zeilen als trivial, dass es beim Bemühen um Verständigung in der Kommunikation um einen Austausch von Bedeutungen geht. Ein Wort, gesprochen oder geschrieben, hat an sich noch keinerlei Bedeutung. Dies gilt auch für einen ganzen Satz oder ein ganzes Buch. Wollen miteinander sprechende Menschen sich also über Sachverhalte aus der Welt verständigen, muss irgendwie eine Vermittlung von Bedeutungen entstehen. Ich möchte in diesem Kapitel darstellen, wie aus meiner Sicht Bedeutung mit Hilfe des Resonanzmodells erklärt werden kann.

- Bedeutung aus Bezug zur gleichen Umwelt mit den gleichen Körpern

Die Wissenschaft hat lange gebraucht, um Texte aus dem alten Ägypten entschlüsseln zu können, obwohl es sich damals um Menschen mit dem gleichen Köper wie dem heutigen gehandelt hat und sie in unserer Welt lebten, die uns - von wenigen Tier- oder Pflanzenarten abgesehen - sehr vertraut gewesen wäre. Die Kultur allerdings, am Übergang vom Schamanismus zum Monotheismus, wäre uns sicher in vielerlei Hinsicht fremd. Doch aus Erfahrungen mit alten indigenen Stämmen oder sonstwie fremden Kulturen wissen wir, dass wir dennoch die damaligen ägyptischen Sprachen lernen könnten, wenn uns eine Zeitmaschine dorthin zurückversetzen würde. Es reicht - zumindest innerhalb der Gattung Menschen, auf Dinge und Tatsachen zu verweisen und ein Wort auszusprechen, um eine ganz andere und unvertraute Sprache zu vermitteln (wo sich Neandertaler und Homo Sapiens begegneten, haben sie sich sicher verständigen können). Alte Texte zu verstehen fällt ohne Zeitmaschine demnach schwer, weil wir den Bezug zur damaligen Wirklichkeit, die die Menschen umgab, nicht mehr herstellen können. Demnach ist Verstehen von Bedeutung also durch das Eingebundensein in die gleiche Wirklichkeit bedingt. Durch Wahrnehmung über ähnliche Organe mit vergleichbar funktionierenden Gehirnen und den gegebenen Dingen können in den Köpfen Laute und Zeichen mit den Weltrepräsentationen verknüpft werden.

- Computer und Bedeutung

Computer können heute Bedeutungen von Wörtern und Sätzen ermitteln, indem wir ihnen zu jedem Wort ganze Listen von Synonymen oder Sätzen mitgeben, in denen das Wort verwendet wird. Wenn ein Rechner auf alle - oder sehr viele - geschriebenen oder gesprochenen Sätze Zugriff hat, kann er durch Vergleiche schon heute brauchbare Übersetzungen von einer Sprache in eine andere erzeugen. Das Ermitteln von Bedeutungen ließe sich sicher erheblich steigern, wenn man ihm noch Bilder aus unserer Welt gibt und ihn lehrt, darin benannte Gegenstände zu unterscheiden. Sind die Rechner irgendwann schnell genug, um ganze Filme mit Ton zu analysieren, wird sich ihr Bedeutungsverstehen den menschlichen Fähigkeiten sehr annähern. Bauen wir einen entsprechend intelligenten und menschähnlichen Roboter (Androide), wird das Bedeutungsverstehen dem unseren sehr ähnlich sein. Dieser kurze Ausflug in die Verarbeitung von Bedeutung mit künstlicher Intelligenz soll betonen, dass Verstehen von Bedeutungen kein menschliches Privileg ist, und eine Ähnlichkeit eines empfindsamen Computerkörpers mit unserem Körper wird sein Verständnis unserer Bedeutungen sehr befördern, denn auch die Menschen verstehen sich leicht - in der gleichen Umwelt - durch die Ähnlichkeit ihrer Körper.

- Bedeutung ohne Metaphysik

Im 19. Jahrhundert hat die Philosophie dem Entstehen von Bedeutung (Hermeneutik) viel Aufmerksamkeit geschenkt, weil die Tiefe der menschlichen Intelligenz - die noch heute kaum phantasierbare Größe und Leistungsfähigkeit des menschlichen Gehirns - außerhalb des Vorstellbaren war. Denn ohne die Ausmaße der weltkopierenden Fähigkeit des Gehirns war nicht erklärbar, wie für die menschliche Wahrnehmung Bedeutung entstehen kann. Es blieb kein anderer Weg, als den Bezug auf externe Geister beizubehalten, obwohl es immer Bemühungen gab - bis hin zum objektiven Geist von Jürgen Habermas -, den metaphysischen Ballast loszuwerden. Meine These lautet: Eine gänzlich metaphysikfreie Erklärung von Bedeutung ist erst durch so etwas wie dem *Resonanzmodell* möglich, das voraussetzt, dass jedes einzelne Gehirn so viel Weltwahrnehmung (einschließlich der Symbole und Artefakte) gespeichert hat, dass diese vernetzte Informationsmenge ausreicht, alle nötigen Bedeutungen (einschließlich der von Habermas so hoch bewerteten Gründe) assoziieren zu können.

- Resonanz und Bedeutung

Kommen wir nach diesem kurzen Einstieg in die Bedeutungsproblematik zu der Frage, wie sich auf der Basis des Resonanzmodells Bedeutung realisiert, in der fließend Information enthalten ist. Wie vermeiden wir mit dem Resonanzmodell die bisher in gängigen Theorien gezogene Schlussfolgerung, dass Wörter und Sätze einer Sprache in sich Bedeutung tragen, auch ohne von einem Gehirn bewegt zu werden? Kurz vorweg die vielleicht wichtigste These: Wir heben nicht nur die Trennung zwischen Bedeutungssender und Bedeutungsempfänger auf, sondern gehen davon aus, dass es bezüglich Bedeutung gar keinen Sender oder Empfänger gibt. Die Verständigung ereignet sich zwischen zwei informationsverarbeitungsfähigen Systemen ohne sendende oder empfangende Intentionen. Es gibt eine wechselseitige Wirkung, Resonanz, aber die sich immer neu ergebende Bedeutung entschlüsselt jede Seite für sich. Die Richtigkeit der Bedeutung kann nicht direkt vermittelt werden, sondern sich nur in einer fortlaufenden Kommunikation durch den Einzelnen erschlossen werden. Genau genommen beinhaltet die Vorstellung, dass Gehirne, die Information austauschen, in einem Feld miteinander schwingen und dadurch Verständigung entsteht, dass es keine zentrale Verarbeitungseinheit mehr gibt, wie ein entscheidendes Ich zum Beispiel oder ein Bewusstsein, das in diesen Schwingungsaustausch eingreift. Ein bewusstes Erleben ist eine Wirkung, keine Ursache. Das Resonanzmodell macht also die Vorstellung vom Geist der Sprache überflüssig, weil wir die scheinbar vorausgesetzten Bedeutungen der Wörter und Sätze in die einzelnen Gehirne hineinverlegen und davon ausgehen, dass im Kopf eine verstehende Spezialeinheit gar nicht vorhanden ist. Die Resonanzen *sind* das Verstehen und sie sind möglich, weil das einzelne

---

objektiven Geist: Bei Jürgen Habermas hat der objektive Geist sehr viel mit der dem menschlichen Gehirn unterstellten Fähigkeit zu tun, Gründe (Argumente) losgelöst von Gefühlen (körpergebunden!) verarbeiten zu können. Gründe leben natürlich davon, dass sie abgrenzbare Bedeutungen enthalten. Ich gehe hier auf die Frage nach den Gründen nicht näher ein, weil ich die Abgrenzbarkeit und Loslösung von Gefühlen im menschlichen Kopf in Frage stelle. Argumentationssysteme, wie exemplarisch die Mathematik, setzen voraus, dass sie als Auflistung von symbolischen Ausdrücken in hohem Maße außerhalb der menschlichen Gehirne eine selbständige Existenz entwickeln können. Würde man sich mit Außerirdischen verständigen wollen, könnte man mit dem Austausch von mathematischen Ausdrücken beginnen, wenn man unterstellt, dass ihre Intelligenz auch einer binären Logik folgt (da oder nicht da). Doch die solchen Systemen eingebaute Logik hat nur entfernt etwas mit den guten Gründen zu tun, die Menschen in ihrer direkten Kommunikation austauschen können müssten, um einen objektiven Geist aus sich heraussetzen zu können. Die Entkopplung von Lebenswelt (Verständigung über Welt) und System (Mathematik, Logik der Sache) ist kein Fehler einer bösen Verdinglichung, sondern eine Folge des Außen-Phänomens aus der Sicht des individuellen Körpers: Von innen betrachtet ist draußen *alles* Welt und Ding. Bedeutungen werden die Innen-Außen-Grenze niemals überschreiten können. Die für die Lebenswelt wichtigen und zu kommunizierenden Gründe sind vom Innenraum der Gefühle (und Motive) nicht abtrennbar, einerseits, und andererseits lassen sich die Dinge im Außen immer nach Belieben in Systeme packen; wir haben einen erstaunlichen Freiheitsgrad bei der Verständigung über Systeme, den wir auf keinen Fall zugunsten von vermeintlich objektiven menschlichen Geistern opfern sollten. Wir sollten uns von den Herrschaften fernhalten, die uns weismachen wollen, dass ihnen der objektive Geist gute Gründe einflüstert, die nichts mit ihren individuellen Motiven und Gefühlen zu tun haben.

Gehirn diese riesigen Mengen von Welt, Wörtern, Symbolen miteinander verknüpft gespeichert hat. Der Eindruck, die Sprache müsse doch irgendwo außerhalb vom Gehirn noch Zusammenhänge gespeichert haben, konnte nur entstehen, weil man sich die erforderliche <u>Speicherkapazität im einzelnen Kopf nicht vorstellen konnte</u>. Ein hinreichend großer Teil einer für eine Bedeutungsentschlüsselung benötigten Welt hat darin Platz. Das einzige *Problem* bei diesem Resonanzmodell ist, dass es dem Ichbewusstsein seine sinngebende Bedeutung nimmt, dass es unsere menschliche Eitelkeit verletzt. Wer diesen Schmerz aushalten kann, ist auf dem richtigen Weg.

- Kommunikation ist neuronale Resonanz

Aus der Fähigkeit zur Bildung von symbolischen Kopien kann für intelligente Systeme nicht geschlossen werden, dass sie sich aus der Bedingtheit von Welt entkoppeln können. Das wirft - zumindest in unserer Kultur - die Frage auf, wie intelligente Wesen miteinander kommunizieren können, da wir nach gängigen Kommunikationsmodellen davon ausgehen, dass diese Wesen eine - bewusste - Aussageabsicht entwickeln und dann das zum Ausdruck bringen, was sie sagen wollen. Meine Antwort darauf ist das Resonanzmodell, das heißt, Intelligenzen resonieren mit der Welt und mit anderen Intelligenzen, und auf diese Weise ereignet sich Verständigung. Kommunikation *ist* neuronale Resonanz.

In den nächsten beiden Kapiteln schauen wir uns zwei Aspekte genauer an, die bei der Annäherung an das Resonieren von Bedeutung eine wichtige Rolle spielen: Der Unterschied zwischen Information und Bedeutung und die Rolle der Innen-Außen-Grenze beim Einzelnen.

<u>Speicherkapazität im einzelnen Kopf nicht vorstellen konnte</u>: Forscher, die zum ersten Mal ein Dorf betraten, das im tiefen Dschungel noch steinzeitlich lebte, beobachteten immer wieder die Verwunderung der Einwohner darüber, dass andere Menschen sich in einer anderen Sprache verständigen konnten als ihrer eigenen. Der naive Realismus verwechselt also nicht nur die Bilder im Wahrnehmungstunnel mit der Wirklichkeit, sondern einen ganzen Kommunikationsprozess als Ereignisablauf im Egotunnel (Resonanzen) mit dem vermeintlich draußen sich ereignenden Sprachgeist. Tatsächlich machen wir heute mit unserem Ichbewusstsein immer noch den gleichen Fehler.

1.4.2 Zur Unterscheidung von Information und Bedeutung

- Daten und Datenträger

Wenn intelligente Wesen von anderen Sternen einmal die Erde besuchen sollten, nachdem die Menschheit längst ausgestorben ist, werden sie vermutlich bald alte CDs und DVDs als Datenträger erkennen. Man könnte den Akt mit der Entdeckung der DNS im Zellkern vergleichen, weil eine andere Funktion als die des Datenträgers nicht ersichtlich ist. Aus diesem Grund gestehe ich dem Datenträger mit seinen kodierten Daten eine physikalische Wirklichkeit zu. Doch beim Kommunikationsvorgang endet hier schon die substantielle Wirklichkeit.

- Information ist potentielle Bedeutung

Der Inhalt der Daten, die übermittelbare Information, hat schon keinen so einfach definierbaren Status, weil sich Information nur im fließenden Akt der Kommunikation, des Informationsaustauschs ergibt. Information ist kein statisches Phänomen, sondern beinhaltet potentielle Bedeutung. Verkürzt kann man also sagen, Information ist angelegte, mögliche Bedeutung gebunden an Daten und Datenträger. Wenn Information ausgetauscht wird, entstehen vorübergehend in intelligenten Gehirnen Bedeutungen.

- Bedeutung fließt

Während aber Information an bestimmte Datenträger gebunden ist, können wir uns Bedeutung nur als etwas vorstellen, was durch die Resonanz der Daten mit vielen verschiedenen neuronalen Schaltkreisen im Kopf entsteht und dort von anderen neuronalen Netzen weiterverarbeitet werden kann. Diese Resonanzen, die gelegentlich bis ins Bewusstsein reichen, sind die Bedeutungen.

- Körper und Gehirn als Leinwand für bedeutungsvolle Bilder

Wir müssen bei dieser Definition von Bedeutung davon ausgehen, dass das ganze Gehirn eine mit dem Körper verwobene Reaktionsfläche ist, auf der Bedeutungen entstehen. Diese innere Leinwand, von der das Bewusstsein einen Ausschnitt darstellt, ist natürlich auch an den Datenträger Gehirn - und seine in den Körper reichenden Neuronen - gebunden. Wenn wir aber das Gehirn nicht als eine resonierende Endstation betrachten würden, sondern nur als weitere informationsverarbeitende Einheit, müssten wir die Vorstellung von emergierender Bedeutung ganz aufgeben. Interessant an dieser Stelle der Argumentation ist, dass zwar einerseits verständlich wird, warum die Menschen für so etwas Unfassbares wie Bedeutung eine Vorstellung von *Geist* entwickelt haben. Aber andererseits wird deutlich, dass gerade die Körperlichkeit der *verstehenden* Individualität als resonanzfähiger Endpunkt für die Entstehung von Bedeutung unerlässlich ist. Die Beschränkung dieses Resonanzraumes auf das Bewusstsein würde uns wieder in die Geistfalle zurückführen. Der intelligent vernetzte Körper

emergierender: »Die **Emergenz** (lat. *emergere* „Auftauchen", „Herauskommen", „Emporsteigen") ist die spontane Herausbildung von neuen Eigenschaften oder Strukturen eines Systems infolge des Zusammenspiels seiner Elemente. Dabei lassen sich die emergenten Eigenschaften des Systems nicht - oder jedenfalls nicht offensichtlich - auf Eigenschaften der Elemente zurückführen, die diese isoliert aufweisen.« (http://de.wikipedia.org/wiki/Emergenz)

reagiert als Ganzes und erst dadurch *realisiert* er Bedeutung.

- Bedeutung ist mehr als Information

Unter Einbeziehung des körperlichen Resonanzraums können wir folgern, dass Bedeutung mehr ist als Information: Information ist potentielle Bedeutung, während Bedeutung selbst ein Ereignis in den Gehirnen ist, also das, was der Körper - bewusst oder unbewusst - bei der Aufnahme und Weiterverarbeitung von Information fühlt oder denkt (besser: fühlend denkt, denkend fühlt). Man kann auch sagen, wir erleben oder erfahren Bedeutung als körperliche Individualitäten. Oder noch schärfer: Bedeutung ergibt sich nur im individuellen Körper, woraus auch folgt, dass sie sich im feinen Detail vom Bedeutungsereignis in anderen Körpern unterscheidet.

Körper: Man könnte daraus folgern, dass wir einer künstlichen Intelligenz nur das Verstehen menschlicher Äußerungen beibringen können, wenn wir ihr einen mitfühlenden Körper geben (oder eine Simulation davon).

- Information ist dualistisch, aber nur im Moment der Verständigung

So wie wir den Begriff Information verwenden, haben wir den Anspruch, Wirklichkeit zu beschreiben. Das Gehirn als informationsverarbeitendes System ist uneingeschränkt Teil der Wirklichkeit da draußen. Da wir aber Information im Unterschied zu den Daten als Überträger von Bedeutung verstehen, müssen wir dem Phänomen Information in unserer Welt einen Sonderstatus geben, weil wir sie einerseits als Teil der Welt und andererseits als Teil des eingebildeten Innenraums sehen. Damit übertragen wir dem Begriff Information die schwierige Botschaft vom Außen-Innen-Dualismus, von dem wir gleichzeitig annehmen, dass er sich nun im Innenraum ereignet. Information ist damit Teil der Wirklichkeit und Teil der Innenraumeinbildung. Mit Hilfe des Resonanzmodells können wir das Problem lösen, weil es als informationsübermittelndes Ereignis in der Wirklichkeit zu beobachten ist: Wir sehen die ähnlich schwingenden Neuronen. In der Wirklichkeit gibt es keinen Dualismus, nicht einmal für das theoretische Phänomen des Verstehens, wie immer wir es metaperspektivisch beschreiben. Nur das Einbildung hervorbringende Individuum erlebt den Spalt, und nur als eingebildetes freies Ich wird es den Unterschied zwischen Innen und Außen als leidvoll erleben.

1.4.3 Die Innen-Außen-Grenze und die Bedeutung: nur im Augenblick des inneren Erlebens

- Die Innen-Außen-Grenze wird nicht erlitten

Die Innen-Außen-Unterscheidung[7] wird uns weiter unten noch beschäftigen. Im Zusammenhang mit dem Thema Bedeutung und Resonanz können wir dem menschlichen Schicksal, die Innen-Außen-Grenze nicht überschreiben zu können, einen wichtigen Aspekt hinzufügen. Es wird nun deutlich, dass wir die Innen-Außen-Grenze nicht einfach im einsamen Inneren erleiden, sondern wir nutzen sie geradezu, um uns als festen und hochintegrierten Bestandteil der Welt erfahren zu können. Weil das informationsverarbeitende Gehirn über die Nervenbahnen mit dem Körper verbunden ist und gleichzeitig alles Fühlen-Denken im Gehirn verarbeitet wird (auf den Körper mit seinen Sinnesorganen zurückgespiegelt), ist das informationelle Erleben zwar auf den Innenraum des Körpers beschränkt, aber der Körper ist eng verwoben mit seiner Umwelt und die neuronale Resonanz ist der Mechanismus, mit dem diese Vernetzung fortlaufend realisiert wird. Gerade weil wir keine übergeordnete bedeutungsgebende Instanz unterstellen (Geist, Bewusstsein), kann uns nichts von der Welt trennen. Mit dem ichfreien Verständnis einer sich immer wieder hinter- oder urgründig ereignenden Innen-Außen-Grenze kann die Beschränkung auf den Innenraum niemand mehr erleiden, das heißt, tatsächlich kann ein Überschreitungsbedarf erst gar nicht entstehen. Wir erleben, erfahren und reflektieren unser Sein, weil und indem wir auf unseren Körper beschränkt sind. Wir sind resonierender Körper. Für den Körper gibt es die Grenze zwischen Außen und Innen nicht. Diese Grenze ergibt sich aus der Information verarbeitenden Natur des Gehirns und der Tatsache, dass Information auf den Körper projiziert Bedeutung erlebbar macht. Bedeutung ist für das Individuum immer Einbildung, genauso wie die Innen-Außen-Grenze und der Innenraum selbst.

---

[7] Innen-Außen-Unterscheidung: siehe Kapitel II.3, *Die Wirklichkeit und der Innen-Außen-Dualismus*

- Der Innenraum ist eine Einbildung

Durch diese Metasicht auf unsere Körperlichkeit gewinnen wir nicht - wie Habermas glaubt[8] - eine magisch-paradoxe Freiheit, sondern lösen nur einen Jahrtausendwahnsinn auf, der den Menschen eine Teilexistenz außerhalb der Welt zusprechen wollte. Wenn man sich die Mühe macht, Reflexionen und Metasichten in eine Theorie zu gießen, wird deutlich, dass es diese Innen-Außen-Grenze - wie auch die Bedeutung - nur aus unserer Innensicht heraus geben kann. Man kann diese Tatsache zu einer Icheinbildung oder einem göttlichen Bewusstsein missbrauchen, aber man kann auch festhalten, dass der Innenraum streng genommen eine Einbildung ist. Wenn man das Wort Einbildung von seiner negativen Bedeutungsseite befreit (bloß Einbildung, nicht wirklich), können wir die innerste Wirkung der Resonanz auf unsere Neuronen als eine Form der Einbildung akzeptieren. Dann ist die Innen-Außen-Grenze genauso eingebildet (intim innerlich) wie die Bedeutung oder das Ich (das Ich als gedachte Zusammenfassung dieser Grenzerfahrungen).

> magisch-paradoxe Freiheit: Ungefähr in dem Sinne: Wir müssen irgendwie mehr sein als unsere Körperlichkeit, weil wir sie ja erkennen können. Mir ist unerklärlich, wie man dieses Paradox theoretisch auflösen will, ohne eine Form von Geistglauben zu bemühen.

- Bedeutung ist kein Teil der Außenwirklichkeit

Information können wir - wegen der Datenträger - als Teil der Außenwirklichkeit verstehen, was aber nicht für die Bedeutung gilt und nicht für das, was sich im Innenraum des erlebenden Individuums flüchtig bemerkbar macht. Wenn wir die zwiespältige Information als in der Welt beobachtbar fließende Daten mit nur einer potentiellen Bedeutung verstehen, dann können wir Information als Teil der Wirklichkeit verstehen, während Bedeutung niemals Teil der Welt wird - auch nicht im Körper als Teil der Welt. Bedeutung kann den eingebildeten Innenraum des intelligenten Wesens nicht verlassen, auch wenn dieser Innenraum von handfester Informationsverarbeitung gebildet wird.

- Keine Unterscheidung zwischen Innen- und Außenwirklichkeit

Man könnte zwischen einer Innen- und einer Außenwirklichkeit unterscheiden (was viele Menschen tun) und damit der Innenraumeinbildung einen Wirklichkeitsstatus zugestehen (mein inneres Erleben einer Bedeutung wäre Wirklichkeit), aber ich folge dieser Unterscheidung nicht, weil

---

[8] Habermas: siehe Kapitel IV.1, *Jürgen Habermas: Freiheit und Determinismus*

zwischen innerer Einbildung und immer äußerer Wirklichkeit zu unterscheiden für meine weltbeschreibende Theorie eine tragende Bedeutung hat. Man kann sich so vieles einbilden, dem ich nicht gerne den Status von Wirklichkeit zusprechen möchte. Gesteht man dem Inneren Erleben erst mal den Status Wirklichkeit zu, hat uns Menschen bisher kaum etwas davon abgehalten, die Innen-Außen-Grenze schnell zu vergessen und dem Innenleben kurzerhand eine substantielle Außenwirklichkeit anzudichten. Wenn man also zwischen Wirklichkeit und Einbildung einen wesentlichen Unterschied machen möchte, müssen wir die Wirklichkeit nach außen und die Einbildung nach innen verlagern. Uns hält selbstverständlich niemand davon ab, dem anderen Kommunikationsteilnehmer ein ähnliches Erleben zu unterstellen, wie wir es in uns vorfinden - sein Inneres wird ähnliche Bedeutungen empfinden wie meins, doch als Teil der Wirklichkeit können wir nur das Phänomen Resonanz beobachten. Die inneren Rückprojektionen auf Wahrnehmungsorganflächen - die gefühlte Erfahrung - können wir nicht als Teil der Wirklichkeit ansehen. In der Wirklichkeit flackern nur Neuronen und ihre Arbeit führt auch dazu, dass Individuen etwas zum Ausdruck bringen.

- Außen-Innen-Dualismus

Dieses Verständnis von Wirklichkeit und Einbildung macht jedes Information verarbeitende Wesen aus seiner Innensicht zu einem Dualisten: da draußen eine Welt, hier drinnen ein interpretierendes Erleben. Die metaphysische Spaltung der Welt in Diesseits und Jenseits hat diesem Dualismus eine Wirklichkeit zugestanden als Teil der Welt außerhalb des Individuums. Ohne Einbeziehung eines Resonanzmodells liegt darin sogar eine gewisse Konsequenz, weil kommunizierte Bedeutung ohne einen Geist als Referenz nicht erklärbar wäre. Mit Hilfe der neuronalen Resonanz (oder ähnlichen Modellen) können wir Verständigung in der einen diesseitigen Welt erklären. Aber wir können dieses Wissen auch nutzen, um einen besseren Zugriff auf die Wirklichkeit zu erreichen.

1.4.4 Der Dualismus: eingebildet oder wirklich?

Habermas bezeichnet ihn als erkenntnistheoretischen Dualismus, wobei in diesem philosophischen Terminus schon mitschwingt, dass es diesen Dualismus nur zu geben

---

Zugriff auf die Wirklichkeit: Als aufmerksamer Leser werden Sie vielleicht schon die Säulen des ersten Teils assoziieren: Meditation und Theorie. Meditation können wir jetzt verstehen als ein konsequentes Annehmen unseres Eingeschlossenseins im Innenraum, und individuelle Theoriebildung ist die Chance, unsere Wirklichkeitsprojektionen in ein stabiles Theoriegerüst zu bringen, das eine überprüfbare Wirklichkeit im Außen hat. Die Angst vor der Beliebigkeit unserer Einbildungen dämpfen wir durch die Körpergewissheit der Meditation und durch das nach Außen-bringen unseres Weltbildes in ein selbstgemachtes Theoriegebäude. Zur Sicherheit halte ich nochmal fest: Dieser Akt der Weltbildübertragung in eine Theorie ist selbstverständlich nicht an andere delegierbar, denn dann kann meine vergewissernde Identifikation mit meinem theoretischen Weltbild nur noch sehr schwach sein.

scheint, wenn man sich theoretisch dem Phänomen Erkenntnis widmet (entsprechend glaubt Habermas, die Metaphysik durch richtiges Denken bekämpfen zu können). Ich gehe davon aus, dass die Innen-Außen-Grenze schon wirkt, wenn ein gehirnbegabtes Wesen nur die Augen öffnet, unabhängig von jeder theoretischen Reflexion. Wir können festhalten, die Innen-Außen-Grenze ist zurückführbar auf die tatsächliche Trennung zwischen individuellem Körper und dem Rest der Welt; konkreter: der wahrnehmende Körper hat eine von Nerven überwachte Haut und andere Sinnesorgane, mit denen er seine sinnliche Innenerfahrung vom Außen trennt. Der Innen-Außen-Dualismus hat eine wirkliche Basis in den körperlichen Wahrnehmungsorganen. Dennoch ist diese Grenze nicht Teil der Wirklichkeit, was dazu führt, dass der Körper sich auch immer als Teil der Welt erleben kann.

- Problem mit der Grenze

Der kindliche Realismus hat damit zunächst kein Problem, weil er seine Wahrnehmung eins zu eins für die Wirklichkeit hält. Das erwachsene Leiden an den unvermeidlichen Wirklichkeitsdefiziten stellt die Menschen auf einen langen Lernweg, der sie in den letzten zweieinhalbtausend Jahren in einen Krieg um die Interpretationshoheiten geführt hat. Mit den jenseitigen Geistern - und zuletzt dem Ich - kam etwas in die Welt, was unseren Körper von der Umgebung abgetrennt erscheinen ließ (insofern der Geist- oder Ichteil die Identität bestimmte): Wir entwickelten die Fähigkeit zur Einsamkeit. Das Resonanzmodell holt uns nun in die Welt zurück und lässt uns durch das Summen der Schwingungen spüren, wie sehr wir kreuz und quer mit allem vernetzt sind. Die Weltlinien kreuzen sich in unserem Innersten. Ich bin die Welt, ich bin die Anderen, wie könnte ich mich einsam fühlen. Als Erwachsene haben wir also nur so lange ein Problem mit der Innen-Außen-Grenze, wie wir unserem Ich glauben, dass es seinen inneren Bedeutungsraum selbst erschafft und kontrolliert.

- Das eingebildete Ich

Wir können das metaphysische Ich jetzt definieren als eine Instanz in uns, die den Einbildungscharakter der Wirklichkeitsprojektion nicht wahrhaben will. Es bildet sich Unabhängigkeit von der Welt ein, eben Freiheit. Das heutige bürgerlich offenbarte Ich ist also tatsächlich der Repräsentant aller Einbildungen, ohne es allerdings zu wissen,

Das eingebildete Ich könnte ja sagen: Wenn schon meine Wirklichkeit nur eine Einbildung ist, warum sollte ich dann nicht davon die Zusammenfassung oder zumindest der Repräsentant sein? Wenn das Ich das Wissen von diesem Aneignungsakt aufrechterhalten würde, hätten wir vermutlich kein Problem mit der Metaphysik. Vielleicht zeigt sich hier das Muster für ein zukünftiges, erwachsenes Ich, das Wirklichkeit projizieren und zu sich zurückholen kann, das von sich und der Welt im Konjunktiv spricht.

wodurch es selbst zur größten Einbildung wird: das im doppelten Sinne eingebildete Ich.

- Spaltung ist Einbildung

Durch unsere eigentlich klassische Definition von Wirklichkeit (im Außen) und durch die sich ergebende Innen-Außen-Grenze des wahrnehmenden Individuums kommen wir zu einer Unterscheidung zwischen Wirklichkeit und Einbildung, die uns dazu auffordert, die Spaltung als Einbildung zu erkennen und durch Meditation und Theorie an der Opakheit (Opazität) oder Halbdurchsichtigkeit der Trennwand zu arbeiten. Der vermeintlich erkenntnistheoretische Dualismus löst sich auf, wenn wir uns in gewusster völliger Verwobenheit mit der Welt still ihrer Wahrnehmung hingeben. Wir können die Grenze von Innen und Außen nicht wirklich überwinden, aber auf dem Hintergrund des Einbildungscharakters unseres Innenlebens können wir uns damit beruhigen, dass wir uns selbst, jeder für sich, diese Grenze nur einbilden. Unser ganzes Leben braucht entsprechende Anpassungen und Übungen. Das transzendierende Denken ist nicht nur keine hinreichende Lösung, sondern auch fleischlos langweilig und wirkungslos. Was gibt es für uns Schöneres als das - körperliche - Genießen der Resonanzen mit der Welt, mit den anderen Intelligenzen: wir schwimmen im Meer der „Klänge".

1.5 Projektion von Bedeutung und Wirklichkeit

Um die Wichtigkeit beziehungsweise Notwendigkeit des Resonanzmodells für mein Theoriegebäude besser verstehen zu können, schauen wir uns in diesem Kapitel den Zusammenhang von Bedeutung und Wirklichkeit noch genauer an, wodurch sich auch eine Verbindung zur Wirklichkeitssimulation ergibt, wie ich sie in Anlehnung an Thomas Metzinger präsentiert habe.

- Bedeutung und erfahrene Wirklichkeit: ein selbstverständlicher Zusammenhang

Erst mit der Ausarbeitung des vorherigen Kapitels über bedeutungsvolle Verständigung durch Neuronenresonanz ist mir klargeworden, wie eng die Simulation von Wirklichkeit[9] in unserem Kopf mit der Erfahrung von Bedeutung in

---
[9] Simulation von Wirklichkeit: siehe Kapitel IV.2, *Thomas Metzinger: Der Ego-Tunnel*

unserem Innenraum zusammenhängt. Am Ende dieses Kapitels mögen Sie als Leser vielleicht sagen, dass der Zusammenhang doch trivial ist - denn so erscheint es mir jetzt auch. Doch vertieft in das Phänomen Bedeutung, Verständigung und Resonanz sind mir die eigenen Ausführungen zum Thema simulierte Wirklichkeit in den Hintergrund geraten. Doch was wäre das für eine simulierte Wirklichkeit, wenn sie nicht auch meine Bedeutungen beinhalten würde? Der Witz der immer ganz eigenen Bedeutung liegt ja gerade darin, dass meine Wertungen über Erfahrungen (die Differenz zwischen Wirklichkeitssimulation und Sinneseindruck) in die Bedeutung aufgenommen werden. Wertung und Bedeutung sind nicht ganz das Gleiche, hängen aber doch sehr eng zusammen. Genaugenommen wäre der ganze Vorteil der vorwegnehmenden Simulation dahin, in der sich ja meine Erfahrung niederschlägt, die sich gerade durch die zusammenfassenden Gefühle auszeichnet. Und was bliebe von einem Gefühl, wenn mein Gehirn die Bedeutungen weglassen würde? Gefühle sind die Bedeutungs- und Werteträger schlechthin.

Differenz: Vielleicht ist es für manchen Leser nicht ganz so selbstverständlich, wie es in diesem Klammerausdruck klingt: Wenn ein Gehirn die Kapazitätsstufe in der Evolution erreicht hat, dass es Wirklichkeit simulierend vorwegnehmen kann und zwar so umfangreich, dass es Teile davon sogar im Bewusstseinsformat wiederholen kann, dann besteht der weitaus größte Teil der abgespeicherten Erfahrung aus der Differenz zwischen Simulation und Sinneseindruck. Da diese Differenz mitlaufend durch Gefühle bewertet wird - mit Hilfe der auch immer mitlaufenden Bedeutungen -, können sich Bedeutungen und Wertungen verschieben. Gehirne, die simulieren, fühlen und erfahren, sind hochentwickelte Lernmaschinen. Die so ausgestatteten Arten leben, um zu lernen und das Gelernte in Resonanz mit ähnlich konstruierten Gehirnen weiterzugeben.

- Der Projektionsmechanismus auf die Repräsentationen der Wahrnehmungsorgane führt nach außen

Ich fasse zusammen: Bedeutung entsteht im - eingebildeten - Innenraum durch die Projektion von verarbeiteten Informationen auf den Körper, genauer: auf die Repräsentanten der Wahrnehmungsorgane im Gehirn (diese bewerteten Repräsentationen sind selbst wieder abspeicherbar). Etwas Ähnliches hatten wir auch schon von den Gefühlen gesagt, die sich auch durch die enge Verbindung zwischen Sinnesdaten (Erfahrung im engeren und weiteren Sinne) und Körper auszeichnen. Spekulieren wir ein wenig über den Unterschied von Gefühlen und Bedeutung.

- Bedeutung und Gefühl

Machen wir eine Übung und lassen das Wort *Eisenbahn* in unserem Bewusstsein aufsteigen. Nur schon beim Lesen des kursiv geschriebenen Wortes werden in Ihrem Gehirn Bilder, Geräusche, Gerüche und andere Wörter wie Zug, Lokomotive und Reisen berührt, und all diese Assoziationen sind mit anhängenden Gefühlen verbunden. All das zusammen erfahren Sie als Bedeutung des Wortes Eisenbahn. Ich hatte während der letzten Jahre des Schreibens nur noch wenig Zeit, um mich um den Stand der neurologischen Forschung zu kümmern, aber theoretisch ist es denkbar, dass das Gehirn zum Beispiel den Zusammenhang zwischen einem Namen (als Bild oder Lautfolge) und dem Bild eines Gesichts direkt speichern kann, ohne in der Erfahrung entstandene Gefühlswertungen direkt mitzuspeichern. Das würde heißen, dass Bedeutungen ohne Gefühle gemerkt werden könnten. Vielleicht werden auch nur diese Zusammenhänge gespeichert und die Gefühle ergeben sich immer neu durch die Projektion auf den Körper. Nach meinem Kenntnisstand ist es eher umgekehrt: die Gefühle werden gespeichert und die Bedeutung ergibt sich immer spontan aus dem Gesamtzusammenhang der aktuell verarbeiteten Informationen. Wie dem auch sei. Sicher ist, dass wir zwischen Bedeutungen und Gefühlen unterscheiden können, weil Bedeutung klar in den Bereich der informationellen Einbildung gehört, während Gefühle zuletzt immer ein körperliches Ereignis sind. Die Verbindung von Gefühlen und Bedeutungen liegen in der so wichtigen Bewertung von Erfahrungen.

- Simulation von Wirklichkeit und Bedeutung nur im Innenraum

Das Gefühl ist immer der körperliche Kern, um den herum wir die aktuelle Simulation für die Außenwirklichkeit halten. Das Gefühl wird zwar auch vom Gehirn erschaffen, aber es hat die größtmögliche Verbindung zum Körper als Teil der Außenwirklichkeit und damit eine schwächere Verbindung zum Vorgang der Einbildung. Bedeutungen sind weiter weg vom Körper und können als reine Vorstellungen (zum Beispiel Bilder) durch unser Gehirn laufen. Bedeutung ist danach eher Einbildung. Die Simulation (im Grunde ein anderes Wort für komplexe Vorstellung in Bewegung) von Wirklichkeit hat dies mit der Generierung von Bedeutung gemeinsam. Beides muss im Einbildungsraum des Projektors schon weitestgehend zusammengesetzt werden, bevor durch die Projektion des Films auf die Sinnesorgane die Verbindung zum fühlenden Körper hergestellt wird. Bedeutung und Wirklichkeit sind in diesem Sinne eingebildet, sie finden nur in unserem Innersten statt und können nicht direkt nach außen mitgeteilt werden. Für viele Gefühle und Gefühlsnuancen gilt das sicher auch (wir können auch Gefühle vortäuschen!), aber meistens zeigen sich Gefühle in direkten Körperreaktionen. Lernt man feine Körperausdrücke zu erkennen, kann man jemanden des Lügens überführen. Nochmal aus der Sicht der Wirklichkeit: Unsere Wirklichkeit entsteht im gleichen eingebildeten Innenraum wie die Bedeutung, mit Hilfe der gleichen Projektionen auf die Sinnesorganrepräsentationen. Wo wir glauben wollen, dass unsere Wahrnehmung der Wirklichkeit entspricht, wollen wir selbstverständlich auch unsere Bedeutungen wie Wirklichkeit erleben.

- B.F. Skinners Behaviorismus und das Innere als Black Box

Im Teil V, *Weitere Einblicke in den verworfenen Band 2*, gehe ich kurz auf B.F. Skinners Buch *Jenseits von Freiheit und Würde*[10] ein, weil es für mich ein Vorbild für eine naturalistische Sicht auf die Menschen darstellt. Skinner hat mit seinem Behaviorismus das Problem mit der Außen-Innen-Grenze gelöst, indem er sich mit den inneren Bewegungen und Motiven nicht beschäftigt hat. Indem das Innere - und damit damals das Gehirn - als Black Box betrachtet und nur das äußere Verhalten wissenschaftlich beobachtet wurde, konnte die Wissenschaft über menschliches Verhalten einen großen Schritt nach vorne machen. Wir können das als einen weiteren Beleg dafür nehmen, wie ernst man die Innen-Außen-Grenze nehmen muss, um der Wirklichkeit näher zu kommen, die in unserem Verständnis - ganz in der Tradition Skinners - immer im Außen liegt.

- Auch der heutige Blick auf die arbeitenden Neuronen überwindet die Grenze nicht

Die Neurologie hat in der Zwischenzeit bei der Analyse des Gehirns als Teil der Außenwelt große Fortschritte gemacht, bei der auch die Innen-Außen-Grenze einbezogen wird, indem Gehirnprozesse beobachtet werden, während der untersuchte Mensch zum Beispiel die Bedeutung eines bestimmten Gegenstandes anzeigt oder die Absicht zeigt, eine Hand zu bewegen. Durch die Korrelation zwischen der individuellen Äußerung eines inneren Vorgangs und einer in der Außenwelt (Neuronen) gemachten Beobachtung, wird allerdings die strikte Trennwirkung der Grenze nicht

Absicht zeigt: Das berühmte Experiment von Benjamin Libet, bei dem der Versuchsperson die Aufgabe gestellt wird, eine Hand zu bewegen, wird von Jürgen Habermas in seinem Aufsatz *Freiheit und Determinismus* genauer analysiert. Libet stellte fest, dass das Gehirn schon das Bereitschaftspotential für die Bewegung von außen erkennen lässt, bevor die Versuchsperson die bewusste innere Absicht signalisiert. Habermas versucht Libets abgeleitete Behauptung, dass es die freie Entscheidung für die Bewegung nicht gibt, zu widerlegen (siehe Teil IV, *Leseübungen*)

---

[10] Quellenangabe in Anmerkung 4 Seite 11

Versuchsperson sich äußert: Auch wenn die Wissenschaft einmal in der Lage sein sollte, alle Gehirnbewegung aller Neuronen aufzuzeichnen, dann würde ein echtes Nach-außen-Bringen des inneren Erlebens das Aufzeichnen aller im Körper vorhandenen Atome voraussetzen, um zum Beispiel das innere Erleben im Rechner voraussagen zu können. Vielleicht wird man in tausend Jahren ein Atomteilchen genaues Duplikat eines Menschen simulieren können, um auf diese Weise den inneren Vorgang nachvollziehen zu können. Doch daran habe ich wegen der nötigen Rechnerkapazität erstens meine Zweifel und zweitens werden dadurch die erlebten Gefühle die Innen-Außen-Grenze der simulierten Person nicht überschreiten. Man müsste sie nach den erlebten Gefühlen fragen. Strenggenommen hat man es in diesem Moment schon mit einem neuen Individuum zu tun, auch wenn es nur im Computer lebt.

in Frage gestellt, da das Erlebnis der Bedeutung eines gezeigten Gegenstandes nicht im Außen sichtbar wird, ohne dass die Versuchsperson sich äußert.

- Veröffentlicht die Resonanz der Neuronen das innere Erleben?

Vor dem abschließenden Teil des Resonanzmodell-Kapitels können wir nun eine neue Antwort auf die Frage versuchen, welche Rolle die Resonanz bei der Projektion von Bedeutung und Wirklichkeit spielt. Die Resonanz selbst mit den schwingenden Neuronen ist Teil der beobachtbaren äußeren Wirklichkeit. Ließe sich bei dieser engen Kopplung von Neuronen aus verschiedenen Gehirnen nicht die Schlussfolgerung ziehen, dass die Resonanz die Arbeit der Neuronen veröffentlicht und endlich dadurch die Innen-Außen-Grenze überwunden wird? Immerhin hatten wir festgestellt, dass sich durch die Resonanz ein Komplex aus der Projektion[i] von eingebildeter Bedeutung und eingebildeter, simulierter Wirklichkeit ergibt. Die Resonanz ist dabei nicht nur das messbare Medium zum anderen Körper, sondern zunächst auch von den Sinneseindrücken ausgehend der Anstoß für das Mitresonieren vieler Neuronennetze im eigenen Gehirn, die Bedeutungs- und Wirklichkeitsprojektion mit den anhängenden Gefühlen hervorbringen - und zuletzt zu neuen Ausdrücken des Körpers führen, und sei es nur die minimal erhöhte Durchblutung der Gesichtshaut. Diese Ausdrücke bringen beim Gegenüber durch die Resonanz direktes gefühltes Innenleben hervor. An der in der Außenwirklichkeit messbaren engen Kopplung der beiden Gehirne mit ihren Körpern über die Resonanz besteht also kein Zweifel. Dennoch muss die Frage nach der Grenzüberwindung auch hier klar verneint werden, weil das gefühlte Erleben im einzelnen Körper hundert Prozent individuell ist. Resonanz ergibt sich eben schon bei einer Ähnlichkeit, nicht erst bei einer Gleichheit der Gehirn- und Körperstrukturen. Die gefühlten Erlebnisse unterscheiden sich, oft sogar recht stark. Dennoch entsteht Verständigung, weil die Projektionen von Bedeutungen und Vorabwirklichkeit ähnlich genug sind.

1.6 Resonanz, Ich, Theoriebildung und Meditation

Nun gilt es, abschließend die Thesen des Resonanzmodells mit den Grundthesen des Buches zu verbinden. Die strikte Linie zwischen der Öffentlichkeit der Resonanz und der Innerlichkeit des Erlebens wird es uns erlauben, im nächsten Kapitel dem Ich im Resonanzraum eine Heimat zu geben: das Ich als soziale Schnittstelle. Die weiche Linie zwischen der notwendigen Einbildung - und Projektion - von Wirklichkeit und der von Ideologien überfrachteten Einbildung mit entsprechenden Wirklichkeitsverlusten erlaubt uns die herausragende Funktion der beiden Säulen individuelle Theoriebildung und Meditation noch genauer zu erläutern. Die Frage ist ja, wie können wir so nahe wie möglich an die Wirklichkeit herankommen? Wie können wir Verirrungen in diesem gigantischen Einbildungs-, Simulations- und Projektionsapparat in unserem Gehirn vermeiden? Den von der Kultur meistens mit sehr hohem Druck vermittelten Ideologien können wir eine saubere Theorie unseres eigenen Weltbildes entgegenhalten, beispielsweise nur schon mit den selbstgegebenen Antworten auf folgende Fragen: Fühle ich mein Ich in meinem Innersten wirklich so frei, wie es die Ideologie behauptet? Warum wird die Behauptung aufgestellt? Habe ich bessere Erklärungen für das, was ich aus meiner Perspektive sehe? Die Meditation hat in diesem Klärungsvorgang eine gleichermaßen wichtige Aufgabe, weil sie der überschäumenden Einbildung, die vor allem dem Ichaufbau gilt, die schiere Wahrnehmung des Körpers entgegenhält. Der Körper nimmt wahr mit seinen fünf Sinnen, und wenn ich die Augen schließe, erfahre ich eine Konzentration auf die Wahrnehmung des eigenen Körpers. Damit versetzt mich die Meditation in einen Zustand, den man als stärkste Reduzierung der Einbildung auf das Allernötigste begreifen kann. Ein Rest Projektion von simulierter Wirklichkeit findet noch statt (damit auch ein Resonanzraum), doch der verbleibende Teil an Außenwirklichkeit, der dem Gehirn als Projektionsfläche dient, ist jetzt mein eigener Körper. Das bedeutet, die Resonanz zwischen Innen- und Außenwelt findet nun in einem sehr begrenzten Raum *in mir selbst* statt. Genauer: Mein Körper resoniert mit sich selbst (ein Grund für die beglückende Wirkung von Meditation). Das verbleibende *Selbst*gefühl dient einem kleinen Ichrest als Refugium. Der Icheinbildungsgrad ist dabei sehr klein, weil das als innere Substanz erlebte Resonieren ja tatsächlich ein Vorgang in der Außenwirklichkeit ist (in meinem Körper) und die gefühlte und erlebte Wahrnehmung davon in meinem Innersten nur auf minimalste

Projektionsanteile angewiesen ist. Die Sinnesorgane als Teil meines Körpers sind selbst Gegenstand der resonierenden Wahrnehmung. Dieser sehr enge Kreis ist auf wenig Einbildung angewiesen, wodurch ein starkes Gefühl für eine direkte Verbindung mit der Wirklichkeit entsteht: Wir fühlen uns sicher und angstfrei. Zuletzt ergreift uns die in unserem Kopf abgespeicherte Wirklichkeit als Ganzes und ein Ich ist nicht mehr vorhanden. Vor *mehr* Erleuchtung sollte man auf der Hut sein.

---

[i] Projektion, Einbildung, Bedeutung und simulierte Wirklichkeit: Ich habe nun so viel von Projektion gesprochen, dass ich in diesem Baukastenteil nochmal darauf hinweisen möchte, was Projektion aus dem Innenraum heraus bedeutet. Genaugenommen verlässt die Projektion nicht den Innenraum, sondern ist Teil der Wirklichkeitssimulation. Etwas Eingebildetes aus dem Innenraum wird in die Bedeutungen der Wirklichkeit eingebaut, was auf besondere Weise der Wirklichkeit mehr oder weniger entspricht. Diese vorsichtig herantastende Formulierung ist notwendig, weil ja in erster Annäherung alles im Bereich der Wirklichkeitssimulation Projektion von Eingebildetem ist. Bei der Wirklichkeitssimulation werden ja Prozesse von innen auf die Eingangskanäle abgebildet, so dass die Bilder wie von außen kommend erscheinen. Diese Eingangskanäle werden also von außen durch die Inputs der Wahrnehmungsorgane und von innen durch aufbereitete Informationen gefüttert, so dass sich auf diese Weise die Simulation einer Gesamtwirklichkeit ergibt. Diese Informationen bestehen aber nicht nur aus Erinnerungen früherer Wahrnehmungen, sondern eben im engeren Sinne aus Einbildungen, die aus komplexeren Bedeutungen bestehen. Je weniger die Wahrnehmung dem Gehirn vertraut erscheint, umso mehr muss es Vermutungen anstellen und sich Wirklichkeit spekulativ zusammenstellen. Eine Lücke im nahtlosen Gewand der Wirklichkeit ist nicht vorgesehen.

Der eingebildete oder nur wenig mit der Außenwirklichkeit übereinstimmende Anteil der Projektion kann also sehr verschieden sein. Wenn die Menschen also ausgiebig mit Ideologien gefüttert werden, kann es bei Unsicherheit passieren, dass sie helfende Engel oder das leibhaftige Böse zu sehen glauben. Wir stellen also fest, dass die Projektion von Eingebildetem innerhalb der doppelten Bedeutung des Wortes verschwimmt: die positive Bedeutung von *eingebildet* als das in den Kopf Eingebaute und die negative Bedeutung als das Gegenteil von Wirklichkeit (das bildest du dir nur ein). Wir projizieren immer Eingebildetes, aber es kann doch mehr oder weniger stark von der Wirklichkeit abweichen. Ein Beispiel: Die Farbe Rot kommt in der Wirklichkeit nicht vor, dennoch bin ich mit der Färbung rot in meiner Wirklichkeitssimulation ganz gut beraten, weil eine passende Frequenz aus dem Farbspektrum tatsächlich abgestrahlt wird. Es muss nur ein kleiner Anteil an Bedeutungen beigemischt werden. Werden die Verhältnisse komplexer und ich erkenne an verschiedenen Merkmalen eine Person aus einer anderen Religion, dann projiziere ich möglicherweise negative Absichten auf diese Person und sie erscheint mir schon grimmig oder mit zusammengekniffenen Lippen. Ein sehr großer und weit hergeholter Anteil an Bedeutungen ist dafür erforderlich.

Das etwas seltsame Verhältnis aus Einbildung und Projektion lässt sich auch nochmal anders beleuchten, indem wir die Perspektive umkehren: Unser fester

Glaube, wir sähen da draußen eine echte Wirklichkeit, ist nur eine Einbildung. Unsere Projektionskraft ist aber so stark, dass wir immer der Verwechslung von Projektion und Wirklichkeit erliegen. Oder mit Thomas Metzingers Worten: Die Wände des Egotunnels sind uns völlig durchsichtig, wir können den Tunnel selbst nicht sehen.

Wir kennen die Wirklichkeit in erster Annäherung nur als Einbildung, was unseren über die Wahrnehmung hinausgehenden Möglichkeiten, uns der Wirklichkeit zu nähern, eine so große Bedeutung gibt: versichernde Theoriebildung fürs Außen und die Einbildungsvorgänge zurückdrängende Meditation zugunsten der Wahrnehmung im Inneren.

2. Das wirkliche Ich als Resonanz

2.1 Übersicht

- Warum ein Thema des Theoriebaukastens?

Das Thema über die Wirklichkeit des Ichs habe ich in den Theoriebaukasten aufgenommen, weil erstens das hier skizzierte Bild von einem *wirklichen* Ich zum zentralen Thema des Buches gehört, so dass sich eine neue Betrachtung aus dem Blickwinkel des Theoriebaus lohnt. Zweitens ergibt sich das Thema zwingend aus dem vorherigen Kapitel über das Resonanzmodell. Drittens bedarf die Vorstellung von einem Ichaspekt, der außenwirkliche Substanz hat, einer theoretischen Erläuterung. Sie als Leser können sich aber auch darauf einstellen, dass einiges aus dem Teil I, *Ein Überblick*, wieder anklingt und aus einem etwas anderen Blickwinkel betrachtet wird.

- Worum geht's?

In diesem Kapitel unternehme ich den paradoxen Versuch, Sie davon zu überzeugen, dass der wirkliche Teil unseres Ichs im Wesentlichen kollektiver Natur ist, ja tatsächlich eine soziale Institution. Die Funktion dieser Institution werde ich beschreiben mit Hilfe dessen, was die Informatik als Schnittstelle kennt. Klassischerweise würde man vom Ich als Medium sprechen, doch diese Mittlerrolle erfüllte das Ich eher zwischen Himmel und Erde als zwischen zwei Menschen und verstand sich entsprechend als Geist-Körper-Doppelwesen. Ich spreche lieber von einer Schnittstelle, weil der Teil der Schnittstelle, der in den einzelnen Kopf hineinragt, eher als technische Kommunikationsschnittstelle beschrieben werden kann. In diesem technischen Sinne ist dieser individuelle Teil auch entsprechend klein und nur indirekt von Bedeutung. Der weitaus größere kollektive Teil des Ichs ist zwar nicht eigenständig lebensfähig wie ein einzelner Körper (was auch nicht ganz stimmt), aber auch in unseren Körpern lebende Parasiten sind ohne den Wirt nicht lebensfähig, dennoch gestehen wir ihnen die Selbständigkeit eines Lebewesens zu. Das wirkliche Ich hat auch diesen parasitären Charakter, wenn auch nur in einer fließenden, informationellen Form. Ist das letzte Gehirn mit seiner Schnittstelle gestorben, gibt es auch kein soziales Ich mehr. Doch genauer betrachtet werden alle sozialen Institutionen dieses Schicksal erleiden, dennoch können wir zu Recht dem Parlament oder dem Journalismus eine echte Wirklichkeit zugestehen, die außerhalb des Einbildungsraums der einzelnen Köpfe messbare Substanz hat.

> Selbständigkeit eines Lebewesens: Dieser Aspekt erinnert an die immunologisch wirksamen Hüllen, die bei Peter Sloterdijk den Körper des Menschen umhüllen, denn Peter Sloterdijk gesteht auch ihnen eine wirkliche Eigenständigkeit zu. Er geht allerdings so weit, dass er das heutige Individuum mit diesen Hüllen gleichsetzt, sie sind das Ergebnis einer übenden menschlichen Selbsterzeugung. Durch diese Konstruktion bekommt das Ich bei Sloterdijk eine individuelle Wirklichkeit. Im Teil IV, *Leseübungen*, gehe ich im Zusammenhang mit seinem Buch *Du mußt dein Leben ändern* näher darauf ein.

- Die *geistige* Tradition des Ichs und sein kollektiver Status

Soweit die Menschen diese Institution als substantiellen Geist nach draußen projiziert haben, waren sie der Wirklichkeit des Ichs näher als die heutigen Bürger, die mit dem Protagonisten Max Stirner auf der Autarkie des Ichs aus dem Nichts heraus bestehen. Tatsächlich verweist die *geistige* Tradition des Ichs auf ihre kollektive Schnittstellenfunktion. Wie der Geist ist das Ich einerseits in jedem Kopf, hat aber andererseits auch eine eigenständige Funktion außerhalb der Köpfe, und wie beim Geist können wir uns die kollektive Funktion als sehr bestimmend und mächtig vorstellen.

- Das kollektive Ich als Resonanzglocke

> Vermittlungsaufgabe funktioniert: Die Frage, welche Aufgabe die Geistprojektion erfüllt hat, ist ein klassisches Aufklärungsthema. Immerhin hat Jürgen Habermas ein Faible für Religion entwickelt, weil ihm klar wurde, dass die Menschen Vernunft nicht ohne die Projektion des einen Gottes und dessen Sicht auf das Ganze entwickelt hätten.

Mit unserer naturalistischen Perspektive müssen wir uns jetzt die Frage stellen, welche Wirklichkeit hinter der Funktion des *Geistes* steckt. Wie hat - in der Wirklichkeit - seine Vermittlungsaufgabe funktioniert? Wie wir sehen werden, erfüllt die Resonanz der Neuronen diese Aufgabe tatsächlich auf sehr diesseitige Weise. Die kollektive Eigenschaft können wir uns dabei als ein Summen vorstellen, das sich wie eine Glocke über den lokalen Kulturräumen wölbt. Solange die Menschen sprechen, um ihre wichtigste Kommunikationsform zu nennen, wird die über viele Träger außerhalb der Köpfe sich fortpflanzende Vibration ihre eigene substantielle Wirkung haben. Mit gesellschaftlichen Institutionen verbinden wir oft das Bild von einem Gebäude wie dem Reichstag oder einem Einwohnermeldeamt. In der Zeit der vergeistigten Ichs hätte man als Bild für die Ichinstitution eine handfeste Kirche nennen können. Gibt es heute vergleichbare Einrichtungen, die das Ich tragen? Ja! Als schon erwähnte Beispiele können wir auf das Auto als Egoprothese oder die allgegenwärtige Werbung als Ichschmeichelei verweisen. Von einer solchen Breitenwirkung haben die Priester nur träumen können. Wenn ich mir schnell ein Bild vor Augen führen möchte, wie die Wirklichkeit des kollektiven Ichs aussieht, brauche ich mir nur die Werbetafeln auf den Straßen und die Pest der Werbung auf den Internetseiten vor Augen zu führen, dann lehrt mich der unangenehme Druck im Magen etwas über die Wirklichkeit des Ichs. Angesprochen wird zuletzt immer der eingebildete, metaphysische Teil des einzelnen Ichs, der ja mit seiner verdrängten Unwirklichkeit Bestätigung und Schmeichelei dringend nötig hat. Doch der Resonanzraum der Werbebotschaften ist echt.

Breitenwirkung: Wir könnten auch ein Madonna-Konzert mit einer heiligen Messe im Kölner Dom vergleichen: Die Ichs fühlen sich von Madonna offensichtlich stärker angezogen.

- Eine kurze Geschichte der verkannten Resonanzglocke

Die Resonanzglocke über den Kulturen war schon immer da, auch in den schamanischen Zeiten, in der sich diese ungewusste Wirklichkeit in die Vorstellung umwandelte, alle Elemente der beseelten Welt könnten mit allen anderen resonieren. Die metaphysische Zeit, die den Geist ins Jenseits verbannt, hat einen wichtigen Erkenntnisschritt gemacht, indem der Mensch eine Mittlerrolle angenommen hat (kein Geist auf Erden ohne Gott und den vermittelnden Menschen). Das bürgerliche Ich macht einen wichtigen nächsten Schritt: Der Geist im Jenseits war nur eine Krücke, es war schon immer das einzelne Ich, das die bestehende Kluft zwischen Geist und Erde überbrücken musste, nur dass der Geist nun das Menschliche selber war und die Resonanzglocke immer noch nicht erkannt wurde. Erst bei Nietzsche wurde der Geist endgültig abgeschafft, aber ihm fehlten die informationstechnischen Kenntnisse, um die Resonanzglocke als die Quelle all dieser Geistprojektionen durchschauen zu können. Für ihn war die auf Schmeichelei angewiesene Projektion des menschlichen Geistes vor allem eine Schwäche.

das Menschliche: Max Stirners letzte Konsequenz, das Ich aus dem Hut des Nichts zu zaubern, wurde von der großen Mehrheit der Bürger nicht übernommen.

- Das zunehmende Wirklichkeitsdefizit

Heute können wir davon ausgehen, dass die metaphysischen Projektionen ein vermeintlich substantielles Ich ins Zentrum rücken konnten, weil die tatsächliche reale Basis

II. Ein Blick in meinen Theoriebaukasten

eingebildete individuelle Ich: Die evolutionäre Kulturbewegung der Neuzeit, die sogenannte Individualisierung, ist eher ein Missverständnis, nicht nur weil der Körper schon immer individuell war, sondern weil auch die Bewegung tatsächlich nur eine Verdrängung des kollektiven Charakters des Ichs ist. Individualisierung verstanden als mehr Selbstbestimmung (Autonomie, Autarkie) gibt es nur scheinbar und das noch mit hohen Preisen an Verrücktheit oder Einsamkeit. Tatsächlich ist die Unterdrückung und Gängelung des Einzelnen durch herrschende Kräfte eher stärker geworden (siehe Werbung, Journalismus, Lobbykratie), weil jetzt die metaphysische Vertikale nicht mehr als Obrigkeit durchschaut werden kann.

Wirklichkeit schlägt sicher zurück: Mir geht Robert Musils *Mann ohne Eigenschaften* durch den Kopf, weil am Ende des langen Romans der Protagonist sein Ich nur noch wahren kann, indem er in den ersten Weltkrieg zieht. Die große Menge an wagemutigen jungen Männern, die alle an ihr Überleben dieses Krieges glaubten, war nur unter der Voraussetzung völliger Selbstüberschätzung möglich. Vielleicht konnte sich das Drama im zweiten Weltkrieg wiederholen, weil durch die Identifikation mit der arischen Rasse der individuelle Einbildungsgrad vorübergehend zurückgedrängt werden konnte. Um es mit einem Wortspiel zu sagen: Die Identität wurde kollektiver. Man könnte die Frage stellen, warum die beiden Weltkriege mit ihrer sich brutal durchsetzenden Wirklichkeit den Ich-überheblichkeiten nicht ein Ende setzen konnten. Man kann dieses Buch als Antwortversuch auf diese Frage lesen.

des Ichs, das gleichermaßen kollektiv ist wie der Geist, eine still fließende Quelle für die vermeintliche Wirklichkeit des inneren Ichs darstellte. Unser heutiges Problem: Je mehr der göttliche Geist seinen Anspruch auf alleinige Persönlichkeitsrechte verlor, je mehr das bürgerliche Individuum sich diese Selbstbestimmtheit zusprach, umso größer wurde die Bedrohung durch ein Wirklichkeitsdefizit für das <u>eingebildete individuelle Ich</u>. Und jetzt können wir auch den Kern dieses Wirklichkeitsdefizits benennen: Das Ich ist nicht individuell, sondern eine Institution. Die zunehmende Icheinbildung des Einzelnen verliert die kollektive Wirklichkeit aus den Augen. Das Ich mutet sich in übermäßiger Eigenheit zu viel zu. Die verdrängte kollektive <u>Wirklichkeit schlägt sicher zurück</u> - eher bald als später.

- Das resonierende Ich in der Außenwelt

In diesem Kapitel sprechen wir also vom wirklichen Ich als kollektive Resonanz, dem Ich als Kommunikationsschnittstelle, dem Ich als lebendiges, fließendes, physikalisches Resonanzereignis im Gehirn, das sich zwischen den Gehirnen und zwischen Gehirn und Artefakten ereignet. Dieses natürlich auch informationelle Ich hat als Datenträger nicht nur die resonierenden Neuronen der Gehirne, sondern die gesamte Umwelt, die über die Sinneskanäle zur Verfügung steht, einschließlich anderer Informationsquellen wie Bücher, Bilder, Videos, Internet, die die Vorstellungen über das Ich transportieren (typischerweise die oft zitierte Werbung). Die schiere Menge dieser permanent von außen auf uns einprasselnden Informationen ist im Vergleich zur von innen wirkenden Vorstellung so groß, dass nur dieser Aspekt schon ausreicht, um die Dominanz der Faktoren zu belegen, die das Ich von außen tragen. Wenn wir noch bedenken, dass der Teil der Ichschnittstelle im Kopf des Einzelnen über Jahre erlernt, also von der Umwelt aufgenommen wurde, wird klar, dass das Ich im Wesentlichen von der Außenwelt getragen wird.

- Das Ich ist eine soziale Institution

Bei der Betrachtung unseres Ichs müssen wir nur eins tun: Die These unterstellen, dass der Teil des Ichs, dem wir substanzhafte Wirklichkeit zusprechen können, nichts - oder fast nichts - mit unserer Individualität zu tun hat. Der Teil unseres Ichs, den wir uns nicht einbilden, der mehr ist als unsere Projektion, ist hochgradig kollektiv und eine soziale Institution. Der dazugehörige, in unserem Gehirn mitresonierende Teil, arbeitet unbewusst und spielt als Grund für unsere Einbildung vom individuellen Ich nur eine geringe Rolle, nur als Anlass für Einbildungen.

- Das Arbeiten an der Ichtheorie gibt ein Gefühl von Eingebundensein

Wir haben von den Säulen Meditation und Theoriebildung gesprochen. Dieses Kapitel fasst wie nebenbei die schon erwähnten Theorieteile über das wirkliche Ich in einem Theoriebaustein zusammen, um insbesondere die Ichtheorie als Übung im Alltag sichtbar zu machen. Wer die Übung länger praktiziert - in seinem Kopf an der Theorie arbeitet -, wird feststellen, dass eine stabile Vorstellung von der kollektiven Wirklichkeit des Ichs auf die Dauer das vielleicht wirksamste und zuverlässigste Element aus unserem Übungsrepertoire ist (zwischen Meditation und Theorieeigenbau). Denn im Unterschied zur Meditation, die das Ich an den individuellen Körper koppelt, verbindet mich die Theorie vom wirklichen Ich mit meiner menschlichen Umwelt - die den größeren Anteil am Wohl und Wehe meines Körpers hat. Für meine Welt in meinem Leben hat die Theorie vom wirklichen Ich langfristig einen sehr großen Effekt auf mein Gefühl des Verwobenseins mit Wirklichkeit gehabt.

- Das Ich: eine kurze Begriffsklärung

Bevor wir uns dem zuwenden, was wir uns unter dem außenwirklichen Ich vorstellen können, möchte ich zusammenfassend eine kurze Begriffsklärung vornehmen. Wir haben bisher vom metaphysischen Ich, vom eingebildeten, freien, besitzenden, individuellen, kollektiven, sozialen Ich und dem Resonanzraumich gesprochen. Diese verschiedenen Bezeichnungen möchte ich nun in zwei große Gruppen einteilen: auf der einen Seite das eingebildete Innenich und auf der anderen Seite das wirkliche und gemeinsame Außenich. Die eingebildeten Ichs zeichnen sich dadurch aus, dass sie keine Berührung mit Substanz in der Außenwelt haben (außer den Neuronen als Datenträger), also nur als Information in unseren Köpfen existieren, und nur dort können wir uns einbilden, dass sie frei sind oder unseren individuellen Körper besitzen oder irgendwie irgendwas repräsentieren. In der Gruppe der sozialen Außenichs haben wir es mit Ichs zu tun, die Substanz in der Außenwelt berühren, und damit ist nicht nur ein Datenträger gemeint, sondern die tatsächliche Existenz einer Schnittstelle in anderen Gehirnen oder einer physikalischen Resonanz mit der Umwelt. Wir können uns das Außenich als eine soziale Institution vorstellen, das genauso kollektiv getragen existiert wie eine Religion. Das wirkliche Ich hat also keine Substanz wie Dinge der Außenwelt, aber es hat Eigenständigkeit im Außen wie alles, was wir der zweiten oder kulturellen „Natur" zurechnen können, weil es an Symbole, Artefakte und andauernde kollektive Resonanzen mit Substanzträgern gebunden ist. Wie all diese kulturellen Phänomene stirbt auch das wirkliche Ich, wenn der letzte Mensch oder die letzte entsprechende künstliche Intelligenz gestorben ist. Doch wie wir der Religion, dem Staat oder einer Zivilisation Wirklichkeit zusprechen, können wir es auch gegenüber dem sozialen Ich (oder Schnittstellenich) tun, denn - wie schon festgestellt - ist unsere „Wirklichkeit" für uns auch immer eine Simulation, und nur für *die* Wirklichkeit da draußen gehen wir davon aus, dass sie Substanz hat. Da auch das im Kopf bewegte eingebildete Ich als Information eine Wirklichkeit hat und direkt auf die Ichschnittstellen nach außen wirkt, ist die Unterscheidung zwischen dem eingebildeten Innenich und dem sozialen Außenich nicht trivial und bestimmt durch das Bedürfnis, das Innenich umzuprogrammieren und ihm seine Gespenstigkeit zu nehmen.

2.2 Das Ich als Schnittstelle

Bisher haben wir nur vom kollektiven Charakter des wirklichen Ichs und seiner Funktion als sozialer Institution gesprochen. Die folgenden zwei Kapitel möchte ich der Frage widmen, wie sich das in der Kultur realisiert auf der Basis des Resonanzmodells.

2.2.1 Die Ichschnittstelle im einzelnen Kopf

- Ein Kommunikationsereignis

Das wirkliche Ich ist einerseits - im Außen greifbar - als permanentes Resonanzereignis eine quasi summende soziale Wirklichkeit, andererseits ist das wirkliche Ich die informationelle Schnittstelle im jeweils einzelnen Kopf, die die Resonanz in Gang hält. Findet also ein konkretes, einzelnes Resonanzereignis statt, ist es als Wirklichkeit (immer in der öffentlichen Außenwelt, zu der auch der Kopf gehört) von jedem überprüfbar. Ein Kommunikationsereignis ist als elektrisches Muster im Kopf des einen Teilnehmers, dann möglicherweise als Schall in der Luft und schließlich als ähnliches oder verwandtes Muster im Kopf des anderen erkennbar. Das Schema aus Sender, Medium und Empfänger gilt auch dann, wenn das Medium die Teilnehmer räumlich und zeitlich trennt, wie zum Beispiel bei einem Buch. Information ist die ins Medium kodierte Resonanz, die im nächsten Empfängerkopf Bedeutungserfahrung auslöst. Nur dieser letzte Akt ist nicht mehr im Außen messbar, sondern ein Ereignis im unerreichbaren Innen. Das dort eingebildet herrschende Ich eignet sich den Vorgang an und glaubt, es könne sich Substanz zusprechen durch die tatsächlich vorhandene Schnittstelle und den in der Wirklichkeit vorhandenen medialen Vorgang, über die die Kommunikation läuft. Das wirkliche soziale Ich ragt also bis in den Kopf des Einzelnen hinein und endet mit seiner Schnittstellenleistung an der Grenze, von der ab der Einzelne sich Ich und Wirklichkeit mit all ihren Bedeutungen einbildet. Die dabei stattfindenden neuronalen Ereignisse sind natürlich als Teil der Wirklichkeit messbar, aber die damit im Inneren sich ereignende Erfahrung ist im Außen nicht erkennbar (einmalig, weil an den individuellen Körper gebunden). Auf dem ganzen Weg von Schnittstelle über Medium zu Schnittstelle ist Information nur als potentieller Bedeutungsträger erkennbar.

> Buch: Ich stelle mir auch dann noch einen Resonanzzusammenhang vor, wenn die neuronalen Netzereignisse sehr komplex sind, wie wir uns das beim Schreiben dieses Satzes (mein Jetzt) und beim Lesen dieses Satzes (Ihr Jetzt) vorstellen können.

2.2.2 Das Ich als soziale Schnittstelle

Wenn wir aus der Sicht der Bedeutungsentstehung im Innersten des Einzelnen davon ausgehen, dass alles von Innerstem zu Innerstem Kommunikationsschnittstelle ist, dann ist alles Teil der Schnittstelle, was sich im Resonanzraum ereignet. Den Teil des Gehirns, der die physiologische Arbeit des Kodierens und Dekodierens, der Digital-Analog-Wandlung macht, können wir als körperlich individuellen Teil der Schnittstelle verstehen. Der weitaus umfassendere Teil spielt sich außerhalb des Körpers ab, weil hier die Umweltfaktoren, einschließlich aller anderen Gehirne, die entscheidende Rolle spielen. Außerhalb der innersten Interpretation spielt das ganze Orchester der kulturellen Schnittstelle.

- Wozu die Vorstellung vom *Ich* als soziale Schnittstelle

Halten wir in erster Annäherung fest, dass die Ichschnittstellenwirklichkeit sich im einzelnen Kopf ergibt, weil die soziale Institution Ich in die individuelle Schnittstelle hineinragt. Wenn wir nun klären wollen, warum wir bei dieser komplexen und vorwiegend kollektiven Schnittstelle überhaupt von einem Ich reden, müssen wir das Sender-Empfänger-Kommunikationsmodell wieder aufgreifen und modifizieren.

- Die Schnittstelle erscheint als Ich und ist die Welt

Wir müssen bei dieser Schnittstelle vom Ich sprechen, weil der Raum dauerhaft die Bedeutungs- oder *Geist*projektion durch den Einzelnen aufnehmen muss. Aus der Sicht des interpretierenden Individuums muss die sich in ihm ereignende Bedeutung immer im Außen liegen, weil alle zur Interpretation im Kopf bereitliegenden Mittel der Welt als Kopie entnommen wurden. Strenggenommen kennt das Innerste kein Eigenes. Nur der Körper resoniert, doch er kann sich mit keiner Instanz selbst besitzen. Obwohl also die Resonanz zuletzt ganz im Körper stattfindet, repräsentiert der resonierende Inhalt doch die Außenwelt. Das ist aber im weltsimulierenden Egotunnel nicht erkennbar. Der Inhalt des eingebildeten Ichs erscheint in mir, entstammt aber der Welt. Ich bin nicht ich, sondern ich bin die Welt. Zum Glück, denn sonst könnte ich der Wirklichkeitssimulation noch weniger vertrauen - es entsteht schon genug Misstrauen durch die Tatsache, dass das Gehirn nur die Simulation hat.

- Simulation in jedem Kopf

Der tatsächliche - wenn auch flüssige - Teil ist nur möglich, weil das Schnittstellenereignis vollständig in jedem einzelnen Gehirn simuliert wird. Vermutlich in ständiger Interaktion mit dem Bewusstsein werden beide Seiten des Kommunikationsereignisses im Kopf durchgespielt. Im Unterschied zum Computer, dem in der Schnittstelle die Bedeutungscodes fest vorgegeben werden, entwickelt der Mensch beim gleichzeitigen Erlernen von Codes und Bedeutungen eine Simulationsfähigkeit für die gesamte Interaktion. Die tierisch menschlich vertikale und immer fühlende Intelligenz kann sich buchstäblich in den anderen hineinversetzen. Diese herausragende Fähigkeit wurde im Zeitalter der Metaphysik aus uns heraus in den Geist wegprojiziert. Wir definieren das wirkliche Ich - wenn auch nur mit einer summenden Substanz - als einen in unseren Köpfen wachsenden Teil, der mit anderen Menschen kommunizierend interagieren kann, weil er Schnittstellenprozesse im Gehirn des Anderen in großem Umfang simulieren kann. Diese Schnittstelle nimmt wahrscheinlich einen großen Teil unseres Gehirns in Anspruch. Vermutlich musste das Bewusstsein entstehen, um diesen Tanz im Interesse des Körpers noch kontrollieren zu können. Wir können davon ausgehen, dass diese geniale Schnittstelle schon zu Beginn des metaphysischen Zeitalters voll entwickelt war. Durch die Aufspaltung im herrschenden Weltbild in Diesseits und Jenseits ergaben sich paradoxerweise einerseits eine Stärkung dieser Errungenschaft und andererseits eine starke Entwertung mit dem Zweck der hierarchischen Kontrolle.

II. Ein Blick in meinen Theoriebaukasten

2.3 Das Ich als soziale Institution

- Was ist eine soziale Institution?

In der Textergänzung zum Begriff soziale Institution erwähne ich die Liebe als Beispiel für eine solche Institution. Genauso muss man die Sprache einer Sprachgemeinschaft als eine soziale Institution verstehen. Eine soziale Einrichtung, wie zum Beispiel eine Religion, kann sich in Kirchen und anderen substantiellen Dingen niederschlagen, was allerdings nichts daran ändert, dass die meisten Institutionen dieser Art ihre Präsenz in der Wirklichkeit verlieren, wenn es keine Menschen mehr gibt, die entsprechende Vorstellungen im Kopf haben. Wenn in meiner Stadt Köln der letzte Kölner gestorben ist, der den klassischen Kölner Dialekt spricht, dann ist die Sprache ausgestorben und damit diese Institution verschwunden. Dennoch können wir keinen Zweifel daran lassen, dass wir einer Sprache einen echten Wirklichkeitsstatus zusprechen. In der Sprache des Resonanzmodells formuliert: Solange neuronale Resonanz mit der Umwelt stattfindet, durch die solche Institutionen getragen werden, solange ist diese Resonanz die Wirklichkeit dieser Einrichtungen (ohne die sich ergebenden Bedeutungen im Inneren des Einzelnen kennen zu müssen). In Anlehnung an das vorherige Kapitel können wir jetzt das Wesen der sozialen Institution als Schnittstelle der fließenden Kommunikation verstehen.

- Schule als Beispiel für Institution

Dabei ist die soziale Eigenständigkeit des wirklichen Ichs sehr umfassend, nicht nur im Sinne der Klangglocke, die als Anlass zur Geistprojektion diente, sondern auch im Sinne von Institutionen, die weitgehend unabhängig von individuellen Einbildungen in ihrer eigenen Logik funktionieren. Da vielleicht nicht jedem einleuchtet, wieso die schon erwähnte Werbung eine soziale Institution ist, nehmen wir als Beispiel eine Einrichtung, die eine anerkannte Institution ist: die Schule. Kinder gehen genau in der Zeit zur Schule, in der sie zunächst soziale Kompetenz erlernen und spätestens mit der Pubertät ein erwachsenes Ich entwickeln. Es gibt also eine Einrichtung, in der wir auf standardisierte Weise Ichs implementieren, aber nicht als individuelle Ichs, sondern als kollektive, durch das Bemühen nach

---

soziale Institution: Wenn wir das Wort Institution hören, denken wir meistens an staatliche Einrichtungen wie Parlamente, Ämter, Schulen, Polizei. Soziale Institutionen sind dagegen nur selten absichtlich eingerichtet worden, sondern haben sich durch kulturelle Traditionen ergeben, die nicht an Räume oder Gebäude gebunden sind, wie beispielsweise bei einer Vertragsform. Ob, wie bei uns in Europa, Vertragsformen gesetzlich geregelt sind oder einer Tradition entsprechen, ist dabei nicht entscheidend. Wichtig ist, dass es eine verbreitete allgemeine Vorstellung von der Beschaffenheit der sozialen Einrichtung gibt. In der Sprache gibt es meistens entsprechende Begriffe, deren Bedeutung das kollektive Verständnis spiegeln. Nach dieser Definition ist zum Beispiel auch die Liebe eine soziale Institution, die in der Geschichte der Menschheit starke Wandlungen durchgemacht hat. Unter der Formulierung: „Gott ist die Liebe." Konnten sich frühere Generationen durchgängig etwas vorstellen. Heutzutage ist die Liebe etwas sehr Persönliches, meistens zwischen Eltern und Kindern oder zwischen Mann und Frau (siehe Kapitel III.1.8, *Das Ich und die Liebe*). Solche sich in der Entwicklung der Kulturen ergebenden sozialen Strukturen sind nicht scharf definiert, spielen aber dennoch für das Funktionieren der Gesellschaft eine große Rolle. Man kann sich vermutlich lange darüber unterhalten, ob die Liebe nun eher eine soziale oder eine kulturelle Institution ist. In meinem Weltbild ist diese Grenze nicht sehr scharf. Mit der Formulierung „soziale Institution" lehne ich mich an das verbreitete Verständnis an, dass eine Gesellschaft (soziale Gemeinschaft) durch Institutionen definiert. Damit hat die Formulierung „soziale Institution" etwas Tautologisches, weil nach diesem Verständnis alle Institutionen sozial sind, aber der Begriff hat sich vermutlich in Abgrenzung zu staatlichen Institutionen etabliert.

Gleichschaltung der Schülerköpfe. Mir zwingt sich immer sofort das Bild von der militärischen Organisation der Schulbänke auf, aber wirksamer als die militärische Logik ist bis heute das Herunterbrechen der menschlichen Intelligenz auf die horizontale Wiederholbarkeit der computerartigen Intelligenz (Stichworte: Auswendiglernen, Vokabellernen, für die nächste Prüfung lernen).

> Gleichschaltung der Schülerköpfe: Falls der erkennbare Trend zur Individualisierung des Lernens sich behaupten kann, werden wir neue, revolutionäre Kinder bekommen (die herrschenden Politiker, sonstige Ichpriester und Produktivkräftebesitzer werden es verhindern wollen).

- Ichverständnis als soziale Institution gegen die herrschende Meinung

Im gleichen Sinne wie bei den Beispielen Liebe oder Sprache verstehe ich das Ich als etablierte soziale Schnittstelle und damit als soziale Institution. In dieser gesellschaftlichen Funktion hat es resonierende Wirklichkeit. Bei vielen wissenschaftlich orientierten Menschen kann ich mir an dieser Stelle ein Kopfnicken vorstellen mit dem Gedanken im Hinterkopf, dass diese Feststellung eigentlich trivial ist. Aus meiner Sicht ist nun entscheidend, dass das Ich fast ausschließlich diesen kollektiven Charakter hat, zumindest solange wir von Wirklichkeit sprechen. Der individuelle Teil ist - fast - gänzlich eingebildet. Mein Verständnis von der Wirklichkeit des Ichs steht damit in starkem Kontrast zum zwingend notwendigen intuitiven Verständnis vom Ich als Repräsentant des Individuums (was man auch schon vom Ich als Schnittstelle sagen kann).

2.3.1 Die Kommunikationsschnittstelle

Nichts bringt die Notwendigkeit, der Schnittstelle den Namen Ich zu geben, plausibler zum Ausdruck als seine Geschichte als Geist. Vor allem die aktuelle spirituelle Bewegung zieht eine enge Verbindung zwischen dem Allerinnersten und dem bedeutungstragenden Geist. Die Menschen haben jeder Zeit still gewusst, dass die Rolle und Existenz des Geistes immer neu in seiner Verbindung zu den vielen einzelnen Innersten geschaffen wird. Die moderne bürgerliche Spiritualität knüpft ausdrücklich an die überpersönliche Geistvorstellung der magisch-animistischen Zeit an. Doch tatsächlich schrumpfen sie den Geist auf das Ich, beziehungsweise offenbaren das Ich als wahren Kern des Geistes. Aber auch die metaphysische Zeit kennt die enge Verbindung zwischen Gott und Seele.

- Intimität und Geistprojektion

Die Projektion des jenseitigen Geistes hat ja nicht nur

II. Ein Blick in meinen Theoriebaukasten

> Intimität: Ein Satz meines Psychotherapeuten aus der Zeit der Lebensgemeinschaft hat für mich immer noch Gültigkeit: Es gibt keine stärkere Intimität als in einem intelligenten Gespräch.

eine Aussichtsplattform geschaffen, die den Blick auf das Ganze erlaubte, sondern durch die Geistanteile im einzelnen Menschen (Seele, Sprache) wurde auch eine universelle, generalisierte Verbindung zwischen den einzelnen Menschen geschaffen, die einen neuen Grad der Intimität[1] in der Kommunikation erlaubte: Im Gespräch können wir uns wie in einem „geistigen" Raum vereint fühlen, also ein Gefühl aufbauen, als wären die Grenzen des Körpers überwunden. Die *Seele* des Ichs scheint dem einzelnen diese Verschmelzung zu erlauben.

- Die geniale Erfindung des Ichs

Wir sind nun an dem Punkt, an dem wir einen genaueren Blick auf die äußerst positive Kraft der durchaus genialen Erfindung des diesseitigen Ichs werfen müssen: Eine sozial in vielerlei Hinsicht verbindliche, verantwortungsbewusste Verständigung wurde möglich. Um die etwas technische, aber sehr zutreffende Formulierung vom Ich als sozialer Schnittstelle zu verstehen - und dabei vertieft die metaphysisch-spirituelle Sicht zu überwinden -, müssen wir einen kurzen Ausflug in die Kommunikationstheorie machen.

2.3.2 Die kommunikative Funktion des Ichs

- Schnittstelle als Informationstechnik

Computertechnisch ist eine Schnittstelle eine Kommunikationseinheit, die vorab von *außen* vereinbarte Normierungen voraussetzt. Die tatsächliche Realisierung der Schnittstelle erfolgt *innerhalb* des jeweiligen Datenverarbeitungssystems, es gibt davon also zwei einander durch die Norm ausreichend verwandte Versionen, wobei das verbindende Element, beispielsweise ein Kabel, schon einer Norm entsprechen muss. Die Verbindung dient dabei nur der physikalischen Übertragung der Datenbits, was insofern wichtig ist, weil die eigentliche Interpretation der Daten in den Schnittstellen innerhalb der Systeme erfolgen muss (bei einer Funkverbindung wird das klarer). Wichtig ist, dass kein „Geist" zwischen den beiden Systemen existieren muss, um eine Verständigung zu ermöglichen. Der normierende Mensch hat hier nicht etwa die Rolle des Geistes, er übernimmt für die Maschinen die Rolle der natürlichen Evolution, die die immer gleich konstruierte physiologische Basis der Schnittstellen im menschlichen Gehirn, also der Sinneskanäle und Ausdrucksmöglichkeiten, hervorgebracht hat.

---

[1] Intimität: siehe Kapitel I.9.2, Absatz *Höchste Intimität* und Absatz *Die Intimität des intelligenten Gesprächs*

- Selbstverständlichkeiten der Steinzeit

Stellen wir uns nun eine Menschengruppe in der Steinzeit vor, deren kulturelle Evolution ihnen schon die Verwendung einer Sprache ermöglicht hat. Mit der Geburt können sie hören und Laute hervorbringen, aber das Sprechen und die Bedeutung der Lautfolgen müssen langsam erlernt werden. Die Programmierung der Schnittstelle - ohne die Vorgabe weiterer Normierungen - ist eine langwierige und aufwendige Angelegenheit und nur durch die vertikalen Umweltabbildungsfähigkeiten des Gehirns möglich. Ethnologen der modernen Zeit konnten Begegnungen mit solchen Stämmen aufzeichnen und dokumentierten dabei die große Verblüffung der Steinzeitmenschen, dass ihnen ähnliche Wesen eine ganz andere, völlig unverständliche Sprache sprachen.

- Schnittstelle und Achsenzeit

Springen wir nun vorwärts, beziehungsweise zurück in die Achsenzeit, dann stellen wir fest, dass schon damals viele Menschen verschiedene andere Kulturen mit anderen Sprachen erfahren konnten. Fremde Sprachen wurden gelernt, Kulturprodukte und Kulturtechniken aller Art wurden ausgetauscht. Die Kommunikationsschnittstelle wurde also nicht nur zu einem immer größeren Teil („Programm") des Gehirns, sondern musste sich notgedrungen seiner selbst bewusstwerden. Das ist die Geburtsstunde des wirklichkeitsbezogenen Anteils des Ichs. Nun konnten sich die Menschen damals noch nicht vorstellen, wie das Gehirn als datenverarbeitende Maschine diese unglaubliche Leistung vollbringen konnte. Zur Erklärung blieb ihnen gar nichts anderes übrig, als einen externen, intelligenten und selbständigen Geist zu unterstellen, der ihnen - als Kinder Gottes - diese Fähigkeit vererbte. Ohne die metaphysische Abspaltung wäre also die phantastische Erfindung der ihrer selbst bewussten Kommunikationsschnittstelle nicht möglich gewesen. Der hohe Preis allerdings, den wir bis heute zahlen, bestand darin, die weltkopierende, generalisierende Kraft der vertikalen Intelligenz sich nicht selber zusprechen zu können und dadurch eine verhängnisvolle Obrigkeitshörigkeit zu entwickeln.

- Der Mensch muss langsam durch die Wirklichkeit lernen

Die naturalistische Sicht auf unseren Körper und unser Gehirn lässt also erkennen, dass zum Zwecke der Kommunikation mit anderen Menschen jedes menschliche Gehirn unter Nutzung der ererbten Organe eine aufwändig strukturierte, langsam durch Wahrnehmung programmierte Schnittstelle im Gehirn aufbauen muss, die beispielsweise dem Strom von gehörten Lauten eine Bedeutung geben und den Mund Laute hervorbringen lassen kann, die von anderen Gehirnen sinnvoll interpretiert werden können. Neben dem langwierigen Lernprozess ist dabei keine andere, dritte Instanz mehr erforderlich. Das Ich können wir uns als Verbindung der mindestens zwei Schnittstellen vorstellen, als den Kommunikationsfluss selbst, der fortwährend im Kommunikationsakt stattfindet. Die Schnittstellen zweier menschlicher Gehirne berühren sich mit Hilfe von empfangenden und sendenden Organen. Und das Ereignis dazwischen ist das Ich. Das Ich ist die verbindende und die soziale Schnittstelle (Institution), weil die Bedeutungen von einem sozialen Umfeld getragen werden.

2.4 Die lebendige Resonanz zwischen den vielen Gehirnen und der Welt ist die tragende Wirklichkeit der Ichs

- Das Bild von der sozialen Schnittstelle ist letztlich zu schwach

Das Bild vom Ich als Schnittstelle ist zwar technisch korrekt, wenn man akzeptiert, dass diese Schnittstelle fließend über das ganze Gehirn verteilt ist, es hat aber auch eine entscheidende Schwäche: Die eigentliche Verbindung, das Dazwischen, ist im Bild nur sehr schwach repräsentiert. Es reicht auch nicht, wenn wir den sozialen Aspekt hervorheben, da nur die Kultur die eigentlichen Bedeutungen zur Verfügung stellen kann, denn tatsächlich sind die bedeutungsstiftenden Erfahrungen mit menschlichen Äußerungen und Artefakten ja nur als im Kopf gespeicherte Muster vorhanden. Die Kommunikation zwischen zwei Menschen funktioniert auch unter vorübergehendem Ausschluss der restlichen Umwelt.

- Wo ist der intime Raum?

Jeder erinnert sich an ein Gespräch mit einem anderen Menschen (oder auch mehreren), in dem das Gefühl einen wie greifbaren Raum entstehen ließ, den die Beteiligten mit großer Intimität gemeinsam ausfüllten. Schon Bewusstsein naturalistisch zu erklären, hat den Neurowissenschaften einiges abverlangt. Wie kann man unter Verzicht aller Geister etwas beschreiben, das den Menschen dieses Gefühl von Verbundenheit gibt, obwohl ihre Gehirne oder Körper in

---

zwei Menschen: Ich erinnere mich an Filme und Romane, in denen nur noch ein einziger Mensch eine Katastrophe überlebt hat. Der Blick des Künstlers in seinen Kopf überzeugt uns davon, dass auch dieser eine verbleibende Kopf genügt, um die Interpretationsleistung zu vollbringen, die uns die Welt menschlich bekannt erscheinen lässt.

Diese Intimität ist zweifellos eng verwoben mit dem, was wir unter bewusstem Erleben verstehen - das Bewusstsein ist wie überflutet vom Blick in die Augen des anderen. Doch man sollte sich hüten, die Kommunikationsschnittstelle oder das Ich mit dem Bewusstsein zu verwechseln. Die einzige Gemeinsamkeit ist, dass es sich um über das ganze Gehirn fließende Formate handelt.

keiner Weise verschmelzen und das Gefühl vermutlich tiefer reicht als unser Bewusstsein? Wir müssen also beim Ausloten der Ichfunktion noch etwas tiefer gehen als in der technischen Formulierung *soziale Institution* erkennbar wird. Doch unsere theoretischen Mittel kommen an ihre Grenzen, wodurch umso verständlicher wird, warum die Menschen früher das Bild von der Seele verwendet haben. Uns Heutigen bleibt die ganz diesseitige Meditation.

- Wo ist die Klangglocke?

Unsere theoretischen Mittel reichen nicht aus, um die Ichfunktion bei der Intimität der Begegnung zu beschreiben. Und sie reichen gleichermaßen nicht für den großen Raum einer Kultur, den wir schon als Klangglocke beschrieben haben: die lebendige Resonanz zwischen den vielen Gehirnen. Wie erfassen wir die Gesamtheit des Ichs als soziale Institution, eben die lebendige Resonanz zwischen den vielen Gehirnen und der Welt? Immerhin ist sie die tragende Wirklichkeit der Ichs. Glücklicherweise führt uns die Meditation nicht nur in unser Allerinnerstes, sondern auch in die Weite der Welt: das Gefühl der Verbundenheit mit allem.

---

tiefer reicht als unser Bewusstsein: Auch den uns umgebenden Raum erfasst das Bewusstsein nie vollständig und gleichzeitig. Verbundenheit und Intimität werden auf ähnliche Weise „gewusst" wie der uns umgebende Raum.

Verbundenheit mit allem: Es handelt sich zwar nur um das Ganze unserer im Gehirn gespeicherten Welterfahrungen, doch der riesige Umfang des Gehirninhalts ist so gewaltig, dass er unserem kleinen Bewusstsein leicht als unendlich erscheinen kann.

2.5 Das wirkliche Ich als Resonanz, eine Zusammenfassung

- Das wirkliche Ich als Resonanz

Das wirkliche Ich: Es war nicht leicht, für das eingebildete oder metaphysische Ich einen passenden Gegenbegriff zu finden, der nicht zu kompliziert klang, wie bei „das *außenwirklich gemeinsame Ich*". Das *wirkliche Ich* klingt gut, ist aber missverständlich, weil das im Kopf wie auch immer vorgestellte Ich auch eine Wirklichkeit hat, nämlich eine als neuronale Ereignisse messbare informationelle. Nur vom *gemeinsamen, kollektiven* oder *sozialen Ich* zu sprechen, trifft es auch nicht, da eine besondere Form des Ichs gemeint sein könnte, während ich darauf hinweisen möchte, dass das Ich an sich ein kollektives Phänomen ist; auch wenn ich es auf mich als Individualität beziehe, hat es doch tatsächlich eine Repräsentation in der Außenwirklichkeit. Der metaphysische Hintergrund hat unausgedrückt schon auf den gemeinsamen oder kollektiven Charakter verwiesen (der gleiche Geist in uns allen), aber das Ich wurde als individuell eingebildet. Die recht unmissverständlichen Begriffspaare *metaphysisch-eingebildet* und *resonierend-außenwirklich* werde ich meistens als *eingebildet* oder *wirklich* vereinfachen. Beim Begriff *eingebildet* spielen wir mit den Bedeutungen *nur erdacht* und *ins Gehirn eingeprägt*, während im Zusammenhang mit dem Ich beim Begriff *wirklich* die Eigenschaften *substanthaft tatsächlich* und *diesseitig natürlich* mitschwingen.

Mit Hilfe des Schnittstellen-Resonanzmodells habe ich versucht verständlich zu machen, dass beim erörterten Verhältnis zwischen Ich und Wirklichkeit neben dem metaphysischen Erbe auch ein faktischer, naturwissenschaftlich untersuchbarer Teil festgestellt werden kann. Die in den einzelnen Gehirnen getrennt entstehenden Kommunikationsschnittstellen sind schon geeignet, um dem Ich einen Aufenthaltsort einzuräumen. Doch der jeweils mitwirkende Teil dieser über das ganze Gehirn verteilten Schnittstelle ist fließend und ähnlich unbestimmbar wie das Bewusstsein. Bezüglich der technischen Schnittstelle haben wir dem Ich dabei nur einen kleinen Anteil an der Wirklichkeit zugestanden (Wirklichkeit immer als substantielle Außenwirklichkeit). Dieser beschränkt sich auf die hardwareartige, fest verdrahtete Codierung und Decodierung zwischen Sinnesorganen und Gehirn. Alle Dateninterpretation ist schon Teil der einsamen Einbildung, der Simulation. Die soziale Schnittstelle hat, wie alle Institutionen einer komplexen Gesellschaft, eine starke reale Basis, zu der alle Artefakte gehören (von Häusern bis Büchern, von Steinkreisen bis zu Parlamentsgebäuden). Eben all das, was lange nach dem Ende der Menschheit (ohne selbständige Computerevolution) noch auf komplex vernetzte Kommunikation von individuellen Menschentieren schließen lässt.

Einerseits ist die klassische Vorstellung von einem festen, substantiellen Ich damit widerlegt, andererseits verlieren wir damit eine Erklärung für die Tatsache, dass die Menschen das Gefühl haben, ihre intime Kommunikation finde tatsächlich in einem Raum statt, der sich zwar verschieben kann, aber dennoch eine gewisse Stabilität aufweist. Eine Theorie dafür haben wir durch das Modell der in Resonanz befindlichen Gehirnnetze gewonnen. Danach gäbe es tatsächliche physikalische Zustände von hoher Ähnlichkeit, in starker Verbindung und ständig fließendem Austausch und zwar in einer Geschwindigkeit und Komplexität, die das Hintereinanderreihen von Wörtern als etwas sehr Langsames erscheinen lässt. Dieser gemeinsame Schwingungszustand wäre demnach der tatsächliche Ort für ein immer soziales Ich und ein wirkliches Ich als Teil der Außenwelt.

Das Ich und die Wirklichkeit

- Das verantwortbare Ich als soziale Institution

An diesen Schwingungszuständen ist natürlich auch das Bewusstsein beteiligt, aber während das Bewusstsein eher eine wichtige Aufgabe bei der individuellen Bewertung der Wirklichkeitssimulation hat[2], muss das Ich eine hochgradig soziale Aufgabe erfüllen, womit auch verständlich wird, weshalb das Ich erst bei einem bestimmten Komplexitätsgrad der kulturellen Entwicklung auftaucht. Dabei zwingt sich natürlich wieder der Begriff Eigentum auf, aber es geht auch um Eigenschaften wie Verantwortung, auf die wir kulturell genauso wenig verzichten wollen wie auf die gleichfalls metaphysisch entstandene Vernunft. Das Ich bildet also eine soziale Institution in einem sehr komplexen Feld zwischen dem Ich als kommunikative Schnittstelle und als juristisch verantwortbare Einheit zwischen Eigentum, Individuum und Gesellschaft.

> verantwortbare Ich: Nicht zu verwechseln mit dem verantwortlichen Ich, welches es nicht geben kann. Es ist das Ich gemeint, dem die Eigenschaft Verantwortung zugewiesen wird in einer kulturellen Vereinbarung.

2.6 Das unverzichtbare Ich, ob wirklich oder eingebildet

- Eine Herausforderung für den Einzelnen: mit der Scheinexistenz handeln

Ob eingebunden resonierend oder eingebildet frei: Das Ich ist eine geniale Erfindung der kulturellen Evolution. Als soziale Institution hat es zwar den Nachteil, dass der kollektive Charakter unsichtbar wird, doch dafür ist in der nachtheistischen Zeit die Verbindung zum Individuum umso stärker. Das Phänomen rückte dem Einzelnen auf die Pelle und so entstand der Druck, die Lösung des metaphysischen Problems dort zu suchen, wo es schon immer verortet war: beim Einzelnen. Dieser Prozess kommt dem anderen Teil des Ichs entgegen, der im Inneren des Einzelnen eine eingebildete Scheinexistenz führt, weil darin die Möglichkeit liegt, die Einbildung zu erkennen und trotzdem mit dem Ich zu handeln. Wir lassen uns auf den Schein ein und tun so, als gäbe es das Ich.

- Projektion und Rücknahme kollektiv verankern

Etwas technischer gesprochen heißt das: Wir projizieren das eingebildete Ich in die Wirklichkeit (die ihrerseits

---

[2] Wirklichkeitssimulation: siehe Kapitel IV.2, *Thomas Metzinger: Der Ego-Tunnel*

schon simuliert ist) und etablieren Mechanismen, die Projektion wieder zu uns zurückzunehmen (die Projektion zu durchschauen). Dieser Prozess muss sich kollektiv verankern, sonst ist der Einzelne auf die Dauer damit überfordert. Wir wollen die Schizophrenie der Geist-Welt-Spaltung ja gerade loswerden und nicht durch eine neue innerliche Abschottung ersetzen. Wie wichtig der Erhalt dieser Ichfunktion ist, lässt sich leicht im Rahmen der in diesem Absatz erwähnten Argumente aufzeigen: Wenn es eine gemeinsame Ichinstanz gibt, die unsere Fähigkeit darstellt, miteinander produktiv zu resonieren, dann würde die trotzige Kreativität des Einzelnen stark eingeschränkt, wenn er sich mit seinem Anteil am Geschehen nicht eigens benennen oder definieren könnte. Wir würden in die magisch-animistische Zeit zurückfallen, in der nur den in der Welt eingewobenen Geistern die kreative Lebendigkeit zugesprochen wurde, weil nur sie untereinander die nötige informationelle Beweglichkeit hatten. Da nun aber die Trennung von Geist und Ding vollzogen und damit dem Individuum die schwere Last der Spaltung zugemutet wurde, ist auch seine Kreativität explosionsartig freigesetzt worden. Weder auf die hohe Bedeutung des Individuums, noch auf seine eigenverantwortliche Kreativität wollen wir verzichten. Also müssen wir einen Weg finden, die Kraft des eingebildeten Ichs zu erhalten, auch wenn wir seine Scheinnatur und seine völlige Abhängigkeit vom Kollektiv durchschaut haben.

- Das Ich und der Schwarm

Die hohe Resonanzfähigkeit des menschlichen Gehirns gibt den Menschengruppen in den verschiedenen Größenordnungen das Verhalten, die Kraft und die Intelligenz eines Schwarms. Die Wirkmächtigkeit des Ichs - im Speziellen mit seiner eingebildeten Metafunktion - lässt sich mit Hilfe des Schwarms gut verdeutlichen. Als tierische Vorbilder kommen mir die Schwärme von grünen Papageien in den Sinn, die seit einigen Jahrzehnten in Köln zu beobachten sind. Bei diesen Tieren dient die Schwarmbildung vermutlich vor allem dem Schutz, der trotz der hohen Intelligenz dieser Tiere mit größter Wahrscheinlichkeit instinktiv und genetisch gesteuert abläuft. Würden diese Vögel die Wirkung des Schwarms für andere Zwecke nutzen wollen -

ich denke an die fiktive Aggressivität der Vögel im berühmten Film von Alfred Hitchcock[3] - wären mit Hilfe höherer Gehirnfunktionen, zum Beispiel durch die bewusste Vermittlung von Gründen, Entscheidungen zu fällen, die von den einzelnen Individuen mitgetragen werden müssten. Ob diese Papageien das könnten, sei dahingestellt. Menschengruppen haben diesen Schritt gemacht und neue Schwärme und Schwarmziele gefunden. Die Frage ist, ob dafür ein eingebildetes Ich nötig war oder ob nicht die Benennung und Ansprechbarkeit der einzelnen Individuen gereicht hätte. Es zeigt sich, dass es bestimmte Schwärme und Schwarmziele gibt, für die ein Ich nötig ist mit vermeintlichen göttlichen Eigenschaften wie dem unbedingten und ursachenfreien Entscheiden. Als beeindruckendes Beispiel fällt mir die Schulter-an-Schulter-Frontbildung in den Kriegen des 19. Jahrhunderts ein (bis zum ersten Weltkrieg), bei denen das Individuum (zur Erinnerung: der Körper) eine große Überwindung natürlicher Angstreflexe leisten musste. Ich behaupte, dass diese Art von Schwarmverhalten ohne ein soziales und gleichzeitig ungewusst eingebildetes Ich bei jedem Einzelnen nicht möglich gewesen wäre. Der Schwarm appellierte an die mutige Entscheidungsfähigkeit des Einzelnen. Hätte der Einzelne durchschaut, dass er sich die Mächtigkeit seiner freien Entscheidung nur einbildet - dass die Herrschenden ihn also mit seiner Eitelkeit überlisten - dann wäre er sicher nicht so schnell mit Hurra in den Tod gelaufen. Ein eingebildeter Teil war nötig, der fälschlich mit dem Individuum gleichgesetzt wird, tatsächlich aber eine kollektive Identität repräsentiert. Jeder einzelne Soldat musste eine Entscheidung treffen für eine sehr unwahrscheinliche Tat[4] ohne Vorbilder in seinem Leben: seine Todesangst ignorieren. Damit war er alleine entweder völlig überfordert oder er hätte sich für die Flucht entschieden. Vielleicht kann der Schwarm in einem kollektiven Rausch sich in den Tod stürzen, doch das Schwarmverhalten ist das Ergebnis einzelner Entscheidungen, wie kann

---

[3] https://de.wikipedia.org/wiki/Die_V%C3%B6gel_(Film)
[4] Diese seltsame Fähigkeit der Mensch, sich dem Unwahrscheinlichen hinzugeben, taucht auch bei Peter Sloterdijks Versuch auf, Spiritualität als übendes Streben ins Unwahrscheinliche zu begreifen. Siehe Kapitel IV.3, *Peter Sloterdijk: Du mußt dein Leben ändern: Über Anthropotechnik*

sich also ein Rausch ergeben, wenn jeder Einzelne überfordert ist. Die Brücke entsteht durch einen Wahn oder einen Irrtum, der eine kollektive Eigenschaft sich ganz alleine zuschreibt. Heute fällt es uns leicht, im Internet eine Bildung von Menschenschwärmen zu erkennen. Doch auch hier fällt zunehmend Ausbeutung durch mächtige Konzerne auf, was unter dem Stichwort Überwachungskapitalismus[5] diskutiert wird. Ich wage vorherzusagen, dass auch in diesem Fall - nun durch das Verkaufen von persönlichen Daten zum Zwecke der Steuerung von Kaufentscheidungen - die Ausbeutung nur möglich ist, weil der Einzelne sich eine persönliche Handlungsfreiheit einbildet und die Teilhabe an einem von oben gesteuerten Schwarm gar nicht erkennt und die Macht des Schwarms für seine eigene Macht hält. Die fließende Schwarmbildung im Internet ist also gar nicht das Problem (wie Dirk Kurbjuweit glaubt[6]), sondern nur die Kombination aus ungewusster Teilnahme und eingebildetem Schweben über dieser Wirklichkeit. (Die gewusste Schwarmbildung im Internet würde zur direkten Demokratie führen). Doch die gewusste Teilhabe am Schwarm setzt ein entscheidendes Ich voraus, das als solches funktioniert, wenn es gleichzeitig einbildet ist und sich darin aber immer wieder durchschaut: Ich entscheide! - aber nur als Teil einer sozialen Institution! Die Zukunft gehört dem Individuum, dessen Psyche ein Ich einsetzt, das sich Entscheidungsfreiheit einbildet und sich doch ganz als Teil des Schwarms erkennt. So ist seine Eitelkeit nicht mehr ausbeutbar und kann in individuelle Kreativität fließen. Im Internetzeitalter ist Schwarmlogik und individuelle Kreativität kein Widerspruch, weil jeder Einzelne jeder Zeit zu einer Keimzelle eines neuen Schwarms werden kann.

- Wie die Ausbeutung der Eitelkeit überwinden? Naturalistische Theorie und diesseitige Meditation durch den Einzelnen

Die Übung ist: Wir denken und fühlen uns ohne Persönlichkeit, ohne Willensfreiheit, ohne persönliche Macht, ohne höhere Liebe. Wir tun so als ob, wir projizieren das Ich, wie es unser - leicht opak und sichtbar werdender - Egotunnel nahelegt, und üben doch täglich an der Rück-

---

[5] Siehe Artikel in FAZ Online vom 5.3.2016 von Shoshana Zuboff „Wie wir Googles Sklaven wurden" (http://www.faz.net/aktuell/feuilleton/debatten/shoshana-zuboff-googles-ueberwachungskapitalismus-14101816.html)
[6] Siehe Kapitel I.13. mit einer Analyse eines Spiegelartikels von Dirk Kurbjuweit: *Wir werden Bundeskanzlerin*

nahme der Projektion zu uns selbst, indem wir durch Meditation und Theorie den Egotunnel als das erkennen, was er ist: durchscheinend sozial.

2.7 Das missverstandene Individuum und die neue Bedeutung des Einzelnen

- Ist jetzt das Individuum wertlos?

Müssen wir daraus folgern, dass das Individuum aus dieser Sicht nur eine kleine Bedeutung hat? Das Resultat unserer Überlegungen führt zum genauen Gegenteil: Der einzelne menschliche Körper mit seinem Kopf wird enorm aufgewertet. Wie kann das sein? Wenn wir Individuum gleich Ich setzen, wie es heute meistens gemacht wird, dann wird der einzelne Körper herabgesetzt, denn seiner schon immer ganz individuellen Existenz wird damit eine nur geringe Bedeutung gegeben. Wenn nur der Persönlichkeit ein hoher sozialer Wert beigemessen wird, hat der Körper einen entsprechend geringen.

- Die Entwertung des Körpers durch den metaphysischen Inhalt: Ich

In der Zeit der Gottesprojektion, bevor der jenseitige Geist als Ich erkannt wurde, war diese Abwertung des Körperlichen ganz offensichtlich. Alles Irdische war vergänglich und des Teufels, das Geistige war ewig und himmlisch. Der christliche Trick mit der Geschichte, einen Gott auf der Erde körperlich werden zu lassen (Christus), hat nicht den Körper aufgewertet, sondern nur darauf hingewiesen, dass es auf den geistigen Inhalt des Körpers ankommt. Ist der Inhalt heilig, ist auch der Körper heilig. Aus unserer Sicht formuliert heißt das: Das Ich mit seinen guten oder bösen Absichten entscheidet, ob der Körper gut oder böse ist. Der Körper an sich hat keinen Wert. Die große Masse der sündigen Individuen war demnach wertlos. Erst wenn wir das metaphysische Gut-Böse-Ich auf seinen Einbildungscharakter schrumpfen, bekommt der Körper wieder seinen hohen Wert als Individuum. Bei dieser Umwertung hat Nietzsche einen großen Teil der Arbeit erledigt. Die heute so genannte Individualisierung ist also nichts anderes als der offene Übergang vom göttlichen Geist ins Ich. Der Einzelne in seiner Wirklichkeit mit seiner tatsächlich gültigen Körperlichkeit hat dadurch an Wert eher weiter verloren, weil

II. Ein Blick in meinen Theoriebaukasten

jeder einzelne Körper: Zunächst wird wohl der menschliche Körper im Fokus stehen. Doch mit der Zeit wird unsere Kultur die Frage beantworten müssen, warum die Körper der Tiere, der Affen, Wale oder Hunde, nicht auch als gleichwertige Individuen geschätzt werden sollten. Wenn wir weiter Fisch oder Huhn essen wollen, wird uns dafür der menschliche *Geist* keine Legitimation mehr liefern. Wir müssen dann zu unseren egoistischen Interessen offen stehen. Die alte Generalabsolution hat uns nur eine rücksichtslose Zerstörung der Natur eingebracht.

er nun nicht einmal von Hause aus ein Kind Gottes ist, sondern nur noch eine kompetente Persönlichkeit. Das Elend der Massen als billige Arbeitskraft hat in der humanistischen Zeit dramatisch zugenommen. Erst wenn wir das Individuum wieder als Körper sehen, werden wir die Obrigkeitsherrschaft abschütteln und durch eine direkte Demokratie ersetzten können. Nicht die reiche oder berühmte Persönlichkeit zählt, sondern jeder einzelne Körper.

3. Die Wirklichkeit und der Innen-Außen-Dualismus

- Die Wirklichkeit, ein Definitionsversuch

Die Wirklichkeit umfasst alles, was substantiell existiert, also all das, was wir unter Natur oder Materie verstehen; das heißt, vom Elementarteilchen bis zu den Galaxienclustern alles, was unser Universum beinhaltet. Aber schon das Universum hat keine klar vorstellbare Grenze, sobald wir die Raumzeit als eine physikalische Größe verstehen oder das Universum vielleicht zwanzig Dimensionen hat. Und außerdem, was ist eigentlich hinter dem Universum? Was auch immer noch jenseits davon ist, es würde zu unserer Wirklichkeit gehören. Daraus können wir folgern, dass

Dass das Unerkennbare zur Wirklichkeit gehört, macht nur Sinn aus der Sicht des forschenden Einzelnen, der sich gleichzeitig in der Wirklichkeit und von Erkennbarem umgeben fühlt. Tatsächlich ist die Wirklichkeit selbst unerkennbar.

auch das prinzipiell für uns Menschen Unerkennbare zur Wirklichkeit dazugehört - wie natürlich auch das Unbekannte, das wir vielleicht noch ins Bekannte ziehen können. Aus der Sicht des wahrnehmenden Einzelnen können wir Wirklichkeit auch definieren als all das, was außerhalb von ihm ist, wobei sein gesamter Körper bis zur letzten Gehirnzelle dazugehört. Damit stoßen wir staunend auf die Frage, wer oder was dann noch wahrnimmt. Natürlich nehme ICH wahr, das kann ich aus meiner Sicht ja nicht wegdefinieren. Wir müssen uns also kurz nochmal mit dem Innen-Außen-Phänomen beschäftigen, das bei der Darstellung des Resonanzmodells schon eine entscheidende Rolle gespielt hat.

- Das Innen-Außen-Phänomen

Wir können uns also in jedem Einzelnen ein Innerstes vorstellen, das - wahrnehmend - eine Erfahrung macht. Dieses Innerste gehört aber nicht zur Wirklichkeit. Es ist zwar der Körper mit all seinen Sinnen, der die Erfahrung macht, aber die Realisierung der Ereignisse als gefühlte und erlebe Erfahrung geschieht auf einer nicht veräußerbaren innersten Leinwand. Aus der Sicht des Individuums gibt es ein erfahrbares Äußeres und ein erfahrendes Inneres, doch eine Grenze zwischen Innen und Außen gibt es nicht, denn - irgendwie von außen betrachtet - gibt es nur den Körper mit seinen Sinnesorganen in dieser einen, nahtlosen Welt. Wir müssen also einen Dualismus feststellen, der doch nichts über die Wirklichkeit sagt. Ich nenne es deswegen den theoretischen Dualismus in Anlehnung an den erkenntnistheoretischen Dualismus bei Jürgen Habermas, wobei ich Theorie dabei nicht als akademische Disziplin, sondern als ausformulierte Selbstreflexion verstehe.

Zum Thema wahrnehmendes Innerstes gibt es auch im Kapitel III.1.2, *Das Ich ist nicht das Bewusstsein*, eine Überlegung zum Begriff *Beobachter*, der in der spirituellen Tradition mit der Leinwand des Innersten gleichgesetzt wurde. Die spirituelle Sicht konnte entweder die Unerkennbarkeit des Innersten nicht aushalten oder wollte durch die Gleichsetzung von Innerstem, Beobachter und Geist zum Zwecke der Herrschaft das Oben etablieren. Witzigerweise geschieht mit der menschlichen Begabung zum Selbstbetrug beides gleichzeitig.

- Die Projektion des Dualismus nach außen

Immerhin können wir nun besser nachvollziehen, warum es so konsequent zur Projektion dieses Dualismus in die Außenwirklichkeit als Diesseits-Jenseits-Spaltung kam. Wie hätten die Menschen sonst ein Ich hervorbringen können, wenn sie es - als ihr Innerstes empfunden - nicht auch als einen Teil der Wirklichkeit hätten verstehen können. Der Preis war die Spaltung in Diesseits und Jenseits, die als Riss - zunächst ganz unbewusst - durch jeden Einzelnen hindurchlief. An diesem Punkt kann ich aber auch leicht verständlich machen, warum sich ein Zwang zur Theoriebildung für den Einzelnen ergibt: Das Ich als Innerstes gibt es nur theoretisch. Es bleibt mir Einzelnem also nichts anderes übrig, als es mit meiner Theorie zu ergreifen.

- Das Unerkennbare und die Meditation

Der Versuch, das Innerste mit Theorie zu begreifen, löst sofort das unangenehme Gefühl aus, dass dabei ein unerreichbarer, unerkennbarer Rest übrigbleiben wird. Letztlich gibt es so etwas wie tiefe Erkenntnis durch Theorie nicht, wir müssen die Wirklichkeit immer mit dem ganzen Körper erfahren. Für das Erfühlen des Innersten ist die Meditation der geeignetere Weg, allerdings bleibt das Ich dabei auf der Strecke und die Theorie endet damit, dass das Ich eine soziale Institution ist. Der Trost aus dem Theoriebaukasten: Es gibt das Unerkennbare - in der Wirklichkeit.

4. Das Unerkennbare aushalten, ein Gedankenexperiment gegen die Überheblichkeit jeder Geistprojektion

Nach meiner bisherigen Sprachregelung müsste ich statt von einem Gedankenexperiment eigentlich von einer perspektivischen Übung reden, da ich davon ausgehe, dass wir in unserem Gehirn Denken nicht von Fühlen trennen können. Ich bleibe diesmal aber bei den Gedanken, da es in diesem Teil II im Besonderen auch um die Selbständigkeit von Theorie geht.

Mein Ziel ist es, jetzt eine Folge von Argumenten dafür zu liefern, dass es uns Menschen nicht möglich ist, an Geister außerhalb unserer Gehirne zu glauben, ohne uns einer selbstüberschätzenden Anmaßung schuldig zu machen. Die These und die Begründungen sind meines Erachtens Grundlage und Motor für das, was wir seit der Renaissance als naturalistisch basierte Aufklärung erleben. Die Beweisführung, beziehungsweise die Abfolge von Thesen und Argumenten, geht folgendermaßen (diese These ist schon oft aufgestellt worden, weshalb ich sie nun spontan und übungshalber aus meinem Gedächtnis nachzeichne):

- 1. Es gibt das Unerkennbare

Es gibt für die Menschen einen Bereich der Wirklichkeit, der für sie ganz grundsätzlich nicht erkennbar ist. Es gibt also für uns das *Unerkennbare* im Unterschied zum Unbekannten, das wir jetzt noch nicht kennen, aber vermutlich durch fortschreitende Erforschung noch erkennen werden. Daraus folgt auch, dass es schon das Bekannte gibt, was man nicht mit dem endgültigen und wahrhaften Durchschauen von Wirklichkeit verwechseln darf. Das Erkennbare ergibt sich aus dem Wahrnehmbaren der fünf Sinne, verlängert durch Instrumente und theoretische Folgerungen. Ganz logisch argumentiert würden wir durch die Leugnung des Unerkennbaren davon ausgehen müssen, dass sich der Bereich des Erkennbaren auf die Unendlichkeit bezieht. Dass wir uns überhaupt begrifflich und mathematisch etwas unter Unendlichkeit vorstellen können, und Unendlichkeit gerade dadurch definiert ist, dass sie empirisch nicht erfassbar ist, hat zur Konsequenz, dass der Bereich des Erkennbaren nicht unendlich sein kann. Es gibt das Unerkennbare.

- 2. Erfundene Eigenschaften für das Unerkennbare sind logisch unzulässig

Zuletzt aus Gründen der Bescheidenheit, aber zunächst mal aus logischen Erwägungen, ist es dem Forscher oder einem Menschen, der sein Weltbild auf eine naturwissenschaftliche Basis stellen möchte, nicht möglich, das Unerkennbare durch andere Begriffe zu ersetzen, wie typischerweise den *unendlichen Geist* oder die *absolute Intelligenz* oder auch nur die *endlos-ewige Raumzeit*. Die Begründung ist denkbar einfach: Jede andere Formulierung als „das Unerkennbare" gibt diesem Bereich eine Eigenschaft, die nur von uns stammen kann, das heißt genauer: die wir hinzugedichtet haben. Dieses Argument hat etwas Tautologisches, weil wir ja das Erkennbare daran gebunden haben, dass unsere menschliche Wirklichkeit an unsere fünf Sinne gebunden ist. Obwohl dieser Kurzschluss noch lange nicht das Gegenteil belegt, dass wir jenseits unserer Wahrnehmungsfähigkeit etwas erkennen können, so kann man doch zuletzt die dem Erwachsenen gebotene Bescheidenheit einbringen, um diese Einsicht zu einer *Erkenntniseinbahnstraße* zu machen.

fünf Sinne: Ernst zu nehmende Forscher wie Roger Penrose haben postuliert, dass wir mit unseren Gehirnen über die feinen Kanäle unserer Axone, den Mikrotubuli, in der Lage sind durch quantenmechanische Effekte mit Bereichen zu kommunizieren, die sich unseren wahrnehmungsverlängernden Instrumenten entziehen, das heißt, über unser fünf Sinne hinausgehen.

- Basis aller Aufklärung: das Bescheidenheitsargument

Ich nenne das Basisargument aller Aufklärung demzufolge auch einfach das Bescheidenheitsargument und es lautet wie folgt: Jede Unterstellung einer Eigenschaft zu etwas, das sich unserer *empirischen Nachvollziehbarkeit* (Wahrnehmung plus Instrument plus Theorie) grundsätzlich entzieht, verlangt eine Unbescheidenheit, eine Anmaßung, weil wir uns mit einer rein sprachlichen, symbolischen, informationellen Formulierung über unsere körperlichen Grenzen hinweg mit etwas rein Geistigem in Verbindung bringen müssten. Jede der unendlichen Unerkennbarkeit hinzugefügte Eigenschaft setzt eine Identifikation mit etwas voraus, das viel mehr sein muss, als wir sein können.

- 3. Die Mathematik und andere Simulationsergebnisse beweisen keinen selbständigen Geist

An dieser Stelle wird gerne die Mathematik als Beleg herbeigezogen, deren Fähigkeit mit Unendlichkeit umzugehen schon erwähnt wurde, um zu beweisen, wie sich Menschen auf etwas rein Geistiges beziehen können, also über ihre Natur hinausgehen können. Ein rechtwinkliges Dreieck oder der Satz vom Pythagoras, $a^2 + b^2 = c^2$, kommen in der empirisch wahrnehmbaren Natur nicht vor. Doch die gleiche Behauptung können wir von sehr vielen anderen Phänomenen aufstellen. Unsere gesamte, vom Bewusstsein zusammengestellte „Wirklichkeit" kommt so in der Natur nicht vor. Oder anders formuliert: Dass die Natur digitale Informationsverarbeitung mit Hilfe von Transmitterstoffen und Leiterbahnen hervorgebracht hat, bei der in den Datenformaten der Bezug zum Sinneseindruck nicht mehr erkennbar ist, bedeutet noch lange nicht, dass wir es mit übernatürlichen Phänomen zu tun haben. Und das gilt auch dann nicht, wenn die Datenmenge und die vernetzte Informationsverarbeitung eine so große Verselbständigung erreicht haben - wie beim menschlichen Gehirn -, dass das System sich permanent mit sich selbst beschäftigen muss, um eine gesunde Ordnung zu halten. In Bezug auf die Mathematik und alle verwandten scheinbar „geistigen" Phänomene können wir folgern: Da die von einer materiellen Natur hervorgebrachte digitale Datenverarbeitung nach einem Ja-Nein-Prinzip funktioniert (existiert, existiert nicht), ist auch die komplexe Datenverarbeitung eines Gehirns zu logischer Schlussfolgerung fähig. In Verbindung mit der Fähigkeit, wahrgenommene Elemente neu zusammenzusetzen - Simulation von neuen, möglichen Prozessen, die wie Sinneswahrnehmungen projiziert werden können -, entsteht unter der Führung symbolischer Elemente das, was wir „Denken" nennen. Wenn wir an Mathematik, Wissenschaft oder Philosophie *denken*, bei denen über viele Generationen Einsichten zusammengetragen wurden, dann ist allerdings nicht das „Denken" das Entscheidende, sondern die Theoriebildung, für die zunächst das Aufmalen von Symbolen und Wörtern erfunden werden musste. Der Satz des Pythagoras ist also einfach nur eine interessante Theorie über ein simuliertes oder erdachtes Dreieck. Die Theorie, unser ganzes Universum könnte als Simulation in einem riesigen Computer einer superintelligenten Zivilisation ablaufen, ist auch sehr interessant - und Bedarf einiger Simulationsübung in unserem Kopf.

- 4. Es gibt keinen nachvollziehbaren Grund für die Befrachtung des Unerkennbaren mit „Geist"

Doch um den Eindruck zu vermeiden, als sollte die Argumentfolge mit einer moralischen Forderung nach Bescheidenheit untermauert werden, nochmal zurück zum tautologischen Kern des Arguments unter 2.): Es gibt das Unerkennbare, weil wir es nicht erkennen können. Der tautologische Hintergrund ergibt sich einfach aus der Tatsache, dass wir über etwas sprechen, was der Sache nach nicht durch Erfahrungen verifiziert oder falsifiziert werden kann. Wer also sorgfältig bei seiner Behauptung darauf achtet, dass keine seiner Thesen in den überprüfbaren Bereich gehört, kann behaupten, was er will. Die Aussage, es gibt das Unerkennbare, gehört natürlich auch dazu. Also, haben viele gefolgert, kann man mit gleichem Recht behaupten, dass das Universum von einer unendlichen Intelligenz durchdrungen ist. Nicht selten wird auch der Grund mitgeliefert, dass die Menschen mit ihrer selbstreflektierenden Intelligenz die Einsamkeit sonst nicht aushalten können (außerdem wird unsere Sprache mit ihren Bedeutungen und unsere Fähigkeit angesichts der Farbe Rot ein Bewusstsein für das Rotsein zu haben - die Qualiathese - als Beweis dafür genommen, dass unsere Intelligenz nicht einfach durch dumme Materie hervorgebracht werden kann). Aus meiner Sicht ist diese ganze aufgeregte Diskussion über die „geistigen" Eigenschaften des Menschen, die vermeintlich mehr können, als durch das Funken von neuronalen Netzen erklärbar wäre, nichts anderes als ein Ausdruck einer beleidigten Seele, die sich so gerne als über der Materie stehend gesehen hätte. Die Urmutter aller Eitelkeit ist die Geistprojektion. Doch der Kern meines Arguments ist nicht der Vorwurf der Unbescheidenheit. Das Tappen in die Falle der Eitelkeit ist nur das Symptom dafür, dass über etwas geredet wird, für das kein Grund angegeben werden kann. Das Motiv wird immer mehr oder weniger laut mitgeführt: Nur ein Tier zu sein ist eine Zumutung. Es gibt keine andere Begründung. Das Bescheidenheitsargument sagt also: Überlege dir genau, ob du an dieser Stelle nicht lieber schweigen willst, sonst könnte es passieren, dass man dich nach dem Motiv deiner Rede fragt, und das Motiv könnte sich als Schwäche offenbaren.

- 5. Das Eitelkeitsargument gegen den selbständigen „Geist" wirkt wie eine Einbahnstraße

Das Eitelkeitsargument ist natürlich nicht „logisch" beweisbar, aber als perspektivische Übung hat es interessanterweise den Charakter einer Einbahnstraße. Hat man den Aussichtspunkt einmal eingenommen, kann man nicht mehr zurück. Was logisch auch wieder selbstverständlich

---

überprüfbaren: Mir fällt eine Geschichte über einen chinesischen Kaiser ein, der seinen berühmten Weisen gefragt haben soll, worauf denn das Universum ruht. Der Weise soll geantwortet haben: Auf einer Schildkröte. Darauf der Kaiser: Und worauf ruht diese Schildkröte. Der Weise antwortet: Die Schildkröte ruht auf einer Schildkröte und immer so weiter.

In dieser wirklich weisen Antwort ist das Thema Unendlichkeit, Unerkennbarkeit und der Verweis auf den Trick erhalten, wie praktisch es ist, etwas ganz sicher Unüberprüfbares zu behaupten - und die pädagogisch verpackte Aufforderung, die Unerkennbarkeit auszuhalten.

Qualiathese: Die ganze der Mensch-ist-mehr-als-ein-Tier-Diskussion - heute mit dem Qualia- und Bewusstseinsargument - ist in meiner Jungend schon mal geführt worden, nur damals war der vermeintliche Beweis für die geistigen Fähigkeiten des Menschen die Sprache selbst (das ganze 19. Jahrhundert hat sich wohl daran abgearbeitet). Mit Hilfe der Computer und der Menschenaffen hat sich unser Verständnis von Sprache geändert, also stürzen sich alle auf die Besonderheiten des Bewusstseins und nehmen in Kauf, dass es einige höhere Tiergattungen gibt, die ähnlich erleben. Lieber sprechen wir den Walen und Bonobos geistfähiges Bewusstsein zu, als es uns abzusprechen.

Mir geht der berühmte Satz von Ludwig Wittgenstein durch den Kopf: „Wovon man nicht sprechen kann, darüber muss man schweigen." (Tractatus logico-philosophicus)

ist, weil der Schritt selbst schon die Kraft voraussetzt, sich angesichts der unendlichen Unerkennbarkeit nicht zu klein und zu staubig vorzukommen. Das Eitelkeitsargument verlangt: Logik und Gefühl sind nicht zu trennen (wie die Gehirnforschung belegt). Doch wenn du das Gefühl der unausfüllbaren Leere hinter unserem Universum aushalten kannst, ist der *Gedanke* unhintergehbar logisch. Nochmal: Es gibt das Unerkennbare, und wenn wir es mit menschlichen Eigenschaften füllen müssen, steckt dahinter eine Schwäche: die Eitelkeit.

III. Aus meiner Sicht: Der aktuelle Stand meiner Weltbildtheorieübungen

- Perspektivische Übungen und Theoriebildung

Das Buch selbst als Theoriekonstrukt ist der Stand einer sedimentierten Schicht meines inneren Wissens. Unsere individuellen Weltbilder unterliegen einem ständigen Wandel und sind eigentlich nicht fassbar. Der innere Bildungsprozess ist das, was ich mit Übungen meine. Wenn diese Übungen nun an das Herausarbeiten von Perspektiven gebunden werden, entwickeln sich Konzentrationspunkte, die stabiler und leichter vermittelbar sind. Außerdem integrieren wir mit der Perspektive eine große Errungenschaft Nietzsches: die perspektivische Philosophie. Es gibt keine allgemeingültige Wahrheit, nur noch die Sichten der Einzelnen übertragen in allgemein verständliche Theorien. Wir können das Gesehene beschreiben, aber wir können auch begründen, warum wir eine bestimmte Perspektive auf die Welt wählen, warum wir uns einen bestimmten Aussichtspunkt wählen, warum am besten einen möglichst hochgelegenen. Doch bei vielen hohen Perspektiven kommt es vor allem darauf an, die Aussicht auszuhalten. Es passiert schnell, dass dem empfindlichen Ich der Anblick nicht gefällt. Nietzsches perspektivische Philosophie beschäftigt sich deswegen intensiv mit der Frage, wie wir uns für das Aushalten quälender Anblicke stärken können. Welche perspektivischen Übungen sind hilfreich? Das Schreiben und Lesen dieses Buches ist eine solche Übung.

1. Das metaphysische Ich und seine Wirklichkeitsdefizite

> metaphysische Ich: Auf die genauere Kennzeichnung des Ichs als metaphysisch, eingebildet oder projiziert gehe ich im weiteren Verlauf des Textes nicht mehr konsequent ein. Wenn die Bedeutung des Wortes Ich nicht aus dem Kontext hervorgeht, ist im Zweifelsfalle das metaphysische Ich gemeint.

- Das metaphysische Zeitalter als kurze Übergangszeit

Ich hatten zu Beginn des Teil I davon gesprochen, dass ich einen Blick auf die metaphysische Zeit der letzten zweieinhalbtausend Jahre als kurze Übergangszeit anbiete, von einer sehr tiernahen Sicht des Menschen auf sich selbst (mit magisch-animistischen Überhöhungen) zu einer wissensbasierten Zivilisation. Die Geistprojektionen erscheinen dann wie der Anerkennungskomplex eines Tieres, das sich die eigene Intelligenz nicht vorstellen, geschweige denn erklären kann, und durch die Projektion des ihm verwandten Geistes von sich nach außen den Weg zu einer Selbsterhöhung findet. In diesem Hauptkapitel beschäftigen wir uns nun mit Teilaspekten dieses Ausblicks mit dem Fokus auf die Frage, welche Wirklichkeitsdefizite sich aus dem metaphysischen Schritt ergaben.

1.1 Das Ich und das Missverständnis von der menschlichen Intelligenz

1.1.1 Horizontale und vertikale Intelligenz

- Computerbasierte und menschliche Intelligenz

Aus der Sicht des Informatikers habe ich gelernt, zwischen der menschlichen (beziehungsweise tierischen) und der compterbasierten Intelligenz (beziehungsweise künstlichen) zu unterscheiden. Die Vorgehensweise des Computers besteht darin, alle Daten hintereinander oder sequentiell, wie auf einer Schnur aufgelistet zu verarbeiten. Das Ergebnis ist, dass er nichts vergessen kann. Die Inhalte von Adresslisten, Lexika aller Art oder überhaupt aller gespeicherten Texte immer zur Hand zu haben, ist für ihn eine konstruktionsbedingte Selbstverständlichkeit.[1]

Die sequentiell organisierende Datenverarbeitung nenne ich horizontale Intelligenz. Im Unterschied dazu hat das menschliche Gehirn große Probleme sich sequentiell organisierte Daten zu merken und wieder abzurufen. Das hängt mit seiner Struktur als neuronales Netzwerk zusammen. Viele Datenbits werden nicht hintereinander, sondern gleichzeitig verarbeitet; das Netz kann schnell reagieren, hat aber den Preis, dass viele gleiche oder ähnliche Informationen mehrfach abgelegt werden. Alle Dateneingänge der Sinnesorgane, einschließlich der im Gehirn stattfindenden Resonanzen, werden gleichzeitig gespeichert. Zu diesen gespeicherten Ereigniskomplexen gehört auch immer das ganze Spektrum der Gefühle, das wiederum fest mit der

Neuronales Netzwerk: Aufgrund der vernetzenden Datenverarbeitung muss das menschliche Gehirn das horizontale Datenformat mühsam simulieren. Jeder weiß, wie aufwendig es ist, auch nur eine Seite eines Vokabelheftes auswendig zu lernen, was jeder PC in Millisekunden erledigt. Zum Thema Vokabelheft und Schulpädagogik und warum es diese Lernform überhaupt noch gibt (siehe Kapitel V.4, *Nachbürgerliche Aussichten*).

---

[1] Eine nähere Erläuterung der Computertechnik und der Unterschiede zur menschlichen Intelligenz im Kapitel III.1.1, *Das Ich und das Missverständnis von der menschlichen Intelligenz*

III. Aus meiner Sicht

> Informationstechnisch passt der Begriff vertikale Intelligenz nicht im gleichen Maße und Sinne zur Vernetzung der Neuronen im Gehirn wie *horizontale Intelligenz* zur Computertechnik. Im weiteren Verlauf dieses Kapitels III.1.1 wird noch deutlich werden, warum ich für die menschliche Intelligenz das Attribut *vertikal* gewählt habe. Kurz vorweg: Peter Sloterdijk hat die Tatsache, dass der Mensch immer Geistprojektionen vorgenommen hat, mit einer dem Menschen eingebauten Vertikalspannung erklärt (siehe Kapitel IV.3, *Leseübungen, Peter Sloterdijk*). An den Begriff lehne ich mich an, erkläre ihn aber anders, nämlich mit dem Zwang zur Projektion durch die Arbeitsweise des Gehirns, das immer Wirklichkeit simulierend vorwegnimmt (siehe Kapitel IV.2, *Thomas Metzinger: Der Ego-Tunnel*). Informationstechnisch legitimiert sich der Begriff *vertikale Intelligenz* dadurch, dass sich die wachsenden Axone im neuronalen Netz räumlich orientieren, also die dritte vertikale Raumdimension im Unterschied zur flachen Speicherstruktur des Computers hinzukommt.

Körperwahrnehmung verbunden ist. Diese Art der vernetzenden Datenverarbeitung nenne ich vertikale Intelligenz.

- Direkte Abbildung

Diese in der Evolution der Lebewesen entstandene vertikale Form hat den großen Vorteil, dass die Lebewesen sehr schnell auf ihre spezifischen Umweltbedingungen reagieren können und zwar angemessen, das heißt, durch die in der Erfahrung gespeicherten Gefühle gewichtet. Der Trick dabei ist: Das neuronale Netz bildet die Umwelt direkt ab, wie sie über die verschiedenen Kanäle wahrgenommen wird (man könnte die Arbeitsweise des menschlichen Gehirns auch *direkte Intelligenz* nennen). Das funktioniert, weil wir unsere Welt nur kennen, wie sie sich über unsere Wahrnehmungsfilter - fünf Sinne als Grundfilter - im Kopf ergibt. Das Gehirn braucht sich alle Eingaben in ihrer komplexen Verbundenheit nur gefühlsgewichtet gleichzeitig zu merken, um sich das bestmögliche Bild von der Welt zu machen. Dieses Format bleibt auch bei der Weiterverarbeitung erhalten, so dass Erfahrungen gemacht und langfristig gespeichert und verglichen werden können.

- Die horizontale Intelligenz stieg in der Wertung der Kultur zur wahren menschlichen Intelligenz auf

Nun müssen wir die wahrhaft erstaunliche Feststellung machen, dass mit dem Beginn der metaphysischen Ichkultur vor 2500 Jahren die horizontale Intelligenz als die eigentlich menschliche Intelligenz gilt, obwohl das Gehirn Daten hochgradig vertikal verarbeitet. Wie konnte es zu diesem Missverständnis kommen?

> alltagstaugliche PC: Mein beruflicher Werdegang als IT-Fachmann begann 1980, und in den 80er-Jahren begann auch der alltagstaugliche PC seinen Siegeszug. Mein Smartphone ist heute um ein vielfaches leistungsfähiger als der zentrale Server, den wir in den Siebzigern noch an der Uni hatten. Der NSA-Skandal hat uns glücklicherweise darauf aufmerksam gemacht, wozu große Server heutzutage in der Lage sind.

Ich gehöre zu der Generation, die mit den ersten alltagstauglichen PCs arbeiten konnte. Wir konnten uns also schrittweise ein Bild davon machen, was ein Computer kann und wie er seine Daten verarbeitet. Das rasante Wachstum und die immer deutlicher werdende Überlegenheit in vielen Bereichen (Lexika durchsuchen in Millisekunden) und die überraschende Unfähigkeit in anderen (sie können menschliche Sprachäußerungen bis heute nicht verstehen) musste zwangsläufig die Frage aufwerfen, wie sich die computergestützte und die menschliche Intelligenz unterscheiden. In den neunziger Jahren begann die große Zeit der Neurowissenschaftler und Gehirnforscher, und mittlerweile haben wir weltweit milliardenschwere Forschungsprojekte zu diesem Thema. Heute lässt sich schon gut belegen, wie sich horizontale Maschinenintelligenz und vertikale Menschenintelligenz unterscheiden.

- Arbeitsteilung zwischen stärker horizontal (sequentiell) oder vertikal (vernetzt) ausgerichteten Intelligenzen

Menschen haben die Fähigkeit, sequentiell zu organisieren, wie auch die Sprachfähigkeit zeigt. Sie können Zeit und Raum im Kopf nebeneinander darstellen. Diese Abfolgen müssen teilweise informationstechnisch simuliert werden, da sie vermutlich meistens nicht direkt in der Netzlogik abgebildet werden können. Für diese Aufreihungen sind einige Köpfe geeigneter als andere, was sicher ein Trick der Evolution war, um durch Arbeitsteilung eine höhere Effizienz zu bekommen. Im Gegensatz dazu neigt die stärker vertikale Intelligenz zu einer schnelleren Projektion (alle Wirklichkeit wird simuliert), was zum Beispiel bei der Integration von völlig neuen Phänomenen stören kann, außerdem macht sie leichter Fehler, wenn es auf exakte Reihung ankommt, typischerweise beim Wiederholen von mehreren Sätzen oder beim Abarbeiten eines Zeitplans, möglicherweise auch beim genauen Wiederholen eines Bewegungsablaufs. Gehirne mit stärker horizontal oder sequentiell talentierter Intelligenz sind dann geeigneter, dafür neigen sie zu einem Mangel an Empathie oder sind schwach beim Verstehen von komplexen Verhältnissen. Je unmittelbarer, vielfältiger Wirklichkeitsinput gleichzeitig verarbeitet werden muss, beispielsweise im Kampf, umso leichter sind sie überfordert. Plakativ können wir uns merken, der Vertikalist kann leicht zum abgehobenen Spiritualisten (Schamanen) werden und seine Visionen für Wirklichkeit halten, während der Horizontalist am extremen Ende autistische Eigenschaften entwickeln kann (wie zum Beispiel die Menschen mit Inselbegabungen). Es liegt nahe, dass beide Intelligenztypen vereint in einem Team sehr leistungsfähig sein können. Es scheint auch Menschen zu geben, die beide Formen in sich vereinen, und dann als Genies bekannt werden.

- Eine kulturelle Korrektur beim Intelligenzverständnis

Ich ehe in diesem Buch weniger auf die Würdigung der horizontalen Begabung ein, weil erstens die Kulturen diese Intelligenz als die wahre Intelligenz missverstanden haben (während vertikal Begabte bestenfalls zu Handwerkern oder Künstlern taugten) und zweitens die vertikalen Begabungen (wie sie physiologisch in allen Gehirnen vorhanden sind) zunächst als Geister abgespalten und später in die Vertikalität von Machthierarchien übersetzt wurden. Es gilt

Künstlern: Mir fällt aus der jüngsten Vergangenheit ein Zitat vom ehemaligen Bundeskanzler Helmut Schmidt ein: "Wer Visionen hat, soll zum Arzt gehen." Schmidt, der Kant liebte, Nietzsche ablehnte und keinen Sinn für zeitgenössische Kunst hatte, galt als großer Rationalist. Vielleicht hatte er auch viel für Jürgen Habermas übrig und konnte vermutlich dessen Äußerung „religiös unmusikalisch" gut nachvollziehen.

also, vor allem in den Schulen, eine metaphysisch bedingte Fehlentwicklung zu korrigieren. Kulturell hat dieser Schritt eine gewisse Dringlichkeit, weil uns die sequentiellen Arbeiten bald vollständig von Computern abgenommen werden. Das bedeutet, die Menschen müssen sich auf die Nutzung ihrer vertikalen Intelligenz umstellen, das beinhaltet wiederum, dass die Diskriminierung der Vertikalisten in den Schulen beendet werden muss. Die horizontalen Fähigkeiten werden wir weiter im Umgang mit und beim Verständnis von Computern gebrauchen können.

- Ein persönlicher Aspekt

Ein persönlicher Aspekt im Umgang mit horizontaler Intelligenz soll auch nicht verschwiegen werden. Mit acht Jahren wollte ich Missionar werden und hatte Gottesvisionen, während meine horizontalen Begabungen gerade reichten, um das Abitur auf einem klassischen Gymnasium zu bestehen (Vokabeln lernen statt sprechen, Rechnen statt Mathematik). Erst mit den Abschlussarbeiten in Germanistik konnte ich zum Thema Franz Kafka meine Intelligenz ausspielen. Zu Beginn meiner IT-Karriere Anfang der 80er Jahre hätte ich eine Aufnahmeprüfung bei IBM sicher nicht bestanden. Erst als später die höheren Programmiersprachen der vierten Generation auf den Markt kamen, konnte ich zum Programmierkünstler werden.

1.1.2 Wie konnte es zu einem derartig dramatischen Missverständnis kommen?

- Vertikale Intelligenz wurde als Geist wegprojiziert

Mit diesem wachsenden Wissen über die verschiedenen Formen der Datenverarbeitung war dann auch die Einsicht nicht mehr zu vermeiden, dass die Menschen sich bisher ein falsches Bild von ihrer eigenen Intelligenz gemacht haben, und die Frage stand im Raum, wie es dazu kommen konnte. Thomas Metzinger hat im Zusammenhang mit seiner Theorie über das Bewusstsein die These aufgestellt, dass das Gehirn „Wirklichkeit" nur in simulierter und in einer durch die Sinne gefilterten Form präsentieren kann[2]. Die Simulation selbst noch bewusst zu machen, hat die Evolution des Gehirns wohl als unvorteilhaft eingestuft (zu langsam, zu

---

[2] Thomas Metzingers Buch *Der Egotunnel* wird in Kapitel IV.2 näher erläutert. Wegen seiner Bedeutung für mein Verständnis von der Arbeitsweise des Gehirns gehe ich in diesem Absatz kurz auf seine These vom *Egotunnel* und dem *naiven Realismus* der Menschen ein.

verwirrend). Wir *müssen* die wahrgenommene Welt also für die Wirklichkeit da draußen halten. Thomas Metzingers Feststellung dazu: Wir sind *naive Realisten*. Eine Grundeigenschaft der vertikalen Intelligenz des menschlichen Gehirns ist die Projektion. Je größer dabei die Eigendynamik ist, umso eher wird die informationelle Beweglichkeit selbst als Eigenschaft auf die Welt projiziert. Die magisch-animistische Zeit hat demzufolge in allem einen Geist gesehen.

- Die metaphysische Geistprojektion

Die metaphysische Aufspaltung in Geist und Welt hat diesen Irrtum ein Stück korrigiert, weil nun der projizierte Geist weg von den Dingen und näher an den Menschen heranrückte, allerdings mit dem Preis, dass der Geist einerseits selbständiger wurde, andererseits den Menschen in zwei Hälften zerriss. Das in der Projektion liegende Wirklichkeitsdefizit wurde nicht aufgehoben, sondern nur verschoben. Der Projektionsmechanismus, der sich beim menschlichen Gehirn zur Geistprojektion ausdehnt, ist also das paradoxe Ergebnis eines Bemühens um direkte Wirklichkeitsabbildung einerseits und der Projektion von Wirklichkeit andererseits, weil die Konstruiertheit der Wirklichkeit selbst nicht erkannt werden kann. Die erste Bedingung für das Entstehen des Intelligenzmissverständnisses ist also, dass die Natur des menschlichen Gehirns nicht von sich aus die Fähigkeit bereitstellt, die Art der eigenen Datenverarbeitung zu durchschauen. Im Gegenteil: Der Mensch projiziert Eigenschaften seiner Intelligenz auf die Welt. Die Vertikalität seiner Wahrnehmungsverarbeitung wird schon in den uns bekannten Anfängen kultureller Entwicklung (animistisch-magisches Zeitalter) nach außen projiziert. Man kann das auch als eine erste Abspaltung einer menschlichen Intelligenzeigenschaft sehen.

- Sprache: Auch das menschliche Gehirn organisiert sequentiell

Eine weitere Bedingung für das Entstehen des Intelligenzmissverständnisses ergibt sich aus der sequentiellen Natur der gesprochenen Sprache. Wie jeder Mensch in sich erforschen kann, ist das im Kopf gesprochene Wort immer mit einem ganzen Wust von Gefühlen und Sinneseindrücken verbunden, also Teil der vertikalen Verarbeitung. Allerdings ist es ein Teil, der eine sequentielle Sortierung im gesprochenen Satz erlaubt. Mit der Erfindung der Laut-

---

In Bezug auf den Bewusstsein schaffenden Egotunnel spricht Thomas Metzinger von den undurchsichtigen Wänden des Egotunnels. Das Bewusstsein - ich würde den Aspekt nicht auf das Bewusstsein beschränken - kann also die konstruierenden oder konstruierten Wände des Tunnels nicht sehen. Ich würde sagen: Die vertikale oder vernetzende Datenverarbeitung zur Wirklichkeitsaneignung opfert grundsätzlich das Wissen von der gefilterten Konstruktion, um keine Geschwindigkeitsverluste zu erleiden. Denn dieses Wissen müsste Teil eines jeden Wahrnehmungspaketes sein, was den Umfang der Datenpakete erheblich vergrößern würde; außerdem würde sich ein evolutionärer Vorteil erst in sehr komplexen menschlichen Kulturen bemerkbar machen.

Diese erste Abspaltung hat nicht zu einem metaphysischen Weltbild geführt, weil alles, Dinge, Pflanzen, Menschen, gleichermaßen die Eigenschaft Geist hatte. Die eine Welt aus der Menschensicht hatte nur durch eine Projektion eine neue Eigenschaft erhalten, die er nicht als seine Projektion durchschauen konnte: Geist.

schrift³ konnte diese horizontale Eigenschaft in einer externen Form repräsentiert werden. Mit den durch Buchstaben repräsentierten Lauten war die Verfassung von Texten möglich, die dem tatsächlich gesprochenen Dialog entsprachen, beziehungsweise dem in gesprochenen Worten formulierten Gedanken.⁴ Die grundlegende sequentielle Eigenschaft der Sprache und die - je länger je mehr, bis in unsere Zeit hinein - hohe Verbindung, fast Gleichsetzung, von menschlichem Geist und menschlicher Sprache, hat der Vorstellung Vorschub geleistet, dass die beste und wesentlichste Eigenschaft der wahrhaft menschlichen Intelligenz die horizontale Anordnung sei.

> Noch vor wenigen Jahren wurde Menschen eine besonders hohe Intelligenz zugesprochen, die wortwörtlich ganze Bücher auswendig lernen oder Rechenoperationen im Kopf ausführen konnten, für die andere einen Taschenrechner brauchen. Und die Verbreitung der Computer hat es leider immer noch nicht geschafft, dieses Missverständnis völlig zu beseitigen, wie man allabendlich in den Rateshows bewiesen bekommt (und in den unausrottbaren Lernformen der Schulen).

Kurz: Die in der Logik der Projektion liegende Externalisierung von Gehirneigenschaften wird durch eine Übertragung der Sprache vom Inneren ins Äußere (aufgeschriebener Text) passgenau begleitet. Der Sprache wurde die - unlösbare - Aufgabe zugemutet, als Brücke zwischen der menschlichen Intelligenz im Diesseits und der Intelligenz des großen Geistes im Jenseits zu dienen. Außerdem erinnert die Sprache den gespaltenen Menschen immer daran, dass ihm etwas von der jenseitigen Geistigkeit zur Verfügung steht (zumindest glaubt er das).

- Horizontale Intelligenz, Sprache, Vernunft

Sequentielle Intelligenz und Sprache kann man kaum erwähnen, ohne dass einem das Thema Vernunft in den Sinn kommt. Der Geist im Jenseits bietet die erforderliche Sicht auf das Ganze und die Sprache ist das Mittel, mit dem das logisch korrekte Argument formuliert wird. Es versteht sich

> Wenn man sich daran erinnert, dass hinter dem Wort logisch das griechische Wort *Logos* steckt mit der Bedeutung *Wort* oder *Rede,* dann sieht man, wie eng die Verbindung von Sprache, Logik und Vernunft ist.

---

³ Lautschrift: siehe zum Beispiel das Griechische Alphabet der Antike, bei dem „die Laut-Buchstaben-Zuordnung recht eindeutig" war; entstanden laut Wikipedia im 9. Jahrhundert vor Christus (http://de.wikipedia.org/wiki/Griechisches_Alphabet).
⁴ Mein Gedächtnis sagt mir, dass ich den plausiblen Gedanken, dass die Wende der Achsenzeit mit der Entwicklung der Lautschrift zusammenhängt, in früheren Werken von Peter Sloterdijk gelesen habe. (Als Informatiker erwartet man wie selbstverständlich, dass man die Stichworte „Sloterdijk Achsenzeit Lautschrift" im Suchbrowser eingibt und dann entsprechende Stellen findet. Doch die *Geist*branche hat wohl kein Interesse an solch leichten Zugängen.)

fast von selbst, dass die Sequentialität der Sprache auch das Muster liefert für das Aufeinanderfolgen von logischen Argumenten, von Behauptung und Beweis, von Ursache und Wirkung, von These, Gegenthese und Synthese.[5] Die logisch vernünftige Sicht aus der Götterperspektive macht auch deutlich, dass es bei der Abspaltung der Vertikalität immer auch um die Etablierung einer Herrschaftsperspektive von oben ging.

- Das Intelligenzmissverständnis und die Ichprojektion

Wir erinnern: Mit dem Beginn des Monotheismus wurde das metaphysische Zeitalter auf die Ichhervorbringung ausgerichtet. Die Selbsterhöhung funktioniert nur, wenn dem Ich eine eigene - geistige - Substanz zugesprochen wird, die neben oder über der Substanz des Körpers existiert. Das metaphysische Ich musste eine wesentliche Eigenschaft des menschlichen Gehirns, die vertikale Intelligenz, abspalten und ins Außen oder Oben projizieren, sonst hätte es die göttlich verallgemeinernde Funktion nicht entwickeln können, ohne den gleichzeitigen Bezug zur „individuellen" Persönlichkeit (mit dem Körper als echtes Individuum) zu riskieren.

- Keine vertikale Intelligenz für den Einzelnen, nur für die Obrigkeit

Das Ich als individuelle Persönlichkeit konnte nicht mit einer eigenen vertikalen Intelligenz ausgestattet vorgestellt werden, weil erstens dem jenseitigen Geist die Eigenschaft des vertikalen im *Oben*-sein vorbehalten bleiben musste und weil zweitens nur die horizontale Intelligenz dem Ich - über die Gleichsetzung von Sprache und Geist - eine Verbindung mit dem Geist im Jenseits erlaubte. Man kann auch das Bild bemühen, dass das Ich sich zwischen der vertikalen Geistigkeit (und der vermeintlich göttlichen Intelligenz) und der horizontalen Weltlichkeit (und der vermeintlich *menschlichen* Intelligenz) entscheiden musste.

- Spiritualität: missverstandene Vertikalität

Es gab demzufolge auch von Beginn an einige wenige Menschen, die in immer neuen Meditationsformen den Versuch machten, dem Geist auf der vertikalen Linie näher zu kommen. Im Kapitel III.5.2.2 gehe ich näher auf diese spirituellen Wege ein, weil darin einerseits das stille Wis-

Sequentialität: Alan Turing gilt als der einflussreichste Theoretiker der Informatik. Ein wichtiger Aspekt seiner berühmten Turingmaschine besteht darin, dass ein beliebig langes, beschreib- und lesbares Band an einem Schreib- und Lesekopf vorbeigeführt wird und sich die Befehle für die Vorwärts- oder Rückwärtsbewegung des Bandes mit sonstigen Operationen und Daten auch auf dem Band befinden. Man kann die Sequentialität der horizontalen Intelligenz gar nicht besser ins Bild fassen als mit dem flachen Band der Turingmaschine, deren revolutionäre Bedeutung immerhin darin lag, Computerprozesse mathematisch fassbar zu machen.

abspalten: Die Abspaltung der eigenen vertikalen Intelligenz zugunsten des metaphysischen Ich ist die vielleicht größte Selbstverstümmelung des Menschen in seiner Geschichte. Oder umgekehrt: Ein Zurückfinden zur eigenen Vertikalität könnte eine kulturelle Intelligenzexplosion zur Folge haben. Die Menschen dürften so intelligent sein, wie sie tatsächlich sind. Der Gedanke ist nicht neu. In der spirituellen Tradition spricht man davon, dass die Menschen zwar Augen hätten, aber nicht sehen könnten. Fatalerweise trägt die ganze spirituelle Sicht fundamental zur Blindheit bei. Ich würde eher sagen, die Menschen sehen mit ihren Augen, aber ihnen fehlt der Mut und die Kraft, sich gegen die spirituell fundierte Hierarchie aufzulehnen. Was könnte ich Einzelner schon gegen die Werbeindustrie und ihre Kunden ausrichten?

Für die Herrschenden an der Spitze der Hierarchien war sowieso klar, dass das horizontale Intelligenzverständnis die Menschen zu folgsamen Empfängern und Ausführern von Befehlen machte. Eine vertikale Intelligenz hätte irgendwann die Geister als Projektion durchschaut. Sie brauchten nur die Menschen mit ihrer Eitelkeit verführen, und ihnen ein mit Geist und Sprache aufladbares Ich versprechen.

---

[5] Synthese: Auf das Thema Vernunft gehe ich in Kapitel III.6, *Das Ich und die Vernunft*, noch näher ein.

sen von den vertikalen Kräften dokumentiert ist, andererseits die eingebaute Geistorientierung der frühen Meditation die Verstärkung und Unausweichlichkeit des Spaltungsweges belegt.

Kurz, all die angesprochenen Faktoren bilden nur verschiedene Ansichten des gleichen Phänomens: • Metaphysische Weltspaltung bis ins Individuum hinein, • weltbesitzende Persönlichkeit, • das Ich als Beherrscher des Körpers und • die horizontale Intelligenz verstanden als wahre menschliche Intelligenz. Wenn man sich dieses eng verwobene Gespann von Projektionen vor Augen führt, wird klarer, warum es so schwerfällt, das Erbe der Metaphysik, der Diesseits-Jenseits-Spaltung, loszuwerden. Ein Zurück zur Wirklichkeit verlangt einen radikalen perspektivischen Sprung, der einen Blick auf das ganze Paket erlaubt.

1.1.3 Zuletzt Ein Nachtrag: *Das eingebildete Leben*[6]

- Das Problem mit dem autobiografischen Gedächtnis

Als Anfang 2016 das Buch praktisch schon fertig war, las ich zufällig einen Artikel im *Spiegel, Das eingebildete Leben,* der meine Sicht auf das Ich und seine vermeintliche Intelligenz so sehr bestärkt, dass ich der Versuchung nicht widerstehen konnte, diesen kleinen Absatz zum Forschungsthema *autobiographisches Gedächtnis* einzufügen. Es geht um nicht mehr und nicht weniger als die Abkehr einer Forschungsrichtung weg vom individuellen und hin zum sozialen Gedächtnis. Der Untertitel gibt eine gute Zusammenfassung:

» Erstaunlich leicht gelingt es, Menschen falsche Erinnerungen einzupflanzen - sogar an Straftaten, die sie nie begangen haben. Experimente zeigen: Erinnern ist ein sozialer Prozess. Fast jedes Gespräch über die Vergangenheit verändert das Gedächtnis. «

Der Witz besteht aus meiner Sicht darin, dass das allgemeine Erstaunen nicht nur darauf zurückzuführen ist, dass die Forscher jahrzehntelang glaubten, die Biographie des Individuums im einzelnen Gehirn finden zu können, sondern der Witz beruht vor allem auch darauf, dass wir alle

---

[6] *Das eingebildete Leben*: Titel eines Artikels in *SPIEGEL 1/2016,* Seite 14, von Manfred Dworschak

im metaphysischen Zeitalter davon überzeugt sind, unser Ich mit unserer biographischen Geschichte gleichsetzen zu können. Unsere Vorstellung von unserer horizontal organisierenden Intelligenz hat uns glauben lassen, dass sich unser erinnertes Leben geradlinig und gleichförmig hinter unserem Ich versammelt hat. Analog zur Projektion der simulierten Wirklichkeit in ein eingebildetes Außen, projizieren wir das einheitlich eigene Leben des eingebildeten Ichs nach hinten.

- Die Funktion des Gedächtnisses ist sozialer Art, wie beim Ich

Folgendes Zitat, das auch eine Aussage eines am Forschungsprojekt beteiligten Wissenschaftlers enthält, belegt die soziale Funktion des Erinnerns:

» Bis vor wenigen Jahren hatten die Gedächtnisforscher vor allem den Einzelmenschen im Blick. Nun aber erkunden sie, zunehmend fasziniert, die Erinnerung als soziale Macht, als Bindemittel der Gemeinschaft. Und siehe da, ihre Schwäche und Gebrechlichkeit ist zugleich ihre größte Stärke: „Nur weil Sie meine Erinnerungen beeinflussen können und ich die Ihren", sagt Hirst, „enden wir mit einem gemeinsamen Bild der Vergangenheit. Darauf beruht unsere soziale Identität, im Guten wie im Schlechten."
«

Im Sinne des Buches kann ich den Satz von William Hirst[7] modifizieren: Unsere soziale Identität basiert darauf, dass wir unser Ich kollektiv konstruieren. Nicht das Leben ist eingebildet, sondern die Instanz, die es vermeintlich erinnert: das Ich. Die kollektive Erinnerung, quer durch die Gehirne, repräsentiert die Wirklichkeit, aber um unseren individuellen Anteil zu würdigen, müssen wir uns ein Ich einbilden. Wir können es aber auch zunehmend lassen und die Dokumentation des individuellen Lebens den Computern überlassen. Deren horizontale Intelligenz ist dafür wenigstens geeignet.

1.2 Das Ich ist nicht das Bewusstsein

- Der Beobachter

Um den Unterschied zwischen Ich und Bewusstsein in ihrer Beziehung zur Wirklichkeit besser zu verstehen, möchte ich noch auf den Begriff Beobachter eingehen, der in spirituellen Zusammenhängen ähnlich wie der Begriff

---

[7] Der New Yorker Psychologe William Hirst wird mehrfach mit einer Langzeitstudie zitiert.

III. Aus meiner Sicht

Der spirituelle Lehrer Jiddu Krishnamurti geht sogar so weit zu behaupten: „Im unmittelbaren Schauen sind der Beobachter und das Beobachtete eines" (als Überschrift im Kapitel *Der Beobachter und das Beobachtete* seines bekannten Werkes *Einsprung in die Freiheit*). In anderen spirituellen Traditionen findet man auch für *Beobachter* den Begriff *Zeugen*. Die Idee ist natürlich, dass der Beobachter zum Beobachteten aus einer inneren Stille heraus nichts mehr hinzufügt. Mit den Worten Krishnamurtis auch als Überschrift im gleichen Kapitel: „Der von allen Bildern freie Geist sieht die Wirklichkeit". Krishnamurti wusste wohl nicht, dass das Gehirn *Wirklichkeit* simulieren muss mit den Stoffen, die es schon kennt. Krishnamurti, den ich in meiner Zen-Zeit begeistert gelesen habe, hat bei mir aber auch die Grundlagen für ein kritisches Ichverständnis gelegt: Er erkennt „bereits in der Annahme der Existenz eines Ichs das eigentliche Problem: Nicht eine Ich-Stabilisierung wird bei Krishnamurti angestrebt, sondern dessen Auflösung." (http://de.wikipedia.org/wiki/Jiddu Krishnamurti) Leider - oder glücklicherweise - können wir weder ohne Bilder im Kopf wahrnehmen, noch können wir heute ohne Ich existieren, weil es eine institutionalisierte soziale Schnittstelle ist. Bei aller Ablehnung, die Krishnamurti gegenüber jeder Art von Ideologie, Religiosität oder überhaupt gegenüber jedem von außen herangetragenem *geistigem* Wissen hatte, ist er doch zutiefst spirituell gewesen in dem Sinne, dass jeder für sich in seinem Inneren einen Zustand höchster, in einem Maße *selbstloser* Aufmerksamkeit erreichen kann, die mit den rein diesseitig-biologischen Fähigkeiten des Menschen nicht erreichbar sind. Er musste einen Zugang des Einzelnen zu einer höheren, irgendwie jenseitig-überweltlichen Form von Intelligenz unterstellen. Obwohl ich in der Zeit meiner Suche nach diesseitiger Spiritualität viel von ihm gelernt habe, zum Beispiel auch die Notwendigkeit, dass sich zwingend jeder selbst sein Bild von der Welt machen muss (aus seiner Sicht: vom Geist), so kann ich ihn wegen seiner spirituellen Fixierung doch nicht als Vorbild würdigen.

Zeuge eine Rolle gespielt hat. Der Beobachter hat wie das Ich etwas Persönliches, weshalb ich auch zur Beschreibung einer inneren Leinwand später nicht vom Beobachter, sondern einfach vom Innersten spreche. Ähnlich wie das nicht mehr zu gebrauchende Wort Subjekt hat der Begriff Beobachter einen verallgemeinernden philosophischen Charakter. Unter einem Beobachter muss man sich entsprechend mehr vorstellen als den Betrachter einer Szene im Alltag. In der spirituell basierten Sicht steht er der großen Geistintelligenz nahe, weil der Beobachter die letzte intelligent-sehende Instanz ist, in der Wahrnehmung ohne Beimischungen durch das irdische Individuum stattfindet (bekannterweise bei Krishnamurti). Beim Ich als Beobachter geht es mir weniger um die neuronalen Repräsentationen, sondern darum, innerhalb der Simulation dem Gegenstand eine wahrnehmende Instanz begrifflich gegenüberstellen zu können. Das Gehirn muss in einer Wirklichkeitssimulation für die Projektion eines Gegenstandes ins „Außen" auch den passenden Beobachter erzeugen, der allerdings ins „Innen" projiziert wird. Für das Gefühl *Ich nehme Wirklichkeit da draußen wahr* muss das Gehirn Beobachter im Innen und Gegenstand (oder Beobachtetes) im Außen gleichermaßen simulieren[8]. In der Sprache von Thomas Metzinger ist der Egotunnel als Bewusstsein der Beobachter. In meiner Sprache sind Beobachter, Ich und Bewusstsein nicht das Gleiche, sondern sich überschneidende Datenformate. Mit den Begriffen von Metzinger könnte ich formulieren: Ego und Tunnel sind nicht dasselbe[9].

- Übung: Beobachter, Ich und Bewusstsein sind nicht das gleiche

Wenn Sie beim Lesen einen Moment innehalten und durch eine meditative Konzentration auf den Körper das Bewusstsein still werden lassen, dann können sie selbst überprüfen, welche Instanz in Ihrem Inneren wahrnimmt. Das Gefühl von Wahrnehmung ist dann mehr mit dem Körper verbunden als mit einem vom Körper losgelösten Bewusstsein oder gar einem Ich. Der Körper selbst

---

[8] Simulieren: siehe Kapitel II.3, *Die Wirklichkeit und der Innen-Außen-Dualismus*
[9] Ego und Tunnel: siehe meine Kritik am Ichbegriff bei Thomas Metzinger in Kapitel IV.2, *Thomas Metzinger: Der Ego-Tunnel*

ist die Grenze zwischen Innen und Außen und zugleich der Wahrnehmende. Mit dem stiller werdenden Bewusstsein hört dann auch das bewertende Fühlen auf. Der Körper sitzt da und nimmt wahr, und der Beobachter ist die innere Leinwand. Wenn wir uns diesen meditativen Zustand näher anschauen, wird deutlich, warum wir sehr vorsichtig und nicht vorschnell gleichsetzend mit den Begriffen Beobachter, Ich und Bewusstsein umgehen sollten. Denn in diesem Zustand neigt das Bewusstsein zu einer Ausdehnung, zu einer Identifikation mit der ganzen Welt im eigenen Kopf, das Ich hingegen verschwindet praktisch. Und so bleibt uns nichts anderes übrig, als für die verbleibende Wahrnehmungsinstanz einen allgemeineren Begriff wie Beobachter zu verwenden. In der spirituellen Tradition hat man aus diesem Grund dem Beobachter überirdische Qualitäten beigemessen und ihn als Tor zum großen Geist verstanden. Durch dieses Tor konnte der eingebildete Geist das Bewusstsein mit Unendlichkeit und Ewigkeit füllen. Wir müssen hingegen dem Beobachter seine Unabhängigkeit von den vorhandenen Psychoinhalten absprechen, weil er sonst so gut wie gar nichts mehr sehen könnte, und ihm große Überschneidungen mit dem Ich und dem Bewusstsein zugestehen. Um aber die Psychoinstanz, die in stiller Meditation noch intelligent wahrnimmt, benennen zu können, müssen wir einen Beobachter (oder einfach ein wahrnehmendes Innerstes) annehmen, der sich von Ich und Bewusstsein in wesentlichen Teilen unterscheidet.

- Das Ich ist weder Beobachter noch Bewusstsein

Das Ich ist nicht der Beobachter und das Ich ist nicht das Bewusstsein. Für unser Selbstverständnis im Alltag spielt der Beobachter allerdings nur eine unbedeutende Rolle, wir haben ihn nur eingeführt, um für die spezielle Situation des ausgedehnten Bewusstseins und der Ichlosigkeit noch eine Wahrnehmungsinstanz benennen zu können, beziehungsweise den Bezug zur fortschrittlichsten spirituellen Tradition herstellen zu können, in der der Versuch gemacht wurde, den Geist durch den Beobachter zu ersetzen. Für die eigene Welttheorie ist nur wichtig, dass wir Ich und Bewusstsein nicht gleichsetzen. Inwieweit Thomas Metzinger Ich und Bewusstsein gleichsetzt und vom Selbst unterscheidet, versuche ich im Teil IV, *Leseübungen*, zu klären. Da ich zwischen Selbst und Ich nicht unterscheide, kann ich folgern, dass das Ich nur eine kulturell erlernte Vorstellung

den Geist durch den Beobachter zu ersetzen: Beim Korrekturlesen fällt mir auf, wie sehr Krishnamurti mit seinem Versuch, einen Beobachter ohne externen Geist zu denken, dem Bemühen von Max Stirner ähnelt, das Ich auf das Nichts zu gründen. Das Witzige ist, dass bei Krishnamurti dadurch der Beobachter wieder in die Nähe des Ichs rückt, obwohl Krishnamurti aus der spirituellen Tradition heraus das Ich vehement ablehnt. Krishnamurtis Schüler konnten seinen Salto ins Nichts naturgemäß nicht nachvollziehen, weshalb sie - zu seinem Verdruss - wieder an den Geist glaubten.

ist, eine Einbildung, wie ich es informationstechnisch schärfer nenne, während das Bewusstsein als technische Funktion zur Hardware des Gehirns gehört. Erst in den letzten Jahrhunderten haben wir durch kulturell vermittelte Ideologien zu glauben gelernt, dass das Bewusstseinsgefühl dem Ich entspricht. Es ist ein guter Trick der an Metaphysikhierarchie interessierten Mächtigen, über die eingebildete, substanzlose Wirklichkeit des Ichs hinwegzutäuschen, indem dem Ich eine quasi körperliche Eigenschaft angedichtet wird.

- Die magisch-animistische Zeit kennt kein Ich

Das Bewusstsein hat es schon immer gegeben, also auch in den Jahrzehntausenden des magisch-animistischen Zeitalters, während das Ich erst in der kurzen Zeit der metaphysischen Hinterweltlerei heranwächst. Dass das Bewusstsein ohne Ich auskommt, haben wir oben in der Meditation schon erfahren können. Versuchen wir nun einen anderen Weg und versetzen uns in die Sicht eines schamanistischen Menschen in seiner Zeit und stellen uns die Frage, ob er mit seiner alles beseelenden Sicht ein Ich braucht. Wir schauen auf einen Baum und sehen kein biologisch materielles Phänomen, sondern einen Geist in der Gestalt eines Baumes. Weil „Ich" als Betrachter auch ein Geist in der Form eines Menschen bin, gibt es eine unmittelbare Verbindung zwischen „mir" und dem Baum. Ich erlebe den Baum, er ist ein Teil von mir, und durch eine kleine schamanische Übung kann ich ganz mit ihm verschmelzen. Ein Wissen von der Arbeit des tatsächlich fleißig projizierenden Bewusstseins würde nur stören.

Die heute so vertraute und geliebte *Selbst*reflexion, an der wir so tollkühn unser Ich aufhängen, war nicht vorhanden. Da alles in der Welt sowohl Geist wie Form war, brauchte es keine vermittelnde Instanz. Erst aus der heutigen Sicht muss der mechanisch wahrnehmende Körper mit einer neuen Instanz das Bewusstsein mit Außenwelt verbinden. Die Menschen waren damals nicht nur naive Realisten, sondern auch naiv in der Benutzung des Bewusstseins, genau wie es kleine Kinder heute noch machen. Die magisch-animistische Zeit kannte nicht nur kein Ich, es hätte ihre unmittelbare Beziehung zu den Dinggeistern oder Geistdingen gestört. Kurz: Wir haben einige einleuchtende Aspekte zusammengetragen, die uns plausibel machen, dass Ich und

---

Betrachter: Um keine Verwirrung mit den Begriffen Beobachter und Betrachter zu bekommen, verwende ich aus nachmetaphysischer Sicht den Begriff Betrachter.

In manchen Kulturen, die bis in unsere Zeit hinein magisch-animistische Sichten kennen - und das sind nicht wenige -, haben die Sprachen oft noch kein explizites Wort für Ich entwickelt.

Bewusstsein sehr verschieden sind: letzteres eine Eigenschaft des Körpers, ersteres eine historisch junge Einbildung.

1.3 Das Ich ist nicht die Individualität

- Das Ich repräsentiert nicht die Individualität

Wenn das Ich nicht das Bewusstsein ist, dann versteht sich die nächste Schlussfolgerung fast von selbst: Das Ich repräsentiert nicht unsere Individualität. Die Persönlichkeit, die die Menschheit zunächst nur den oberen Rängen wie Göttern und Königen zugesprochen hatte, ist höchst überindividueller Natur. Das Ich ist also ganz im Gegenteil zu unserem herrschenden Vorurteil (oder zur herrschenden metaphysischen Ideologie) eine ganz und gar kollektive Instanz, eben eine soziale Schnittstelle in Resonanz, aber nicht kraft ihrer Geistigkeit, sondern kraft ihrer verteilten, schwingenden, überindividuellen Natur. Wie, also, konnte es in der letzten bürgerlichen Phase unserer Kultur dazu kommen, dass praktisch jeder Mensch, der Ich sagt, sich als Individuum meint?

> Die Mystiker haben die überindividuelle Natur des Selbst schon immer gesehen, konnten die außerordentlichen Leistungen des Selbst nur nicht auf natürliche Weise erklären und verschoben deshalb in ihrer gespaltenen Welt die Aufmerksamkeit vom Irdischen ins möglichst reine Geistige. Die Individualität war ihnen entsprechend unwichtig: Die Mönche haben sie zweitausend Jahre lang bekämpft.

- Wie kommt es zum Missverständnis des Ichs als Individuum?

Die Basis für dieses Missverständnis ist die gleiche wie beim Missverständnis der menschlichen Intelligenz als horizontale, nur dass dieses Missverständnis sehr viel jünger ist und sozusagen die Endphase der metaphysischen Krankheit darstellt: die erwähnte Ichoffenbarung. Das bürgerliche Ich verdrängt die für seine Entwicklung unerlässliche „göttliche" Natur - durch die der kollektive Charakter noch gewusst werden konnte - und schwenkt von der Gottesanbetung zur Verherrlichung des Bewusstseins.[10] Mit diesem Schwenk zum *geistfähigen* Bewusstsein konnte auch die Ichpersönlichkeit zum Repräsentanten des Individuums aufsteigen (zunächst natürlich nur bei den männlichen, besitzenden Bürgern). Eine sehr bizarre und sehr zerbrechliche Konstruktion, die zwangsläufig dazu führen musste, dass sich die Kulturen in Kriegen und Selbstzerstörungen *zerfleischen*. Hoffentlich hält die Wirkung der eigens erfundenen Psychotherapie noch eine Weile an, um die Zerfleischungstendenz zu mildern. Die Rückbesinnung auf spirituelle Praktiken kann vielleicht auch noch eine Weile helfen. Auch die permanente Ichaufblähung durch die Werbung und die Auffüllung

> Dieser von der Aufklärung getragene Schwenk ist der tiefere Grund, warum Nietzsche den Tod Gottes ganz nüchtern nur noch zu diagnostizieren brauchte.

---

[10] Bewusstsein: siehe spätere Erläuterungen mit Max Stirner als Höhepunkt in Kapitel III.3

III. Aus meiner Sicht

<u>Freiheit der Wahl</u>: Ursprünglich hatte ich im Band 2 im Teil *Nachbürgerliche Aussichten* ein Kapitel geplant, um die psychopolitische Frage näher zu beleuchten, wie wir das verantwortbare Individuum erhalten oder etablieren können, ohne ein freies Ich unterstellen zu müssen. Es lässt sich hier schon erahnen, wie tief Ich und Individuum verknüpft werden mussten, um unsere kapitalistische Konsumvolkswirtschaft zu etablieren. Gleichzeitig wird klar, warum sich die Wirklichkeit nur sehr langsam und von unten wird durchsetzen können.

<u>freie Wille</u>: Die Eigenschaft „frei" spielt hier die entscheidende Rolle. Man kann sich den Begriff „Wille" auch als eine naturwissenschaftliche Kategorie vorstellen. Wenn die Mediziner davon sprechen, dass es willentlich (zum Beispiel die Handbewegung) und unwillentlich gesteuerte Prozesse (zum Beispiel die Reizverarbeitung) oder eine Mischung von beidem gibt (zum Beispiel das Einatmen), dann beziehen die Mediziner den Begriff auf erkennbare Unterschiede, die man sogar im Gehirnscanner nachvollziehen kann. Man kann mit bildgebenden Verfahren Gehirnprozess mit dem Gefühl der Willensentscheidung in Verbindung bringen, aber die Entscheidung haben andere Gehirnteile vorher getroffen, sie wird lediglich im Bewusstsein reflektiert.

<u>Willens- und Gedankenfreiheit</u>: „Die Gedanken sind frei", so beginnt das berühmte deutsche Volkslied aus dem 18. Jahrhundert. Und die zweite Strophe beginnt mit „Ich denke, was ich will", womit der Zusammenhang zwischen der Freiheit des Denkens und der Freiheit des Willens schon hergestellt ist. Die um ihre Freiheit kämpfenden Bürger bringen ihre Unabhängigkeit von der Obrigkeit (Adel und Kirche) zum Ausdruck. http://de.wikipedia.org/wiki/Die_Gedanken_sind_frei

durch die Konsumgüter werden noch eine Zeit ihre Substanz simulierende Wirkung tun. Aber das Problem des dramatischen Wirklichkeitsdefizits durch die Gleichsetzung von Ich und Individualität wird solange bestehen bleiben, bis wir diese Religion wieder abgeschüttelt haben oder bis wir einen Ersatz gefunden haben für das kaufmännisch verantwortliche, konsumierende Ich, ohne ihm die <u>Freiheit der Wahl</u> andichten zu müssen.

1.4 Das Ich und der <u>freie Wille</u>

- Die Einbildung vom freien Willen ist nicht das Hauptproblem

Um das metaphysische Ich zu charakterisieren, werde ich oft von der Willensfreiheit sprechen, und verstehe sie als eine wesentliche Eigenschaft des eingebildeten Ichs vergleichbar mit der Eigenschaft, etwas besitzen zu können (vor allem den eigenen Körper). Man kann leicht zu diesem Schluss kommen, wenn man miterlebt, welchen Eiertanz die Neurowissenschaftler um den freien Willen veranstalten[11] oder welch zentrale Rolle die Willensfreiheit zum Beispiel in der Philosophie von Jürgen Habermas spielt[12]. Tatsächlich ist die <u>Willens- und Gedankenfreiheit</u> eine Erfindung der sich emanzipierenden Bürger, also noch ein sehr junges Phänomen. In der metaphysisch-religiösen Zeit mit ihren Hierarchien gab es Gedanken- und Willensfreiheit vorwiegend für Gott und seine Stellvertreter auf Erden. Da ich aber die Geschichte unseres Zeitalters als Geschichte der Ichentwicklung schreiben will, müssen wir davon ausgehen, dass für das Ich das Eigentum - vor allem als Besitzer des Körpers - die wichtigere Rolle spielt: Der Vater ist Eigentümer der Familie nach außen, die Mutter ist Eigentümer der Familie nach innen (der Kinder), das Ich ist Eigentümer des Körpers (beziehungsweise seine Seele). Diese tragende Logik gilt von Anfang an, während der freie Wille erst zuletzt den modernen Bürger beschäftigt.

---

[11] Eiertanz um freien Willen: siehe Kapitel IV.2, *Thomas Metzinger: Der Ego-Tunnel*

[12] Willensfreiheit bei Habermas: siehe Kapitel IV.1, *Jürgen Habermas: Freiheit und Determinismus*

- Das sich emanzipierende Ich

Erst als sich zu Beginn des 19. Jahrhunderts die bürgerliche Kultur von Gott und der christlichen Religion befreit hatte[13], konnte das geschehen, was ich schon zu Beginn die Ichoffenbarung genannt habe. Der metaphysische Geist musste sich im Menschen selber zeigen und genau das wurde durch Gedanken- und Willensfreiheit zum Ausdruck gebracht. Jeder Mensch war nun ein Gott (ein Herr), der fest daran glaubte, sich mit seinen Gedanken und Entscheidungen aus den Bedingtheiten der Natur herausnehmen zu können.

- Mut zur Eitelkeit

Wenn ich also vom Ich und der Willensfreiheit spreche, dann beziehe ich mich auf diesen letzten Akt der Ichwerdung, der einen geradezu verwegenen Mut zur Eitelkeit voraussetzt, beziehungsweise psychotherapeutisch gesehen, die krankhafte Selbstliebe (Narzissmus) im Fundament der bürgerlichen Kultur erkennen lässt. Das Bewusstsein musste natürlich die ganze Last dieser Freiheitsarbeit tragen, weshalb der aktuelle Akt der Neurowissenschaftler, das Bewusstsein als Produkt der neuronalen Netzaktivitäten zu verstehen, einen solchen Sturm der Entrüstung auslösen konnte. Dass es schon bei Nietzsche keinen Platz mehr für das freie Bewusstsein gab, wurde nur bis in die freien 20er Jahre hinein von der bürgerlichen Elite verstanden; die Folgen des ersten Weltkriegs haben die Kapazitäten dafür zerstört. (Die anschließende Restaurierung kleinbürgerlicher Sichten zeichnete sich schon im 19. Jahrhundert ab als arische oder wiedererwachte christliche Haltung, die Nietzsche schon beide bei Richard Wagner diagnostizierte.)

---

[13] Zu den Geschehnissen in der ersten Hälfte des 19. Jahrhunderts siehe das Kapitel III.3, *Der Einzige und sein Eigentum, Ich und Eigentum bei Max Stirner*

1.5 Das Ich und die Freiheit

- Es gibt kein freies Ich, aber individuellen Spielraum

Dem Buch folgend gehört diese Aussage nun schon zur Selbstverständlichkeit. Die Idee vom freien Ich oder die Einbildung eines frei entscheidenden Ichs ist der metaphysische Kern des aktuellen Zeitalters. Um hier jedes Missverständnis auszuräumen möchte ich kurz ein Kapitel über den Unterschied zwischen Freiheit und Spielraum einbauen.

- Zum Unterschied von Spielraum und Freiheit

Wir brauchen kein freies Ich (auch nicht als Einbildung), sondern nur so viel individuellen Spielraum wie möglich. Wenn einem Menschen „Freiheit" genommen wird, indem man ihn schlimmstenfalls ins Gefängnis steckt, dann wird der Bewegungsspielraum seines Körpers beschränkt (sich eine Freiheit der Gedanken und des Ichs einzubilden ist tröstlich, erweist sich aber schon bald als falsch). Kurz, das Individuum will so viel Verhaltensspielraum wie möglich, nur darf man Spielraum nicht mit Freiheit verwechseln. Dies gilt natürlich auch für die geprägten Strukturen im Kopf. Wenn wir die Individuen überall mit Werbung umgeben, schränken wir den Entscheidungsspielraum erheblich ein (zumal in jeder Werbung die Icheinbildung gestärkt wird). Wenn ich an einer Kreuzung stehe und überlege, ob „ich" nach rechts oder links gehen möchte, dann brauche ich erstens die Möglichkeit, nach links oder rechts gehen zu können und zweitens brauche „ich" den nötigen Spielraum im Kopf, um die diverse Interessen meiner Psyche verfolgen zu können. Dass dabei ein Bewusstsein einen Entscheidungsvorgang fühlt, ändert nichts an der Tatsache, dass die ganze Psyche die Entscheidung fällt. Das Bewusstsein als Psychoformat trägt nur einen kleinen Teil dazu bei, aber das Ich entscheidet gar nichts, denn es ist nur ein Reflex auf die Mischung aus sozialem Bezug und individuellem Bewusstsein.

- Der individuelle Spielraum wird eher weniger als mehr

Das Fatale ist, dass mit wachsendem Spielraum für den Einzelnen in unserem Zeitalter - beispielsweise durch die Abschaffung der Bevormundung von König und Kirche - die zunehmende Betonung der vermeintlichen Freiheit des Ichs diesen Spielraum wieder erheblich einschränkt. Die In-

---

Dem Begriff Freiheit könnte man auch den Begriff Befreiung gegenüberstellen. Es macht einen erheblichen Unterschied, ob ich mich als grundsätzlich frei verstehe oder ich mich aus einer Einengung, einer Gefangenschaft befreie. Im ersten Fall braucht es Metaphysik, im anderen hilft vielleicht eine Anstrengung. Befreien kann ich mich allerdings nur, wenn ein tatsächlicher Spielraum dafür zur Verfügung steht. Bin ich in einem Gefängnis an eine Wand gekettet, ist der Spielraum klein und die Chancen auf Befreiung stehen schlecht. Wir können also den Begriff Befreiung auf den Begriff Spielraum zurückführen.

Ich sollte noch darauf hinweisen, dass ich den Begriff Spielraum in einem physikalischen Sinne verstehe: Die Kugeln in einem Kugellager brauchen einen gewissen Spielraum, sonst würden sich die beiden umschließenden Ringe nicht gegeneinander bewegen können. Das heißt, ich verstehe den Begriff Spielraum nicht im Sinne von Entscheidungsspielraum für eine freie Wahl. Gemeint sind reale, tatsächliche Möglichkeiten.

dividuen werden buchstäblich in eine Ich-Körper-Falle eingeklemmt, so dass die Mächtigen durch Werbung und Meinungsmache (und nicht nur durch Propaganda der Diktatoren) mit uns ein leichtes Spiel haben. Sie steuern uns über unsere Schwächen: die Eitelkeit des eingebildeten und deshalb immer angstvollen Ich. Das ist der Grund, warum die Besitzer von Produktivkräften die repräsentative Demokratie der direkten Demokratie vorziehen: Die Öffentlichkeit im Sinne der durchschnittlichen Meinung ist leicht von oben steuerbar. Über die Ichs dürfen wir uns einbilden, wir hätten eine Wahl. Tatsächlich fühlen sich heute alle unter Druck und im Stress, was nur eine andere Formulierung ist für einen Mangel an Spielraum.

1.6 Das Ich und die Geschichte

- Vom Mythos zur Geschichtsschreibung

Es ist kein Zufall, dass unsere Geschichte mit unserem Zeitalter vor circa 2500 Jahren beginnt. Nicht nur, weil wir seitdem des Schreibens mit Lautbuchstaben mächtig sind, sondern weil mit den Anfängen auch der Geschichtsschreiber entstanden ist. Die eingebildete göttliche Perspektive erlaubt einen Blick auf das Ganze der Kultur einschließlich ihres Werdegangs durch die Zeit. Die Israeliten, die alten Griechen und die Römer hatten nicht länger nur ihre mythologischen Entstehungsgeschichten, sondern auch Mitschriften tatsächlicher Ereignisse: Wer wann regierte und welchen Krieg führte. Das Alte Testament ist eine Mischung aus beidem: der Adam- und Eva-Mythos und die Aufzeichnung der tatsächlichen Bewegungen der Völker (Moses und der Auszug aus Ägypten). Auch die Apostel berichten im neuen Testament von wirklichen Ereignissen, wenn auch zum Zwecke der Missionierung in stark mythologisierter Form. Adam und Eva sind noch Bilder, doch Abraham, Moses, Jesus und die Jünger muss man sich als echte Personen vorstellen.

- Keine Geschichtsschreibung ohne die Aufspaltung in Subjekt und Objekt

Das gilt natürlich erst recht für die vorsokratischen Philosophen und Geschichtsschreiber, die echte Personen waren und von tatsächlichen Volksschicksalen berichteten. Diese neue Perspektive ist ein direkter Ausdruck der neu entstandenen Subjekt-Objekt-Logik, die nur möglich wurde, weil man sich das Subjekt als von den Weltlichkeiten unabhängige, eben metaphysische Person vorstellen muss. Das Ich macht sich auf, die Welt zu betrachten. Geschichtsschreibung und Wissenschaft können entstehen. Aus diesem Blickwinkel wird auch verständlicher, warum die Gottesprojektion von Anfang an in den ich-getragenen Wissenschaften (wie in der Spiritualität) eine Gegenkraft gefunden hatte, aber nie wirklich alleine stehen konnte, weil die Entstehung des Ichs auf die metaphysische Projektion angewiesen war. Dieses Wirklichkeitsdefizit war notwendig. Zweitausend Jahre später waren die dadurch entstehenden kulturellen Kosten so groß geworden, dass die Gottesprojektion vermieden werden konnte, aber die Metaphysik des Ichs musste umso stärker betont werden (Stichwort freier Wille). Die volkswirtschaftliche Produktivität explodiert (bürgerlicher Kapitalismus), aber die Kosten explodieren auch (Weltkriege, Umweltzerstörung).

1.7 Das Ich und die Macht

- Das Ich: eingebildet und schwach

Durch den Einbildungscharakter lebt das Ich in Bezug auf die Wirklichkeit immer auf dünnem Eis. Es fühlt sich bedroht, weil es von der Anerkennung der anderen lebt („Respekt"), die aber grundsätzlich nur eine verlogene Schmeichelei bieten können. Da das Ich als Person aber in unserer Kultur eine wichtige Instanz ist (wenn auch nur informationell als Gedanke, wie im Mittelalter ein Gott), von der man willensbasierte Disziplin erwartet (Verträge, Strafrecht), muss es vom Kollektiv aus betrachtet stark und verlässlich sein. Diese Stärke kann das Ich niemals haben, also muss sie behauptet oder simuliert werden. Wie kann ein einzelnes Individuum diese unlösbare Aufgabe bewältigen?

- Macht als guter Ausweg

Der sich immer anbietende Ausweg ist Macht. Wer Macht über andere hat, kann seine behauptete Ichvorstellung einfach als wirklich durchsetzen. Wer Zweifel an der persönlichen Integrität des Mächtigen hat, wird körperlich, psychisch, sozial oder politisch bestraft. Der Mann strebte meistens nach Geld (Besitz) und Gefolgschaft, die Frau manipulierte die Psyche der Kinder und Ehemänner, wobei ihr stärkster Hebel die körperlich-psychische Abhängigkeit war bezüglich Nahrung, Sexualität oder *persönlicher(!)* Identität.

Aus dem Verhältnis von Ich und Wirklichkeit verkittet durch Macht wird deutlich, dass die Frauen in unserem metaphysischen Zeitalter immer über die Hälfte der kulturell und kollektiv relevanten Macht verfügten. In der patriarchal-feudalistischen Zeit gab es eine Machtarbeitsteilung zwischen der politisch männlichen Macht an der Grenze zwischen Familie und Gesellschaft und der psychisch weiblichen Macht im Innenraum der großen Familie. Für beide, Mann und Frau, war Macht immer der Weg zur Ichbehauptung. Wir werden uns später noch mit dem Mann-Frau-Machtthema beschäftigen. Die schon in der Vergangenheit von anderen formulierte Machtgleichheit bekommt durch die Ichlogik ein neues Fundament.

- Große Macht haben nur wenige

Was ist aber mit der Masse der Ohnmächtigen? Den hässlichen oder kinderlosen Frauen, den geld- und besitzlosen Männern? Was ist heutzutage mit den vielen Damen und Herren, die als Ichs anerkannt werden müssten, aber nicht über die ausreichende Macht verfügen, die anderen zur Anerkennung zu zwingen? Kulturell ist die Psychotherapie die Antwort, seriös vermittelt oder spirituell selbstgestrickt. Dazu die vielen Ratgeber: Wie kann ich mich selbst behaupten? Mir Gehör verschaffen? Mich wirksam zum Ausdruck bringen? Die Ichs sind schwach und suchen nach Stärkung. Zurück zu Gott oder vorwärts zum überindividuellen Weltgeist (wie gehabt)? Oder doch eine so große Kompetenz aufbauen, dass ich entweder reich oder populär oder beides werde (oder vielleicht doch reich heiraten)? Oder sich zufrieden geben mit den kleinen Mächten, die man hat? Über den Ehemann, die Ehefrau, die Kinder, die alte Großmutter, den Hund? Diese Strategien sind alle zum Scheitern verurteilt, weil das Problem des Ichs nicht gelöst wird, es wird immer nur eingebildet und aufgeblasen. Was kann man tun, um in dieser Ichkultur zu überleben und dabei nicht länger ein Faktor sein, der den Wahnsinn verlängert?

1.8 Das Ich und die Liebe

- Eigentummetaphysik in der Volkswirtschaft und in den Psychen

Liebe: In diesem Kapitel III.1 gehe ich auf Begriffe ein, die eine wichtige Rolle bei den Wirklichkeitsdefiziten des Ichs spielen, wozu auch die Liebe gehört. Ein psychologisches Entstehungsmodell der liebenden Ichs erstelle ich in Kapitel III.4, Ichentstehung beim Einzelnen.

Es gibt zwei große Bereiche, in denen sich die Eigentummetaphysik zunehmend schädlich bemerkbar macht: die Volkswirtschaft und die Psychen der Einzelnen. Beide wurden spätestens in der Mitte des 19. Jahrhunderts mit ihrem Potential für große Krisen erkannt und in beiden Bereichen kam es zu entsprechenden Bewegungen. Bezüglich der volkswirtschaftlichen Verwerfungen zum Marxismus und bezüglich der psychischen Belastungen zum Blick auf die Psychen (Nietzsche, Freud) und zur Welle der Psychotherapie. Auch wenn die Besitzer von Produktivkräften aufschreien, wenn man vom Mehrwertdiebstahl spricht, so ist doch der Gedanke, dass große Besitztümer in der Hand Weniger auf Diebstahl zurückzuführen sind, nicht wirklich tabuisiert. Der Sozialismus hat in Europa in einer verbürgerlichten Form als Sozialdemokratie überlebt. Ein ganz anderes Schicksal hat der Blick auf die Psychen. Der Gedanke, dass die Menschen sich selbst schädigen und sich selbst unterdrücken, war Ende des 19. Jahrhunderts neu, erschreckend und wurde zunehmend tabuisiert. Die Psyche mit ihren gewachsenen Strukturen geriet zwar immer mehr ins Blickfeld einer Mehrheit, doch die Reaktion darauf war Mystifizierung (heute typischerweise die spirituellen Bewegungen) und kollektive Formen von Abspaltungen und Gegenidentifikationen (zum Beispiel Sexismus, Maskulinismus, Feminismus, Konsumsucht, Süchte aller Art und auch die Werbung hat bei der Mystifizierung einen erheblichen Anteil).

- Übung: Eigentummetaphysik der Liebe

Als Leser können Sie die Wirkung des Tabus leicht selber testen, indem Sie folgende Gedankenübung durchführen. Die These lautet: Was immer wir Heutigen unter Liebe verstehen, ist das Ergebnis von Eigentummetaphysik. Der Besitz von Land und Fabriken wird durch die Geistprojektion legitimiert. Aber der Besitz von Menschen (insbesondere der an sich selbst) wird durch die Geistprojektion geradezu unsichtbar, völlig verdrängt und hochgradig tabuisiert. Dem Psychoraum, in dem sich Besitz und Metaphysik verbinden, haben wir den Namen Liebe gegeben. Wir erleben die Liebe gerne auch als Teil von etwas Größerem, einem Gott, einem Geist (deus caritas est, Gott ist die Liebe) und haben dennoch kein Problem damit, sie als die natürlichste Sache der Welt zu verstehen. Etwas konkreter heißt das heute: Wenn ein Mann und eine Frau sich voneinander angezogen fühlen - ein stark von Hormonen gesteuerter Akt der Identifizierung -, dann müssen sie heutzutage erst eine Beziehung zwischen ihren Persönlichkeiten herstellen, von denen sie annehmen, dass sie über die Fähigkeit verfügen, sich frei für den Anderen entscheiden zu können. Die Persönlichkeiten müssen sich wechselseitig erklären, dass sie diese Entscheidung für den Anderen getroffen haben, sich also lieben, dann können sie den Impulsen der Körper folgen. (Ein mühsamer Prozess erwarteter Beweise, ohne je welche liefern zu können.)

Die Liebe ist die vielleicht bedeutendste metaphysische Illusion unserer Zeit, eng gekoppelt an die Illusion von Subjekt und Persönlichkeit. Die damit rosarot gefärbten Besitzrechte aneinander bilden die vielleicht quantitativ größte Quelle für kindliche Freude und erwachsenes Leid, die wir kennen.

Deus Caritas Est - Enzyklika von Papst Benedikt XVI. Wir kommen später noch auf die verschiedenen Begriffe zu sprechen, die die Menschen der Liebe gegeben haben: Neben dem Paar von Caritas und Eros hat das Hochmittelalter noch unterschieden zwischen Liêbe und Minne, und die verschwundene Minne verweist darauf, wie die hohe Liebe sich aus dem göttlichen in den menschlichen Bereich verschiebt, ohne auch nur ein Gramm an metaphysischem Gewicht zu verlieren.

- Besitzende Liebe zwischen Eltern und Kindern

Wir können die Übung nun etwas vertiefen, indem wir die Frage laut aussprechen, die vermutlich den meisten Lesern an dieser Stelle durch den Kopf geht: Aber ist diese besitzende Liebe nicht etwas ganz Natürliches, weil wir es doch schon als Kinder und Eltern so erleben? Wäre es nicht schlimm, wenn das Verantwortungsgefühl der Eltern nicht mehr davon getragen wäre, dass *ihre* Kinder zu *ihnen* gehören? Ist für Kinder nicht das erste Heimatgefühl davon geprägt, dass sie *ihren* Eltern gehören? Die Antwort lautet ganz klar: Nein, die besitzende Liebe ist nur eine Verrücktheit. Identifikationsgefühle, genetisch gesteuerte Bindungsgefühle, für die die Natur eigens Hormone geschaffen hat, werden verwechselt und vermischt mit Besitzvorstellungen, die sich Persönlichkeiten machen. Das Ergebnis heute ist, dass wir den körperlichen Instinkten nicht mehr folgen, die Wahnvorstellungen sind stärker geworden als die Hormone, also lassen wir uns scheiden, verraten die Kinder und ignorieren die körpernäheren Gefühle. Die Konsequenz ist: Wenn wir mit der verrückten Kinderbesitzliebe aufhören, können die Kinder sich mehr auf die Erwachsenen verlassen (nicht nur auf die Eltern). Diese Kinder können sich dann später unverkrampfter gegenüber Sexualpartnern verhalten und Bindungsgefühle ausleben, ohne sie durch die höheren Weihen von Göttern[14] und Persönlichkeiten absegnen zu müssen. Können wir uns so desillusioniert noch ins Ohr flüstern: Ich liebe dich? Vielleicht, wenn der Ton sich ändert. Wenn nicht mehr die Bedeutung mitschwingt, dass man durch Besitzansprüche ein Recht auf Nutzung garantiert haben möchte. Vielleicht sollten wir uns lieber ins Ohr flüstern: Ich fühle mich verbunden. Wenn im Radio nicht mehr mindestens jedes zweite Lied wie in einem religiösen Ritual von der Liebe handelt, sind wir vielleicht einen Schritt weiter.

- Die *Liebe* in schamanischen Zeiten

Zum Abschluss dieser herausfordernden Übung noch eine Frage, die vielleicht eine beruhigende Wirkung hat. Die Frage erwächst aus der Perspektive, die letzten zweieinhalbtausend Jahre als kurze Übergangsperiode zu sehen: Wie war wohl die Beziehung zwischen Erwachsenen und

---

[14] Höhere Weihen durch Götter: siehe Textergänzung in Kapitel I.4, *Der metaphysische Problemhorizont, Nochmal Altes Testament: Adam und Eva, erkannten, dass sie nackt waren*

Kindern in der mindestens siebzigtausend Jahre währenden Zeit davor? Vermutlich gab es in der Säuglingszeit eine engere Bindung zur Mutter, ansonsten fühlten sich *alle* Erwachsenen eines kleinen Stammes für die Kinder zuständig, besonders die mächtigen Ältesten, die ein vitales Interesse am Nachschub von jungen Menschen hatten. Kinder wurden bestens versorgt, vielleicht gerade weil es noch keine Persönlichkeiten gab, die Besitz an Menschen oder an Land reklamieren konnten. Die Menschen fühlten sich stark aneinander gebunden, auch ohne Liebesbeteuerungen. Und die Erwachsenen hatten vielleicht einfach Sex, wie die Lust es gerade wollte. Die Persönlichkeitsprojektion, die Besitzprojektion und die darauf basierende Vorstellung von Liebe haben uns krankgemacht.

1.9 Das Ich der metaphysischen Kultur und die Wirklichkeit: eine Geschichte aus Vor- und Nachteilen

- Bedrohung durch Wirklichkeitsdefizit

Jedes Lebewesen, das damit zu kämpfen hat, dass sich ihm die Wirklichkeit nur als komplexe Repräsentation, als Simulation darstellt, ist dauerhaft mit der Frage beschäftigt, wieviel von der Außenwirklichkeit ihm entgeht. Diese Urverunsicherung wurde bisher in den Kulturen aus der bewussten Wahrnehmung verdrängt. Wie Thomas Metzinger sagt, sind wir naive Realisten, die mit dem Gefühl herumlaufen, als gäbe es gar keine Bedrohung durch Wirklichkeitsdefizite. In den jahrzehntausenden der magisch-animistischen Zeit konnte man sich dagegen nicht wappnen, weil der *Geist*austausch mit den anderen Dinggeistern vom Wohl und Wehe dieser möglicherweise sehr mächtigen Geister abhing. Unser metaphysisches Zeitalter machte einen großen Schritt Richtung Wirklichkeit der Dinge, indem der Geist ins Jenseits abgespalten wurde, was die immer genauere Untersuchung der Dinge mit immer feineren Werkzeugen möglich machte, ohne unwillige Geister zu wecken.

- Die Geistbefreiung der Dinge und der Mensch als Zwitterwesen als Preis der theistischen Zeit

Der Preis war, dass der Mensch selbst zum Zwitterwesen wurde zwischen Geist und Materie und, nicht zuletzt, zwischen Ich und Körper. Das Wirklichkeitsdefizit wurde dadurch einerseits weniger, andererseits sehr viel gefährlicher, weil der Preis sich auf das Individuum selbst, auf seinen Bezug zu den anderen Menschen und auf die Beziehung zwischen Menschlichkeit und Weltlichkeit konzentrierte. In Verbindung mit der Besitzlogik war ein kriegerischer Wahnsinn unvermeidbar. Das Wirklichkeitsdefizit hatten ja immer die anderen Menschen, weshalb man sie unterwerfen, ausbeuten, ermorden oder ausrotten durfte. Die anderen Tiere, egal wie intelligent sie waren, wurden auf diesem Weg zu Dingen - wie überhaupt die *Natur*, die man nach Belieben im eigenen Interesse missbrauchen konnte (siehe Mastfabriken und Umweltzerstörung), da gab es nicht mehr das geringste Legitimationsproblem.

- Freund-Feind-Linie durch *selbstverständliche* Wirklichkeit

Wirklichkeit - soweit nicht Sachlogik der Dinge betroffen war - wurde in der metaphysischen Zeit zu etwas, das man einfach mit möglichst viel Macht durchzusetzen hatte. Um keine Missverständnisse aufkommen zu lassen: Es ging nicht darum, die eigene Sicht auf die Wirklichkeit durchzusetzen (die eigene Sicht bildete sowieso und selbstverständlich immer die Wirklichkeit ab), sondern um eine Grenze zwischen Freund und Feind, die sich direkt aus der eingebildeten Zugehörigkeit zur eigenen Wirklichkeit ergab. Natürlich gab es Wahrnehmungsfehler und Fehleinschätzungen davon, wie die anderen Lebewesen die Welt sehen oder erklären, aber entweder waren das kleine, korrigierbare Details oder die Anderen waren selbst daran schuld, weil sie dich getäuscht hatten. Wenn solche „Täuschungen" erst nach Jahren sichtbar wurden, war die Verfehlung des anderen Menschen unverzeihbar (Geburt von Lüge und Verrat).

- Familiäre Beziehungen und Rollenteilung der patriarchalen Kultur

Wenn die tiefste Quelle des Wirklichkeitsdefizits schon in jedem Individuum lag, weil es sich als freies Ich und Körperbesitzer verstand, dann stellt sich die Frage, wie vermieden werden konnte, dass der Krieg um Wirklichkeitsdurchsetzung die Familien zerstörte. Die Antwort, die ich gefunden habe, führt uns tief in das metaphysische Grundproblem, auf das ich in diesem Buch den Finger legen möchte. Denn es sind gerade die psychopolitischen und sozialen Auswirkungen der Spaltungssicht, die zum inneren Zusammenhalt der Familie führten. Eine sehr rigide Hierarchie vom Gottvater abwärts über den König und Priester bis zum Familienvater hat dafür gesorgt, dass überhaupt

III. Aus meiner Sicht

strenge Strukturen in der Kultur entstehen konnten. Diese von oben abgeleiteten Strukturen machten eine kompromisslose Arbeitsteilung zwischen den Schichten und Gruppen möglich (Militäradel, besitzende und besitzlose Bürger, Männer, Frauen, Kinder, Sklaven), durch die auch die strikte Arbeitsteilung zwischen Vater, Mutter und Kindern innerhalb der Familie geregelt war. Die Machtaufteilung zwischen Mann und Frau war dabei (bis heute in den klassisch patriarchalen Kulturen) so gut aufgeteilt, dass beide Parteien innerhalb und außerhalb der Familie damit sehr gut zurechtkamen: der Vater auf der Grenze zur Gesellschaft, die Mutter für alle Beziehungen nach innen, vor allem gegenüber den Kindern, aber auch zuständig für „Personal", die Alten, die Verwandten, die Nachbarn, die Besucher, die Hilfsbedürftigen. Diese gut austarierte Rollen- und Machtteilung hat in Europa solange funktioniert wie die feudalistische Ordnung (noch heute in allen Kulturen zu besichtigen, die den Schritt in die bürgerliche Demokratie noch nicht vollzogen haben). Obwohl wir davon ausgehen können, dass Männer und Frauen in sehr verschiedenen Wirklichkeiten lebten, sorgte paradoxerweise die metaphysisch getragene Hierarchie dafür, dass Männer und Frauen aneinander vorbei in Frieden leben konnten, wobei die Sexualität mit ihrer damals entstehenden neuen Bedeutung dem Frauenkörper (den die Frau besitzt) eine psychisch und sozial verbindende Wirkung gab. Man muss sich diese für Frauen sehr wichtige und tragende Wirkung metaphysischer Strukturen vor Augen halten, nicht nur um die so lange funktionierende Rollenteilung zu verstehen, sondern um zum Beispiel erklären zu können, warum die Frauen im Urchristentum[15] eine so zentrale und führende Rolle spielten (und bis heute mehrheitlich die Kirchen füllen). Kurz gefragt: Worin lag oder liegt bei ihrer Affinität zu Religionen und zur Spiritualität ihr Vorteil? Kurz geantwortet: In der metaphysischen Zeit wurde ihr Körper enorm aufgewertet und sie waren die Besitzerinnen. Dadurch ließ sich der gesellschaftliche Machtverlust verkraften, solange die Männer Sicherheit und Versorgung garantierten.

- Kompensationen der Wirklichkeitsdefizite in der vormodernen Zeit

Wir müssen uns aus der Sicht einer Gruppe (ein Stamm,

in sehr verschiedene Wirklichkeiten: Aus der Sicht der Männer waren die weniger vom Geist erfüllten Frauen - wie auch Kinder und andere Untermenschen - eher noch ein Teil der Natur, zu der ihr Wesen ja nur zur fleischlichen Hälfte gehörte. Während aus der Sicht der Frauen mit der jahrzehntausende währenden Mutterdominanz im Rücken der Geist wohl zunächst nur eine Idee der Männer war und für sie nach wie vor der von ihnen getragene Kreislauf aus Gebären und Sterben zählte. Die Bedeutung der Weiblichkeit lebt bis heute davon, dass der Sinn des menschlichen Lebens weiblich ist. Mit dem Christentum sahen die Frauen eine Chance, auch als gleichwertig beseelte Wesen verstanden zu werden. Ähnlich haben es später in Amerika die schwarzen Sklaven gemacht, denen man natürlich auch die Beseeltheit abgesprochen hatte.

---

[15] Frauen im Urchristentum: siehe Kapitel III.2.1, Absätze *Eigentum an Untertanen* (mit Texterzgänzung beseelte Menschen) und *Eigentum an Kindern*

eine Religion) die Wirklichkeitsdefizite der jeweils anderen Gruppen so dramatisch vorstellen, dass praktisch eine inkompatible Wirklichkeit der verschiedenen Gruppen akzeptiert wurde. Das wirkte sich in der Praxis nicht existentiell bedrohlich aus, weil die Regeln der Anpassung an die „höhere" Wirklichkeit sowieso von Gewalt bestimmt waren. Folgen oder Sterben, vielleicht auch nur Ausgestoßenwerden, diese Logik wurde akzeptiert. Auf diese Weise funktionierte die feudale Kultur gerade wegen der metaphysisch begründeten Hierarchie. Das grundsätzlich durch die theistische Metaphysik bedingte Wirklichkeitsdefizit auf allen Ebenen wurde auf diesem Weg - vor allem durch gewalttätige Macht - kompensiert.

- Die Wirklichkeitsdefizit-Grenzlinien zwischen den Einzelnen

Das änderte sich dramatisch in der Moderne mit dem Tod der jeweils einzigen Götter und durch den Aufstieg des Ichs als letzte metaphysische Instanz. Denn jetzt war das spezifische Wirklichkeitsdefizit nicht mehr auf Gruppen und Rollen begrenzt (also immer bei der Gruppe der Anderen), sondern jetzt lag es beim nächstbesten Anderen, mit dem *Ich* zu tun hatte. Die Wirklichkeitsdefizit-Grenzlinien verliefen nicht mehr entlang der Gruppen, sondern durch den Einzelnen, was einen aufkommenden Verdacht beim Einzelnen zur Folge hatte, dass auch bei ihm selbst sich Wirklichkeitsdefizite eingeschlichen haben könnten. Die Psychen waren zum Gegenstand der Auseinandersetzung geworden. „Du bist doch krank im Kopf." ist heutzutage ein verbreiteter Vorwurf, den man manchmal auch selbst für wahr hält, was die Praxen der Psychotherapeuten füllt. Gemeint ist damit immer: Du leidest unter Wirklichkeitsdefiziten. Das heißt, die Frage nach Wirklichkeit ist nun in die meist sprachlich geführten Auseinandersetzungen eingedrungen, da eine Durchsetzung der eigenen Wirklichkeit mit roher körperlicher Gewalt von Gruppen gegen Gruppen nur noch selten möglich ist. Die eigene Wirklichkeit hat sich auch in der eigenen *Sicht* auf die Wirklichkeit gewandelt und man muss jederzeit mit dem Gegenargument rechnen: Das *siehst* du doch nur so, ich sehe das anders. Gewalt und Macht verlagern sich in den psychischen Bereich. Doch vielleicht ist auch die Aussage von der *Verlagerung* von der körperlichen Gewalt zur psychischen schon nur die halbe Wahrheit. Die in diesem Buch vorgestellte Sicht, dass es in

Folgen oder sterben: Mich nervt manchmal die humanistisch moralische Empörung, wenn in unserer Gesellschaft islamische Familien ihre Kinder verstoßen oder ermorden, weil sie gegen Regeln verstoßen haben, die unsere Kultur nicht mehr kennt. Diese Regeln haben sich zweitausend Jahre bewährt, was man von den Regeln unserer Kultur noch nicht behaupten kann. Damit will ich nicht gutheißen, dass diese Familien gegen die Gesetze unseres Rechtstaates verstoßen. Wir sollten nur nicht die humanistische Moral dagegenhalten, sondern einfach unsere Gesetze und unsere teuer bezahlte Errungenschaft der Ich-Individualität (um mal mit einem Paradox auf die Sachlage zu verweisen).

psychischen Bereich: Solange die Mehrheit der Gesellschaft das nicht mitbekommt, haben die kleinen Jungs in der Schule es sehr schwer, weil ihr Hang zur körperlichen Auseinandersetzung verboten ist und die auf Psyche spezialisierten Mädchen ihnen beim „Reden" überlegen sind. Aber weit gravierender ist die Mädchen und Jungen betreffende Gewalt der Werbung.

III. Aus meiner Sicht

Innenraum: An anderer Stelle (II.1.4.3, II.3) habe ich erläutert, wie mit der Metaphysik ein ganz neues Verständnis von Innen und Außen aufkommt. Die Linie zieht sich jetzt nicht nur durch den einzelnen Menschen, es können auch neue soziale Identifikationsräume entstehen, in denen das psychische Innenleben resoniert (die Großfamilie, die bürgerliche Kleinfamilie, die Chaträume im Internet…).

den letzten zweieinhalbtausend metaphysischen Jahren immer schon um das Ich ging, kann leicht plausibel machen, dass es auch immer schon um die Psychen ging. Das ganze Getue um die Götter und Religionen war immer schon eine riesige Propagandaschlacht. Wenn wir also davon ausgehen, dass schon von Anfang an mit der Metaphysik die Manipulation der Psychen gleichwertig neben der Kontrolle der Körper steht, dann verstehen wir leichter, warum die Frauen so leicht der patriarchalen Kultur zustimmen konnten. Sie waren immer schon die Psychospezialistinnen im Innenraum der Familie, wo die lebenslang wirkenden Grundstrukturen der Kinderpsychen geformt wurden.

- Das Ich wird heute als Quasireligion angenommen

Die großen Weltkriege wurden in der Mitte Europas nur noch geführt, weil sich große Teile der Bevölkerungen dieser Ichproblem-Konsequenz verweigern wollten: Riesige, teure Verdrängungsprojekte, wie von Robert Musil im *Mann ohne Eigenschaften* beschrieben. Die postmodernen Konsumgesellschaften brauchen diese Gruppenkriege nicht mehr, weil die Menschen sich nun selbst als den Gegenstand und den Ort des Geschehens begreifen. Das Ich wurde als Religion angenommen, auch wenn es nicht so benannt werden kann. Damit wurde der Krieg um Wirklichkeitsdefinition zu einem Krieg „jeder gegen jeden".

- Der Mythos von Kleinfamilie und Ehe

Das hat entsprechende Auswirkungen auf das Verhältnis der Geschlechter zueinander. Wie kann überhaupt eine Partnerschaft die durchschnittlich nur anderthalb Jahre währende Phase der Verliebtheit überstehen? Man braucht sich nur ein wenig umzuschauen oder umzuhören, um sehr schnell zu vergegenwärtigen, dass vom Lied im Radio (alles dreht sich um Liebe) bis zur völlig sexualisierten Werbung (die begehrte Frau ist das Gute) ein riesiger Aufwand getrieben wird: Die alte Idee vom sexuell basierten Kern der Kleinfamilie - die Ehe - muss erhalten, gefördert und zu einem Mythos hochstilisiert werden. Glücklicherweise - in diesem Zusammenhang - haben wir wenigstens den Feminismus, der das Zusammenpassen von Mann und Frau öffentlich in Frage stellt.

- Feminismus: die letzte patriarchale Gut-Böse-Religion

Leider macht der Feminismus dafür einseitig den Mann verantwortlich. Damit offenbart er seine moralische Grundausrichtung und seine Eigenschaft als hoffentlich letzte patriarchale Gut-Böse-Religion. Der Feminismus ist eine weitere klassisch-kollektive Kampfansage und auch nur auf diesem Hintergrund wirklich verstehbar: Es ist ein letzter Versuch, Solidarität in einer Gruppe zu finden (wie die Nationen bei den Weltkriegen), um dem Kampf von jedem gegen jeden zu entkommen. Tatsächlich wird der Kampf von jeder Frau in jeder Partnerschaft gegen jeden einzelnen Mann sehr erfolgreich geführt. Welcher Mann vermag sich schon gegen die psychoterroristische Behauptung zu verteidigen, er sei durch frühkindliches Unglück kommunikationsunfähig. Die Männer fliehen einfach, die Ehen zerbrechen, Männlichkeit zieht sich in den Untergrund zurück. Da weibliche Macht Jahrtausende aus dem gesellschaftlichen Untergrund heraus agieren musste, ist das natürlich ein zu erwartendes Zurückschlagen des Pendels. Man darf auf die Auswirkungen von Männermacht aus dem Untergrund gespannt sein. Hoffentlich nicht allzu sehr gefärbt von faschistoiden Blödigkeiten oder linksmoralischem Getöse; beide Auswege verweisen auf die Schwäche, sich selbst nicht als gespaltenen Problemraum aushalten zu können. Sicher ist nur, dass die Männer ihren Machtanteil verteidigen werden, denn, wie wir von den Frauen wissen, ist Macht aus dem Untergrund besonders effektiv (solange man sie nicht an die große Glocke hängt - sorry Männer für meine abträgliche Offenheit). Vermutlich werde ich mich nicht, wie ursprünglich geplant, im Band 2 mit dem Machtkampf zwischen Männern und Frauen beschäftigen können. Mein Tipp hier für die Männer: Vergesst den Untergrund. Sich selbst offen aushalten mit viel Übung in Meditation und Theorie, ist effektiver.

> psychoterroristische Behauptung: Es versteht sich von selbst, dass der politische Kampf der Frauen um gesellschaftliche Anerkennung wie der Teilhabe an Bildung und industrieller Arbeit eine historische Notwendigkeit war und mit dem höheren Anteil an der akademischen Bildung und der Quote bei Vorständen vermutlich seine Ziele erreicht hat. Doch sollten die Frauen auch verstehen, dass ihre Vorherrschaft im psychischen Innenraum damit seine Legitimation verloren hat. Liebe Frauen: Werdet Vorbilder im Aushalten komplizierter Psychen - bei euch selbst!

2. Das Ich als Eigentümer

Auch Kapitel III.1 hatte noch den Charakter einer Überblick gebenden Einleitung. Mit diesem Kapitel 2 steigen wir nun in einzelne Sachzusammenhänge ein, durch die ich mir das Phänomen des eingebildeten Ichs besser vor Augen führen konnte. Die wichtigste Verbindung zwischen Ich und Wirklichkeit war das gleichermaßen eingebildete Eigentum.

2.1 Die Projektion von Eigentum

- Die Projektion von produktivem Landeigentum

Was war zuerst? Das metaphysische Weltbild oder die Vorstellung von Eigentum? Das eine konnte vermutlich nicht ohne das andere langfristig bestehen, aber wenn ich mich entscheiden müsste, würde ich dem Eigentum die vorrangige Bedeutung geben. Das Eigentum hat zwar mit der natürlichen Basis nichts zu tun und ist mehr oder weniger eingebildet als jedes andere Gespenst. Aber das Eigentum hat doch eine Menge zu tun mit dem entstandenen sesshaften Ackerbau, der durch die weit auseinanderliegende Folge von Säen und Ernten danach verlangte, dass der erntende Mensch der gleiche sein kann wie der säende. Eine Kontinuität musste abgebildet werden, die in der Natur nicht erkennbar war. Es könnte sein, dass in kleinen, verteilten Bauernstämmen das Setzen von Grenzsteinen und das Aufstellen von Zäunen schon auftauchte, bevor ein Stammesfürst oder König nach metaphysischer Legitimation verlangte, in dem er zum Beispiel eine Urkunde über das Landeigentum aufstellte - oder in Grenzsteine meißelte - und darin Eigentumsrechte von höheren Mächten ableitete. Der Fürst musste vermutlich das Problem lösen, dass er oder seine Soldaten nicht immer präsent sein konnten, um die Eigentumsachtung zu überwachen, wodurch ein stärkerer Legitimationsdruck entstand. Was auch immer in der Geschichte der Wirklichkeit zur Achsenzeit abgelaufen ist, sicher ist, dass unser metaphysisches Kriegszeitalter entstanden ist eng verwoben mit der Erfindung der Eigentumsprojektion bei Produktivkräften. Entscheidend für die Wirkung des Eigentumanspruchs war, dass der projektive und eingebildete Charakter zu keinem Zeitpunkt und in keiner Weise erkennbar sein durfte. Der rein informationelle Charakter der Eigentumsgrenze war von diesem Zeitpunkt an das größte vorstellbare Tabu. Um diese Anforderung zu bewerkstelligen, war nur ein Mittel recht, das mit der Wirklichkeit nicht viel zu tun hatte: ein allmächtiger Geist im Jenseits musste behauptet werden, zu dem der Eigentümer eine stille - geistige - Verbindung haben musste.

- Eigentum an Untertanen

Wenn schon Land als Produktivkraft Eigentum werden konnte, indem mit Hilfe von jenseitigen, Landgeister vertreibenden Kräften seine tatsächliche Eigenständigkeit und Grenzenlosigkeit ignoriert und verdrängt werden konnte, dann waren vielleicht auch andere magisch-animistische Selbstverständlichkeiten ignorierbar, beispielsweise die jahrzehntausende geltende Gleichheit aller Kreaturen und überhaupt allen Seins (alles war bis dahin in der einen Welt gleichermaßen beseelt). In der metaphysisch entstandenen Hierarchie war auch das kein Problem, denn nun konnte allen Existenzformen von oben herab eine mehr oder weniger große Nähe zum Geist beigemessen werden. Land, Dinge, Pflanzen und Tiere (Nichtmenschen ohne Geist) hatten eh kein Recht darauf, konnten also bequem angeeignet werden. Aber Gleiches galt auch für Menschen, da nun alle Zugehörigkeit zum Gottgeist davon abhing, ob beispielsweise die Obrigkeit (Fürsten, Priester, Adelige) durch ein Glaubensbekenntnis die Zugehörigkeit anerkannte. Nur diese wurden als vom Geist beseelt anerkannt und alle anderen Menschen durften wie unbeseelte Dinge behandelt werden, also in Besitz genommen und benutzt werden. Durch den metaphysischen Charakter können nun Eigenschaften von oben mit großer Flexibilität zugewiesen werden, die reine Einbildungen sind. Du bist von Gott beseelt, du nicht. Du, Aristokrat und Priester, gehörst zu einer Gott besonders nahen Schicht und Du, Fremder (typischerweise mit einer anderen Hautfarbe oder aus einer anderen Religion), darfst versklavt werden. Die substanzlose metaphysische Beliebigkeit hat Hierarchie innerhalb der Menschen erst gruppen- oder schichtweise möglich gemacht. Damit konnten selbst <u>beseelte</u> <u>Menschen</u> der eigenen Religion als Untertanen zum Eigentum erklärt werden. Die sozialpolitische Hierarchie ist in ihrem Wesen eine Hierarchie von Eigentum: Gott besitzt alles, der König das Land und die Untertanen, der Vater das Haus und die Familie, die Mutter die Kinder und Hausklaven. Gott musste ein selbständiges Wesen im Jenseits werden, um so überzeugend Eigentümer sein zu können, dass er buchstäblich alles besitzen und über alles Macht haben konnte.

<u>beseelte</u> <u>Menschen</u>: Nur schon das Wort „beseelt" verweist darauf, dass es in den Köpfen der Menschen selbstverständlich Übergänge vom animistischen ins metaphysische Zeitalter gab. Auch die Zugehörigkeit über die mütterliche Blutslinie blieb erhalten und wurde von den Vätern (Vater gleich genetischer Schöpfer) als Zucht von Rassen (bei Tieren und Menschen) exzessiv kultiviert. Rassen- und Religionszugehörigkeit waren von Anfang an eng gekoppelt. Erst die christliche Religion hat die Gleichheit aller Menschen als erste Gegenbewegung von unten (bis zur Gründung der Kirche) wieder ins Spiel gebracht, paradoxerweise gerade mit der metaphysischen Beliebigkeit als Kinder des *einen* Gottvaters. Als Massenbewegung setzte sich der jüdisch-christliche Monotheismus gegenüber dem zunächst noch magisch-mystisch geprägten römischen Imperium durch. Nachdem die Republik gestorben war, brauchten die Kaiser nicht lange zu verstehen, dass ein jenseitig legitimierter Kaiser seine Macht viel leichter behaupten konnte als ein persönlicher Gottkaiser (ein ägyptisches Modell). Wie immer ist die tatsächliche Geschichte komplex und ausgerechnet die monotheistischen Juden bringen mit dem Urchristentum eine erste Emanzipationsbewegung zustande. Womit eine Kernaussage meines Buches anklingt: Solange die metaphysische Projektion selbst nicht zurückgenommen werden kann, wird jede Bewegung von unten (die Urchristen, die Protestanten, die Arbeiter, die Frauen, die Kinder, die 68er, die Grünen, die heutigen Männer) mit ihren Interessen und Mächten von oben wieder geschluckt. Nur durch eine völlige Befreiung von Metaphysik mit dem Eigentum als Urform kann dieser Mechanismus beendet werden, so dass die Ideen und Absichtsträger von unten auch die Macht behalten, die ein freies Spiel von flachen Kräften ihnen zusteht. Genaugenommen könnte man dann auch nur von Kräften sprechen, statt von Macht.

- Eigentum an Kindern

Wie der Mann und Vater nach außen Eigentümer der Familie war, so war die Frau und Mutter Besitzerin der Familie nach innen, wobei hier auch der juristische Unterschied zwischen Eigentum und Besitz interessant ist, weil vor den bürgerlichen Institutionen der Vater lange der alleinige Eigentümer der ganzen Familie war, während die Mutter die tatsächliche Familie in Besitz hielt. In Bezug auf die Kinder teilte sie mit dem Vater die Rolle der Eigentümerin, aber die Kontrolle und Durchführung der Kinderaufzucht war ganz in ihrer Hand einschließlich des Haushalts, der sich mit der Bauernwirtschaft überschnitt.

- Die wichtigste Aufgabe des Ichs: Eigentümer des eigenen Körpers

Mit der Metaphysik und dem Menschen als Zwitterwesen zwischen Geist und Erde läuft eine kulturell getragene, Menschenbild prägende, kollektiv eingebildete Grenzlinie durch jeden individuellen Körper hindurch. Die eine Hälfte in uns ist der Körper, aber was ist die andere Hälfte? Dieser Teil muss naturgemäß wie die Grenzlinie selbst reine Einbildung sein. Direkt mit der Entstehung des metaphysischen Weltbildes musste sich also in unserem Gehirn informationell eine Instanz entwickeln, die diese zweite mit dem Geist verwandte Seite repräsentieren kann. Eine vorhandene, vermutlich genetisch vorgeprägte Instanz in unserem Gehirn, die mit der Pubertät ihre volle Reifestufe erreicht, hat sich als Projektionsleinwand für das metaphysische Besitzer-Ich angeboten: die sprachlich dominierte Kommunikationsschnittstelle[1] in jedem Kopf. Der Missbrauch der komplexen, hochempathischen Schnittstelle, die ganze Dialoge simulieren kann, wurde auch dadurch begünstigt, dass die Menschen vor zweieinhalbtausend Jahren nicht annähernd eine Vorstellung davon haben konnten, zu was die Informationsmaschine Gehirn tatsächlich in der Lage ist. Das heißt, die unvorstellbare Leistung dieser Schnittstelle machte eine metaphysische Projektion geradezu notwendig, um nicht mehr auf die Vorstellung von Geistern in den Gegenständen angewiesen zu sein. Der Preis für diese nicht neue Projektion war nur leider sehr hoch: Jedes an der Kultur teilnehmende Individuum wurde zum Schizophrenen.

- Das freie Ich wurde verantwortlich

Doch die so entstandene Instanz hat auch andere, die Kulturentwicklung beschleunigende Effekte möglich gemacht. Sobald kollektiv akzeptiert war, dass das Ich die höhere, im wörtlichen Sinne entscheidende Instanz war, die als letzter Eigentümer

---

[1] Ich als soziale Schnittstelle: siehe Kapitel II.2.3, *Das Ich als soziale Institution*

und dauerhafter Besitzer über den Körper herrscht, entstand eine gesellschaftliche Institution, die Verantwortung übernehmen konnte oder genauer: der man Verantwortung zusprechen konnte. Das Ich trug in erster Näherung die Verantwortung für das Wohl des *eigenen* Körpers. Dieses Muster konnte in eine Hierarchie übertragen werden: Die Frau konnte den Mann verantwortlich machen, der Mann den Landbesitzer, der Aristokrat den König. Eine Verantwortungshierarchie konnte entstehen, durch die Machthierarchie sich legitimiert sehen konnte. Dass in Wirklichkeit niemand die Freiheit hatte, ein Eigentümer zu sein, der als solcher sich verantwortlich oder verantwortungslos hätte verhalten können, erzeugte eine Grundangst, die der Macht von oben sehr entgegen kam.

- Metaphysische Beliebigkeit bei der Zuweisung von Eigentum

Mit dem Eigentum wird zum ersten Mal in der Geschichte der Menschheit eine kollektive Projektion zu einer gesellschaftlichen Machtinstanz. Diese eingebildete Eigenschaft durfte aber nichts mit dem Ding direkt zu tun haben - wie noch der schamanische Geist. Das Eigentum durfte sich auch nicht aus Eigenschaften des Gegenstandes ableiten lassen - wie im harten Felsen ein Baustein enthalten ist. Die Eigenschaft Eigentum musste für alles gelten können und buchstäblich dem Off kommen, von außerhalb der Welt. Kein Eigentum ohne Metaphysik und Diesseits-Jenseits-Spaltung. Das Gleiche galt demzufolge auch für den Eigentümer. Nur ein Mensch, der einen Teil, eine Verwandtschaft eines außerirdischen Gottes in sich trug, konnte ein Eigentümer sein. Diese Eigenschaft kam in der Natur nicht vor und musste von oben zugewiesen werden und das noch von einer Autorität, die von allen anderen Menschen anerkannt wurde. Wer auch immer Eigentümer werden wollte, hatte an der Etablierung eines jenseitigen und einzigen Gottes ein elementares Interesse.

Ich erinnere nochmal an den Unterschied zwischen Eigentum und Besitz, wie er im deutschen Recht gemacht wird. Der Besitzer hat einen realen Bezug zu seinem Land, seinem Haus, seinen Kindern, aber der Eigentümer definiert sich im Unterschied dadurch, dass er keinen realen Bezug zum Eigentum braucht, um Eigentümer sein zu können, außer einem juristischen natürlich. Wir wundern uns also nicht, dass mit dem metaphysischen Zeitalter auch ein neues Verständnis von Recht, Gesetz und Gerichtsbarkeit entstand. Alle Gesetzgebung, die nicht aus dem Palaver aller über alles entstammt (oder einer zeitgemäßen Form der direkten Demokratie), bedarf einer hierarchisch-metaphysischen Legitimation.

hierarchisch-metaphysischen Legitimation: Ob es jemals irgendwo in der Welt eine repräsentative Demokratie geben wird, die sich ganz offen auf die Ichmetaphysik stützen wird ohne Rückgriff auf irgendwelche Götter? Ich habe meine Zweifel. Von der Schweizer Verfassung - eine der fortschrittlichsten in der Welt mit direktdemokratischen Elementen - habe ich mir sagen lassen, dass dort für den Einzelnen eine Pflicht zur Freiheit festgeschrieben ist. Bei den meisten bürgerlich-säkularen Staaten ist jedoch das Ichselbstbewusstsein nicht stark genug, um der Verfassung eine gottfreie Legitimation geben zu können. In Band 2, im Teil *Nachbürgerliche Aussichten*, hätte ich mich mit Verhältnis zwischen dem Ich und einer direktdemokratischen Verfassung beschäftigt. Es müsste gelingen, dem von Metaphysik befreiten Ich eine neue, verbindlichere Form von Verantwortung zuschreiben zu können, dann könnte man nicht nur auf das Strafgesetzbuch verzichten, sondern die direkte und tatsächlich erste echte Demokratie wäre die angemessene politische Form.

- Das Ich als Eigentümer und Besitzer

Wenn wir uns die Eigentum- und Besitzverhältnisse beim Ich nochmal näher anschauen, fällt auf, dass das Ich sowohl Besitzer (mit dem Körper als Besitz) als auch Eigentümer ist. Interessanterweise spielt der reale Zusammenhang von Körper und Ich eine untergeordnete Rolle, da sich das Besitzrecht aus dem Eigentumrecht ableitet. Ein Eigentümer kann sein Haus oder sein Auto auch besitzen, aber der Besitz eines Hauses oder Autos ist ohne die Zustimmung des Eigentümers nicht möglich. Je bindender das Verhältnis ist, umso größer ist der reine Einbildungsgrad. Was beim Eigentumsverhältnis zwischen Ich und Körper noch etwas eigentümlich klingt, wird beim Eigentum in Bezug auf andere Dinge zur Notwendigkeit. Da für jedes Ich buchstäblich alles zu *Eigentum* werden kann, der körpergebundene Ichteil aber noch lange nicht alles *in Besitz* nehmen kann, muss das Eigentumsrecht sowohl höher als auch beliebiger sein. Wir können das Eigentum- und Besitzverhältnis zwischen Ich und Körper als ein Grundmuster betrachten, das auf andere Verhältnisse übertragbar war und ist. Streng genommen können nur Ichpersonen Eigentümer sein. Folglich sprechen wir heute von einer juristischen Person, wenn wir einer Institution Eigentumsrechte zusprechen. Auf diesem Hintergrund können wir auch besser verstehen, warum Gott eine Person sein musste und die spirituelle Auflösung Gottes in einen unpersönlichen Geist von der wirtschaftenden und handelnden Zivilisation nie angenommen werden konnte. Bei aller Eignung des Ichs für das Eigentum sollte man aber auch nicht vergessen, dass eine Legitimation des Eigentums durch einen Gott ungleich stärker ist. Vielleicht ist das auch der Grund, warum die bürgerlich kapitalistische Kultur die monotheistische Religion nie ganz aufgeben wird – in welcher schwachen Wort-zum-Sonntag-Form auch immer.

2.2 Geist-Eigentum-Projektionen und Grundkonflikte

Der fatale Zusammenhang aus Geist- und Eigentum-Projektion hat die Kultur zerrissen, und zuerst und zuletzt musste der Einzelne den Riss in sich bewältigen. Doch diese Struktur hat auch auf einer kollektiven Ebene politisch-ökonomische Grundkonflikte geschaffen, auf die ich in diesem Kapitel eingehen möchte. Denn es handelt sich um Konfliktherde, die mit den jüngsten Weltkriegen und den aktuellen Finanzkrisen ein zerstörerisches Ausmaß angenommen haben, die das Volk erneut zu Aufständen provozieren könnte. Zumindest könnte eine Form von Solidarität darin entstehen, in diesen Konfliktstrukturen keinen Vorteil mehr zu sehen - immerhin.

2.2.1 Seit zweieinhalbtausend Jahren im Kriegszustand

- Militärgestützte Hierarchie und Eigentum an produktivem Land

Wir leben immer noch im Krieg, seitdem sich vor ungefähr zweieinhalbtausend Jahren unsere Kultur so weit entwickelt hatte, dass ein neuer Grad von Dichte der menschlichen Kultur erreicht wurde, die den Menschen wie eine zweite Natur erschien. Die entstandenen Institutionen mit König und oberstem Priester an der Spitze - nicht selten verkörpert durch dieselbe Person - erreichten eine hohe Stabilität durch eine militärgestützte Hierarchie einerseits und durch den neu entstandenen Glauben andererseits, dass ein einziger allmächtiger Gott aus einer jenseitigen Welt über allem stand. Die gottgegebenen Königreiche waren Besitztümer, in denen zunächst immer mit offener Gewalt das Eigentum an Land geregelt wurde, da das Land als Produktivkraft äußerst wichtig war: Der Reichtum wurde fast vollständig durch die Landwirtschaft erzeugt - von einigen Erzminen abgesehen, die für die Waffenschmieden gebraucht wurden.

zunächst immer: Erst nach der militärischen Eroberung wurde die passende Religion eingeführt, so dass durch die psychischen Identifikationen und Bindungen die Kontrolle einfacher wurde.

- Es ist immer Krieg

Erst in der bürgerlichen Moderne haben einzelne Kriege ein Ausmaß angenommen - von den Religions- bis zu den Weltkriegen, bei denen für jeden ersichtlich und von sehr vielen Menschen am eigenen Leib erfahren wurde, dass die Kosten der Kriege jeden am Anfang vorstellbaren Nutzen weit überstiegen. Doch diese offene Unsinnigkeit einzelner jüngster Kriegsereignisse sollte nicht darüber hinwegtäuschen, dass der militärische Krieg ein Dauerzustand war. Strukturell und latent herrschte immer kriegsartige Gewalt. Alle Institutionen der Kulturen von der Nation bis zum Verhältnis zwischen Mann und Frau und Mutter und Kindern basierten auf direkter, militärischer Gewalt oder Gewaltandrohung. Man braucht sich nur in eine Gesellschaft zu versetzen, in der die Mehrheit der Menschen wie in der Antike versklavt oder wie im Mittelalter Leibeigene waren. Bis in die Mitte des 19. Jahrhunderts war in Amerika Sklaverei erlaubt. Es ist leicht vorstellbar, dass alle Einheiten solcher Kulturen bis in die Familien hinein von Gewalt strukturiert waren. Hierarchie war möglich, wenn das Militär im Alltag präsent war. Körperliche Überlegenheit war wichtig: die Männer gegenüber den Frauen, Mütter gegenüber Kindern. Als der Humanismus den Gott durch die *Menschlichkeit* ersetzt hatte, fiel die Legitimation offener Gewalt schwerer und wurde durch eine strukturelle und zunehmend psychische Macht ersetzt. An der militärisch geschützten Ausbeutung des Volkes durch die Kapitalbesitzer hat sich natürlich nichts geändert. Vielleicht ist aber heutzutage in der Zeit der offenbarten Ichs der Krieg zwischen Männern und Frauen die augenfälligste Form des Dauerkriegs, während sich der Besitz an Produktivkräften hinter der Politik versteckt.

2.2.2 Kapitalismus und Ichmetaphysik

- Kapitalismus, ein metaphysisches Phänomen

Wenn man Eigentum oder das Aneignen von Eigentum als metaphysisches Phänomen durchschaut hat, dann ist es nur noch ein kleiner Schritt zum Verständnis der Wirtschaftsform unseres Zeitalters: dem Kapitalismus. Denn die Wirtschaftsform Kapitalismus bedeutet nichts anderes, als dass volkswirtschaftliche Produktivkräfte sich in der Hand von wenigen Eigentümern ansammeln. So gesehen ist auch verständlich, dass Kapitalakkumulation keine neue Erfindung des Industriezeitalters ist. Schon bei den alten Griechen und Römern gab es eine Konzentration von Land, Sklaven und Handwerksbetrieben in den Händen weniger. Im Unterschied zur Neuzeit war die Eigentumlegitimation nur sehr viel stärker, da die Ableitung des Eigentums von Gott über König und Adel nicht infrage gestellt werden konnte. Solange es Gott und Könige gab, hatten selbst die Superreichen kein Legitimationsproblem. Daraus ließe sich folgern, dass die monotheistischen Religionen in den modernen kapitalistischen Industriestaaten sich aus genau diesem Grunde halten, unterstützt von der Tatsache, dass auch das gottleugnende Ich nicht ohne Metaphysik auskommt.

---

das gottleugnende Ich nicht ohne Metaphysik auskommt: Monotheistische Religionen halten sich offenbar, auch ohne einen festen Glauben an die Existenz eines Gottes im Jenseits. Der klassische Gottglaube ist eigentlich nur möglich, wenn es keinen Spielraum für Zweifel gibt. Sobald das Ich als Konkurrent auf den Plan tritt, fehlt jeder Gottreligion die selbstverständliche Basis mit dem Ergebnis, dass ein Glaube an Gott nur in einem gewissen „dennoch" möglich ist. Die ideologische Unschuld muss durch einen Fundamentalismus ersetzt werden. Solange allerdings die Kultur die metaphysische Basis nicht überwindet, gibt es für Religionen immer noch ein starkes Argument: Wenn wir schon an etwas Jenseitiges glauben, dann sollten wir aus Gründen der Bescheidenheit besser an einen jenseitigen Gott glauben als an ein gleichermaßen nur eingebildetes Ich. Doch das sind sehr persönliche und zuletzt sehr eitle Sichten. Die stärkste Kraft, die von oben herab die Gottreligionen am Leben erhält, sind die Eigentümer von großen Kapitalansammlungen. Die Ichmetaphysik hat zu deren Legitimation nicht mehr viel beizutragen. Die Kirchen und die Reichen haben sich immer bestens verstanden.

Umgekehrt kann man folgern: Kapitalismus und Religion werden sich genauso lange halten, wie Metaphysik - in welcher Form auch immer - zur Basis der Kultur gehört. Wollen wir den immer zerstörerisch wirkenden Kapitalismus überwinden, müssen wir vorher unser eingebildetes Ich loslassen. Wie schwer sich unsere Kultur mit diesem Zusammenhang tut, zeigt ein Artikel aus der FAZ, den ich zum Abschluss des Eigentum-Kapitels etwas näher beleuchten möchte.

2.2.3 Die unerwiderte Liebe des Menschen zum Kapitalismus[2]

Meinhard Miegel, ein Ökonom und Sozialforscher, hat am 17.08.2014 in der Sonntags-FAZ einen Artikel veröffentlicht, in dem er den Grundkonflikt, den unser Zeitalter mit dem Kapitalismus hat, in beachtenswerter Klarheit zusammengefasst hat. Der Artikel beginnt mit folgender Feststellung:

» Die Menschen lieben die kapitalistische Wirtschaftsordnung. Sie drängen hinein, nicht heraus. Das kommt, weil die Regeln einfach sind und das materielle Ergebnis stimmt. Doch ist es ein Vertrag zu Lasten Dritter.

Die wohl größte Stärke des Kapitalismus - oder dessen, was dafür ausgegeben wird - ist seine überwältigende und nicht zuletzt deshalb für manche geradezu furchterregende Widerstandsfähigkeit. Er gedeiht überall, breitet sich aus und durchdringt jeden Lebensbereich. «

Im nächsten Kapitel mit dem Titel „Der Kapitalismus obsiegt" geht er im ersten Absatz näher auf das Erfolgsrezept ein:

» Was ist sein Geheimnis oder zumindest sein Erfolgsrezept? Wo liegen seine scheinbar unerschöpflichen Kraftquellen? Die Antwort ist einfach, wenn auch für manche verstörend: Er kommt der großen Mehrheit zupass und bedient, wenn schon nicht ihre edelsten, so doch ihre stärksten Triebe. Das borniert, sprich geistig beschränkte Streben nach Profit, soll heißen nach Vorteil und Gewinn, ist, anders als seine Kritiker meinen, nicht eine seiner Schwächen, sondern eine weitere Stärke. Denn das versteht jeder auf Anhieb: Konzentriere dich auf deinen eigenen Vorteil, und versuche, ihn gegen andere zu verteidigen. Du stehst im Mittelpunkt. Unter dem Strich zählst allein du. «

---
[2] FAZ vom 17.08.2014: http://www.faz.net/aktuell/feuilleton/wirtschaftswachstum-die-unerwiderte-liebe-der-menschen-zum-kapitalismus-13102904.html

Bei den letzten beiden zitierten Sätzen, die an jüngste Werbekampagnen erinnern, brauchen wir nur das Du gegen ein Ich auszutauschen und schon sind wir mitten in unserem Buchthema. Doch folgen wir zunächst dem Argumentationsstrang und lesen noch genauer im Kapitel mit dem Titel „Es geht nicht ohne" im dritten Absatz den Grund, warum der Kapitalismus sich so stabil hält:

» Die ganze Kritik am Kapitalismus krankt daran, dass sie zwar eine Fülle seiner Mängel und Fehler zutreffend erkannt und beschrieben hat, aber nicht wahrhaben will - und um ihres Selbstverständnisses willen wohl auch nicht wahrhaben darf -, dass er sich in den Hirnen und Herzen von mittlerweile Milliarden von Menschen eingenistet hat und deren Denken, Handeln und Fühlen von Grund auf prägt. «

Der Grund ist also eine Art programmierte Gewohnheit im Verbund mit den schon zitierten einfachen Regeln und dem Du-Ich im Mittelpunkt. Der Autor stellt fest, dass die Mehrheit der Menschen in unserem Land einfach den Kapitalismus haben will. Gleich zu Beginn des nächsten Kapitels mit der Frage als Überschrift „Eine neue Wirtschaftsordnung?" folgert er entsprechend:

» Dieser Befund hat schwerwiegende Folgen. Denn ein System zu ändern, an dessen Wesenskern unzählige Menschen hängen, ist wahrscheinlich noch schwieriger, als ein System zu erhalten, das von vielen abgelehnt wird. Doch Änderungen sind unvermeidlich und dringend. «

Warum die Bevölkerung die unvermeidlichen Änderungen nicht haben will, wird noch näher im nächsten Kapitel „Der geliebte Luxus" erläutert. Doch dem setzt er schließlich in aller Klarheit seine Kernthese entgegen, gleich mit der Überschrift des nächsten Kapitels: „Nur der Räuber lebt angenehm" und er schreibt:

» Die nüchterne und oft brutale Wahrheit ist: Beim derzeitigen Wissens- und Könnensstand ist der materielle Lebensstandard, den die Menschen in den früh industrialisierten Ländern pflegen - und zwar alle vom Millionär bis hin zum Grundsicherungsbezieher -, nur unter Bedingungen zerstörerischer Ausbeutung von materiellen Ressourcen, Umwelt und nicht zuletzt Menschen möglich.

[…] Wie die Dinge liegen, lebt eigentlich nur der homo rapax, der räuberische Mensch, materiell angenehm. Zwar ist das nicht neu, hat sich aber im Laufe der Zeit institutionell verfestigt und betrifft nicht mehr nur Individuen, sondern ganze Völker. Diesem homo rapax ist die Wirtschafts- und Gesellschaftsordnung des Kapitalismus auf den Leib geschneidert. Sie ist das Biotop, in dem er aufblüht.

Nicht zuletzt bedingt durch überkommene ethische Normen gestehen sich nur wenige ein, dass der Wohlstand, den sie genießen, allenfalls teilweise auf eigener Tüchtigkeit, im Übrigen aber auf der fortdauernden Überforderung von Lebensgrundlagen und Mitmenschen gründet. [...] Also nieder mit dem System.
«

Die Wohlstand-gleich-Raub-These ist keineswegs moralisch gemeint, sondern Ergebnis einer nüchternen volkswirtschaftlichen Analyse, die jedem Marxkenner auch ganz selbstverständlich erscheint. Demzufolge ist auch der letzte Satz „Also nieder mit dem System." nicht ganz ernst gemeint. Klar ist zunächst: Der Kern der kapitalistischen Wirtschaftsform ist räuberisch, allerdings legt der Autor den Fokus auf das Raubverhalten eines ganzen Volkes gegenüber den Nachbarn und der natürlichen Grundlage, was, nebenbei, die Ungleichverteilung im eigenen Land in den Hintergrund rückt. Dennoch wollen wir bis hierhin dem Autor bei der Kapitalismusanalyse freudig folgen. Doch leider bleibt er nicht bei seiner wissenschaftlich nüchternen Perspektive, sondern drückt am Ende auf die moralische Tube. Das letzte Kapitel mit der Überschrift „Ein freier Wille für den Wandel" endet mit folgendem Absatz:

» Die Menschheit, mit den früh industrialisierten Ländern an ihrer Spitze, befindet sich damit in einem existentiellen Dilemma. Frönt sie weiterhin ihren räuberischen Neigungen und fährt fort, ihre Lebensgrundlagen zu überfordern, wird sie scheitern. Das muss sie aber nicht. Denn auch wenn die Gelehrten darüber streiten, ob der Mensch einen freien Willen hat, ist er doch nicht Sklave der von ihm selbst geschaffenen Ordnungen. Insoweit gilt für den Kapitalismus Ähnliches wie für den Krieg: Stell dir vor, es ist Kapitalismus, aber keiner lebt seinen Maximen. Das wäre sein Ende. Ein wirklichkeitsferner Traum? Vielleicht. Aber wenn es nicht gelingt, die tief verinnerlichten „kapitalistischen" Denk-, Gefühls- und Handlungsmuster zu überwinden, können die Menschen noch so viel am System herumschrauben - sie werden keines ihrer Probleme lösen.
«

- Wir gehen einfach nicht hin

Mit dem moralischen Zeigefinger wird immer das Ich als Problemlöser angesprochen - hier mit Bezug auf den freien Willen. Offen kann an eine persönliche Entscheidung aber nicht appelliert werden, da das Du-Ich schon im Zentrum des kapitalistischen Wirtschaftens erkannt wurde. Aber theoretisch könnte man sich das Ich auch genau wegen seiner zentralen Rolle als Kapitalismusüberwinder vorstellen. Offensichtlich geht der Autor davon aus, dass die von ihm als Grund erkannten Denk-, Gefühls- und Handlungsmuster durch eine Ichentscheidung überwunden werden können: Wir gehen einfach nicht hin. Tatsächlich gibt es Denk-, Gefühls- und Handlungsmuster ohne deren Überwindung wir keines der Probleme lösen können, aber es ist nicht der dumme Egoismus des Einzelnen, sondern es ist das freie Ich selbst und mit ihm die ganze Metaphysik. Solange wir in unseren Augen nicht wieder hundertprozentiger Teil der Natur werden, solange werden wir die Natur und die Anderen berauben und zerstören. Man könnte Trauer darüber empfinden, wie vergeblich der Autor nach tieferen Gründen für die Überlebenskraft des als zerstörerisch erkannten Kapitalismus sucht. Aber Herr Miegel ist nicht aus Versehen ein Berater der christlichen Kanzlerin und wird von einer kapitaleigentümer-freundlichen Zeitung veröffentlicht, denn hinter seiner Vorstellung von Entscheidungsfreiheit, seinem Interesse für die Umwelt und seinem Mitgefühl für die armen Kaffeepflücker wird die Tatsache versteckt, dass die wenigen Kapitalbesitzer ein wirkliches und nicht nur gewohnheitsmäßig dummes Interesse am Erhalt des Kapitaleigentums in den Händen weniger haben. Den vielen Armen dieses Landes, die nicht selten zwei Jobs oder zusätzliche Sozialhilfe brauchen, um über die Runden zu kommen, wird sogar der bewährte Zynismus entgegengehalten, dass es ihnen vergleichsweise doch so gut geht.

- Die Bedienung der Icheitelkeit durch die Reichen

Tatsächlich wird vom Autor ein Legitimationszusammenhang bedient, der so alt ist wie der Kapitalismus selbst - und sein metaphysisches Zeitalter: die Eitelkeit: Wollt ihr euer freies Ich haben, dann müsst ihr auch den Kapitalismus akzeptieren. Die brutale und räuberische Wirtschaftsform verführt und besticht die armen Massen von Anfang an damit, dass ihr freies Ich doch auch so reich werden könnte, wenn es nur potent und willensstark genug wäre. Mit der metaphysischen Freiheit wird eine Gleichheit suggeriert, die es nie gab. Wer hat, dem wird gegeben. Die Reichen werden reicher, die Armen werden ärmer. Zu dumm, dass den Armen immer noch eines bleibt: sich mit dem freien

---

von Anfang an: Ich möchte daran erinnern, dass die anfängliche monotheistische Phase unseres Zeitalters nur eine versteckte Form der Ich-Metaphysik war. In Bezug auf den Einzelnen macht es keinen wesentlichen Unterschied, ob ich ihn direkt mit der Ich-Eitelkeit verführe oder ihm erzähle, dass er ein Kind Gottes ist, das seinen Lohn im Himmel bekommt. Dieser Trick war nur - ohne die modernen Medien - wesentlich einfacher zu realisieren.

Ich einzubilden, sie wären großartig. Die heutigen Mächtigen sind mit Spielfilmen, Werbung und insbesondere mit den Serien vor und während der Werbung bei der Stärkung der Ichgroßartigkeit wesentlich erfolgreicher als es der Pfarrer und die Kirchen jemals hätten sein können.

3. *Der Einzige und sein Eigentum*, Ich und Eigentum bei Max Stirner

3.1 Die historische Bedeutung von Max Stirner

- Max Stirner und die Ichoffenbarung

Als wesentliche Teile des Buches schon fertig waren, kam mir plötzlich wieder in den Sinn, dass ich vor langer Zeit mal ein Buch gelesen hatte, das sich ausdrücklich mit dem Thema Ich und Eigentum beschäftigt hat. Max Stirner fiel mir wieder ein, auf den ich im Zusammenhang mit meinem Marx-Studium gestoßen war, und es ging mir sofort die Frage durch den Kopf, ob Max Stirners Werk nicht als historischer Markierungspunkt für die von mir so genannte Ichoffenbarungsphase dienen könnte. Die erneute Lektüre von *Der Einzige und sein Eigentum* hat mich nicht nur in dieser Vermutung bestätigt. Es zeigte sich auch, dass sich in kritischer Abgrenzung zu Max Stirner die Kernaussage meines Buches gut herausarbeiten lässt, weil er aus meiner heutigen Sicht tatsächlich eine herausragende Rolle bei der Formulierung des modernen bürgerlichen Selbstverständnisses spielt. Sein berühmtes Werk hat er 1844 veröffentlicht in der Zeit großer Aufbruchsstimmung bei der politischen Machtübernahme durch die Bürger.

- Heute herrschendes Ichverständnis vorweggenommen

Er hat die Beschreibung eines Ichverständnisses vorweggenommen, das bis heute in unserer säkularen Kultur Gültigkeit hat. Für die meisten Menschen gilt heute, dass erstens das Ich mit dem Bewusstsein als Organ und Träger einzigartig und frei ist im Sinne von entscheidungsmächtig. Und diese Entscheidungsmächtigkeit ist unabhängig von irgendwelchen jenseitigen Geistern oder Göttern. Zweitens

> Marx hat einen ausführlichen Aufsatz mit einer Kritik an Max Stirners Buch geschrieben. Leider hatte ich nicht die Zeit, seine Kritikpunkte noch einzuarbeiten. Ich gehe - mit meinen schwachen Erinnerungen - davon aus, dass es andere sind als meine.

> Kernaussage: Dies gilt besonders für den nicht so selbstverständlichen Zusammenhang zwischen Ich und Eigentum und die besondere Rolle des Bewusstseins.

gilt, dass das Ich das Zentrum und Kontrollorgan des Individuums ist, das heißt, der Besitzer oder *Eigner* des Körpers ist. Wir sind Persönlichkeiten mit Körper. Für beide Punkte gilt, dass sie auf Max Stirners Ichvorstellung zurückführbar sind. Erst die Neuro- und Informationswissenschaften haben uns zu Beginn dieses Jahrtausends eine wirklich andere Sicht auf das Ich ermöglicht, eine Sicht, die definitiv zu Stirners Zeiten nicht einnehmbar war. Stirner hat also im Rahmen seiner Kenntnismöglichkeiten eine äußerst hohe Sicht auf das Ich gewinnen können und damit eine Zukunft vorweggenommen, die sich erst hundert Jahre später in der Mitte des 20. Jahrhunderts in der mitteleuropäischen Kultur durchgesetzt hat.

- *Der Einzige und sein Eigentum* als Meilenstein

Auch wenn ich in diesem Hauptkapitel belegen werde, wieweit Max Stirner noch tief in der von ihm so vehement bekämpften metaphysischen Sicht verstrickt war, so ändert das doch nichts an seiner visionären Kraft, durch die er zu einem Meilenstein, einer Markierung in der kulturellen Entwicklung des menschlichen Selbstbildes werden konnte. Max Stirner markiert mit seinem Buch den Zeitpunkt, von dem ab das bürgerliche Ich dabei ist, sich einen Standpunkt zu erobern, der das Ich ohne Götterbezüge zu einer im wahrsten Sinne entscheidenden, freien, selbständigen kulturellen Institution werden lässt. Aus diesem Grunde werde ich auch zunächst immer die positiven Aspekte seiner Sicht herausstellen und mich dann der Kritik zuwenden.

3.2 Einleitung: *Ich hab mein' Sach' auf Nichts gestellt*

Um Ihnen als Leser die Möglichkeit zu bieten, weitestgehend eine eigene Sicht auf Max Stirners Menschenbild einnehmen zu können, möchte ich in diesem Kapitel wieder meine literaturwissenschaftliche Technik einsetzen, vor allem also durch Zitate in größeren Blöcken, so dass der Zusammenhang nachvollziehbar ist. Doch um den Lesefluss „meiner Sicht" nicht zu sehr zu stören, werde ich mich hier auf Stirners Einleitung und den Einstieg in das Kapitel *Zweite Abteilung: Ich* beschränken.

Um ein Buch oder ein Kapitel zu verstehen, ist es immer eine gute Idee, sich Anfang und Ende genauer anzusehen. Nehmen wir also gleich den ersten Teil, der wie eine Einleitung noch vor der Kapiteleinteilung steht:

---

kulturellen Institution: Um keine Missverständnisse zu fördern hinsichtlich meiner Aussage in diesem Buch: Das freie Ich kann eine Institution sein, auch wenn es nur eingebildet ist (auch die eingebildeten Götter waren Institutionen). Meine Vision ist, diesen institutionellen Charakter zu bewahren, auch ohne metaphysische Freiheitsillusion. Das wirkliche Ich als soziale Kommunikationsschnittstelle könnte dabei für die notwendige Verankerung sorgen, so dass im Sinne einer Vertragsverantwortung eine Verbindung zwischen Ich und Individuum immer neu unterstellt werden könnte. Ein Drahtseilakt, der ein hohes zivilisatorisches Niveau voraussetzt, bei dem man sich einen Vertrag mit Konventionalstrafen nicht nur zwischen Personen, sondern auch zwischen Person und Staat vorstellen kann. Ein Verantwortungsverhältnis zwischen Staat und Individuum wäre dann auch ohne Strafrecht möglich.

> **Ich hab mein' Sach auf Nichts gestellt**
> Was soll nicht alles meine Sache sein! Vor allem die gute Sache, dann die Sache Gottes, die Sache der Menschheit, der Wahrheit, der Freiheit, der Humanität, der Gerechtigkeit; ferner die Sache meines Volkes, meines Fürsten, meines Vaterlandes; endlich gar die Sache des Geistes und tausend andere Sachen. Nur *meine* Sache soll niemals meine Sache sein. »Pfui über den Egoisten, der nur an sich denkt!«
>
> Sehen wir denn zu, wie diejenigen es mit *ihrer* Sache machen, für deren Sache wir arbeiten, uns hingeben und begeistern sollen.[1]

Nun folgen zwei Absätze, in denen er aufzeigt, wie die vermeintlichen Vertreter der Sachen Gott und Menschheit nur um sich selbst besorgt sind und die anderen Menschen zu Dienern machen wollen.

- Alle sind Egoisten

Zwei kurze Absätze weiter schreibt er dann:

> Ich brauche gar nicht an jedem, der seine Sache uns zuschieben möchte, zu zeigen, daß es ihm nur um sich, nicht um uns, nur um sein Wohl, nicht um das unsere zu tun ist. Seht euch die übrigen nur an. Begehrt die Wahrheit, die Freiheit, die Humanität, die Gerechtigkeit etwas anderes, als daß ihr euch enthusiasmiert und ihnen dient?[2]

Wir können aus Stirners Einstieg in sein Werk gleich eine erste Hauptthese ableiten: Mit vielen Stimmen wird von den Menschen Selbstlosigkeit gefordert, aber tatsächlich handeln alle immer als Egoisten. Die Forderung nach Selbstlosigkeit ist gut getarnter Egoismus. Für uns Heutige, die wir über hundert Jahre nach Nietzsches *Jenseits von Gut und Böse* leben, ist diese Feststellung eher selbstverständlich. Die modernen Wissenschaften, die sich mit den Menschen und ihren Einrichtungen beschäftigen - explizit die Volkswirtschaft - gehen in ihren Verhaltensmodellen vom

---

[1] Max Stirner: Der Einzige und sein Eigentum, Vollständiger, durchgesehener Neusatz mit einer Biographie des Autors bearbeitet und eingerichtet von Michael Holzinger, ISBN 978-3-8430-2165-4.
Da es sich bei dieser Ausgabe um ein E-Book von Zeno.org handelt, wurden von Holzinger die Seitenangaben der Textgrundlage in eckigen Klammern eingebaut. Die bibliographischen Angaben der Textgrundlage sind laut Holzinger:
Max Stirner (Joh. Kaspar Schmidt): Der Einzige und sein Eigentum. Neue Ausgabe, mit einer biographischen und erläuternden Einführung von Anselm Ruest, Berlin: Rothgiesser & Possekiel, 1924.
Meine Seitenangaben beziehen sich auf Holzingers eingefügte Seitenzahlen: S. 22. Kurzform dieser Quellenangabe für weitere Seitenangaben: Stirner
[2] Stirner, S. 23f

III. Aus meiner Sicht

Einzelnen aus, der sich als abgrenzbares System von innen heraus motiviert, was bisher auch ohne moralischen Zeigefinger als egoistisches Verhalten benannt wird. Soweit Stirner in der Rolle des an der natürlichen Wirklichkeit orientierten Beschreibers. Für unsere spätere Kritik halten wir aber schon mal die Frage fest, ob er seine wissenschaftlich beschreibende Sicht, nach der wir sowieso alle egoistisch handeln, auch tatsächlich durchhält.

> Das bisher füge ich hier vorsichtig ein, da ja auch eine um die Volkswirtschaft bemühte Wissenschaft die Gleichsetzung von Ich und Individuum überwinden könnte.

- Gott, die Menschheit und ich stellen unsere Sache auf Nichts

Nachdem er noch registriert hat, dass auch das Volk als Ganzes und auch der Sultan nur egoistisch handeln, schreibt er folgendes am Ende dieser Einleitung:

» Und an diesen glänzenden Beispielen wollt ihr nicht lernen, daß der Egoist am besten fährt? Ich meinesteils nehme mir eine Lehre daran und will, statt jenen großen Egoisten ferner uneigennützig zu dienen, lieber selber der Egoist sein. Gott und die Menschheit haben ihre Sache auf nichts gestellt, auf nichts als auf sich. Stelle ich denn meine Sache gleichfalls auf mich, der ich so gut wie Gott das Nichts von allem andern, der ich mein alles, der ich der Einzige bin.[23]

Hat Gott, hat die Menschheit, wie ihr versichert, Gehalt genug in sich, um sich alles in allem zu sein: so spüre ich, daß es *mir* noch weit weniger daran fehlen wird, und daß ich über meine »Leerheit« keine Klage zu führen haben werde. Ich bin nicht Nichts im Sinne der Leerheit, sondern das schöpferische Nichts, das Nichts, aus welchem ich selbst als Schöpfer alles schaffe.

Fort denn mit jener Sache, die nicht ganz und gar meine Sache ist! Ihr meint, meine Sache müsse wenigstens die »gute Sache« sein? Was gut, was böse! Ich bin ja selber meine Sache, und ich bin weder gut noch böse. Beides hat für mich keinen Sinn.

Das Göttliche ist Gottes Sache, das Menschliche Sache »des Menschen«. Meine Sache ist weder das Göttliche noch das Menschliche, ist nicht das Wahre, Gute, Rechte, Freie usw., sondern allein das Meinige, und sie ist keine allgemeine, sondern ist - einzig, wie ich einzig bin.

Mir geht nichts über mich![24][3]
«

In diesem zitierten Ende der Einleitung fällt ein Satz sofort auf, der eine genauere Betrachtung lohnt: „Gott und die Menschheit haben ihre Sache auf nichts gestellt, auf nichts als auf sich. Stelle ich denn meine Sache gleichfalls auf mich, der ich so gut wie Gott das Nichts von allem andern, der ich mein alles, der ich der Einzige bin." Hier in der Einleitung - und am Ende des ganzen Buches - geht es um das

---
[3] Stirner, S. 23f.

Nichts und um das, woraus Stirner schöpft. Der Feststellung, dass Gott und die Menschheit ihre Sache auf Nichts gestellt haben, kann ich soweit zustimmen, wenn ich davon absehe, dass er diese „Gespenster", wie er oft sagt, hier etwas irritierend wie Personen behandelt (verstehbar als rhetorischer Trick). Gott und Menschheit als Gedanken sind nichts, wenn wir ihm wohlwollend in sein Weltbild folgen, in dem nur fassbare Dinge etwas, also wirklich sind. Nebenbei lässt sich schon erahnen, dass er noch einem Dualismus folgt, der zwischen substanzhafter - natürlicher - Wirklichkeit und <u>Geist als Produkt von Gedanken</u> unterscheidet. Wirklich erstaunlich konsequent ist nun, dass er sich als Ich auch als das „Nichts von allem andern" sieht. Er kann das Ich also auch als einen Gedanken sehen und es wird nur in dem Maße wirklich, wie er es als Einziger erschafft. Er hat kein Problem damit, wenn alle anderen sein Ich genauso wie Gott als ein Nichts betrachten.

Seiner Zeit entsprechend muss er <u>Geist als Produkt von Gedanken</u> verstehen, weil er im informationstechnischen Sinne nicht zwischen Daten und Datenträger unterscheiden kann, sich also auch nicht vorstellen kann, wie Information sich ohne Geist in der Kommunikation ergeben kann. Dieser Dualismus bei Stirner lässt sich demnach nicht einfach als erkenntnistheoretischer Dualismus auflösen (s. Theoriebaukasten und Ausführungen zu Jürgen Habermas Verweis). Dieser Dualismus zieht sich bei Stirner durch das Ich als Körper und Geist.

- Die Schöpferkraft des Einzigen aus seiner bewussten Einzigartigkeit

Mit dem folgenden Satz schafft er Klarheit: „Ich bin nicht Nichts im Sinne der Leerheit, sondern das schöpferische Nichts, das Nichts, aus welchem ich selbst als Schöpfer alles schaffe." Die *einzigartige* Schöpferkraft des Einzigen basiert darauf, dass der Einzige sich jeder Interpretation und jedem Gedanken entzieht. In diesem Sinne hat Stirner - als Ich - seine Sache auf Nichts gestellt. Setzt man Stirners Weltbild folgend voraus, dass die bewusste Denkfähigkeit so stark zum körperlichen Individuum gehört, dass die Abtrennbarkeit des Körpers vom Rest der Welt auf das Bewusstsein übergeht[4], dann ist dieses Nichts durchaus nicht als Nihilismus oder Solipsismus zu verstehen, sondern als eine erkenntnistheoretische Konsequenz.

- Der Einzige und seine Eigentumsfähigkeit

Wie wir später noch deutlicher sehen, gründet die Schöpferkraft des Einzigen nicht nur darauf, dass er einzig ist, sondern auch auf seine Fähigkeit, sich etwas aneignen zu können, seine Besitzfähigkeit. Wir können uns das Individuum bei Stirner also mit folgenden natürlichen Eigenschaften ausgestattet vorstellen: Es ist körperlich (leibhaftig), es hat Bewusstsein (kann denken) und es hat die Fähigkeit zum Aneignen (Nahrung, Gedanken). Es ist wich-

---

[4] Erläutert weiter unten in diesem Kapitel

tig, dass auch die letzte Eigenschaft zur natürlichen Ausstattung des unteilbaren Einzelnen gehört. Aus der Sicht des Einzigen ist die Welt dazu da, mit der gegebenen Kraft angeeignet zu werden (einschließlich aller Sprachen und Gedanken). In diesen ersten Sätzen der Einleitung zeigt sich diese Aneignungsfähigkeit[5] in den Formulierungen „seine Sache" und „meine Sache": „Meine Sache ist weder das Göttliche noch das Menschliche, ist nicht das Wahre, Gute, Rechte, Freie usw., sondern allein das Meinige[…]".

- Die Verwendung der perspektivischen Philosophie

Der Rest des angefangenen zitierten Satzes verdient eine eigene Hervorhebung, weil ich an ihm eine Einsicht zu Stirners Leistung aufhängen kann, für die ich besonders lange gebraucht habe, weil ich darin die Bedeutung meines geschätzten Nietzsche geschmälert sehe, denn Stirner hatte die perspektivische Philosophie schon deutlich vor Nietzsche angewendet, wenn auch nicht mit einer so starken Begründung. Schauen wir uns das Ende der Einleitung nochmal komplett an: „Meine Sache ist weder das Göttliche noch das Menschliche, ist nicht das Wahre, Gute, Rechte, Freie usw., sondern allein das Meinige, und sie ist keine allgemeine, sondern ist - einzig, wie ich einzig bin. Mir geht nichts über mich!" Stirners Sache ist keine allgemeine, ihm geht nichts über sich. Das ist nicht nur eine Absage an die klassische Philosophie, sondern auch die Begründung der eigenen Perspektive als die höchste, verbunden mit der Feststellung - wenn wir mal den Rest des Buches als bekannt voraussetzen -, dass Philosophie auch nur von dieser Perspektive aus betrieben werden kann. Da immerhin mein Buch auf Nietzsches perspektivischer Philosophie gründet und ich Sie als Leser von der Errichtung einer eigenen Weltbildperspektive überzeugen möchte, gibt mir die Abgrenzung von Stirner auch bei diesem Punkt eine gute Gelegenheit, meine spezifische Aussage zu erläutern. Doch schauen wir zunächst, was es im Zusammenhang mit dieser Einleitung noch zum Gesamtbild beizutragen gilt.

- Der durch Aneignung wachsende Einzige

Wie man im Kapitel *I. Ein Menschenleben* der ersten Abteilung nachlesen kann (siehe nächstes Kapitel), geht Stirner von einer Entwicklung des einzelnen Menschen aus vom Kind über den Jüngling zum Mann. Der Einzige

---

[5] Wer möchte, kann die Bedeutung der Eigentumsfähigkeit bei Max Stirner genauer studieren in seinem Kapitel *Zweite Abteilung: Ich*.

wächst durch Aneignung, erstaunlicherweise ohne seine Einzigartigkeit zu verlieren. Den Grund dafür erläutert Stirner später mit der Analogie zur Nahrungsaufnahme. Kinder essen und wachsen und ähnlich nehmen sie kontrolliert Gedanken auf. Wie ich schlechte Nahrung nicht esse, so kann ich schlechten Gedanken den Zugang zu *mir* verweigern. Da auch Stirner erkennt, dass dies nicht für die Sinne und Sinneseindrücke gelten kann, wird klar, welch große Bedeutung das filternde Bewusstsein für die eigenen Gedanken hat. Ein Gedanke ist bei Stirner auch keine Symbole verwendende Bewegung des Gehirns, sondern ein vom Bewusstsein ausgeführte sprachliche Überlegung. Der Einzige erschafft sich also als Ich aus dem Nichts, weil mit der Aneignung der *Ich*gedanke zu meinem Gedanken wird, das heißt, zu etwas, was im Moment der Aneignung vom Rest der Welt abgetrennt wird. Der Gedanke ist von der Welt getrennt in mir wie das abgebissene Stück vom Apfel. Nur wenn man bei Stirner die hohe Bedeutung der Aneignungsfähigkeit des Einzigen erkennt, versteht man den Titel des Buches: Der Einzige und sein Eigentum. Der Einzige ist nicht leer, weil er sich selbst anfüllt. Das Ich ist der angeeignete Inhalt des Einzigen, das Ich ist sein Eigentum.

- Die Inkonsequenz der Heutigen

Die Menschen sehen das Ich eigentlich bis heute wie Stirner, aber sie machen sich nicht die Mühe, die entsprechenden Konsequenzen zu ziehen. Die Mehrheit der mitteleuropäischen Menschen glaubt heute vermutlich nicht mehr an einen Gott oder an einen Geist im Jenseits. Ein Teil davon wird sogar ein strikt naturalistisches Weltbild haben, den Menschen also - zumindest theoretisch - keine Sonderstellung in der Natur zugestehen. Wir sehen uns als Gattung der Familie der Menschenaffen, nahe verwandt mit den Schimpansen und Bonobos, mit denen wir 97 Prozent der Gene gemeinsam haben. Die humanistische Überschätzung von Bewusstsein und Sprache als rein menschliche Merkmale wird von vielen durchschaut. Dennoch gibt es kaum jemanden, der nicht von der Existenz seines entscheidungsfähigen, freien Ichs ausgeht. Konsequenterweise müssten sie alle Stirner darin folgen, ihre Ichfreiheit auf Nichts zu stellen.

- Auch wir heutigen sind Eigentümer

Wir werden natürlich die Sonderstellung von Bewusstsein und Aneignungsfähigkeit innerhalb des Körpers bei

ohne seine Einzigartigkeit zu verlieren: Das ist erstaunlich, weil eine Prägung durch eine kulturelle Evolution darauf schließen lässt, dass wir auf einer kulturelle Ebene nicht besonders einzigartig sind, sondern eher typische Mitglieder unserer Kultur.

Die Sinne gehören zum Körper, wie später mehrfach erwähnt wird, während das Bewusstsein eine eigene Instanz ist. Auch hier klingt der substanzielle, ontologische Dualismus zwischen Körper und Bewusstsein an.

das abgebissene Stück vom Apfel: Die Nahrungsaufnahme als Vorbild für die einverleibende Fähigkeit des Körpers ist strenggenommen auch nicht haltbar. Wenn es kein Ich gibt, das sich für bestimmte Speisen bewusst entscheiden kann, dann ist der Körper einfach nur ein Durchgang, ein stoffwechselnder Schlauch, der Hunger spürt und passende Nahrung sucht. Wie beim Tier braucht es auch beim Menschen dafür keine zentrale Aneignungsintelligenz.

Natürlich ist nicht nur das Ich sein Eigentum, sondern auch der Körper. Doch mit diesem tautologischen Verweisungskreis berühren wir wieder den verdrängten letzten Dualismus aus Körper und Geist: Der Einzige und sein Ich sollen zwar selbständig, aber zugleich leibhaftig Teil des Körpers sein.

Stirner in Frage stellen, aber es ist auch seine anerkennenswerte Leistung, dass sein Menschenbild bis heute dem entspricht, wie die Menschen sich selber sehen. Die aktuelle Bedeutung der Eigentumsfähigkeit als wichtige Icheigenschaft ist leicht bei jedem beliebigen Gegenüber durch die Frage ermittelbar: Bist *du* der Besitzer deines Körpers? Wer würde darauf mit Nein antworten. Es lässt sich kaum eine bürgerliche Kultur denken, in der die Individuen sich nicht Eigentumsfähigkeit zusprechen (man kann auch die Eigentumsfähigkeit als wesentliches Merkmal der Bürgerlichkeit sehen). Und ohne das körperbesitzende Ich mit seinem freien und filterfähigen Bewusstsein gäbe es keine Legitimation für das Strafgesetzbuch oder für die Werbung.

> Die Ich-stärkende Wirkung der Werbung hat vermutlich einen hohen Anteil daran, dass den Menschen heute Ich-Eigenständigkeit selbstverständlich ist, so dass sie Stirners Konsequenzen nicht ziehen müssen.

- Der Einzige als Lösung des Beschreibung-Idee-Problems

Wenn wir uns nun der expliziten Kritik an Max Stirners Sicht auf die Welt zuwenden, dann müssen wir uns als erstes mit der Frage beschäftigen, warum er, der sich mit neuen Gedanken an ein Publikum wendet, seine Gedanken abgrenzen kann von denen seiner Leser, bei denen sie - nach seiner Diagnose - nur zu Ideen über die Welt, aber nicht zur Wirklichkeit führen. Wieso aber führen seine Gedanken nicht zu Ideen, sondern beschreiben die faktische Welt? Eine Lösung bestünde darin, dass er sie bewusst als *Einziger* äußert, der nach seiner Vorstellung Gedanken zu seinen eigenen Gedanken machen kann und sie dadurch der Welt der allgemeingültigen Ideen entzieht. Damit er das kann, muss er unterstellen, dass der Einzige aus einer körperlich abtrennbaren Einheit mit den Untereinheiten Leib, Bewusstsein und Aneignungsfähigkeit besteht. Diese Vereinigung ist aber aus der heutigen wissenschaftlichen Sicht nicht mehr haltbar. Das Bewusstsein ist keine eigene Instanz, sondern einfach ein Datenformat des Gehirns und lässt sich von der sonstigen Wahrnehmungsarbeit des Gehirns systematisch nicht abtrennen. Damit gibt es keine führende Instanz innerhalb des Gehirns, wodurch auch die Aneignungsfähigkeit wegfällt. Die Einzigartigkeit beschränkt sich auf den Körper, wodurch es auch keine aus dem Nichts schöpfende Instanz mehr geben kann. Es gibt niemanden mehr, der den Körper besitzen kann.

- Die Brücke vom Einzigen zum Eigentum: ein Spiel mit Worten

Wie wir nachher noch bei einem kurzen Einstieg in die zweite Abteilung sehen werden, spielt Stirner bezüglich des Zusammenhangs vom Einzigen und seinem Eigentum auch einfach mit den Worten Eigenheit, Eigner und Einziger[6], denn im Begriff Eigenheit (Eigentümlichkeit) liegt eine gewisse Betonung des Einzelnen und auch beim Wort Eigner stellen wir uns einen einzelnen Menschen vor, so dass der Weg vom Eigentum zum Einzigen nicht mehr weit ist. Tatsächlich gibt es nicht einmal eine Plausibilität dafür, dass ein Einziger auch ein Eigentümer sein soll, oder dass ein Mensch, dem wir die negative Charaktereigenschaft *eigen* zusprechen, diese hat, weil er *einzig* ist.

- Eine andere Lösung: alle Menschen sind sowieso Egoisten

Eine zweite denkbare Lösung des Anspruchs, keine Ideen zu äußern, wäre ein bei Stirner anklingender wissenschaftlich beschreibender Ansatz, der sich bei ihm zum Beispiel darin äußert, dass er stellenweise alle Menschen als Egoisten beschreibt, weil der Egoismus in ihrer Natur liegt (heute existieren immerhin entsprechende wissenschaftliche Modelle). Doch diesen Ansatz verfolgt er nicht konsequent, denn er sieht sich als Philosoph ganz in der Tradition der Aufklärung und insbesondere in der Linie der Bewusstseinsphilosophie des 19. Jahrhunderts. Für ihn macht es einen großen Unterschied, ob die Menschen sich einer Sache bewusst sind oder nicht (bis heute wirksam beispielsweise in den gängigen Formen der Psychotherapie). Offensichtlich will er die Menschen also irgendwie davon überzeugen, dass sie sich ihres Egoistenseins bewusstwerden sollen, um dadurch an Lebensqualität oder an schöpferischer Kraft gewinnen zu können. Diese Intention passt nun gar nicht zu einer Methode des rein wissenschaftlichen Beschreibens.

- Eine weitere Lösung: Bewusstsein und Aneignungsfähigkeit als selbständige Einheiten

Eine dritte Antwort auf die Frage, wie Stirner in seinem ganzen Werk so selbstverständlich davon ausgehen kann, dass das Problem zwischen Faktenbeschreibung und Idee für ihn nicht existiert, bestünde in einer traumwandlerischen Selbstverständlichkeit, die schon angesprochenen Instanzen Bewusstsein und Aneignungsfähigkeit als Teile des Körpers zu verstehen, die gleichwohl nicht völlig der körperlichen Logik unterworfen sind. Er könnte die naturalistische Beschreibung des Individuums als Körper den sich frisch behauptenden Naturwissenschaften überlassen, das

---

[6] Eigenheit, Eigner und Einziger: siehe Kapitel III.3.3, dort den Absatz mit der Überschrift *Der Einzige und sein Eigentum, eine Zusammenfassung*

heißt, die rein körperliche Seite des Körpers wäre Gegenstand der Physik und Medizin, während das Geist produzierende Bewusstsein Gegenstand der Philosophie wäre. Dennoch müsste der Bewusstsein hervorbringende Teil zum Gehirn und zum Körper gehören. Es ist für seine Sicht ganz wichtig, dass das Ich lückenlos leibhaftig ist. Warum dann nicht auch das Bewusstsein Gegenstand der Medizin ist - wie später bei den ersten, sich als Naturwissenschaftler verstehenden Psychologen (wie Sigmund Freud) - bleibt ein Widerspruch. Die Arbeitsteilung, physischer Körper und Sinne als Gegenstand der Medizin, Bewusstsein als Gegenstand der Philosophie, hat schon in seiner Zeit und auch in seiner eigenen Philosophie Risse. Wo kann im Gehirn, das schon damals als Ort für Bewusstsein und für Sinneswahrnehmung gesehen wird, die Grenzlinie zwischen beiden Instanzen verlaufen? Wo und wie kann er die - vermeintlich - Nahrung abtrennende und einverleibende Fähigkeit des Körpers auf Teile des Wahrnehmungsprozesses übertragen, so dass er zwischen Gedanken- und Sinneswahrnehmung unterscheiden kann? Stirner ist noch so sehr in die metaphysischen Selbstverständlichkeiten seiner Zeit verstrickt, dass er diese Fragen nicht einmal stellen kann.

- Max Stirner als Höhepunkt der Metaphysik

Stirner überwindet nicht die Metaphysik, er führt sie auf ihren ehrlichsten Höhepunkt. Durch sein Ichselbstverständnis wird die Person Stirner selbst zu einem Beleg dafür, wie tief die bürgerliche Kultur von Stirners Zeit aufwärts an die überirdischen Eigenschaften und Fähigkeiten des menschlichen Individuums glaubt. Bis hin zu Peter Sloterdijk kann unsere Kultur großmehrheitlich nicht zwischen Individuum - immer ein einmaliger Körper - und Ichselbstverständnis unterscheiden. Stirners Werk ist auch ein Höhepunkt des metaphysischen Zeitalters, weil erstens die Jenseitigkeitsverrücktheit nicht mehr steigerbar ist und weil zweitens der eigentliche Sinn und Zweck der Metaphysik sich im freien Ich offen zu erkennen gibt.

- Max Stirner als Mutant

Eine vierte Erklärung, warum das besagte Beschreibung-Idee-Problem für ihn nicht existiert, bestünde darin, dass er tatsächlich niemanden überzeugen oder zu einer höheren Stufe von Bewusstsein über seine Wirklichkeit führen möchte, sondern nur sich selbst mit seiner erreichten Sichthöhe beschreibt. Danach wäre der Zustand des bewussten

Egoisten nicht erlernbar, sondern Teil der - ererbten - komplexen körperlichen Eigenschaften. In seiner Zeit sitzt der Glaube noch sehr tief, dass viele *geistige* oder *charakterliche* Eigenschaften fest im Körper verankert sind und vererbt werden. (Nur wenige Jahre nach der Veröffentlichung von *Der Einzige und sein Eigentum* werden die ersten Bücher über die Arier als neue Herrenrasse veröffentlicht.) Das einzige, was Stirner davor bewahrt, als Vorreiter des Ariertums zu gelten ist die Tatsache, dass er so klar seine Sache auf Nichts stellt. Doch einige Hinweise werden wir weiter unten noch aufzeigen, die darauf verweisen, dass seine Fähigkeit zur bewussten Einzigartigkeit nicht erlernt oder angeeignet wurde. Stirner wäre danach ein Mutant, ein erstes Mitglied einer neuen, mit höheren Fähigkeiten ausgestatteten Rasse, und sein Buch wäre für andere Mutanten bestimmt, deren Mut nur einen kleinen Anstoß braucht, um offen zu ihrem bewussten Egoismus stehen zu können.

Wie sehr das bürgerliche Ich zu dieser Rassensicht neigt, sehen wir in den Filmen unserer Tage über Mutanten mit übermenschlichen Eigenschaften. Bemerkenswert, dass beispielsweise bei den X-Men-Filmen kein mir bekannter Kritiker von unterschwelligem Rassismus spricht.

- Ich bin, der ich bin

Zum Schluss dieser Erörterung der Einleitung noch ein tief- oder weitreichender Hinweis darauf, wie wenig Stirner seinen faktenberichtenden Ansatz weiterverfolgt, alle Menschen als natürliche Egoisten zu verstehen. Im Alten Testament, das Stirner gut kennt, wird geschrieben, wie Moses auf dem Berg Gott fragt, wie sein Name sei und Gott soll geantwortet haben: Ich bin, der ich bin. Diese Stelle ist ohne Zweifel so zu verstehen, dass Gott sich aus dem Nichts selber erschaffen konnte. Was läge also für Stirner näher, da er sich ja auf diese Fähigkeit Gottes bezieht, auf diese Stelle zu verweisen. Bei genauerem Hinschauen wird klar, dass er sich diesen Verweis aus zwei verwandten Gründen nicht leisten konnte. Erstens würde sichtbar, dass Gott sich nicht als Gott aus dem Nichts geschaffen hat, sondern als Ich. „Ich bin, der ich bin." sollte ja Stirners Text sein, mit dem er sein Ich aus dem Nichts schafft. Zweitens hätte Stirner dann die naheliegende Einsicht kommen können, dass es den Menschen mit ihren Gottesprojektionen schon von Anfang an um die Schaffung ihres eigenen Ichs ging, denn er wusste ja, dass die Menschen (beziehungsweise Moses) diesen Satz Gott in den Mund gelegt hatten. Seine ganze Mühe, sie vom Egoismus zu überzeugen oder sich selber als bewussten Egoisten zu feiern, wäre vergeblich oder unberechtigt.

welche Kräfte: Wir haben die Werbung schon als eine der wichtigsten Kräfte erwähnt, aber das gilt frühestens für die Zeit nach den Weltkriegen. Bis dahin wurden aus diesem Dilemma andere Auswege gesucht, zum Beispiel im Nationalismus, Kommunismus, Rassismus, aber auch im Virilismus und Feminismus. Oder Kombinationen wie der Nationalsozialismus mit seinem Rassismus. Man könnte diese ganzen Ismen als große Projekte der Einsamkeitsvertreibung verstehen. Heutzutage kommt der Werbung noch das Phänomen des Spiritualismus zu Hilfe und nicht zu vergessen der unausrottbare Humanismus. Ein Faktor könnte allerdings wichtiger sein als alle anderen: Das Ich war zu allen Zeiten in der versteckten oder offenen Form nur eingebildet. Tatsächlich war und ist die Individualität des Körpers nicht auf das Ich übertragbar. Das Ich war immer eine soziale Schnittstelle und ein kollektives Resonanzphänomen. Die Angst vor der Einsamkeit war nur eine Angst davor, bei einer sehr eitlen Projektion zum Zwecke der Selbsterhöhung ertappt zu werden. Tatsächlich waren die einzelnen Menschen immer hochgradig miteinander verwoben und damit immer auch Produkte ihrer Umwelt. Für ein Wesen, das in der Lage war, sich göttliche Allmachten vorzustellen, war und ist diese Einsicht wohl allzu demütigend.

III. Aus meiner Sicht

- Die Einsamkeit des Einzigen

Für mich bleibt nach all diesen Bedenken ein Erstaunen darüber übrig, wie Stirner mit seiner Sicht auf sein einzigartiges Ich die Einsamkeit ausgehalten hat, die sich daraus ergibt. Sie konnte ihm nicht einmal dabei helfen, besonders erfolgreich oder mächtig zu werden. Er hat seinen Mut wohl eher teuer bezahlt und keine Anerkennung dafür bekommen, ein Visionär zu sein, der die bis heute lebendige Ichvorstellung recht genau beschrieben hat. Er hatte sie nur nicht als Kern aller Metaphysik durchschauen können. So wurde er unabsichtlich nicht nur zum Meilenstein der Ichoffenbarung, sondern auch zu einem Wendepunkt, ab dem es um die Frage ging, durch welche Kräfte der Bürger das freie Ich behaupten kann, ohne sich der metaphysischen Konsequenz oder der Einsamkeit zu stellen.

- Von Max Stirner zu Friedrich Nietzsche

Es ist ohne Zweifel Nietzsches Verdienst, dass er dem bei Stirner noch unhinterfragten metaphysischen Menschenbild, gespalten in Körper und Ichbewusstsein, ein Ende gesetzt hat. Mit Zarathustra verkündet er eine Welt, in der es keinen Raum mehr gibt für einen auch noch so restlichen Geist. Diese endlich gänzlich materielle Welt besteht nur noch aus Atomen, die aneinanderstoßen und Naturgesetzen folgen. Sein Bild dafür - bei endlichem Raum und unendlicher Zeit: die ewige Wiederkehr[7]. Für Stirners Einzigen und sein Icheigentum ist dort kein Platz mehr.

- Perspektivische Philosophie bei Nietzsche

Deswegen gehe ich zum Abschluss noch auf die Frage ein, wie Nietzsches perspektivische Philosophie auch ohne einzigartiges Ich entstehen und bestehen kann. Die kurze

---

[7] Ewige Wiederkehr: siehe Kapitel I.8.4, im Absatz *Das metaphysische Zeitalter mit zwei Phasen* die Textergänzung zu Nietzsches ewigen Wiederkehr

Antwort: Sie ergibt sich einfach. Der Anspruch Stirners, eine Philosophie ohne all die alten Gespenster wie Jenseitigkeit, Vernunft, Wahrheit und Freiheit formulieren zu können, ergibt sich in einer völlig determiniert ablaufenden Welt als Schicksal. Nietzsche beantwortet also die Frage, warum gerade er zu dieser Einsicht kam, mit seinem persönlichen Schicksal, das in ihm diese Sicht auf die Welt hat zusammenbrauen lassen. Millionen Faktoren in Nietzsches Welt, in Nietzsches Leben haben sich zu seiner Perspektive zusammengefunden. Wenn keine Freiheit, keine Wahrheit und keine Vernunft zu einer bestimmten Einsicht führen können, dann eben die „Zufälle" des Schicksals, die gleichwohl so determiniert sind, dass sie sich in unendlicher Zeit beliebig oft wiederholen. Zarathustra hat demzufolge auch keine Ehre, keine Anerkennung für sich gefordert, er stellt auch keine besonderen Eigenschaften an sich fest, die sein Genie erklären würden. Alle Menschen haben die Fähigkeit zu dieser Perspektive. Nietzsches Leistung bestand darin, zu dieser Perspektive zu stehen, obwohl alle Welt um ihn herum nichts davon wissen wollte. Tatsächlich sind wir alle Seiltänzer, einige sterben dafür, andere werden damit alt. Tatsächlich hatte Zarathustra auch nichts zu lehren, außer der lückenlosen Bedingtheit von allem, außer einer radikalen Diesseitigkeit auf der Basis des naturwissenschaftlichen Erkenntnisstandes. Nietzsche und Zarathustra hatten eine Perspektive jenseits des metaphysischen Ichs gefunden, die im Leben zu halten entsprechende Anstrengungen und Konsequenzen fordert. Das ist meine Interpretation von Nietzsches Übermensch. Der Übermensch ist weder *der* Mensch der Humanisten, noch das zuletzt metaphysische Super-Ich von Max Stirner. Zarathustra kennt keine Einsamkeit, da er immer mit allem verbunden ist. Er ist das auf sich selbst schauende Individuum, das sich im Netz seines Schicksals sieht (und heiter ein Bad nimmt im Meer der Spielräume).

---

ergibt sich einfach: Ohne absolute Wahrheit, ohne universelle Vernunft und ohne freies Ich in einer von Naturgesetzen beherrschten Welt ergibt sich perspektivische Philosophie zwangsläufig. Es sei denn, Philosophie versteht sich als Vermittler von naturwissenschaftlicher Forschung. Ich mache in diesem Buch den Schritt, jeden Menschen als potentiellen perspektivischen Philosophen zu betrachten, da das menschliche Gehirn offensichtlich darauf ausgelegt ist, sich automatisch eine Art Gesamtbild von der Welt zu machen. Paradoxerweise ergibt sich so eine hochphilosophische Aufgabe von allgemeingültiger Bedeutung: die Überwindung der Metaphysik. Zarathustra lehrt als der letzte Priester. Die in diesem Buch empfohlene Rücknahme der Geistprojektion führt auch zur Aufhebung der eingebildeten Trennung von Erklärung und gefühlter Erfahrung. Für die rückgewonnene Einheit haben wir seit Friedrich Nietzsche das Wort Perspektive.

Schicksal: Da es für Sie als Leser eines Buches mit entsprechenden Lernabsichten naheliegt, bei den Begriffen Einsicht und Schicksal auf die Frage zu kommen, inwieweit der gerade ablaufende Schreib- und Leseprozess auch ein Schicksal ist, möchte ich nochmal an das Kapitel I.9.5 erinnern *Keine Wahl für Autor und Leser* und an die eigentümlich innige Beziehung, die daraus entsteht.

3.3 Kurzer Einstieg in die beiden Hauptteile (Abteilungen) des Stirner-Buches

Für alle Leser, die noch etwas mehr von Stirners Text lesen möchten, hier noch ein kurzer Einstieg in die beiden Hauptteile.

- *Erste Abteilung: Der Mensch*

Nach der Einleitung kommt der erste Hauptteil von insgesamt zwei mit dem Titel *Erste Abteilung: Der Mensch*. Da Stirner seine Hauptargumente in verschiedenen Zusammenhängen immer wiederholt, brauchen wir uns mit diesem Teil nicht lange aufhalten und können zwei spezifische Aussagen der ersten Abteilung kurz zusammenfassen. Erstens: Die Geschichte der Menschheit kennt eine Entwicklung, deren Logik sich sowohl bei der Entwicklung des Einzelnen (Kapitel *I. Ein Menschenleben*), wie auch in der Entwicklungslogik der Menschheit zeigt (Kapitel *II. Menschen der alten und neuen Zeit*). Stirner kann wohl der Versuchung nicht widerstehen, seine Sicht als ein Ergebnis dieser universellen Entwicklungslogik zu präsentieren: Wie sich der einzelne Mensch vom Kind über den Jüngling zum Mann entwickelt, so entwickelt sich die Menschheit von den Alten (gemeint sind wohl die vorchristlichen Griechen und Römer) über den Menschen der neuen Zeit - womit nicht nur die Christen gemeint sind, sondern auch die sich atheistisch dünkenden Anhänger des Humanismus - bis hin zum bewusst egoistischen Menschen Stirners, bei dem sich die Entwicklung des Einzelnen mit der der Menschheit berührt, weil nur der Einzelne sich entwickeln kann oder soll (die schon angesprochene Frage von Beschreibung oder Idee).

> Entwicklung: Diese doch sehr an Hegel erinnernde Logik steht in einer gewissen Spannung zu der wiederholten Aussage, dass sich aus Stirners Sicht eigentlich nur der Einzelne entwickeln kann, worauf ich später eingehe. Hier so viel: Der Entwicklungsgedanke scheint in Stirners Zeit so tief verwurzelt zu sein (mit der Vorstellung vom Bewusstsein vergleichbar), dass ihn diese Nähe zu Hegel und seinen Nachfolgern nicht zu stören scheint.

> Humanismus: Das Wort *Humanist*, das hier passen würde und uns heute so geläufig ist, verwendet Stirner nie. Er spricht kritisch von *dem* Menschen, dem Wesen der Menschheit oder dem Humanismus.

Ich schließe die erste Abteilung ab, indem ich die letzten beiden Sätze kommentarlos zitiere:

> » Da aber niemand ganz das werden kann, was die Idee »Mensch« besagt, so bleibt der Mensch dem einzelnen ein erhabenes Jenseits, ein unerreichtes höchstes Wesen, ein Gott. Zugleich aber ist dies der »wahre Gott«, weil er uns völlig adäquat, nämlich unser eigenes »Selbst« ist: wir selbst, aber von uns getrennt und über uns erhaben.[8]
> «

---
[8] Stirner, S. 149

- *Zweite Abteilung: Ich*

Die zweite Abteilung wird wieder mit einem aus der Kapitelnummerierung herausgenommenen Text eingeleitet, der sehr lesenswert ist und auch oft zitiert wurde:

» **Zweite Abteilung: Ich**

An dem Eingange der neuen Zeit steht der »Gottmensch«. Wird sich an ihrem Ausgange nur der Gott am Gottmenschen verflüchtigen, und kann der Gottmensch wirklich sterben, wenn nur der Gott an ihm stirbt? Man hat an diese Frage nicht gedacht und fertig zu sein gemeint, als man das Werk der Aufklärung, die Überwindung des Gottes, in unseren Tagen zu einem siegreichen Ende führte; man hat nicht gemerkt, daß der Mensch den Gott getötet hat, um nun »alleiniger Gott in der Höhe« zu werden. Das Jenseits außer uns ist allerdings weggefegt, und das große Unternehmen der Aufklärer vollbracht; allein das Jenseits in uns ist ein neuer Himmel geworden und ruft uns zu erneutem Himmelsstürmen auf der Gott hat Platz machen müssen, aber nicht uns, sondern - dem Menschen. Wie mögt Ihr glauben, daß der Gottmensch gestorben sei, ehe an ihm außer dem Gott auch der Mensch gestorben ist?[9]
«

Die zweite Abteilung hat folgende Kapitel, deren Titel für sich selbst sprechen:
I. Die Eigenheit
II. Der Eigner
  1. Meine Macht
  2. Mein Verkehr
  3. Mein Selbstgenuss
III. Der Einzige

Als ich mich zunächst über Wikipedia Max Stirner wieder näherte, fand ich auch dort den obigen Absatz zitiert und konnte dem Inhalt nur begeistert zustimmen und zunächst gar nicht recht glauben, dass solche Aussagen schon 1844 veröffentlicht wurden. Denn das Thema scheint immerhin mit dem meines Buchprojekts identisch: Wie können wir das Jenseits in allen Bereichen und Formen endlich ganz loswerden. Es reicht nicht „das Jenseits außer uns" wegzufegen, es gibt noch „das Jenseits in uns", das wir auch beseitigen müssen. Zu meinem Bedauern musste ich feststellen, dass das Gegenteil der Fall ist: Als Jenseits in uns ist nicht das Ich gemeint. Stirner versteht darunter nur die Idee von *dem* Menschen allgemein, von der Menschlichkeit, als Sedimente von Bevormundungen, die man überwinden oder ausmerzen muss, um dem Einzigen zur reinen Mächtigkeit zu verhelfen. Die genauere Betrachtung der folgenden Stelle macht es klarer: „der Gott hat Platz machen müssen, aber nicht uns, sondern - dem Menschen." Die Macht sollte dem individuellen Einzigen gehören, dem Ich, nicht dem allgemeinen Menschen. Ihn stört die humanistische Moral, die zu einer neuen Religion wird. Der

---
[9] Stirner, S. 156

III. Aus meiner Sicht

Mensch in uns ist eine neue moralische Instanz, aber Stirners Ich kann weder nach gut oder böse urteilen, noch gut oder böse sein.

- Der Einzige und sein Eigentum, eine Zusammenfassung

Zum Abschluss möchte ich mich auf das Ende des Buches konzentrieren:

» Das Ideal »der Mensch« ist realisierbar, wenn die christliche Anschauung umschlägt in den Satz: »Ich, dieser Einzige, bin der Mensch«. Die Begriffsfrage: »was ist der Mensch?« - hat sich dann in die persönliche umgesetzt: »wer ist der Mensch?« Bei »was« suchte man den Begriff, um ihn zu realisieren; bei »wer« ist's überhaupt keine Frage mehr, sondern die Antwort im Fragenden gleich persönlich vorhanden: die Frage beantwortet sich von selbst.

Man sagt von Gott: »Namen nennen dich nicht«. Das gilt von mir: kein Begriff drückt mich aus, nichts, was man als mein Wesen angibt, erschöpft mich; es sind nur Namen. Gleichfalls sagt man von Gott, er sei vollkommen[357] und habe keinen Beruf, nach Vollkommenheit zu streben. Auch das gilt allein von mir.

Eigner bin ich meiner Gewalt, und ich bin es dann, wenn ich mich als *Einzigen* weiß. Im *Einzigen* kehrt selbst der Eigner in sein schöpferisches Nichts zurück, aus welchem er geboren wird. Jedes höhere Wesen über mir, sei es Gott, sei es der Mensch, schwächt das Gefühl meiner Einzigkeit und erbleicht erst vor der Sonne dieses Bewußtseins. Stell' ich auf mich, den Einzigen, meine Sache, dann steht sie auf dem vergänglichen, dem sterblichen Schöpfer seiner, der sich selbst verzehrt, und ich darf sagen:

Ich hab' mein Sach' auf Nichts gestellt.[358]

«

Ich setzte ausnahmsweise voraus, dass Sie, präsenter Leser, die Textergänzung zum abschließenden Zitat gelesen haben. Vor allem im letzten Absatz werden nochmal alle wichtigen Begriffe miteinander verwoben: Eigner, Ich, Gewalt (Macht, Kraft), Einziger, Bewusstsein, Nichts. Stirners intellektuelle Redlichkeit kommt in dem Satz zum Ausdruck: „Im *Einzigen* kehrt selbst der Eigner in sein schöpferisches Nichts zurück, aus welchem er geboren wird.", denn auf den ersten Blick zeigt sich hier die Einsicht, dass die Eigner-Eigenschaft keine äußerlich fassbare Größe ist. Dennoch gilt sein ganzes Buch *Der Einzige und sein Eigentum* dem Beweis, dass die Eigentumsfähigkeit nicht einfach eine Idee ist, sondern ein Produkt des wissenden Bewusstseins, dem er eine körperliche Eigenschaft geben muss. Die Sonne des Bewusstsein erschafft - in seiner Vorstellung -

---

»wer ist der Mensch?«: Diese Frage hat mich an psychotherapeutische Gruppensitzungen erinnert, in denen man nicht allgemein vom Menschen, sondern nur von sich sprechen durfte. Ein Beleg für Stirners Aktualität.

Auch das gilt allein von mir: Wie recht Stirner einerseits hat (das individuelle Sein ist auch ohne Namen immer vollkommen, so wie es eben ist) und wie gleichzeitig seine abgrenzende Fixierung auf das Göttliche sichtbar wird, die ihm den Bezug auf das Nichts ermöglicht.

Der *Einzige* ist Stirners einzig wirkliche *Größe*. Wie leicht könnte man sie mit der Individualität gleichsetzen. Wäre da nicht noch die Sonne dieses Bewußtseins. Der Einzige ist keine sozialwissenschaftliche Kategorie, sondern als Reflex des Bewusstseins eine Setzung von innen. Das ist der Punkt, durch den Stirner im Reich der Metaphysik gefangen bleibt. Die Sache mit dem Nichts ist nur ein schlecht getarnter Trick. Der *Eigner* ist Stirners eigentliches Ziel. Sein Einziger braucht das Eigentum, um nicht in der Leere des Nichts zu verharren. Aber es fällt ihm leicht zu, nur weil er es „weiß". Die Überschätzung des Bewusstseins, die in seiner Zeit auch von den Wissenschaften getragen wurde, ist seine Falle. Stirner muss für sein Ich eine Eigentumsfähigkeit definieren, um ihm substantielle Wirklichkeit zu geben. Gleichzeitig wird ein bürgerliches Bedürfnis nach Besitzfähigkeit ohne jede weitere Legitimation erfüllt. Das Ich besitzt sich und den Körper wie ein Muster für Besitzfähigkeit überhaupt. Und der wichtigste Besitz ist die eigene Gewalt, die größtenteils ererbte Kraft, die das Recht des Stärkeren begründet.

das Ich, aber nicht als Gedanke oder Gefühl, sondern als substantielle Wirklichkeit, und zwar durch nichts anderes als durch das Wissen von seiner Einzigartigkeit - und als Beweis, als Rückbindung zur Körperlichkeit, dient das leibhaftige Eigentum an sich selbst. Max Stirners ganze Beweisführung für die eigenständige Wirklichkeit des Ichs basiert darauf, dass erstens die Einzigartigkeit des Individuums (wie wir heute sagen) durch seinen Körper gegeben ist, dass zweitens das Bewusstsein Teil dieses Körpers ist und dass drittens das Bewusstsein gleichzeitig mehr ist als der Körper, und damit doch irgendwie von ihm verschieden. Die Eigenständigkeit des Bewusstseins macht es möglich, dass der Einzige Eigentümer des Körpers mit dessen Kräften sein *kann*. Für Stirners Sicht ist es essentiell, dass der besitzende Einzige nicht von selbst bei allen Menschen entsteht, das heißt, nicht von allen erkannt wird. Wir können also, viertens, festhalten: Es ist eine sich entscheidende Kraft des Bewusstseins vorausgesetzt - die nicht notwendig jeder hat -, die sich als Einziger „weiß". Nur so wird verstehbar, warum Stirner die Zeiten der Jenseitigkeiten nicht als Anlaufstrecke vor dem Sprung erkennen konnte. Zuletzt hat er den Absprung von der metaphysischen Basis nicht gemacht. Aber er hat es versucht und seitdem wissen wir, dass es einen Absprungbalken gibt.

- Stirner, der Mann der Stunde?

Die Mehrheit der Menschen in der säkularen europäischen Kultur glaubt bis heute an das besitzende Ich. Max Stirner könnte der Mann der Stunde sein, doch seine Begründung ist gar nicht mehr gefragt, weil in den heutigen computerbeherrschten und neurowissenschaftlichen Zeiten der Widerspruch in seinem Viererschritt zu leicht durchschaut wird. Diese letzte metaphysische Religion, das unbedingte Ich, wird nicht durch Argumente zu überwinden sein. Wirksamer wären Schulen, die vertikale Intelligenz fördern, oder ein Verbot von Werbung, die wir nicht angefragt haben. Am besten wäre sicher eine Abschaffung der existentiellen Bedrohung, die sich bei uns immer noch durch Mangel an Eigentumsrechten auf lebensnotwendige Güter ergibt. In der Konsumgesellschaft ist ein Ich ohne Eigentum ein Alptraum.

Widerspruch: Auch ohne neurowissenschaftliche Kenntnisse ist die magische Kraft des Bewusstseins heute erheblich schwächer geworden, weil wir durch die allgegenwärtigen Computer eine Vorstellung davon entwickelt haben, was Information ist. Sie ist abhängig von Daten auf Datenträgern und doch ist sie mehr als das, wenn jemand die Daten lesen und verstehen kann. Da auch Computer Information verstehen und verarbeiten können, ohne über metaphysische Geistbezüge zu verfügen, muss Information ein Zustand in dieser Welt sein, obwohl ihr etwas Überkörperliches anhaftet. Heute können wir Bewusstsein als ein informationelles Ereignis begreifen. In Stirners Zeit war dieses Wissen nicht möglich, weil es nirgendwo „Geist" außerhalb der menschlichen Köpfe gab.

Ich ohne Eigentum ein Alptraum: In unserer Kultur wirkt die Aufforderung, den Glauben an das substantielle Ich aufzugeben, als würde man einen Hungernden fragen, ob sein Körper oder sein Ich Hunger hat: Es wird ihn nicht interessieren, er ist auf die Aneignung von Nahrung fixiert.

Implementierung: Um Missverständnisse zu vermeiden, möchte ich nochmal darauf verweisen, dass es in diesem Buch nicht um allgemeine Ursachenforschung geht. Wie schon bei der zurückgewiesenen Frage nach dem Ursache-Wirkungszusammenhang von Ich und Eigentum, ist auch hier die Frage nicht zu klären, ob sich zuerst wirkliche Ichstrukturen und dann ein traumatischer Ichkern gebildet hatte, oder umgekehrt. Ich beschäftige mich nur mit der Frage, wie die einzelnen Faktoren wie Eigentum, Ich, Macht, jenseitige Geister, Hierarchie, Eitelkeit und Angst vor Wirklichkeitsdefiziten zusammenspielen, so dass sich von der ersten Eigentumsprojektion bis zu Max Stirners Ich eine stabile Entwicklung ergeben konnte. Der innerste Schmerzkern ist also nicht allgemein als Ursache für die Icheinbildung zu verstehen. Hier geht es nur darum, wie in einer Ichkultur die frühkindliche Implementierung eines traumatischen Ichkerns beim Einzelnen dafür sorgt, dass die Projektion des Ichs von einer Generation zur nächsten weitergereicht werden kann. Wir unterstellen nur, dass für die Übertragung einer kollektiven Verrücktheit ein spezieller, versteckter Mechanismus notwendig ist.

metaphysischen Zeit: In der computerisierten, flachen, *nach*metaphysischen Zeit wird sich die Geschwindigkeit der Weiterentwicklung der wissensbasierten Kultur nochmal um Größenordnungen beschleunigen. Schon in meinem Leben hat die Kultur meiner Kindheit nur noch tiefenstrukturelle Ähnlichkeit mit der jetzigen. Wir haben es sogar geschafft, die Lufthülle der Erde in einer Generation signifikant zu verändern. Ich bin überzeugt, dass wir diese Herausforderung nur annehmen können, wenn wir die Metaphysik abschütteln und ein realistisches Verhältnis zum Ich entwickeln – und uns nicht mehr über die Natur stellen.

4. Ichentstehung beim Einzelnen: Zur traumatischen Implementierung des Ichkerns durch die Mutter

4.1 Vorbemerkung: von der Kultur zum Einzelnen

- Zusammenhang von Phylo- und Ontogenese

Vom Zoologen Ernst Haeckel stammt die Unterscheidung zwischen Onto- und Phylogenese. Ontogenese meint die Entwicklung des Einzelnen (Onto=Sein) und Phylogenese die Entwicklung seiner Verwandtschaftsgruppe (Phylo=Stamm, Gattung). Zwischen beiden Entwicklungsformen sehen viele (wie auch Jürgen Habermas) einen Zusammenhang. Weil das Genom den Bau für alte Formen beinhaltet, durchläuft zum Beispiel der Fötus im Mutterleib Gattungsvorstufen. Diese Logik wurde auch auf die im strengeren Sinne kulturellen (lernbasierten) Entwicklungsstufen der Menschheit übertragen, wobei die Übertragung des Wissens vom Stamm auf den Einzelnen durch Sprache, Rollen, Gewohnheiten und Artefakte (künstlich geschaffene Dinge) gesichert wurde und wird. Die Weiterentwicklung war über Jahrzehntausende sehr langsam (wie auch die genetische Entwicklung), beschleunigte sich aber dramatisch in der metaphysischen Zeit (Hierarchien, Aufzeichnung gesprochener Sprache, Erforschung der Dinge und die Entwicklung ihrer Sachlogik - von der Strohhütte zum Wolkenkratzer).

- Die Initiation des Einzelnen in die kollektive Verrücktheit

Bisher haben wir uns vorwiegend mit einer allgemeineren Sicht auf die kulturelle Welt beschäftigt (was auch dem Sinn des Buchprojekts entspricht). In diesem Kapitel wollen wir einen ontogenetischen Blick wagen und uns mit der Frage beschäftigen, wie die kulturellen Strukturen an den einzelnen neuen Menschen weitergegeben werden. Diese Frage erhält ihre Brisanz durch die Voraussetzung, dass die ganze metaphysische Kultur unseres Zeitalters im Kern verrückt ist. Wir müssen allerdings unterstellen, dass die Kinder Verrücktheit nicht einfach durch Nachahmung von den Eltern übernehmen können. Es muss einen unaussprechbaren Prozess geben, der die Kinder in die kollektive Verrücktheit durch eine stille Initiation aufnimmt. Dieses Phänomen ist naturgemäß kollektiv verdrängt und deshalb nur wenig oder schlecht erforscht.

- Innerster Schmerzkern

In diesem Hauptkapitel möchte ich einen Erklärungsversuch wagen und das Versprechen aus Kapitel I.1.1, Absatz *Krise des Einzelnen*, einlösen, wonach eine dauerhaft kulturrelevante Implementierung eines eingebildeten freien Ichs - in jeder neuen Generation, in jedem Einzelnen - nur plausibel möglich ist, wenn es immer wieder mit jedem neuen Menschen gelingt, einen realen innersten Kern zu bilden, um den herum sich das metaphysische Ich kristallisieren kann. Die Kernbildung geschieht in der frühkindlichen Phase (bis zum dritten Lebensjahr) durch den verdrängten Schmerz eines frühen Traumas. Die Psychoanalyse hat sich intensiv mit diesem Thema als kulturellem Phänomen beschäftigt. Christiane Olivier hat sich zwar erfolgreich mit einem offenen Problem bei Sigmund Freud beschäftigt, der mit seiner Ödipus-Komplex-Theorie nur die männliche Seite erfassen konnte. Um aber die Verantwortung vom Jungen auf die Mutter verschieben und gleichzeitig eine Wirkung auf das kleine Mädchen ableiten zu können, hat sie den Jokaste-Mythos bemüht, doch die ganze psychoanalytische Sicht mit ihrem Fokus auf Sexualität hatte immer schon etwas unbefriedigendes, weil ein hochgradig gesellschaftlich wirksames Phänomen durch eine individuelle Verhaltenskonstellation erklärt werden musste, deren allgemeine Verbreitung durch nichts anderes belegt war, als durch die Existenz des altgriechischen Mythos. Aus der Sicht des Ichmodells ist entscheidend, dass der Schmerzkern den ersten *realen* Teil des Ichs im Individuum darstellt.

- Bezug zum Geschlechterkrieg

Bevor ich meine Erklärung der Ichschmerzkernentstehung liefere, muss ich noch auf den Zusammenhang zwischen Traumatisierung der Kinderpsyche und dem kriegsartigen Verhältnis der Geschlechter zueinander eingehen, was durch den Bezug zur Psychoanalyse schon angedeutet ist. Der Übertragungsprozess der kollektiven Verrücktheit

verdrängt: Die Verdrängung ist leicht zu verstehen, denn immerhin stellen wir die Frage, wie die Kinder systematisch seit zweieinhalbtausend Jahren psychisch deformiert werden.

Jokaste ist im altgriechischen Mythos die Mutter von Ödipus, der seinen Vater ermordet und die Mutter heiratet. Die Verwendung dieser Figuren versteht man nur, wenn man weiß, dass in der jüngsten Vergangenheit die studierte Elite in Gymnasien erzogen wurde, in denen die Lektüre griechischer Dramen aus der vorchristlichen Zeit in der Originalsprache praktiziert wurde. Irgendwie ging man wohl davon aus, dass die Alten in ihren Mythen etwas von der Urnatur des Menschen festgehalten hatten.

belegt: Wie hätte man auch das sexuelle Verlangen eines zwei- bis dreijährigen Jungen belegen wollen. Freud hatte sicher recht mit der Annahme, dass in seiner Zeit die Sexualität als etwas zu tierisches stark diskriminiert war. Aber Sexualität mit Körperlichkeit gleichzusetzen, so dass sie auch für Kleinkinder galt, war sicher eine Überreaktion.

auf das Kind gewinnt noch eine brisante Note durch die dabei wirkende Arbeitsteilung zwischen Mutter und Vater. Bei diesem zusätzlichen Aspekt geht es also um nicht weniger als um Sex und Macht, insbesondere um die Macht der Frau, weil ihr die Rolle der Übertragung der Verrücktheit zufiel (woraus ihr auch eine - heimliche - Macht über die Männer erwuchs). Wie wir sehen werden, ergibt sich gerade aus der Mutter-Vater-Arbeitsteilung der onto- und phylogenetische Zusammenhang, über den die Kultur die Prägung der Kinder realisiert. Da mein ganzes Leben von der wachsenden Dominanz des Feminismus geprägt war, musste ich mich auch mein Erwachsenenleben lang mit Erklärungsversuchen der Geschlechterkonfrontation beschäftigen. Um die Hintergründe meines aktuellen Modells besser verstehen zu können, zunächst ein kurzer Rückblick in meine Geschichte.

4.2 Das Verhältnis zwischen den Geschlechtern: Modelle aus meiner Geschichte

- Emanzipation der Frau

Seitdem meine Pubertät bewältigt war und in den letzten Jahren auf dem Gymnasium die Beschäftigung mit der Weiblichkeit mein Leben erobert hatte, bin ich mit der Frage konfrontiert, was eigentlich die Macht der Frauen ausmacht. Bis in die Studentenzeit hinein Mitte der 70er Jahre war ich zwar noch ein glühender Vertreter der allgemeinen Emanzipation der Frauen, aber es wurde schon bald klar, dass das wohl meiner männlichen Eitelkeit geschuldet war und sich die Emanzipation auf das Ergreifen von Berufen und die Teilnahme am politischen Leben beschränkte. Mir persönlich und vielen meiner Weggenossen dämmerte, dass unsere Gesellschaft zwar vaterlos, aber noch lange nicht mutterlos geworden war und eine mütterlich-weibliche Macht auf einer psychosozialen Ebene weiterwirkte.

- Esther Vilar: Der dressierte Mann (aus der Erinnerung berichtet)

Schon 1971 war von Esther Vilar in einer ersten Version das Buch *Der Dressierte Mann* erschienen, in dem sie den Machtspieß umdrehte und den Mann als einen von der Frau dressierten Arbeitssklaven darstellte. 1975 fand ihre Auseinandersetzung mit dem moralischen Feminismus ihren Höhepunkt in einem Fernsehduell mit Alice Schwarzer, den

Esther Vilar nach meiner Meinung und der meiner Kommilitonen eindeutig für sich entscheiden konnte. Viele von uns haben den *Dressierten Mann* erst nach diesem Fernsehauftritt mit großer Begeisterung gelesen. Es war klar, dass Esther Vilar auf eine journalistische Weise übertrieb, auch ihre Begründungen nicht tief genug reichten und sich auf die Anfänge der bürgerlichen Kultur beschränkten. Aber in einem waren wir seitdem sicher, dass es nie eine tatsächlich kulturübergreifende Übermacht der Männer gegenüber den Frauen gegeben hatte, weder in den patriarchalen Jahrhunderten unseres Zeitalters und erst recht nicht in unseren aktuellen vaterlosen Zeiten. Mit Nietzsches Moralkritik im Rücken erschien uns der deutsche Feminismus mit dem Aushängeschild Alice Schwarzer zunehmend als letzte patriarchale Gut-Böse-Religion.

- Sex als Belohnung

Ein Kapitel aus ihrem Bestseller hat den Titel *Sex als Belohnung*. Ich präsentiere ein Zitat daraus, weil es zu meiner These passt, dass die Frau mit der Entfaltung von Metaphysik und Icheinbildung ein Besitzverhältnis zu ihrem Körper entwickelt hat und seitdem den stärkeren Sexbedarf bei Männern nutzt, um Sex zu verkaufen. An anderen Stellen des Buches spricht sie auch von Dressurakten und stellt zu Beginn des zweiten Absatzes fest, dass der Mann beim üblichen Zuckerbrot-und-Peitsche-Prinzip nicht durch Geld zu belohnen ist (der Textausschnitt bedarf keines Kommentars).

Esther Vilar sieht auch, dass der stärkere Sexbedarf beim Mann (Testosteronspiegel) den Ausbeutungsgrad seines sexuellen Bedürfnisses alleine nicht erklären könnte. Als sowieso gefühlsarme Frauen „[..] verzichten sie auch auf eine ausgeprägte Libido" (Seite 60). In meinen Worten beschrieben: Die Frauen lernen in der Besitzkultur ihre sexuellen Impulse zu unterdrücken, so dass es unter den Männern zu einem epidemischen Sexmangel kommt, vor allem bei unverheirateten Männern (ohne den es heute in der islamischen Welt keinen Dschihad und keinen Islamischen Staat gäbe).

» [..]Das Geld geht durch seine Hände. Er wäre also gewissermaßen unbestechlich, wenn er nicht noch ein anderes, sehr starkes Bedürfnis hätte, dessen Befriedigung er alleine nicht schafft: sein Bedürfnis nach physischem Kontakt mit dem Körper einer Frau. Es ist so stark, und er empfindet bei seiner Realisierung soviel Lust, daß es vielleicht das stärkste Motiv für seine Unterwerfung unter die Frauen ist - ja, vielleicht ist seine Lust an der Unfreiheit nur eine Facette seiner Sexualität.

die Grundlage der Ökonomie ist noch immer der Tausch: Diese Feststellung ist einfach zu schwach, um zu erklären, auf welchem Weg die Frau zu der Vorstellung gelangte, dass sie ihren Körper als ein Tauschobjekt betrachten kann. Es braucht zunächst ein Ich, das den Körper besitzen kann, und das auf beiden Seiten, bei Frauen und Männern, sonst käme der Mann gar nicht auf die Idee, „eine Dienstleistung zu verlangen." Um sich nicht dem Einseitigkeitsvorwurf auszusetzen, sollte ich auch erwähnen, dass die Männer durch den Besitz an Töchtern und Ehefrauen regiert haben, wozu die neue Ich-Besitz-Logik sie ermächtigte. Doch dieser Trick reichte wohl nicht, denn Ehefrauen können sich verweigern und nicht alle Männer, vor allem nicht die jungen, können sich eine Ehefrau leisten, sonst hätte das sogenannte älteste Gewerbe der Welt, die Prostitution, nicht ihre allgegenwärtige Präsenz.

Er muß sein Bedürfnis befriedigen, und die Grundlage der Ökonomie ist noch immer der Tausch. Wer eine Dienstleistung verlangt, muß etwas entsprechend Wertvolles dagegen bieten. Nun verhält es sich so, daß die Männer die exklusive Benutzung der weiblichen Vagina zu Wahnsinnspreisen hochgesteigert haben. Das ermöglicht der Frau einen sehr hohen Grad der Ausbeutung - und er stellt auch tatsächlich das konservativste kapitalistische System weit in den Schatten. Kein einziger Mann bleibt davon verschont.[1]
«

- Sigmund Freud: der Ödipuskomplex

Seit diesen Studienjahren bin ich (und viele andere Männer und Frauen!) auf der Suche nach einer tieferen Begründung für die Macht der Frauen, die sie als Mütter und Liebhaberinnen über uns offensichtlich ausüben. Die Theorie von Sigmund Freud vom Ödipuskomplex war ein erster Anhaltspunkt. Sie besagt, dass der kleine Junge mit Beginn seines dritten Lebensjahres anfängt, die Mutter sexuell zu begehren, den Kampf mit dem Vater aber verliert, weil die Mutter sexuell zum Vater hält. Der Junge erfährt das als dramatischen Liebesentzug, der traumatische Spuren hinterlässt: Der begehrende Junge wird als Persönlichkeitsteil abgespalten, weil der Schmerz für das kindliche Bewusstsein nicht zu bewältigen ist. Nach dieser Theorie sind Männer alle latent psychotisch und durch diese Schwächung in sexueller Hinsicht von den Frauen wie an einer langen Leine leicht steuerbar.

- Christiane Olivier: Jokastes Kinder (aus der Erinnerung berichtet)

Auf der psychoanalytischen Schiene bin ich Ende der achtziger Jahre dann auf die französische Feministin Christiane Olivier gestoßen, die mit ihrem Buch *Jokastes Kinder. Die Psyche der Frau im Schatten der Mutter*[2] eine Deutung des Ödipuskomplexes lieferte, die die gröbsten Fehler Freuds vermeiden konnte. Gleichzeitig machte sie deutlich, dass die feministische Bewegung nicht im Gut-Böse-

---

[1] Esther Vilar, *Der dressierte Mann. Das polygame Geschlecht. Das Ende der Dressur*, Neuausgabe in einem Band 1987, DTV, ISBN 978-3-423-36134-7. Bei meiner vorliegenden Ausgabe handelt es sich um die 13. Auflage von 2011 der Neuausgabe. Diese hohen Verkaufszahlen spiegeln sich in keiner Weise in einer medialen Beachtung. Die deutschen Medien hofieren Alice Schwarzer (einschließlich der Bildzeitung). Das Zitat findet sich auf Seite 60.

[2] Christiane Olivier, *Jokastes Kinder. Die Psyche der Frau im Schatten der Mutter*, claassen Verlag, Düsseldorf 1987, ISBN 3-546-47303-5, DTV, München 1993, ISBN 3-423-35013-X. Das französische Original erschien 1980 unter dem Titel *Les enfants de Jocaste*.

Schema hängen bleiben musste, denn sie konnte der Tatsache ins Auge sehen, dass es ja die Mütter waren, die die Männer zu den machtgierigen Wesen erzogen, die durchaus noch um gesellschaftliche Vormachtstellungen kämpften. Weiterhin fügte sie der Traumatheorie einen Blick auf das frühkindliche Verhältnis zwischen Mutter und Tochter hinzu und belegte mit ihren Forschungsergebnissen, dass auch das Mädchen eine dramatische Erfahrung durch Liebesentzug im Alter zwischen drei und fünf Jahren macht (der sogenannten ödipalen Phase). Diese Sichtweise wurde möglich, weil Christiane Olivier der Mutter im sexuellen Spiel mit dem Jungen die begehrende Rolle zuwies (was sogar Freud schon vermutet hatte). Damit war Freuds immer schon etwas unplausible Theorie vom sexuellen Begehren des Jungen vom Tisch und das Trauma erklärte sich dadurch, dass die Mutter ihre subtile Sexualität aus Scham entzieht (Inzesttabu), wenn der Junge anfängt, von sich als Ich zu sprechen.

Christiane Olivier ist nur drei Jahre jünger als Esther Vilar, und beide nicht in Deutschland aufgewachsene Frauen hatten wohl die Möglichkeit, einen etwas nüchterneren Blick auf den aktuellen Feminismus zu werfen. Beide haben wissenschaftliche Anerkennung gefunden, Vilar als Mitglied im wissenschaftlichen Beirat der Giordano-Bruno-Stiftung und Olivier mit der intensiven Rezeption ihrer Werke in der Sozialpsychologischen Forschung.

- Ein nicht moralischer Feminismus aus Frankreich

Christiane Olivier hat in meinen frühen Erwachsenenjahren einen bleibenden Eindruck hinterlassen, weil sie zwar einerseits eine glühende Feministin war und gegen die gesellschaftlich-wirtschaftliche Dominanz der Männer ankämpfte, andererseits aber aus einer wissenschaftlich basierten psychoanalytischen Sicht einen gänzlich unmoralischen Blick auf das Geschlechterproblem werfen konnte. Sie hat sich einfach um eine nüchterne Erklärung der Mann-Frau-Konfrontation bemüht. Am Ende[3] ihres berühmten Buches schreibt sie folgende Absätze (meine Kommentare in den Textergänzungen):

» [..]Die »Ödipalisierung«[4] der Gesellschaft ist allgemein. Muß man noch darauf hinweisen, daß sie sich durch das »Gesetz des

»Ödipalisierung«: Gemeint ist die frühkindliche Prägung durch das Begehren der Mutter gegenüber dem Jungen, dem Nichtbegehren gegenüber dem Mädchen und der Abwesenheit des Vaters.

---

[3] Es folgt nur noch eine Seite mit dem Unterkapitel „Neubeginn…".
[4] Eine Anmerkung von mir: Die Anführungszeichen - auch im weiteren Text - verweisen darauf, dass es sich um Kategorien handelt, die man nicht mit den wörtlichen Verwendungen im Alltag gleichsetzen darf.

dank der Erziehung durch die »Mutter«: Christiane Olivier lässt in ihrem Buch keinen Zweifel daran, dass für die Schaffung unserer psychischen Grundlagen die Mütter verantwortlich sind, was für eine Feministin eine erstaunlich objektive Einsicht ist. Sie hat allerdings keine Antwort darauf, warum Frauen das nach wie vor tun. An diesem Punkt ist Esther Vilar umso klarer.

Existenzrecht: Gemeint ist ein gesellschaftlich-politisches Existenzrecht, das der Frau mit ihrer Rolle im Inneren der Familie verwehrt wurde. Als Mutter hatte sie natürlich einen hohen Stellenwert.

aus dem Kinderzimmer zurückziehen: In der Formulierung wird deutlich, dass es aus ihrer Sicht vor allem eine Entscheidung der Frauen ist. Diese verweigern sich bei der „Entheiligung der »Mutter«" (siehe weiter unten). Was bei der resultierenden Macht über die abhängigen Männer meiner Meinung auch kein Wunder ist.

Beitrag zum Feminismus: Objektiver und relativierender kann Olivier sich kaum noch ausdrücken. Vom bösen schuldigen Mann im deutschen Feminismus ist nichts zu erkennen. Zur Erinnerung: Das französische Original wurde schon 1980 veröffentlich.

Wo Es war, soll Ich werden: Mit diesem ganzen Absatz macht Olivier deutlich, dass sie über die Grundintention der freudschen Psychoanalyse, die aus meiner Sicht noch tief mit der patriarchalen Metaphysik verbunden ist (Selbsterhöhung durch ein eingebildetes Ich, das Es-Tier muss zum Ich-Menschen werden), nicht hinausgehen will. Freud hatte durch seine Vorstellung von der Ordnungskraft des Bewusstseins (siehe Oliviers Anmerkung) wesentlich zum Prozess der bürgerlichen Ichoffenbarung und zur maßlosen Überschätzung des Bewusstseins und des Denkens beigetragen. Für Oliviers ist klar, dass das vorpersönliche Unbewusste von der Mutter geprägt ist, und das erwachsene Ich-Bewusste aller Menschen muss einen harten Kampf damit führen. Ich komme später zum gegenteiligen Ergebnis: Die Mutter hinterlässt eine Vorform des Ichs.

III. Aus meiner Sicht

Vaters« und dank der Erziehung durch die »Mutter« bildet? Daß diese weibliche Erziehung beim Sohn eine antiweibliche Haltung erzeugt, die zwangsläufig die Frauen eingrenzt und quält?
[..]
[..]Wenn die Feministinnen heute um sich schlagen, dann geht es darum, das Existenzrecht wiederzuerlangen. Aber ich wiederhole es, meiner Meinung nach greifen sie nur die oberste Schicht des Sexismus an, seine sekundären Auswirkungen, weil das Phänomen des Sexismus im Herzen des Mannes vom zartesten Kindesalter an verwurzelt ist. Dort kann es aufgespürt werden, und dort ist ihm beizukommen. Nur wenn die Frauen sich aus dem Kinderzimmer zurückziehen und den Mann dort hineinlassen, haben sie eine gewisse Chance, daß der Geschlechterkrieg allmählich abnimmt . . .

Die Psychoanalyse wird ihren Beitrag zum Feminismus leisten, indem sie einen Konflikt zwischen den Geschlechtern bewußt und erklärbar machen wird, der bis dahin unbewußt und unerklärbar geblieben war. *Wo Es war, soll Ich werden.*[Anmerkung[5]] Dort liegt der Gegenstand der Psychoanalyse seit Freud.

In der heutigen Familienstruktur kann sich das Unbewußte nur durch den Bezug auf die »Mutter« bilden, der einzigen vom Kind erlebten Erzieherin; und als Folge davon rechnet das Bewußte eines jeden mit der »Frau« ab, die nun von beiden Geschlechtern verfolgt wird.

Hier sollten Männer und Frauen einmal innehalten und begreifen, bis zu welchem Grad sich alle der »Mutter« zugestandenen Privilegien in eine gnadenlose, lebenslange *Hexenverfolgung* für die Frau verwandeln. Es ist unerläß-

---

[5] Der Text der Anmerkung auf Seite 174: „Mit anderen Worten: Wo das Unbewußte herrschte, das Chaos, muß Bewußtheit werden: das Denken. (Das Freud-Zitat ist im französischen Original deutsch; Anm. d. U.)."

lich, daß die Frauen sich darüber klarwerden, daß sie automatisch von jeder anderen Macht ferngehalten werden, solange sie weiterhin die Macht über das Kind beibehalten.

[..]

Die Existenz der »Frau« kann nur über die Entheiligung der »Mutter« erreicht werden. Ihre Herrschaft hat die Frauenfeindlichkeit des Mannes und die Eifersucht der Frau erzeugt. Es kann eine andere Familie geben, eine andere Erziehung, eine andere Verteilung der elterlichen und der gesellschaftlichen Aufgaben, die es dem Kind erlauben würden, bei seinem Auf-die-Welt-Kommen einen Bezug zum gleichen wie auch eine Ergänzung zum entgegengesetzten Geschlecht zu finden.[6]
«

Die Ergebnisse der Forschungen von Christiane Olivier, dass eine frühkindliche, traumatisierende Erfahrung in unserer Kultur „allgemein" gegeben ist, also alle Menschen betrifft, und dass die Ursachen des Geschlechterkampfes - und der allgemeinen Kriegsstimmung überhaupt - auf frühkindliche Traumata zurückzuführen sind, waren aus meiner Sicht für mein Theoriegebäude leicht übernehmbar (die abgespaltenen Kinder in unseren Bäuchen kann jeder leicht selbst erfahren). Doch die sexualisierte Ödipustheorie hat mit der Auflösung der sexuellen Verkrampfungen des 19. Jahrhunderts ihre Plausibilität als hinreichende Erklärung verloren. Solange die metaphysische Besitzkultur Bordelle hervorbringt, spielt sie natürlich eine Rolle. Was aber schon bei Esther Vilar dünn war und bei Christiane Olivier gänzlich fehlt, ist eine plausible Theorie dafür, warum die Frauen die Rolle der heiligen Mutter nicht ablegen wollen, obwohl sie einer Gleichstellung der Geschlechter im Weg zu stehen scheint. Wir brauchen einen Machtbegriff, der nicht durch gesellschaftspolitische Durchgriffsfähigkeit oder waffentechnische Überlegenheit definiert ist: Nur das Ich kennt Macht, in der Wirklichkeit gibt es nur Kräfte.

von jeder anderen Macht ferngehalten: Die Aussage dieses Satzes ist nicht nur beachtenswert, weil eine Feministin den Frauen eine große Verantwortung attestiert, sondern weil die Formulierung „anderen Macht" und „Macht über das Kind" der Frau einen wesentlichen Anteil an der Macht zuspricht, was mit dem feministischen Anspruch, ein „Existenzrecht wiederzuerlangen", kaum in Einklang zu bringen ist. Um die Perspektive von Esther Vilar hineinzunehmen: Die Frauen haben immer schon mindestens die Hälfte der Macht, weil sie die traumatisierten Männer wie an einer langen Leine führen: die tiefe und unbewusste Angst der Männer vor der heiligen Mutter. Ein Emanzipationsbedarf entstand erst, als die Frauen die Familie verlassen und gesellschaftlich-wirtschaftliche Arbeiten übernehmen mussten, die nicht dem Raum der Familie entstammten.

„Die Existenz der »Frau« kann nur über die Entheiligung der »Mutter« erreicht werden." Dieser Satz lässt keinen Raum mehr für Zweifel: Die Frau hat es selbst in der Hand. Auch dem Rest des Absatzes kann ich nur hundertprozentig zustimmen: Es kann „eine andere Verteilung der elterlichen und der gesellschaftlichen Aufgaben" geben. Eine große Hilfe wächst uns auf diesem Weg entgegen: Die Rollendefinitionen geraten durcheinander, denn die von klassischer Vatermacht schon längst entwöhnten Männer suchen eine neue Macht im Innenraum der Familie und werden die besseren Mütter - wenn auch aus einem gut getarnten Untergrund heraus mit guten sachlichen Argumenten.

---

[6] Christiane Olivier, *Jokastes Kinder* (Angaben siehe Anmerkung 1), Seite 174f. Die Zitate sind dem letzten Kapitel entnommen mit dem Titel „Familie: Modernes Theater für ein antikes Stück" und dem Unterkapitel mit dem Titel „Dritter Akt: Sozialpolitischer Diskurs statt antiken Chores". Das Kapitel wird mit folgendem Motto eingeleitet: „Wir brauchen keine Väter und Mütter mehr. / Wir brauchen nur noch bemuttert und bevatert zu werden. / *David Cooper, Der Tod der Familie*". (Seite 155) Ich zitiere hier dieses Motto, weil David Coopers Buch am Ende meiner Schulzeit eine meiner prägendsten Lektüren war.

- Unzulängliche Modelle durch Dominanz der Sexualität

Die Theorien von Christiane Olivier und Esther Vilar waren lange die Basis meiner eigenen Theorie, aber immer verbunden mit dem Gefühl, dass sie nicht standfest oder nicht ausreichend universell sind. Vor allem die sexuelle Verhaltenslogik der Mutter gegenüber den Kindern war nicht wirklich hinreichend ableitbar: Warum sollte vom Mädchen aus betrachtet die mangelnde Zuwendung durch die Mutter stattdessen vom Vater erwartet werden? Nur weil er das sexuelle Gegenüber ist? In diesen Erklärungen wurde dem kleinen Kind immer noch zu viel sexuelles Interesse unterstellt. Aber eine Erklärung musste gefunden werden, denn offensichtlich waren Männer und Frauen durch tiefe Verletzungen so aneinander gekettet, dass sexuell basierte Beziehungen nur in einer ständigen wechselseitigen Erpressung gelebt werden, weil die jeweils abgespaltenen kindlichen Teile vom Partner als Vater oder Mutter abhängig waren.

4.3 Mein Erklärungsmodell des frühkindlichen Traumas auf der Basis von Ich und Eigentum

- Die offene Frage von Christiane Olivier

Man konnte sich zwar immer schon gut vorstellen, wie eine auf die Rolle des Sexualobjekts reduzierte Mutter ihr Trauma von Generation zu Generation an die Kinder weitergibt, aber welchen Vorteil sie tatsächlich für ihr ganzes Leben davon haben sollte, war nicht ersichtlich. Die Tradition selbst oder die allgemeine Unterdrückung der Frauen durch die Männer ist über solch lange Zeiträume eine schlechte Erklärung. Die Feministin Christiane Oliviers konnte deshalb auch nur etwas ratlos die Frage stellen, warum die Frauen selber die kleinen Männer zu späteren Unterdrückern erziehen. Esther Vilar war mit ihrem Buch *Der dressierte Mann* die erste Frau, die versucht hat, auf diese Frage eine plausible Antwort zu finden, in dem sie die Frau als oberste Nutznießerin ins Zentrum der Kultur rückte: Frauen dressieren die Männer zu aufopferungswilligen Ressourcen.[7]

- Mein Ansatz

Wie sich der Ichkern implementiert und was die Mutter

---
[7] Siehe Kapitel III.4.1 *Esther Vilar: Der dressierte Mann*

damit zu tun hat, ist ein heikles Thema, weil der Feminismus und die Ideologie von der guten Frau und Mutter tatsächlich noch ungebrochen herrschen. Natürlich stelle ich hier einfach nur meine Sicht und mein Erklärungsmodell vor, aber die Theorien sollten doch einen möglichst hohen Plausibilitätsgrad erfüllen - ganz besonders zu diesem Thema. Wegen des dünnen Forschungsstandes und der sinkenden Anerkennung der Psychoanalyse war ich dann sehr froh, vor wenigen Jahren das Ichphänomen an der Basis unserer metaphysischen Kultur zu Hilfe nehmen zu können, und konnte so die Entstehung eines traumatischen Kerns für Jungen und Mädchen gleichermaßen ohne die sexuellen Zusammenhänge ableiten. Die Sexualisierung der gesamten Familienverhältnisse dient uns erst später als Brücke zur Gesellschaft.

4.3.1 Aus der Sicht der Mutter-Kind-Beziehung

- Das Trauma: ein nicht verstehbares Mutterich (1. Druckfaktor)

Zunächst aber finden wir relativ abgeschlossen eine Mutter mit ihrem Kind in einer innigen, in der Schwangerschaft noch völlig symbiotischen Beziehung, die sich in der Stillzeit durch große körperliche Verbundenheit fortsetzt. In dieser Phase muss das Kind sich <u>an jede innere und äußere Bewegung der Mutter anpassen</u>. Was passiert nun, wenn das Kind am Ende des zweiten Lebensjahres das abgeschlossene Körperselbstbild mit dem Wort *Ich* in Verbindung bringen, gleichzeitig zwischen Vergangenheit, Gegenwart und Zukunft unterscheiden kann (Übergang von der sensomotorischen zur präoperationalen Phase nach Piaget) und außerdem gelernt hat, Schuldgefühle zu haben. Dieser Entwicklungsschritt ist so gravierend, dass Kinder sich später an die Zeit vor dem dritten Lebensjahr nicht mehr erinnern können. Meine These lautet nun, dass die traumatischen Abspaltungen am Ende des zweitens Lebensjahrs dadurch zustande kommen, dass die Mutter ihr Verhalten dem Kind gegenüber umstellt: Bisher hat sie sich als Mutterkörperich auf einen Kinderkörper bezogen, jetzt verhält sie sich ihrem Empfinden folgend als Mutterich, das einen eigenen Körper besitzt, gegenüber einem Kinderich, dem sie das Gleiche unterstellen muss, weil ihr selbst das Verhältnis zwischen Ich und Körper völlig unbewusst ist. Während das Kind aber mit dem ausgesprochenen „Ich"

> <u>an jede innere und äußere Bewegung der Mutter anpassen:</u> Ich hatte in meinem langen Leben viel Gelegenheit, die unfassliche Hingabefähigkeit, nicht nur der Säuglinge, sondern der kleinen Kinder überhaupt zu beobachten. Dass die Kinder zuletzt doch mehr oder weniger wie die Eltern werden, verdanken sie dieser frühen Phase.

nur den Körper meinen kann, ist es bei der Mutter eine metaphysische Konstruktion (gesellschaftlich getragen). Das Kinderich ist der Körper, also eine echte Individualität. Das Mutterich ist eine eigenständige Einbildung und hat ein sehr gebrochenes, besitzendes Verhältnis zum Körper, dennoch glaubt das Ich, es würde den individuellen Körper repräsentieren und gleichzeitig freie Entscheidungen treffen können. Aufgrund dieser Verwirrungen kann die Mutter nicht sauber zwischen der Natur des Kinderichs und ihrem Ich unterscheiden. Sie projiziert ihr Ichverständnis auf das Kind. Das Kind weiß sicher nicht, was passiert, aber es fühlt vermutlich eine Anforderung, die es nicht erfüllen kann, es ist dauerhaft überfordert. Man kann sich leicht vorstellen, wie ein zwangsläufig moralisches Mutterich dem Kind etwas verbietet und dabei nicht anders kann, als den ganzen Druck reinzulegen, der mit der Erwartung an ein frei entscheidendes Ich zustande kommt. Dieser Akt bekommt demnach etwas Überwältigendes, weil die Mutter die komplexe Logik ihres Ichs nicht durchschaut. Das Kind kann mit diesem Druck nichts anfangen und verdrängt aus Angst vor dem Mutterverlust seine unterstellte Unfähigkeit. Es lernt notgedrungen, Kompatibilität mit dem Mutterich zu simulieren. Der erste innere Riss ist entstanden und wird im Laufe der Entwicklung zum großen Geist-Körper-Riss ausgebaut.

- Das von der Befruchtung an durch Besitz wirkende Mutterich (2. Druckfaktor)

Um die traumatisierende Wirkung des dramatischen Übergangs besser zu verstehen, gehen wir nochmal auf die Perspektive der Mutter zurück. Ihr Ich-durch-Eigentum wirkte mit seinem Besitzreflex auf das Kind schon vom ersten Moment der Schwangerschaft an und das ist in keiner Weise ein natürlich-körperliches Verhalten. In der vormetaphysischen Zeit kann von einem persönlichen Eigentum an Kindern nicht gesprochen werden. Sicher war die Mutter-Kind-Beziehung sehr innig, aber ein besitzendes Ich gab es nicht, weder dem eigenen Körper, noch dem Kind gegenüber. In der metaphysischen Zeit brauchte das Mutterich seinen Körper nur auf das Kind auszudehnen, was in der Schwangerschaft und Stillzeit sicher nicht schwerfiel. Die traumatisierende Überforderung des Kindes in der Bruchzeit wird also dadurch vorbereitet, dass die Mutter zunächst ihre Ichgefühle als Besitzerin der beiden Körper uneingeschränkt ausleben konnte. Sie entwickelt eine Form von innigem Besitzgefühl, die Urform aller auf Besitz aufbauenden Liebesbeziehungen. Wenn die Kinder dann selbst eine erste Stufe des Selbstbezugs entwickeln und von „Ich" sprechen, wird diese paradiesische und unangefochtene Beziehung zwischen Ich und Eigentum gestört. Die Situation zwischen Mutter und Kind gerät also noch zusätzlich unter Druck, weil auch die Mutter unangenehme, bedrohte Gefühle entwickelt. Die Angstsituation des Kindes, die unverstehbaren Ichanforderungen der Mutter nicht erfüllen zu können, wird durch die Tatsache verschärft, dass auch die Mutter Angst hat, allerdings vor dem Ichparadiesverlust der ersten Jahre. Dass sie die Ängste des Kindes sieht und kompensiert, ist also eher unwahrscheinlich (vielleicht gibt sie dem Kind unbewusst noch die Schuld an ihren Ängsten daran).

auf Besitz aufbauenden Liebesbeziehung: Sicher hat es schon vor der Erfindung des Ichs starke emotionale Bindungen gegeben, aber was wir uns heute unter Liebe zwischen Eltern, Kindern und Partnern vorstellen, ist ohne Ich nicht verstehbar.
Wenn wir uns an die Psychoübungen zum Thema *Das Ich und die Liebe*Das Ich und die Liebe in Kapitel III.I.8 und die kurze Erwähnung des Mann-Frau-Machtkampfs in Kapitel I.4 erinnern und daran, dass die Besitzliebe eine Kopie der missverstandenen Eltern-Kind-Bindung ist, und wenn wir weiter bedenken, dass die prägende Urform der Eltern-Kind-Bindung die frühe Mutter-Kind-Beziehung ist, dann liegt es nahe, der Rolle der Mutter bei der Entwicklung der Besitzliebesbeziehung eine besondere Bedeutung zuzusprechen.

4.3.2 Der gesellschaftliche Druck auf das Mutterich (3. Druckfaktor)

Es gibt einen dritten Umstand, der negativ auf die Mutter-Kind-Situation am Ende des zweiten Lebensjahrs einwirkt und der auch von der Mutter ausgeht. Das Mutterich steht unter einem gesellschaftlichen Druck, der den traumatisierenden Druck auf das Kind verstärkt.

- Das gesellschaftlich basierte Ichinteresse der Mutter

Wir rufen uns in Erinnerung, dass das persönliche, freie Ich eine kulturelle Konstruktion ist, basierend auf Geistprojektionen ins Jenseits. Das individuelle Ich ist eine Einbildung, Jahrhunderte getragen und gleichzeitig getarnt durch Gottesprojektionen. In den ersten Jahrhunderten der patriarchalen Kultur hatten die Männer eine bevorzugte Stellung in der Beziehung zu den neuen, überirdischen Geistern. Da das freie, individuelle Ich tatsächlich nie Substanz erlangen kann - als metaphysische Projektion -, führt das Bemühen darum immer zu einer starken Suchtstruktur. Die Sucht zu befriedigen und sich selbst Substanz einzubilden war für Männer gegenüber einem Gottvater einfacher. Die Mütter mussten ihren starken Einfluss auf die Kinder nutzen - vor allem in der frühen Phase -, um die in der Kultur wichtigsten Gefühle zu erzeugen: dass ihre Ichs stark sind und Substanz haben, dass ihre mütterliche Sicht auf die Welt der

Suchtstruktur: Wie man von heroinabhängigen Müttern weiß, ist die Befriedigung einer starken Sucht häufig wichtiger als die Sorge um das Kind.

Wirklichkeit entspricht. Das ist der eine aus der sozialen Struktur folgende wichtige Faktor. Der andere, damit im Zusammenhang stehende Faktor, ergibt sich aus der Konfrontation mit den anderen Menschen, die auch suchtartig um Wirklichkeitsanerkennung ihres Ichs kämpfen: Alle anderen eingebildeten Ichs sind eine Bedrohung für meine eingebildete Ichsubstanz mit der Folge, dass es immer einen Ichkrieg mit den nächsten Menschen gibt. Die Mutter hat es also schwerer mit der gesellschaftlichen Ichanerkennung und holt sich, was sie braucht, umso eher bei den Kindern. Da der gesellschaftliche Zusammenhang bei der Implementierung des Ichschmerzkerns auch bei den sexuellen Zusammenhängen (siehe Absatz *Bezug zur Sexualität*) noch eine wichtige Rolle spielt, sollten wir uns die historischen Entwicklungen genauer anschauen.

- Muttersein unter animistischen-matriarchalen Bedingungen: Das Kind gehört niemandem, ist Teil des Stammes

Dass die Kinder zur Mutter gehören, hat unter animistischen-matriarchalen Bedingungen noch etwas Selbstverständliches - die ernährende Mutter hat auch die natürliche, quasi körperliche Verantwortung (den Vater gab es noch nicht, weil die genetische Beteiligung der Männer noch nicht bekannt war). Die Bedeutung der Mutter war so hoch und heilig, dass sie die lebenden Kinder für die Bestätigung dieser Rolle nicht brauchte, sie konnte sie praktisch nach der Stillzeit in die Gruppe abgeben. Der angebotene Identifikationsraum war der Stamm - nicht die Familie - geführt von den Ältesten, die ein starkes Interesse an der Vermehrung des Stammes hatten, also auch ein aufmerksames Auge für die Kinder.

- Urchristentum[8] und Ichoffenheit bei den Frauen

Paradoxerweise ist die schon erwähnte gleichmachende Emanzipationsbewegung des Urchristentums (alle Kinder Gottes) ein Wendepunkt in der Beziehung der Frau zu ihrem Ich. Jedes menschliche Lebewesen konnte nun eine eigene Beziehung zu Gott haben. In unsere Terminologie und Perspektive übersetzt: Sie konnte ein Ich entwickeln. Ihr Ich konnte sich nicht aufladen mit der öffentlich-sozialen Bedeutung wie bei den Männern, aber es entwickelten sich im Innenraum der Familie machtvolle Alternativen.

Paradoxerweise, weil die bald das Urchristentum aufsaugende patriarchale Kirche die anfänglich so aktiven Frauen von den offiziellen Ämtern wieder ausgeschlossen hat. Aber den nun möglichen direkten Bezug zwischen der einzelnen Seele und Gott konnte man ihnen wohl nicht mehr nehmen; Spiritualität ist seitdem immer eine lebendige Alternative zur Kirche. - Es wäre sicher interessant die Geschichte nachzuzeichnen, wann (zum Beispiel im Mittelalter) und warum (Stress?) der Mann wieder mal auf die Idee kam, den Abstand zur Frau zu vergrößern und ihr die Seele erneut abzusprechen.

---

[8] Urchristentum: siehe Kapitel III.2.1, *Die Projektion von Eigentum*, und dort die Absätze *Eigentum an Untertanen* und *Eigentum an Kindern* und die Textergänzung beseelte Menschen.

- Muttersein unter patriarchalen Bedingungen: Die Mutter ist die Besitzerin der Kinder

Unter patriarchalen Bedingungen mit dem gottgegebenen Mann als Eigentümer der Familie brauchte die mütterliche Rolle eine neue, eine „geistigere" Bedeutung. Sie musste die Kinder stärker an sich binden, sie als ihren persönlichen Besitz verstehen. Die Kinder waren nicht mehr einfach in der Welt mit ihrer „natürlichen" Seele - als Teil der Gruppe, jetzt waren sie meine Tochter und mein Sohn, von meinem Körper geboren und von meinen Brüsten ernährt. Unter metaphysischen Bedingungen - es gibt einen Vater, der die Kinder zeugt und der großen Gesellschaft gegenüber der Verantwortliche ist - muss die Mutter die Kinder bis zur Pubertät möglichst stark an sich binden, um den sie tragenden familiären Innenraum der Familie zu füllen und nutzen zu können. Der angebotene Identifikationsraum war nicht mehr der Stamm, sondern die vom Vater definierte Familie, dessen Eigentumsrechte in keiner Weise so natürlich-selbstverständlich waren, sondern von einem Gott stammen mussten. In dem neuen Vater-Mutter-Eigentümer-Paar hatte der Mann gelernt, sich der Matriarchin gleichzustellen, indem er sich zu einem mächtigen Geist in Bezug setzte. Doch die stille Geist-Ich-Logik zwang nun die Frau, ihre Interessen aus dem Innenraum der Familie heraus zu verfolgen.

- Das erwachende Ichselbstbewusstsein der Kinder als plötzliche Bedrohung für das Mutterich

Kommen wir zusammenfassend zurück auf die heutige Beziehung zwischen Mutter und Kind. Wir können uns die ersten Jahre als innige und unbelastete Beziehung zwischen Mutter und Kind vorstellen, denn das natürliche Muster der körperlichen Einheit von Mutter und Kind wird nicht wesentlich von einem Ich-Eigentum-Gefühl der Mutter gestört. Im Gegenteil wird die Beziehung inniger, weil sexualisierte eigene Mädchengefühle hinzukommen (siehe nächster Absatz). Besonders für den Jungen muss die Zeit paradiesisch sein. In der Ichlogik können wir an der Stelle einen Bruch diagnostizieren, an der bei den Kindern, besonders beim Jungen, ein eigenes Ichbewusstsein entsteht (spätestens mit dem dritten Lebensjahr). Natürlich freut sich jede Mutter zunächst und bewusst über solche Fortschritte des Selbstbewusstseins, aber unbewusst muss sie die Tatsache realisieren, dass ihrem Ich nun ein Konkurrent erwächst und die Zeit unwidersprochener Nutzung ihres Eigentums vorbei ist. Da wir individuellen Willen und Ichselbstbewusstsein fälschlicherweise gleichsetzen, kann die

Anerkennung ihres Ichs: Zu dieser Hypothese habe ich noch keine wissenschaftlichen Untersuchungen gefunden (in den letzten Jahren hatte ich aber auch keine Zeit mehr zum Suchen). Doch mit der These im Kopf hatte ich nun schon mehr als ein Jahrzehnt Gelegenheit, Interaktionen zwischen kleinen Kindern und ihren Müttern zu beobachten. Teilweise war ich regelrecht schockiert darüber, was es in diesem Zusammenhang zu sehen gibt. Ein kleines Beispiel, das sich vor kurzem vor meiner Haustüre ereignete: Ein kleiner Junge zwischen drei und vier Jahren setzt sich in ein Kettcar, mit dem er offensichtlich wenig Erfahrung hat. Nach ein paar Metern entdeckt er eine Lücke zwischen einem fremden Vater und seinem Kind, ein Mädchen, das noch nicht lange stehen und laufen kann. Beim Versuch, durch diese schmale Lücke zu fahren, fährt der Junge das kleinere Kind um und ohne sich weiter darum zu kümmern, will er weiterfahren (sicher ist er schon oft vor den Kettcars der größeren Jungen davongesprungen und kann vermutlich nicht verstehen, warum das Mädchen keinen Schritt zur Seite gemacht hat). In hellster Aufregung springt die Mutter herbei und macht ihm die schlimmsten Vorwürfe und sagt zuletzt: „Und dann auch noch weiterzufahren, das geht gar nicht. Du fährst vorläufig kein Kettcar mehr." Für mich war offensichtlich, dass die Intensität der Show dem Vater des Mädchens galt, der auch ziemlich betroffen dreinschaute. Das Mutterich musste dem Vaterich beweisen, dass es in keiner Weise das Verhalten des Jungen akzeptiert und zu drastischen Strafen bereit ist. Das Erleben des Jungen, der fassungslos laut weinte, war der Mutter in diesem Augenblick völlig egal. Sie war uneingeschränkt bereit, ihr erschrockenes Ich auf Kosten ihres Jungen zu pflegen. Das Jungenich, das vermutlich gerade einen Versuch gestartet hatte, Demütigungen durch andere Jungs zu kompensieren, hatte einen schweren Schlag erlitten. Gleichzeitig wächst in ihm ein innerer Kern, der mit etwas genährt wird, das für ihn völlig unerklärbar, aber irgendwie böse sein muss.

Mutter erahnen, dass der wachsende Wille des Kindes gegen ihren Willen und damit auch gegen die gesellschaftliche Anerkennung ihres Ichs stehen wird. Die These erscheint umso plausibler, je mehr wir uns klarmachen, wie empfindlich das Ich ist wegen seiner verdrängten Unwirklichkeit einerseits und dem echten Schmerzkern im Innersten der Mutter andererseits. Wir stehen unter einem großen Druck, uns und den anderen permanent zu beweisen, dass wir *wirklich* ein Ich haben. Die Menschen haben demzufolge sehr feine Antennen für ihre gesellschaftliche Anerkennung, für Reputation und Ehre. Gerade Mütter haben ein recht genaues Bild davon, was andere Mütter von ihrem Umgang mit ihren Kindern halten.

4.3.3 Der Bezug zur Sexualität (4. Druckfaktor)

- Sexualisierung durch Besitz

Der von der Psychoanalyse bei der Traumatisierung unterstellte Bezug zum Sex ergibt sich unter Ich-Eigentum-Bedingungen indirekt. Bei der Frau führten die Eigentumsrechte an ihrem Körper zu einer Sexualisierung ihres Selbstverständnisses, weil sie den Vater durch Sex binden konnte. Es liegt nahe, dass sie diese Sexualisierung der Frau-Mann-Beziehung auch auf ihre Beziehung zu den Kindern übertragen musste, die Beziehung zum Sohn wurde inniger, die zur Tochter distanzierter. Die Vorstellung des weiblichen Ichs von Beziehung überhaupt wurde unter patriarchalen Besitzbedingungen sexualisiert, aber die Basis der Mutter-Kind-Beziehung war nicht der Sex (schon gar nicht vom Kind aus, wie Freud beim Jungen unterstellte), sondern das Besitzverhältnis. Die Sexualisierung war ein Nebeneffekt der Tatsache, dass das Frauenich nun Eigentümer ihres Körpers war, das den sexuellen Zugriff regeln konnte. Ihre eigene Lust war für sie nicht mehr das entscheidende Kriterium für sexuelle Begegnung, sondern der Preis, den sie dafür bekam: die Bindung des Mannes (Vater ihrer Kinder), der *seine* Frau und *seine* Kinder beschützen und ernähren sollte. Wenn wir noch die Ichlogik aus den vorherigen Kapiteln hinzunehmen, können wir das unterschiedliche Verhalten der Mutter gegenüber den Jungen einerseits und den Mädchen andererseits besser verstehen. Das zum Selbstbewusstsein erwachende Mädchen wird mit der Ich-Sex-Mischung aus der Sicht der Mutter zur direkten Konkurrentin gegenüber dem Vater. Die Mutter wird mit Anerkennungen gegenüber dem Mädchen entsprechend zurückhaltend sein. Der Vater liebt zwar seine Tochter, ist aber kulturbedingt zurückhaltend mit der Anerkennung ihres Ichs, weil es den Frauen gegenüber sowieso nicht offen zugestanden wird. Beim Jungen steht die verliebt erotische Anerkennung durch die Mutter in starkem Kontrast zur offenen Bekämpfung seines Ichs - wie die Mutter es auch beim Vater tut. Dafür kann er sich früh mit dem gesellschaftlich starken Vaterich identifizieren. Die Ablösung des Jungen vom mütterlichen Innenraum der Familie beginnt schon sehr früh, was auch seinem stärker traumatisierten Ichkern entspricht.

Preis: Eine Frau, die keine Kinder bekommen konnte, hatte in den Zeiten der unoffenbarten-Ichs nur die Wahl, als jungfräuliche Tante der fruchtbaren Schwester zur Hand zu gehen oder in der männlichen Öffentlichkeit ihren Sex zu verkaufen. Das klingt nach einem harten Schicksal, war aber tatsächlich vom Ehefrau-Modus nicht so weit entfernt.

- Sexueller Missbrauch durch die Mütter

Diese Mischung aus Eigentum und Sexualität führt dazu, dass die Mutter ihre sexualisierten Gefühle dem heranwachsenden Jungen gegenüber entdeckt und aus Scham einen körperlich verwöhnenden Anteil ihrer Zuwendung zurücknimmt. Mit der Sexualisierung der stark belasteten Beziehung zwischen Mutter und Kind zu Beginn des dritten Lebensjahres können wir also den Ödipus-Jokaste-Komplex noch als vierten Druckfaktor in unser Modell einbauen. Der Junge kann den Entzug nicht verstehen und spaltet den Schmerz ab, der sich mit den anderen drei Druckfaktoren zu einem wirksamen Gemisch verbindet. Dem Mädchen ergeht es aber nicht viel besser. Es erleidet kein Trauma in dieser abrupten Form, bekommt aber auch nicht die innige körperliche Zuwendung wie der Junge, weder durch die Mutter und schon gar nicht durch den Vater, der nicht da und nicht zuständig ist.

- Aktualisierung des Entzugsschmerzes bei der Tochter durch den Vater

Dafür wiederholt sich ihre Vernachlässigung in der Pubertät, weil der Vater auf ihre Sexualität nicht reagieren darf. Denn für ihn ist Sexualität nicht mehr einfach körperliches Lusterleben, sondern ein Akt verantwortungsvoller Zeugung. Außerdem ist seine Beziehung zur Frau auch stark sexualisiert, weil es nun plötzlich Entzug und Mangel gibt. Nur auf Sex mit der eigenen Frau hatte er ein Recht, die die „Verkehrsampel" zu steuern wusste. Andere Frauen waren mit ihrer Lust als Gegenwert nicht mehr zufrieden und wollten für Sex bezahlt werden. Auf diesem Hintergrund waren schon lediglich sexuelle Annäherungsspiele mit der Tochter strikt verboten: ein gesellschaftlich basiertes Inzesttabu, das früh und rigoros Grenzen zog. Mein Psychotherapeut sprach von einem ehrenwerten Inzest.

4.3.4 Das heute noch kollektiv verdrängte Ichinteresse der Mutter

- Muttersein in *nach*patriarchalen Bedingungen

In der heutigen Zeit des säkularisierten Europa wurde die Vaterkultur zugunsten der offenen Ichkultur abgeschafft. Entsprechend hat sich auch das Verhältnis der Geschlechter zueinander verändert und verändert sich mit hohem Tempo weiter. Wenn ich mir vor Augen führen will, wie die Verhältnisse unter patriarchalen Bedingungen aussahen, kommt mir schnell der Film *Don Juan DeMarco* in den Sinn mit Johnny Depp und Marlon Brando in den Hauptrollen. Wie Don Juan DeMarco seinem Psychiater von seiner Kindheit in Mexico, von seinen Eltern, seinen Geliebten erzählt (filmisch dargestellt wie in tief patriarchalen Zeiten), hat man die Frau mit ihrem hocherotischen Selbstbewusstsein vor Augen und den Mann als Kämpfer und Beglückungsvirtuosen, der sich um die Gunst der Frau bemüht. Die Frau: das erotische Glücksversprechen an sich, der Mann: muss sich die Teilhabe an diesem Glück hart verdienen. Heutzutage muss die Werbeindustrie exzessiv mit nackten Frauen werben, um dieses Glücksversprechen noch zu beschwören. Die Rollen haben sich gewandelt, die Frauen müssen erfolgreich Berufe ergreifen, die Männer werden zu Sexualobjekten. Die Ichstrategien haben sich angenähert und vermischt. Es gab Tendenzen, die auf die Auflösung der Geschlechterarbeitsteilung hinausliefen. Doch es gibt auch schon Gegentendenzen, denn die Frauen tragen immer noch die Kinder aus, stillen sie viele Monate und haben oft auch den größeren Anteil an der Erziehung und der Führung des Kinderhaushalts. Der Mutterberuf hat einfach auch seine schönen und selbständigen Seiten und ich vermute, dass die Frauen dafür auch genetisch besser geeignet sind (mehr Oxytocin, weniger Adrenalin). Doch die Väter lassen sich den Anteil am Innenleben der Familie und an der Erziehung und dem Sein mit den Kindern nicht mehr nehmen. All das hat und wird zunehmend die Rolle der Mutter bei der Implementierung des traumatischen Ichkerns mildern. Der Schmerzkern selbst ist schwächer geworden und wird weiter schwächer werden. Der Verlust an Ichbildungskapazität wird durch kulturelle Strukturen kompensiert. Die Frauen können sich bezüglich gesellschaftlicher Anerkennung an klassische Männerichstrukturen anlehnen (Beruf, gesellschaftliche Aufgaben, alleinerziehend, höhere Bildung, Spiritualität), für beide leisten die neuen Kommunikationsmedien und die Werbung entsprechende Dienste. Man darf gespannt sein, wohin die offene Form der Ichreligion noch hinführt: „Zuerst zähl ich". Sicher ist, dass das Überwinden der alten Mann-Frau-Rollen und Arbeitsteilungen nur langsam und zum Teil recht leidvoll (Scheidungskinder) vorwärtsgeht. Mit dem Buch möchte ich dazu beitragen, die Leidenszeit zu verkürzen.

- Der Kampf der Frauen um das Bild der nur am Wohl der Kinder interessierten Mutter

Wie stark das alte Mutterrollenmuster noch wirkt, kann sich vermutlich jeder Vater vorstellen, der mit seiner Partnerin schon typische Beziehungskonflikte durchlebt hat. Früher oder später wird die Mutterpartnerin ihren Anspruch auf größere Kompetenz in den Beziehungen zum Partner und zu den Kindern damit begründen, dass sie die größere Nähe zu und die stärkere Identifikation mit den Kindern und den Belangen der ganzen Familie hat, weil ihre Interessen von Natur her mit denen der Kinder und der Familie kongruent sind. Der ganze aktuelle Feminismus mit seinem Kampf gegen die vermeintlich allgemeine Übermacht der Männer basiert darauf, dass das egoistische Interesse der Mütter und ihr Spiel mit der Macht nicht durchschaut werden. Die klassisch weibliche Macht gründet darauf, dass sie im Dunkeln liegt, im gesellschaftlichen Untergrund, im unbeleuchteten Innenraum der Familie. Aufklärung würde ihre Macht schmälern. Wir - Männer und Frauen - werden noch einige Jahre warten müssen, bis sich die Stützen der Frauenichs ausreichend in den offenen Gesellschaftsraum verlagert haben.

Spiel mit der Macht : Um jeden Eindruck zu vermeiden, dass ich im Kampf mit den Frauen nun den Spieß umdrehen und einen moralischen Druck auf die Frauen aufbauen möchte, sei noch erwähnt, wie sehr der herrschende Feminismus auch davon geprägt ist, dass die Frauen nicht nur gesellschaftliche Macht haben wollen, sondern auch die alleinige und große Verantwortung für die angemessene Vorbereitung und Integration der Kinder in unsere Kultur mit den Männern teilen wollen. Nach meiner Erfahrung sind Mütter sehr darum bemüht, die Väter in die Elternbeteiligung an Kindergärten oder Schulen einzubeziehen. Unsere Kompetenzkultur lässt Fehler in der Erziehung immer deutlicher zutage treten, was in der Logik der klassischen Machtteilung den Druck auf die Mütter stark ansteigen lässt.

- Immer noch Erklärungsbedarf für das frühkindliche Trauma

Wie sich das auch alles in der Wirklichkeit abspielt, wie auch immer die Eigentumslogik und Ichsucht auf die Mutter wirkt und von ihr auf die Kinder übertragen wird, sicher ist, dass nach meiner Erfahrung bei mir und den mir bekannten Männern ein solcher Angstkern (der kleine Junge im Bauch der Männer) existiert und seine systematische Implementierung eine Erklärung verlangt. Sicher ist auch, dass die überall noch sichtbaren Spannungen zwischen Vätern und Töchtern in der Pubertät nach tiefer liegenden Erklärungen verlangen.

- „Ödipus, Schnödipus, Hauptsache du hast deine Mama lieb."[9]

Bevor wir dem Ich den Besitz am Körper wieder ausreden können, müssen wir an der Mutter mit ihrem „natürlichen" Besitz am Säugling vorbei. Dem Kapitalbesitzer das Recht auf sein Eigentum abzusprechen fällt uns heute vergleichsweise leicht. Aber versuchen sie einer Mutter - oder in heutigen Scheidungsprozessen dem Vater, der um das Sorgerecht kämpft - auszureden, dass es „ihr" oder „sein" Kind ist. Die Antwort der Mutter wird immer den Zusammenhang zum Besitz am eigenen Körper aufzeigen: von meinem Blut, von meinen Genen, von meinem Körper. Das Traurige bei all dem ist, dass das Kind seit der metaphysischen Besitzfamilienzeit im Vergleich zu den siebzigtausend Jahren vorher dramatisch an Bedeutung und Wertschätzung verloren hat und verliert - wie auch die Alten.

- Der gesellschaftliche Machtgewinn der Mutter entlastet die Kinder

Die größte Hoffnung auf eine Entlastung der Mutter-Kind-Besitzbeziehung zugunsten des Kindes - bevor sich kulturell das Durchschauen der Ich-Eigentum-Logik durchsetzt - ruht derweil auf dem gesellschaftlichen Machtgewinn der Frauen. Je mehr sich ihr Ich - wie bei den Männern - im gesellschaftlichen Raum behaupten kann, umso weniger müssen die Kinder dafür herhalten.

---

[9] Ein Witz aus meiner Studentenzeit, den ich erstmals als Comic gelesen hatte: Ein Sohn kommt vom Psychoanalytiker und berichtet seiner Mutter: „Mama, ich habe einen Ödipuskomplex." Darauf antwortet die Mutter: „Ach was, Ödipus, Schnödipus, Hauptsache du hast deine Mama lieb."

4.4 Der traumatische Ichkern als Chance

- Die Aufklärung des frühkindlichen Traumas ist eine aktuelle Aufgabe historisch-politischen Ausmaßes für Männer und Frauen

Der tatsächlich kollektiv ablaufende Lernprozess erschafft Männer, die zu ihrer eingebauten Angst vor der Mutter stehen können und damit erkennen, woher die kulturelle Machthälfte der Frauen stammt. Frauen werden durch neue gesellschaftliche Bedeutungen in die Lage versetzt, zunehmend die Verantwortung für ihr Ich zu übernehmen und offen zu ihrer Macht zu stehen. Ich und Macht pflegen sie, wenn auch getarnt im Untergrund, schon genauso lange wie die Männer, nur mit entscheidend anderen Mitteln.

- Zusammenfassung

Wenn wir erstens davon ausgehen, dass sich während der Achsenzeit die Rollen von Männern und Frauen in ihrem Verhältnis zueinander stark gewandelt haben (Eigentumsverhältnisse innerhalb der Familie, Entstehung des Vaters), wobei diese Wandlung mit der Entstehung des Christentums nochmal eine neue Wendung bekam (endgültiger Einstieg der Frau in die monotheistische Metaphysik und in die Besitzlogik) und mit diesen Wandlungsprozessen eine Implementierung eines traumatischen Kerns in den ersten Lebensjahren für jeden Einzelnen in jeder Generation wiederholt wurde (und wird). Wenn wir zweitens davon ausgehen, dass in der gleichen Zeit hinter Gottesprojektionen versteckt die Entstehung des eingebildeten freien Ichs begann, dann liegt die Vermutung nahe, dass ein traumatischer Kern, der als Kristallisationspunkt für die Implementierung des eingebildeten Ichs diente, sehr eng mit dem neuen Besitzverhältnis von Mann und Frau, von Vater und Mutter zusammenhing. Wir haben uns mit der Frage beschäftigt, welch traumatisierendes Potential in der Beziehung zwischen Mutter und Kind in den ersten Lebensjahren entstand und eine Situation schuf, in der die Mutter ihre Ichlogik auf das Kind projizierte und es damit so stark überforderte, dass das Kind den verängstigten Teil seiner Psyche abspalten musste.

- Die Ichbildungskraft des traumatischen Kerns

Führen wir uns zum Abschluss dieses Kapitels nochmal vor Augen, welch eine stark ins Innerste führende Kraft ein solch psychotischer[10] Kern hat. Erinnern wir uns daran, dass wir Unterstützung und Gelegenheit dafür brauchen, uns eine metaphysisch kollektive Instanz als Eigenheit schaffende Kraft einzubilden (wir sind als Einzelne, jeder für sich, göttlich). Nichts lässt uns stärker nach Innen schauen, uns mit uns selbst beschäftigen, als ein starker psychischer Schmerz. Wenn dieser Schmerz aus Kindertagen auch noch aus der Oberfläche des Bewusstseins verdrängt werden musste, was zu seiner Wiederholung in immer neuen Beziehungsverhältnissen führte und ihn unaustilgbar machte, dann ist als Kristallisationspunkt für die Implementierung des eingebildeten Ichs kaum etwas geeigneter. Der Schrecken aus dem Verlust einer zunächst überstark erscheinenden Beziehung verbündet sich mit der Angst vor dem Einbruch der Wirklichkeit, in der es das Ich tatsächlich nicht gibt, und der Angst vor all den hereinbrechenden Konsequenzen hinsichtlich der auf Einbildung aufgebauten sozialen Verbindungen.

- Zugang zu diesem psychotischen Kern durch Meditation

Wenn uns alle dieser Schmerz und die Angst vor dem Wirklichkeitsdefizit vereint und der Schmerz gleichermaßen geeignet ist, die Aufmerksamkeit nach innen zu ziehen, dann liegt es nahe, diesen Kern für die Meditation zu nutzen, die uns auf die Wirklichkeit des eigenen Körpers zurückführt: Ich bin mein Körper und sein Schmerz. Nicht mehr, aber auch nicht weniger. In diesem Zustand haben wir kein Problem mit dem Einbildungscharakter des Ichs. Der taucht erst wieder auf, wenn wir uns aus der Meditation wieder für die Welt und die anderen Menschen öffnen. Das Gefühl für die körperlichen Grenzen geht zurück und das wirkliche Ich wird stärker und mit den starken Resonanzen laufen wir wieder Gefahr, uns die Einmaligkeit und Großartigkeit des eigenen Ichs einzubilden. Wenn wir uns nun am Ende der Meditation auf den Schmerzkern konzentrieren, stellen wir fest, dass er sich nicht so schnell auflöst, wie das angenehme Körpergefühl in seinen natürlichen Grenzen. Der Schmerz ist stärker, weil er schon eine Geschichte erzählt. Eine alte Geschichte von Besitz und Liebesverlust, die sich das ganze Leben in immer neuen Geschichten wiederholt. Versuchen wir nun, einerseits den Schmerz durch

---

[10] Zur Verwendung des Begriffs *psychotisch* siehe Textergänzung psychotischen Krise in Kapitel I.3.3 mit der Absatzüberschrift *Die Aussichten auf das Ende der psychotischen Krise*.

das wohlige Körpergefühl zu lindern und anderseits ihn in unserem Bewusstsein zu verankern, so dass er nicht zu rasch verblasst. Dadurch erzeugen wir eine wunderbare Instanz, die wir der aufkommenden Icheinbildung entgegenhalten können. Wir wollen auf diese Weise das Gefühl für die soziale, schmerzhafte Wirklichkeit des Ichs nicht verlieren, damit der Schmerz seine alte Funktion nicht so schnell wieder aufnimmt und uns in die Wiederholung der Wirklichkeitsflucht treibt: in die Großartigkeit des freien Ichs. Wir hätten wieder umsonst still gelitten.

- Mann-Frau-Beziehung als heilendes Feld

Bei den geschilderten Zusammenhängen aus Mann-Frau-Besitzverhältnissen, psychotischem Kern, neuer Implementierung dieses Kerns bei den Kindern, immer wiederholtem Ichaufbau bei Eltern und Kindern und dem Bezug zur Sexualität ist die Selbständigkeit des Kerns nicht nur gut für die Meditation und das Wiederfinden eines Selbstgefühls ohne Ich, sondern macht auch die Mann-Frau-Beziehung zu einem geeigneten Feld, um die tiefere Intimität einer ichfreien Beziehung kennenzulernen. Die von den Männern selbst herbeigeführte Abschaffung des patriarchalen Vaters (zusammengefasst in Stirners Konsequenzen des Gottverlustes: kein göttlicher Vater mehr, nur noch Ich) führte zu einer instabilen Familie und einer langsamen Auflösung der alten Mann-Frau-Rollen (Scheidungen, Scheidungskinder, Überforderungen aller Art). Der darauf folgende Feminismus hat das metaphysische Ich der Frau vom familiären Innenraum befreit und in den gesellschaftlichen Mittelpunkt geschoben, aber noch keinen Schritt zur Einsicht in seinen eingebildeten, unwirklichen Charakter beigetragen. Wenn nun zwei Prozesse zusammenkommen, wenn einerseits die Männer sich nicht aus der Familie und aus der Beziehung zu den Kindern in einen gesellschaftlichen Untergrund verdrängen lassen (sie müssen ein Stück die besseren Mütter werden), wenn andererseits die Frauen gestärkt durch Meditation (im weitesten Sinne) und klare Theorien sich offen die Einsicht leisten können, welch große Macht sie seit den metaphysischen Anfängen über Kinder und Männer (und andere Frauen) hatten, dann ist ein neues Kommunikationsfeld im Mann-Frau-Beziehungsraum möglich, das für alle Beteiligten zu einer Kraftquelle für ein Leben ohne eingebildetes Ich werden kann.

5. Schwächende und stärkende Kräfte für das Ich aus der Umwelt

Gemeint ist das eingebildete wie das soziale Ich, auf allen Ebenen, unter dem Einfluss der Umwelt.

- Der Blick des Ichs ins Außen

Das vorherige Kapitel III.4, *Ichentstehung beim Einzelnen*, bildet in vielerlei Hinsicht einen Mittelpunkt des Buches. Die Sichtung des Phänomens Ich mündete in der Erörterung seiner frühkindlichen Implementierung als Schmerzkern. Es liegt nun nahe, sich mit der Frage zu beschäftigen, welche Kräfte uns aus der metaphysischen Krise und der Ichverrücktheit hinaustragen. Die Sicht mit der Frage nach den individuellen Möglichkeiten soll erst im Kapitel III.6, *Persönliche Auswege: Mein Ich stärken und schwächen*, als vorläufiger Abschluss des Teil III im Vordergrund stehen. Wir schauen zunächst wie von innen nach außen und suchen nach schwächenden und stärkenden Kräften in der Umwelt, wobei unterstellt wird, dass wir im Spannungsfeld zwischen Stärkung und Schwächung des Ichs leben müssen. Zu diesem Zweck wird hier nicht zwischen einem sozial wirklichen Ich und einem eingebildet individuellen Ich unterschieden. Ich werde also dem geläufigen Ichverständnis entgegenkommen, um Struktur und Geschichte der Ich-Schwächung und -Stärkung aus der Kultur erfassen zu können. Wir stellen die Fragen: Was aus dem Außen schadet dem Ich? Was kommt dem Ich aus der Umwelt zu Hilfe? Wir kommen auf diese Weise dem prekären Charakter des Ichs immer näher. Dabei unterstellen wir, dass das Ich durch die von außen einwirkenden Kräfte immer schon still von seinem labilen Stand in der Wirklichkeit weiß. Vorher müssen wir uns nochmal kurz das Außen-Innen-Phänomen aus Kapitel II.3, *Die Wirklichkeit und der Innen-Außen-Dualismus*, unter einigen speziellen Ichaspekten vor Augen führen.

- Innen und Außen in der Ichlogik[1]

Wir können eben nicht wie selbstverständlich zwischen einer inneren und einer äußeren Wirklichkeit unterscheiden[2]. Wie wir schon gesehen haben (das Ich besetzt den

---

[1] Ichlogik: siehe auch Kapitel III.6, *Das Ich und die Vernunft*
[2] Unterscheidung zwischen Außenwirklichkeit und Innenwirklichkeit, zwischen Außen- und Innenich: siehe Kapitel I.9.1, *Vom Ich zur Wirklichkeit, Zwei Bedeutungen von Wirklichkeit und von Ich: innen und außen*

Raum zwischen Innen und Außen), ist die Innensicht des Ichs auf sich selbst hochgradig von den aus der Außenwelt übernommenen Bildern abhängig, wozu selbst die innerste Einbildung gehört. Es gibt kein Verständnis von sich selbst und keinen Bezug zu sich selbst - oder zur Welt - ohne erlernte Muster. Gleichermaßen gibt es in der äußeren Wirklichkeit in sozialen Kontexten und Artefakten abgelagert einen Teil des Einbildungsmusters, das kollektiv gespeichert ist, typischerweise in Religionen, Büchern, Artefakten oder Rollen. Das beste Beispiel für die Innen-Außen-Verwirrung ist der Bezug des Ichs zum Körper. Da es aus seiner Sicht den Körper besitzt, ist es einerseits außerhalb des Körpers (weshalb der Bezug zum Körper auch in diesem Kapitel erscheint). Andererseits vermitteln ihm die Sinneseindrücke des Körpers kontinuierlich, dass es im Inneren des Körpers sitzt wie in einem Tempel. Das heißt, der Einbildungscharakter zieht seinen Substanzglauben aus der Verbindung zur Resonanz, der Resonanz zwischen äußeren und inneren Elementen. Doch um die Konsequenzen für den Einzelnen und für seine Strategie bei der Überwindung der Einbildung verstehen zu können (Kapitel III.6, *Persönliche Auswege*), müssen wir uns zunächst das Ich mit seiner erfahrbaren Außenwirklichkeit anschauen. Dabei haben wir die Frage im Kopf nach den evolutionären Vor- und Nachteilen, nach den schwächenden (Kapitel III.5.1 + III.5.2) und stärkenden (Kapitel III.5.3) Bedingungen.

- *Menschliche* Wirklichkeit

Verstehen wir aus den Übungen in Teil I die Hervorbringung des Ichs mit seiner behaupteten eigenen Substanz als Sinn und Zweck der metaphysischen Übergangszeit, so können wir uns jetzt mit seinem Verhältnis zur Wirklichkeit beschäftigen, genauer gesagt, zu der ihn umgebenden Wirklichkeit, die nun nicht mehr von der Natur mit ihren Widrigkeiten dominiert ist, sondern von den anderen Menschen. Die kulturell sich ablagernden menschlichen Projektionen erscheinen uns wie eine zweite Natur. Es fragt sich aber, ob der Gerinnungsfaktor der wesentliche Punkt ist oder ob nicht die Tatsache schwerer wiegt, dass unter Ichbedingungen für jeden Menschen strukturell und systematisch alle anderen Ichmenschen eine Bedrohung darstellen.

Innen-Außen-Verwirrung: In der spirituellen Tradition gibt es analog zur Innen-Außen-Verwirrung die Gleichsetzung oder Umkehrung von Ich und den Anderen: Ich bin die Anderen, die Anderen sind ich. Man kann dahinter natürlich den Geist als eigentliche Quelle des Ichs sehen, man kann aber auch ein mehr oder weniger offenes Wissen über den kollektiven, aus der Sicht des Einzelnen von außen vermittelten Charakter des Ichs diagnostizieren.

Mit dem Begriff zweite Natur muss man vorsichtig sein. Menschengeschaffene Bedingungen als fest gegebene Umwelt für andere sind nicht so naturhaft eigenständig, wie es scheint (man kann es sich mit einem Faktor gemessen vorstellen, mit dem psychosoziale Strukturen zu Natur gerinnen). Wenn wir den externen Bezugspunkt Geist wegdenken, dann bleibt als vermeintlich zweite Natur nur das übrig, was gerade in lebendigen Köpfen mit der Umgebung resoniert. Auch das letzte Gehirn kann die menschlichen Konstruktionen noch erkennen, doch nach seinem Tod sind sie wie mit einem Schlag aus der Wirklichkeit verschwunden. (Es sei denn, wir hätten schon die nötige Computerintelligenz geschaffen oder intelligentere Wesen als wir würden unsere Artefakte ausgraben und deuten, dann würde der Resonanzmotor weiterarbeiten bzw. neu anspringen.)

5.1 Das Ich und seine Widersacher: die Wirklichkeit und die Ichs der Anderen mit ihrem Eigentum

- Die dauerhafte Grundbedrohung: die Wirklichkeit

Wie in den bisherigen Ausführungen oft erwähnt, ist die wesentlichste Eigenschaft des Ichs eine Einbildung quasi göttlicher Eigentums- und Freiheitskräfte. Mit anderen Worten basiert das Ich auf einem geradezu grundsätzlichen Wirklichkeitsdefizit. Tatsächlich kann das Ich nichts besitzen - auch nicht den eigenen Körper - und auch keine freien Entscheidungen treffen. Wobei Freiheit und Eigentumsfähigkeit auf die eine Projektion zurückzuführen sind, dass das Ich sich in einem metaphysischen Status jenseits der Natürlichkeit wähnt. Für diesen Status sind heutzutage nicht einmal mehr die Götter nötig, was auf erstaunlich gewachsene Projektions- und Einbildungskräfte schließen lässt. Da wir aber davon ausgehen können, dass unser Psychosystem sich nicht vollständig selbst betrügen kann, auch wenn durch den psychotischen Ichkern sehr viel tägliche Energie in diesen Selbstbetrug investiert wird. Wir dürfen nicht vergessen, dass sich auch in der Kultur beachtenswerte Gegenkräfte manifestieren. In der Zeit der Gottesprojektionen waren es die spirituellen Bewegungen, die an der Existenz des Ichs gezweifelt haben. Außerdem hat sich von Anfang an eine naturalistisch-wissenschaftliche Sichtweite etabliert - durch die vom animistischen Geist befreiten Dinge -, die dazu neigte, auch den menschlichen Körper als Ding zu sehen, wodurch die kritische Frage nach dem Sitz der Seele unvermeidbar war. Kurz, es gab und gibt genügend Hinweise, dass wir alle mehr oder weniger stillen Zweifel an der Existenz des freien Ich hatten und haben. Es gibt also täglich in uns die bohrende Frage, ob das großartige Ich tatsächlich so real ist, wie wir es glauben wollen. Die eingebildete Wirklichkeit sieht sich ständig durch die Wirklichkeit draußen bedroht. Eine tägliche Leugnungs- und Verdrängungsarbeit ist nötig, um die Projektion mit neuer Kraft zu füllen. Die parallele Verdrängung des abgespaltenen frühkindlichen Schmerzes hilft dabei.

- Eine feindliche Umgebung: die anderen Menschen mit ihren Ichinteressen

Aber die wirksamste Kraft bei der Erinnerung an die echte Wirklichkeit und den Einbildungscharakter des Ichs sind die anderen Ichs, denn deren Göttlichkeitsanspruch steht dem Göttlichkeitsanspruch meines Ichs unmittelbar entgegen. Erstens kann es nur einen Gott geben und zweitens sehe ich doch mit meinen eigenen Augen, welche Interessen hinter der vermeintlich freien Entscheidung der Anderen stehen. Es kann nur ein wahres Ich geben! Als Hinweis auf diese Einzigartigkeitsforderung können wir uns nicht nur an den *Einzigen* von Max Stirner erinnern, sondern können auch auf die Superheldenmythen der Gegenwart verweisen.

- „Es kann nur einen geben."

Besonders interessant sind die Highlander-Serien, nicht nur wegen der Maxime „Es kann nur einen geben.", sondern auch wegen des passenden Umstandes, dass auch andere Helden den Anspruch auf göttliche Ewigkeit haben, mit der Konsequenz, dass sie alle getötet werden müssen. Was für eine wunderbare Allegorie auf die vermeintliche Wirklichkeit des Ichs. Interessant ist nun, dass solche Superheldenfilme nicht nur diese stille Botschaft über das Ich beinhalten, sondern gleichzeitig im Alltag als Ichverstärker und Ichsubstanzbeleg funktionieren. Obwohl ich beim Zuschauen weiß, dass ich selbst keine Superkräfte habe und es dergleichen in der Wirklichkeit auch nicht gibt, führt die Identifikation doch zu einem Gefühl der Aufwertung.

- Der Beweis für Ichsubstanz: Ich identifiziere mich mit dem Helden

Aber ausschlaggebend für die Ichverstärkung ist vermutlich nicht die Ichstärke des Helden, sondern die Existenz des Films selbst liefert scheinbar den Beweis, dass ich zurecht von der Echtheit meins Ich ausgehe. Es gäbe solche Filme doch gar nicht, wenn sie nicht mein Ich ansprechen könnten. Sie müssen sich doch auf ein echtes Ich beziehen! Das System hat etwas in sich kreisendes: Der Hund jagt seinen Schwanz, weil er seinen Schwanz jagt. Anlass, Wirkung und Beweis bedingen sich. Man sollte also nicht den Fehler machen, zu platt und direkt die entscheidende Ichstärkung abzuleiten aus der Identifikation mit dem Helden. Der Trick wirkt tiefer und scheinbar wirklichkeitsbezogen.

- Zuletzt eine süchtig machende Schwächung

Auf den ersten Blick sieht es nicht so aus, als gehörten diese Absätze in das Kapitel *Das Ich und seine Widersacher*, denn in den Filmen geht es um die Ichbestätigung. Tatsächlich wirken solche Filme schwächend, weil der tautologische Kreis zu leicht zu durchschauen ist und weil das Ereignis des Filmschauens zu wenig mit der Alltagswirklichkeit zu tun hat. Nicht selten kommt der Verdacht der

---

Anlass, Wirkung und Beweis bedingen sich: In anderen Zusammenhängen funktioniert die Ichlogik ähnlich. Wenn ich einen Freund umbringe, weil er mich verraten und beleidigt hat, dann ist das Ich mit seiner Angst vor auffliegendem Wirklichkeitsdefizit der Auslöser, aber der Mord ist der Beweis, dass es das Ich geben MUSS. Würde ich sonst dafür töten? Was fühlt ein Kämpfer, der gerade in einer Schlacht hunderte von Falschgläubigen umgebracht hat? Er fühlt Gott in sich. Er MUSS das Geschehen als Beweis nehmen. Diese Beispiele unterscheiden sich erheblich vom Filmerlebnis: Ihr Wirklichkeitsbezug ist viel stärker und damit auch die Beweiskraft. Die archaischen Beispiele werden heute vor allem durch die Werbung ersetzt: Wenn ein Auto so viel kostet, muss es einen Sinn für *mich* haben. Bei diesem Rückführungstrick leistet die Werbung entscheidende Hilfestellungen, indem sie das kaufende Ich aufwertet.

schwächenden Ichillusion schon auf, wenn man endlich aufsteht und den Fernseher ausmacht. Das ist ähnlich wie bei Drogen, die dich zuletzt schwach machen, und Filme und Drogen machen genau deswegen süchtig: Durch die Wiederholung muss die Schwächung verdrängt werden. Heutzutage feiern die Filmserien gerade den Durchbruch zu einer offenen Form von Sucht. In der Wirklichkeit haben für den Süchtigen alle anderen Ichs gesiegt. Er gibt sich auf. Am Schluss gehen wir im letzten Kapitel auf die ichstärkende Werbung ein. Sie macht zwar auch süchtig, aber das Kaufen findet in der Wirklichkeit statt.

- Das Wirklichkeitsdefizit und die Schuld der Anderen

> die anderen Menschen: Besonders dankbar funktionieren Gegenidentifikationen offenbar bei Gruppen von vermeintlich Fremden: Schwule, Juden, Schwarze, Ausländer, Islamisten. Die Mitglieder solcher Gruppen wären ggf. gefahr- und konsequenzarm zu beseitigen.

Schuld an der allgegenwärtigen Angst vor Wirklichkeitsdefiziten können nur die anderen Menschen haben und das nicht nur als Herrscher und Könige, sondern als der Nächste oder das nächste Ich: für den Mann die Frau, für die Frau der Mann, für den Nachbarn der Nachbar, für die Jungen die Alten, für die Starken die Schwachen, und umgekehrt und so weiter. Je näher mir das andere Ich steht, umso gefährlicher ist er oder sie für meine Ichsubstanzbehauptung, denn er oder sie sieht, wie ich wirklich bin (so wie ich ja sehe, wie wenig frei und äußerst bedingt der andere ist).

- Der Besitz der Anderen ist immer gestohlen

> Zweifler an meinen Persönlichkeitsansprüchen: Männer haben beispielsweise den Frauen einfach den Besitz einer „Seele" abgesprochen und die Frauen haben den eitlen Männern den Sinn für die Wirklichkeit und das Leben überhaupt abgesprochen und ihnen stillschweigend Hahnenkämpfe zugestanden, denn das gewährleistete Versorgung und Schutz - wenn auch mit irren Verschwendungen. Einen ähnlichen Trick mit der Seele haben auch die Sklavenhalter gerne angewendet.

Wenn wir nun die Besitzeigenschaft des Ichs mit hineinnehmen, so konkretisiert sich die Bedrohung, weil die Größe des Besitzes so etwas wie geronnene Ichmacht darstellt. Kombinieren wir den Besitz mit dem Nächsten, ist die Bedrohung immer der besitzende Nachbar - vor allem der mit dem ein wenig größeren Haus, der sich seinen Besitz natürlich nur anmaßt. Die Unterstellung der Anmaßung ist selbstverständlich nur eine Verdrängungsprojektion der eigenen uneingestandenen Besitzanmaßung. Jeder geht in seiner Wirklichkeit auf dem dünnen Eis seiner Einbildung. Die Angst vor allen anderen Menschen wurde zum konstituierenden Element der Kultur. Das Glaubensbekenntnis steigt deshalb zum wichtigsten Kitt auf, einerseits als religiöse Zugehörigkeit (Andersgläubige müssen folgerichtig getötet werden), andererseits als Ehre, mit der die Persönlichkeit anerkannt wird (Ehrverletzung kann demzufolge auch nur mit dem Tod gesühnt werden), aber auch als Konsumentengemeinschaft (die Gemeinschaft der Iphonebenutzer). Da das besitzende Ich nur eingebildet ist, es also viele konkurrierende Götter und jede Menge Zweifler an meinen Persönlichkeitsansprüchen gibt, ist der Nächste auch immer gleich die beste Bedrohung.

5.2 Abwehrversuche der Wirklichkeitsdefizit-Bedrohung

Wie heikel Stärkungsversuche sein können, haben wir uns schon am Beispiel der Superheldenfilme angeschaut. Alles, was süchtig macht, wirkt zuletzt schwächend. Schauen wir uns einige Großversuche an, der Ichbedrohung entgegenzuwirken.

5.2.1 Gescheiterte Abwehrprojekte

- Ein psychohygienischer Trick: Liebe deinen Nächsten wie dich selbst

In der Zeit der monotheistischen Religionen war sicher der bedeutendste Umstand, der das Problem der Bedrohung durch den Nächsten abmilderte, dass die Menschen sich Gott als einen liebenden Vater vorstellten. Alle Menschen, die sich zu diesem Gott bekannten, gehörten zu einer Geschwistergemeinschaft, die ein Interesse an einer konfliktfreien Familie hatten. Immerhin hat die patriarchale Familie eine gewisse Überlebensfähigkeit gezeigt. Das Christentum hat einen Versuch gestartet, die Zusammengehörigkeit auf die Erwachsenen und die anderen Familien auszudehnen: Liebe deinen Nächsten wie dich selbst. Doch auch hier hat die Anweisung sehr bald nur für die Mitglieder der Religionsgemeinschaft gegolten. Die Religionskriege zeigen bis heute, dass dieser Versuch das Problem nur verlagert und brutalisiert hat. Immerhin belegt die Einführung der psychohygienischen Maßnahme, den Nächsten wie sich selbst zu lieben, dass in der Ichlogik der Nächste der erste Feind ist. Technisch übersetzt bedeutet diese Regel: Wenn du der gleichen Religion anhängst, kannst du dem anderen seine schizophrenen Wirklichkeitsdefizite zugestehen, indem ihr beide wechselseitig die Spaltungsverantwortung auf den richtigen Gott schiebt, an den ihr beide glaubt. Die Abmilderung des Konfrontationsproblems als Folge der Spaltung lag also anfangs darin, den Persönlichkeitsanspruch zu schwächen und auf Gott zu verlagern (beziehungsweise auf Priester und Könige). Du warst also nicht in erster Linie der Besitzer deines Körpers, sondern Gott, der als Seele in deinem Körpertempel wohnte. Eine solche

Kirchen: Mit der Entstehung der patriarchalen Kirche verschwindet auch das Urchristentum, in dem die Frauen eine wichtige Rolle gespielt haben und in dem es durch das Leben im Untergrund kein Problem war, ein Gefühl von Gleichheit und Einfachheit zu entwickeln. In der Erinnerung war Christus noch mehr Mensch als Gott und mit seiner Hingabebereitschaft für die Anderen ein großes Vorbild. Im strengen Sinne war das Christentum zunächst noch keine Religion, sondern eher das, was Max Stirner einen Verein genannt hätte. Das war ein demokratisches Leben mit vergleichsweise wenig unbewussten Ichanteilen, das heißt, wir können uns das Leben der Urchristen als eine in den Alltag integrierte Form von Spiritualität vorstellen (die es als Vorbild schon lange gab). Erst später musste der Bischof sich in eine größere Nähe zu Gott bringen, der zu ihm alleine spricht und nicht zu allen. Die Spiritualität wurde aus der Kirche verbannt und begann ein langer Parallelweg der spirituellen Bewegung. Paradoxer- und sprechenderweise zogen dann neue Religionen, wie der Islam, ihre anfängliche Kraft gerade daraus, dass eine spirituelle Sicht noch lange einen starken Anteil am öffentlich-religiösen Leben hatte. Der Islam entwickelte zwar keine Kirchen, aber zunehmend spielte auch dort das Glaubensbekenntnis eine entscheidende Rolle: Ungläubige (gleichbedeutend mit Andersgläubige) waren zu töten.

auch: Natürlich schlug das Pendel erst ins Gegenteil um und der Mann hat sich vorgestellt, sein Same wäre die ganze Zeugung und die Frau wäre nur der ernährende Boden, in den das Samenkorn gepflanzt wird. Doch es wurde wohl schnell gelernt, dass auch das weibliche Wesen Eigenschaften zum Kind beiträgt.

nicht ganz vollwertige Person war nebenbei noch ein geeigneter Untertan. Jedenfalls hat sich die psychohygienische Maßnahme schon bald nach dem Urchristentum verbraucht, weil es keine vom Kollektiv überwachte Regel mehr war, sondern zur Moral verkam, die dem Gewissen des Einzelnen überantwortet war. Wie alle Moral, führte sie zum Gegenteil: Du bist mir deine Liebe schuldig. Wie die Eltern gegenüber den Kindern machten es auch die Obrigkeiten gegenüber den Untertanen. Ohne unmittelbar kontrollierte Gleichheit funktionierte der Trick nicht mehr.

- Gleichheit der Ichs vor Gott? Nicht vereinbar mit der Hierarchie

Doch die mit dem Christentum aufkommende Idee von der Gleichheit der Menschen stand den Herrscherinteressen entgegen. Nehmen wir das Schicksal der Frauen im Christentum als Beispiel. Sie wurden im Urchristentum auch ins Ichboot geholt und spielten eine wichtige Rolle beim Aufbau des Christentums. Es entbehrt nicht einer gewissen Ironie der Geschichte, dass die Hierarchisierung der Kultur durch die Projektion des einen, absoluten Geistes ins Jenseits schon nach grob fünfhundert Jahren zu Gleichheitsforderungen führte (die bis in die Entstehung des modernen Humanismus wirkte). Doch wie wir aus dem Schicksal der Frauen in den Kirchen wissen, haben die Mächtigen sich zur Abwehr der Gleichheit immer etwas einfallen lassen. Dummerweise wurden dabei auch immer die Ichstärkungsprojekte zunichtegemacht. Um beim Frauenbeispiel zu bleiben: Die Beteiligung an der Religion verstärkte nur aus dem Untergrund heraus ihren Anspruch auf Besitzfähigkeit und Ichheit.

- Zurück in die Rassenidentität

Die patriarchale Kultur war davon geprägt, dass die männlichen Tiere durch Befruchtung auch zur Schöpfung des neuen Wesens beitragen. In den noch kleinen Stämmen begann die Zeit der Menschenzucht (natürlich auch mit Tieren und Pflanzen), die in vielen menschlichen Kulturen intensiv betrieben wurde, woraus sich auch selbstverständlich ergab, dass die Eltern bestimmen wollten, mit wem die Kinder Nachkommen zeugen sollten. In vielen Kulturen erkennt man noch heute die Zuchtergebnisse in besonders langen Beinen, tadellosen Zähnen, besonderen Augen oder einer auffälligen Größe. Auf diesem Hintergrund ist auch verständlich, warum sich eine Rassenidentität ausprägte (man konnte auch andere Menschenrassen kennenlernen). Als Mitglied eines Stammes gehörte man auch zu einer Rasse. „Rassismus" und Ich entwickelten sich also gleichzeitig, wobei die Rassenidentität ein ichschwächendes Gruppenmerkmal war. Wenn wir uns nun fragen, wie es nach der Offenbarung des Ichs in der Mitte des neunzehnten Jahrhunderts praktisch gleichzeitig zu einer neuen, eingebildeten Form von Rassismus kommen konnte (Stichwort Arier), so können wir nun auf dem Hintergrund unseres Ichmodells eine neue Antwort wagen. Mit dem Verlust der religiösen Absicherung des Ichs durch den göttlichen Bezug konnte das individuelle Ich Ängste davor entwickeln, mit seiner *Identität* verloren zu gehen, es entstand das Problem der Einsamkeit und des Verlassenseins (welche Katastrophe in der Kleinfamilie, wenn der Partner starb). Die bürgerliche Kultur hat viele Wege ausprobiert, das Problem zu kompensieren. Ein romantisches Zurück zu etwas Altem stand dabei ganz hoch im Kurs. Erst wenn wir nun bedenken, wie lange und wie tief die Zucht in der patriarchalen Kultur verankert war, können wir das Zurück zu einer rassischen Identität verstehen. Das Verrückte und Interessante dabei ist, dass die rassische Reinheit nun in gleicher Weise eingebildet war wie die Ichidentität (jeder Forscher, der den europäischen Genmix erforscht, kann über den Rassenreinheitsanspruch nur belustigt den Kopf schütteln). Der Einbildungsmodus der menschlichen Kulturen schien sich wohl allgemein zu verschärfen. Jedenfalls brauchen wir uns aus heutiger Sicht nicht zu wundern, dass dieser Versuch der Ichstärkung gescheitert ist und nach den faschistischen Exzessen heute - fast - niemand mehr davon spricht.

mit wem: Bis dahin, in der matriarchalen Kultur, hatten die Frauen durch ihren sexuellen Instinkt, unbewusst die Zucht unter Kontrolle. Da der sexuelle Trieb aber nicht so wählerisch war, wurde das gute Gelingen den Genen und den miteinander kämpfenden Spermien auf dem Weg zum Eileiter überlassen. Die stark unpersönlichen Anteile des sexuellen Triebes blieben natürlich erhalten und so entstand ein dauernder Konflikt zwischen Zuchtkontrolle und „Fremdgehen". Nur auf diesem Hintergrund versteht man, warum auch die Mütter der geschlechtsreifen Kinder ein Interesse daran hatten, dass die Töchter nur mit dem vorgesehenen Mann ins Bett gingen. Beim Mann kam natürlich noch das Interesse hinzu, der genetische Vater zu sein, was für die Frau ja kein Thema war. Für sie war die Treue des Mannes als ökonomischer Versorger von Bedeutung, Kinder von anderen Frauen waren deswegen eine Bedrohung. Doch diese paarinterne Logik wurde erst wirklich ausschlaggebend mit der Auflösung der Stämme ins Volk. Spätestens mit der bürgerlichen Liebesehe war das Zuchtinteresse der Eltern (gesunde Nachkommen) - was in reichen Familien schon von der Erblogik überlagert war - nur noch störend. Diese lange Geschichte ist im Hinterkopf zu halten, um die - scheinbar - eifersüchtige Überwachung der Frau durch den Mann zu verstehen und ihr stilles Einverständnis damit. Feminismus konnte erst mit der bürgerlichen Ehe und Kleinfamilie entstehen.

5.2.2 Spiritualität: noch praktiziert und doch schon gescheitert

- Spiritualität als Ichüberwinder in der Einheit mit dem Geist

Ein ähnlich zwiespältiges - stärkendes und schwächendes Schicksal eines vergeblichen Versuchs, die Ichbedrohung

III. Aus meiner Sicht

spirituelle Bewegung: Bei der spirituellen Bewegung müssen wir unterscheiden zwischen den Bemühungen vor der Ichoffenbarung und danach. Denn aus den Anfängen war Spiritualität auf den Geist im Jenseits gerichtet und der Ichgewinn war - kollektiv - völlig unbewusst. Der Geist war kulturell als real präsent. Nach der Wende ist diese Haltung nicht mehr möglich, weil Gott tatsächlich tot ist, seitdem er zur Privatsache wurde. Seitdem ist auch Spiritualität Privatsache, ob sich der einzelne Praktizierer darüber bewusst ist oder nicht. Konsequenterweise entwickeln sich die heute nur noch fälschlich so genannten spirituellen Praktiken in Richtung psychotechnischer Übungen und damit zu einer echten Hilfe im Umgang mit dem Ichproblem.

abzuwehren -, hatte die spirituelle Bewegung. Zunächst versuchte sie, das Ichproblem durch radikale Beseitigung des Ichs zu lösen. Aus der spirituellen Sicht hat auch Gott keine Persönlichkeit; der einzelne Mensch konnte sich dem unpersönlichen Geist nähern und durch die Vereinigung mit ihm sein Ich überwinden. Wie wir im nächsten Kapitel noch sehen werden, haben die spirituellen Techniken tatsächlich die Fähigkeit, das Ich zu schwächen, weil der Körper wieder ins Zentrum der Wahrnehmung rückt (was der Bewegung seine Kraft gab). Weil aber der Geist das Ziel war - und nicht der Körper - wurde die Spaltung zwischen Ich und Körper nur vertieft. Die aus der kulturellen Forderung nach Ichidentität resultierende Bedrohung durch Wirklichkeitsdefizit wurde also nur noch stärker. Der Rückzug der Suchenden in die Wüste oder ins Kloster war unvermeidbar.

- Spiritualität als Verstärkung der Spaltung

Die Abwertung des Körpers zum Tempel verweist uns auf die tiefere Dimension, durch die die Spaltung von Anfang an die Spiritualität als eine psychotechnische Gegenmaßnahme hervorgebracht hat. Die Devise lautete nicht, liebe deinen Nächsten (diesem Egoisten kann man nicht trauen), sondern liebe nur Gott in dir und überwinde dadurch die unreine Seite in dir: das Ich. Die spirituelle Bewegung entstand auch nicht erst mit dem Christentum, sondern mit dem Beginn der metaphysischen Zeit zusammen mit den monotheistischen Vatergottreligionen (Stichwort Säulenheilige[3]). Die Spaltungs- und Verdrängungslogik lässt es als folgerichtig erscheinen, dass *Ich* als Einzelner einen direkten Bezug zu Gott in *mir* suche, wenn doch die Seele (als ein Teil von Gott) in meinem Körpertempel *mich* schon halb als göttlich qualifiziert. Außerdem hatte der Rückzug zu mir selbst (Entsagen der Welt durch Flucht in die Wüste, auf die Säule, ins Kloster) den großen Vorteil, dass die anderen konkurrierenden Menschenichs als Spiegel meines Wahnsinns weggeräumt werden konnten und die Weltentsagung (kein Eigentum an der Welt) auch den Grund für echte Besitzkonflikte beseitigte. Der Weltverzichter zahlte einfach einen Preis dafür, sich in Ruhe selber besitzen zu können. Leider konnte er die Spaltung damit

In den sogenannten Vaterreligionen war der Gott ein liebender oder strafender Vater nur gegenüber dem eigenen Volk oder der Glaubensgemeinschaft, wie der menschliche Vater gegenüber seiner eigenen Familie.

---

[3] Säulenheilige: siehe Peter Sloterdijk, *Weltfremdheit*, Textergänzung in Kapitel I.8.1, Absatz *Eigentum und spirituelle Weltfremdheit,* Weltfremdheit

nicht beseitigen, sondern nur verstärken und den Mächtigen und Priestern der Weltseite damit in die Hände spielen.

5.3 Das Ich und seine Verbündeten: Körper und Theorie als Vermittler von Wirklichkeit

Kann es denn für das Ich aus seiner Innensicht überhaupt stärkende Kräfte geben? Ist nicht jeder Stärkungsversuch von etwas Eingebildetem immer dem Verdacht der Vorgaukelei ausgesetzt? Die Lösung liegt darin, dass Körpermeditation und Theoriebildung diese Aufgabe erfüllen können, weil beide Techniken aus der Sicht des Ichs mehr von außen als von innen kommen. So können - paradoxerweise - Meditation und Theorie zur Stärkung oder Stabilisierung des eingebildeten Ichs beitragen. Zuletzt ist es eben einfach eine Stärkung des Selbstwertgefühls.

5.3.1 Das Ich und sein engster Verbündeter: der immer individuelle Körper

- Körpernähe aus der Ichsicht

Nichts ist dem Ich näher als der eigene Körper. Es bemüht sich zwar sehr, sich von ihm zu unterscheiden, sich über ihn zu stellen und sich als seinen Besitzer aufzuspielen. Doch schon in der Alltagssprache wissen wir es besser und setzen still die Identität von Körper und Ich voraus. Schon diese Ungenauigkeit macht ihn zum engsten Verbündeten. Die Psyche hat vermutlich immer eine implizite Gewissheit darüber, dass es tatsächlich nur den Körper gibt, der sich selbst wahrnehmen kann. Die reflektiven Fähigkeiten des Gehirns wirken wie ein Spiegel. Das Bewusstsein spielt dabei natürlich eine wichtige Rolle, aber es ist nicht die alleinige reflektierende Instanz. Der Körper fühlt sich selbst und die immer wieder oder ständig aufgenommenen Inhalte (Nahrung, Luft, Wahrnehmung) auf vielen Ebenen. Es versteht sich also fast von selbst, dass das eingebildete Ich sich immer in seinen Körper zurückziehen kann. Und es wundert auch nicht, dass mit der Entstehung des eingebildeten Ichs sich auch eine entsprechende Rückzugtechnik entwickelt hat. Die Meditationstechnik wirkt zwar im Kern durch das Verblassen des Ichs und die Überschwemmung des Bewusstseins durch Körpergefühle, doch das Ich erfährt trotzdem indirekt eine Stärkung: Wie stolz und stark Ich mich doch fühle, wenn ich vom Meditationskissen aufstehe! Durch die Meditation fühlt sich das ganze Körper-Psyche-System gestärkt, und das Ich macht sich diese Stärkung sofort zu eigen.

- *Haben oder Sein*[4]

Erich Fromm hat 1976 ein Buch mit diesem Titel geschrieben, das mich stark beeinflusst hat. Die Abkehr vom Haben und die Hinwendung zum Sein, darum ging's. Ich habe mich während der langen Schreibjahre erst spät wieder daran erinnert, obwohl das ganze Thema sich gut in meine Theorie vom Ich und seiner Wirklichkeit integrieren lässt. Wenn wir uns in diesem Kapitel die stärkende Wirkung des Körpers bezüglich der Ichverrücktheit anschauen und die vermittelnde Technik der Meditation, dann kann man es auch so formulieren: Es geht um den Wechsel vom Haben-Modus (Ich habe meinen Körper) zum Sein-Modus (Ich bin mein Körper). Doch dieser Schwenk ist schwieriger als es scheint, weil schon der Satz „Ich bin mein Körper" zeigt, dass wir das Ich nicht so einfach loswerden oder in den Körper integrieren können. Wir sind so ichfixiert geprägt, dass wir mit keinem bewussten Gedanken, ganz besonders keinem sprachlichen, einerseits ein Selbstgefühl und gleichzeitig die reine Körperlichkeit erleben können. Das Ich behauptet immer seine Eigenständigkeit. Deswegen ist Fromms Buch zuletzt als moralischer Appell verpufft.

- Das Körpersein in der Meditation

Die Menschheit hat glücklicherweise schon zu Beginn des metaphysischen Zeitalters eine Technik entdeckt, mit der die Erfahrung des schieren Körperseins gemacht werden kann, wenn auch zunächst spirituell kodiert. In der spirituellen Bewegung stieg der gequälte und diskriminierte Körper wieder zu hohen Ehren auf, denn alle spirituellen Übungen begannen im Kern immer mit einer Rückbesinnung auf den Körper: sich selbst wahrnehmen, wie man als Körper aus- und einatmet. Das ist die Grundübung, weltweit. Die Übung „Ich bin mein Körper" wurde also zunächst als „Der Geist hat meinen Körper" praktiziert, mit

Ich bin mein Körper: Dieser Satz hätte vor zweieinhalbtausend Jahren vermutlich noch Unverständnis ausgelöst. Das Ich konnte noch nicht stark genug sein, um sich als ein echtes Gegenüber des Körpers sehen zu können.

---

[4] Erich Fromm, *Haben oder Sein, Die seelischen Grundlagen einer neuen Gesellschaft*, http://de.wikipedia.org/wiki/Haben_oder_Sein

dem Ergebnis, dass das Ich überhaupt erst richtig heranwachsen konnte - da es den Geist nun mal sowieso nicht gab. Dass wir es bei der spirituellen Technik mit einer kulturumfassenden Psychoverrücktheit zu tun haben, ändert nichts an der Tatsache, dass die Meditation schon immer das Ichgefühl zugunsten des Körpergefühls zurückdrängen konnte. Heute ist die den Körper benutzende Meditation das Heil- und Reintegrationsmittel schlechthin. Der Körper ist der gute Freund des Ichs, weil er es einerseits immer geduldig mit seinem Herrschaftswahn erträgt und es andererseits bei Bedarf an seine körpergebundene Wirklichkeit erinnert.

- Techniken mit meditationsähnlicher Wirkung

Der Körper funktioniert als Rückführungsmittel nicht nur auf dem Meditationskissen, sondern auch im Krieg, beim Sex oder beim Sport - und glücklicherweise auch beim Schlafen. In einer allgemeinen Form können wir feststellen: Alle Verhaltensformen, die die Wahrnehmung auf den Körper konzentrieren und das Ich dabei vergessen machen, sind für die Heilung vom Ichwahnsinn geeignet. Fernsehen und Filmeschauen lassen uns zwar auch das eigene Ich vergessen, allerdings auch den eigenen Körper, so dass indirekt Identifikationen mit den Protagonisten das Ich wieder ins Spiel bringen. Dummerweise wird nur mit all den körperzentrierten Meditationsformen die Ursache der Ichkrankheit nicht beseitigt, sondern nur erträglich gemacht. Nach der Meditationserfahrung holt uns das Alltagsbewusstsein bald wieder ein. Doch glücklicherweise gibt es noch einen anderen wirksamen Verbündeten.

einen anderen: Vielleicht sollte ich an dieser Stelle noch erinnern, dass die Bedrohung des eingebildeten Ichs durch Wirklichkeitsdefizite selbstverständlich auch durch alles gemildert wird, was ich als das soziale Ich beschreibe. Das heißt, alle Verbindungen, die durch das sozial vernetzte Ich entstehen, durch die miteinander resonierenden Individuen, beruhigen die Angst vor Wirklichkeitsdefizit. Die dort entstehenden psychosozialen Kräfte kann das eingebildete individuelle Ich sich zuschreiben. Das Ich *fühlt* sich stark, auch wenn der Zusammenhang nicht der Wirklichkeit entspricht. Doch in diesem Kapitel habe ich mich auf die Sicht des Ichs von innen nach außen beschränkt.

5.3.2 Das Ich und ein ungewohnter Verbündeter: Theorieeigenbau

- Selbstgemachte Theorien über uns selbst beleidigen uns nicht

In diesem Absatz möchte ich in den Vordergrund rücken, wie sehr ein gutes und funktionierendes Weltbild in Form eines Theoriegebäudes dem Ich den Rücken stärkt. Natürlich ändern wir mit einer guten Theorie nichts am Einbildungscharakter des Ichs, aber wir können uns sehr nahe an diesen prekären Status heranwagen, ohne dem Ich gleich wieder Angst vor Wirklichkeitsdefiziten einzujagen. Das hängt natürlich damit zusammen, dass Einbildung immerhin den Status von Information in unserem Kopf hat und das hat sie mit der Theorie gemeinsam. Beides findet auf unseren inneren Projektionsflächen statt. Wir können das leicht und direkt in einer Übung nachvollziehen. Schließen Sie die Augen, spüren Sie ihren Körper und sprechen gleichzeitig in Gedanken einen Satz zu sich selbst wie zum Beispiel: „Ich bin ein Ich." Als Variation vielleicht noch den Satz: „Ich denke, also bin ich." In diesem leichten Meditationsmodus machen wir dann die Erfahrung, dass die rein sprachliche Feststellung uns bezüglich der Existenz des Ichs nicht beunruhigt. Das funktioniert sogar mit Sätzen wie: „Ich bin mein Körper, also habe ich kein Ich." Oder: „Ich fühle meinen Körper und bilde mir das Ich nur ein." Ein Angriff auf das Ich wird immer in einer Form von Beleidigung erlebt. Eine von uns selbst formulierte Theorie über den eingebildeten Charakter des Ichs löst auch nicht die Spur eines Beleidigungsgefühls aus. Das Ich identifiziert sich vermutlich direkt mit der Übung. Wiederholen Sie die Übung und lassen Sie Andere ähnliche Sätze an Sie richten mit dem Du an Stelle des Ichs. Nur wenn Sie sich diese Übung schon vorstellen, wie jemand solche Sätze an Sie richtet (du bildest dir dein Ich nur ein), kann ein Gefühl von Verstimmung aufkommen.

- Sprachlich formulierte Selbstreflexion stärkt unser Ichgefühl

Den Begriff Selbstwertgefühl verwende ich eigentlich, um ein Wertgefühl der Psyche ohne die Ichaufblähung zum Ausdruck zu bringen. Doch das eingebildete Ich lehnt sich an solche wertvermittelnden Wirklichkeiten wie Arbeiten an.

Wie erhebend und das Selbstwertgefühl steigernd es doch ist, ein Buch zu schreiben! Und es besteht kein Zweifel: *Ich* schreibe dieses Buch. Selbst wenn ich darüber schreibe, dass dieses Ichgefühl nicht der Wirklichkeit entspricht - und eigentlich meine gesamte Psyche das Buch schreibt -, und selbst wenn die Theorie mir sagt, dass das Flackern des Bewusstseins dafür missbraucht wird, das Ichgefühl daran festzumachen, dem Ichgefühl scheint es gut zu gehen. Wir können festhalten: Die sprachlich formulierte Selbstreflexion stärkt unser Ichgefühl, egal was wir dabei feststellen. Der Grund: Es findet nicht nur alles im Gehirn im Status der Informationsverarbeitung statt, sondern die Selbstreflexion gehört geradezu zum Wesen des Ichs.

- Die größte Beruhigung der Angst vor Wirklichkeitsdefiziten entsteht durch eine gute Erklärung von Wirklichkeit

Dieser ganze Zusammenhang aus Theorieerstellen und Ichgefühl ist bei der Wirkung der eigenen Theorie auf das Ich ein mehr formaler Nebenaspekt, doch wir erkennen seine Bedeutung, wenn wir uns der Wirkung des Theorieinhalts zuwenden. Die größte Beruhigung der Angst vor

Wirklichkeitsdefiziten entsteht durch eine gute und zusammenhängende Erklärung von Wirklichkeit. Doch wir brauchen den formalen Zusammenhang aus Theorieerstellen und Ichgefühl als Brücke, damit die Erklärung als beruhigendes Gefühl in unserer Psyche wirken kann. Warum verzeiht sich das Ich eine Unaufmerksamkeit, durch die der Körper gestolpert und gestürzt ist, wenn es sich das Gesetz der Schwerkraft vor Augen führt oder eine Erklärung, warum es die Türschwelle nicht sehen konnte? Die Brücke über den informationellen Charakter im Kopf sowohl der Theorie als auch des Schreckens erlaubt die Verbindung von der Theorie zum Gefühl.

- Die Theorie muss höchstmöglichen Durchgriff auf die Wirklichkeit bieten

Die Menschen verwenden Theorie als Erklärung für Wirklichkeit schon lange, aber meist schlecht und ideologisch tradiert. Der Nachteil ist, dass die Angst vor dem Wirklichkeitsdefizit nur kurzfristig und oberflächlich gebannt oder übertüncht wird (der Einbildungscharakter wird in den ideologischen Weltbildern meistens nur bestätigt). Will ich meinem Ich das Gefühl geben, dass mein Weltbild dem Druck der Wirklichkeit standhalten kann, dann muss ich es in ein stabiles Theoriegebäude integrieren. Hiermit sind wir vielleicht bei der wichtigsten Wirkung dieses Buches auf mich und Sie als Leser gleichermaßen angekommen. Möglicherweise ist nichts mit der dauerhaft stabilisierenden Wirkung auf das Ich vergleichbar wie eine gute, selbstgemachte Theorie über *meine* Wirklichkeit. Nichts kann die Angst vor einem Wirklichkeitseinbruch besser in Schach halten als eine Erklärung, die sich systematisch im Theoriegebäude und in Konfrontation mit der Wirklichkeit bewährt hat.

- Ich und Theorie im informationellen Raum

Hinzu kommt, dass die gute Theorie notwendig die Brücke zwischen innen und außen schlagen muss. Wie das Ich kommt sie von innen, wirkt nach außen und muss Bedrohungen durch das Außen standhalten. Beide müssen sich mit ihrer informationellen Wirklichkeit einer tatsächlichen Wirklichkeit stellen. So viel Ähnlichkeit verbindet. Es versteht sich von selbst, dass eine Theorie, die den Einbildungscharakter des Ichs beschreibt, eine besonders stabile Brücke zur Wirklichkeit schlägt: Einbildung hin oder her.

Erklärung von Wirklichkeit: Ich erinnere daran, dass uns niemals Wirklichkeit als uns umgebender Zusammenhang direkt zur Verfügung steht. Das Gehirn muss sie immer aus Sinneseingängen und gespeicherten Erfahrungen simulieren (Stichwort Egotunnel). Die Erklärung kann natürlich nie das Ganze der Wirklichkeit erfassen, aber immerhin doch den kleinen Teil, den ich in meinem Kopf als das „Ganze" überblicken kann, was nichts daran ändert, dass ich mich in der Theorie um die Zusammenhänge aus einer Außensicht bemühe.

Verbindung: Man sollte sich in unserem Zusammenhang davor hüten, diesen Aspekt als trivial abzutun (natürlich passiert alles im Kopf), denn aus der Sicht des Ichs besteht dieser Zusammenhang ja gerade nicht, es schwebt ja als Besitzer des Körpers über allem.

Theorie: In diesem Zusammenhang könnte man statt von Theorie auch von einer Ideologie sprechen, weil ich zwischen Ideologie und Theorie - wie üblich - unterscheide: In dem Maße, wie eine Theorie als Welterklärung durch eine Macht von *oben* gesteuert und metaphysisch überhöht wird, ist es eine Ideologie. Religiöse Welterklärungen sind demnach Ideologien, wie auch der Humanismus, der dem Menschen quasi göttliche Freiheiten unterstellen muss. Hält man sich nun vor Augen, dass auch von einer akademischen oder bürgerlichen Elite produzierte Welterklärungen in diesem Sinne von oben kommen, wird eine wesentliche Intention des Buches erkennbar: Welterklärungen müssen als Theorien von unten, also vom Einzelnen kommen und in einer permanenten lebendigen Resonanz zu einem kulturellen Gesamtverständnis führen. Politisch ist demnach eine direkte Demokratie ein Symptom der Genesung.

6. Das Ich und die Vernunft

6.1 Vorbemerkung

- Theorie und Vernunft

Im vorherigen Kapitel haben wir uns mit dem Theorieeigenbau und seiner Wirkung auf das Ich beschäftigt. Man kann allerdings nicht über Theorie sprechen, ohne auf das Thema Vernunft näher einzugehen. Immerhin sind für uns Begriffe wie Sachlogik gleichbedeutend mit Vernunft. Ein stabil konstruiertes Theoriegebäude können wir auch als ein vernünftiges Theoriegebäude bezeichnen. Bei der Verwendung des Wortes *Vernunft* oder *vernünftig* interessieren wir uns im Alltag nicht sehr dafür, ob wir einen metaphysischen Bezug zum Ganzen haben oder nicht. Praktisch verhalten wir uns wie Wissenschaftler, die einen abgegrenzten und überschaubaren Raum als Bezugspunkt für eine vernünftige Aussage voraussetzen oder klar definieren. Im vorherigen Kapitel haben wir uns mit den stärkenden und schwächenden Kräften beschäftigt, die dem Ich von außen zuwachsen. Wie wir sehen werden, können wir auch die Vernunft - unabhängig von der Theorie - zu diesen Kräften zählen. Wie die Werbung hat auch sie langfristig eine schwächende Wirkung, da die Vernunft - besonders in den theistischen Zeiten - das Ich in seiner Illusion der Selbstmächtigkeit gestützt hat (Ich bin ein eigenständiges, substantielles Ich, weil ich vernünftig sein kann). Außerdem lassen sich über das Verhältnis von Ich und Vernunft noch einige interessante Feststellungen machen, die ein eigenes Kapitel rechtfertigen.

- Theistische Zeiten, Zeit der Ichstärkung

Die Vernunft ist mit der Geschichte des Ichs und seiner Metaphysik - wie schon weiter oben beschrieben - eng verbunden. Wie auch schon erwähnt, entstehen die Möglichkeiten der Analyse der Dinge und der Sachlogik durch die Befreiung der Dinge vom animistischen Geist, was zweifellos eine dramatische Entwicklung der Naturwissenschaft und Technik in den letzten zweieinhalbtausend Jahren mit sich brachte. Aus der Sachlogik entwickelte sich schon bald die Vernunft zu einer menschlichen Eigenschaft und zum Gegenstand der gleichzeitig entstehenden Philosophie. Die philosophische Vernunft ging über die Logik der einzelnen

---

vernünftig: Wie ich in Teil IV, *Leseübungen*, durch genauere Betrachtungen eines Textes von Jürgen Habermas über *Freiheit und Determinismus* analysiere, begründet er seine Vorstellung vom freien Willen immerhin mit unserer Fähigkeit, uns per Vernunft (mit guten Gründen) auf einen - ganz diesseitig verstandenen - *objektiven Geist* beziehen zu können. Man kann das als eine Verteidigung unseres Gefühls lesen, ein freies Ich zu haben.

eigenes Kapitel: Die Abfolge der Kapitel spiegelt auch meinen Lernprozess wider, von einer mehr erkenntnistheoretisch-philosophischen Sicht (6.2 und 6.3), über den psychologischen Aspekt (6.4) bis zur Einbettung von individueller, allgemeingültiger - vernünftiger - Theorie in die Logik und die Perspektive des Resonanzmodells.

Sache hinaus, weil sie das Ganze der menschlichen Kultur erfassen wollte. Der Anspruch einer vernünftigen Aussage leitete sich immer aus dem Blick auf das Ganze ab. Dieser Blick auf das Ganze wurde möglich, weil man sich ja mit dem göttlichen Blick von außen auf das Ganze der Welt identifizieren konnte. Der Vernunftanspruch war nicht vom Gott im Jenseits zu trennen. Wenn wir uns nun wieder vor Augen halten, dass es diesen Gott ja nie gab und er von Anfang an dem Zwecke der Ichgenerierung diente, dann ist auch plausibel, dass das Ich den Anspruch hat, durch Vernunft und den Blick auf das Ganze ausgestattet zu sein. Die Ichmetaphysik ist die Basis des Vernunftanspruchs. Die theistische Zeit können wir als gute Zeit der Vernunft betrachten, in der sie auf das Ich eine durchaus stärkende Wirkung hatte.

- Ichoffenbarung: Ende der Ichstärkung durch Vernunft

Ist es Zufall oder hat es System, dass das Vernunftfundament erkenntnistheoretisch-philosophisch just in der Zeit von der Kritik zertrümmert wurde, als das Ich in sein Offenbarungsstadium eintrat? Der Wendepunkt Max Stirner konnte schon auf Vorgänger der Vernunftkritik verweisen und brauchte die metaphysische Basis der Vernunft nicht eigens nachzuweisen. Das von Gott losgelöste Ich musste auch den Anspruch aufgeben, einen Blick auf das Ganze werfen zu können. Doch dieser Schritt wurde bisher nur von den Philosophen und Wissenschaftlern nachvollzogen. Die Alltagsmenschen sehen im Vernunftanspruch des Ichs noch kein Problem, was allerdings damit zusammenhängt, dass die einzelnen Weltbilder im Normalfall vom Anspruch nach theoretischer Konsistenz noch nicht erfasst wurden (eher blüht die Spiritualität wieder auf). Das Ende der guten Zeit der Vernunft für das Ich ist absehbar. Ein möglicherweise schon hinreichender Grund könnte darin liegen, dass wir heute grundsätzlich in Frage stellen, dass die anderen Ichs das Ganze sehen. Doch was nützt Vernunft, wenn nur noch *Ich* das Ganze sehe.

6.2 Unzertrennbar: Theorie und Vernunft

- Die Verbindung von Theorie und Vernunft

Mein bisheriger Gebrauch des Begriffs Theorie dürfte manchen Leser an den Gebrauch des Begriffs Vernunft erinnert haben. Schließlich sind wir seit den alten Griechen daran gewöhnt, den platten Weltwidrigkeiten die Vernunft entgegenzuhalten, die man sich in Argumentationssystemen präsentiert hat, also Theorien. Die Geschichte von Philosophie und Wissenschaft erzählt von dieser sehr fruchtbaren Verschmelzung aus Vernunft und Theorie, die zunächst nicht anders als mit einem allgemeingültigen Wahrheitsanspruch auftreten konnte. Trotz der daraus resultierenden Kriege und Machtkämpfe kann niemand die erkenntnistheoretischen, mathematischen und naturwissenschaftlichen Errungenschaften der letzten zweieinhalbtausend Jahre bestreiten.

- Vernünftige Theorie als Modell oder Perspektivische Philosophie

Aber erst das Bürgerich, das sich vom Gottgeist emanzipierte, hatte den überschäumenden Mut, Wissenschaftlichkeit und Wahrheit ohne einen das Ganze repräsentierenden eigenständigen Geist zu denken. Vernünftige Theoriebildung wurde zur empirischen, modellorientierten Wissenschaft einerseits und andererseits zu einer Philosophie, die entweder nur noch Dienerin dieser Wissenschaften war oder ein Dasein als Muse von Künstlern fristete. Die in meinem Theoriegebäude praktizierte Alternative der vernünftigen Theoriebildung habe ich von Friedrich Nietzsche übernommen: Mit dem Ganzen war der Philosophie als Lebensweisheit zwar die Vernunftautorität verloren gegangen, aber Nietzsche formulierte den Ausweg aus dieser Lage, in dem er philosophische Theoriebildung an die Perspektive des Einzelnen gebunden hat, was nicht nur ein netter Ausweg aus dem Verlust der Allgemeingültigkeit war, sondern sich zwangsläufig ergab aus der neuen, strikt naturalistischen Sicht, aus der heraus es keinen freien Willen und kein Gut und Böse mehr gab. Niemand hatte mehr die Wahl oder konnte gegen die eigenen Interessen dem besseren Argument folgen. Außerdem wurde immer offensichtlicher, dass jedes noch so absurde Machtinteresse seine Begründungen fand. Die Welt anders als aus der Logik der eigenen Perspektive zu betrachten, war gar nicht mehr möglich. Die Theoriebildung hatte in keiner Weise an Bedeutung verloren, aber die ihr zugrundeliegende Vernunft hatte ihre metaphysische Allgemeingültigkeit verloren und musste sich auf eine Sache oder auf eine definierbare Perspektive beschränken.

- Der Ausweg: die eigene Weltbildtheorie

Eine allgemein verbindliche Ethik hatte unterstellen müssen, dass der Einzelne sich frei für das vernünftig Gute entscheiden kann. Kaum hatte das bürgerlich freie Ich sein Haupt erhoben und seinen Herrschaftsanspruch angemeldet, wurde mit Nietzsche - auf dem Hintergrund einer deterministischen Naturwissenschaft - noch im selben Jahrhundert der Untergang des freien Ich und des vernünftig

einen das Ganze repräsentierenden eigenständigen Geist zu denken: Wie mühsam der Lernprozess war, lässt sich in Deutschland an der Philosophie von Kant, Hegel und Marx ablesen. Kant hat für die Rettung der praktischen Vernunft Gott eigens wieder eingeführt (in einer Art Übergöttlichkeit), während Hegel die materielle Welt abgeschafft hat zugunsten einer reinen Ideenwelt, die durch ihre Reinheit selbstverständlich seinen diagnostizierten Vernunftregeln leicht folgen konnte. Das intime Verhältnis zum absoluten Geist ergab sich praktischerweise einfach dadurch, dass man aufmerksam seine Emanationen, seine offenbarenden Äußerungen mitlebte. Man sollte sich hüten, das als idealistische Spinnerei abzutun, da diese Perspektivenverschiebung einer kleinen, bürgerlich demokratischen Revolution gleichkam, da nun jeder Mensch buchstäblich Teil der Offenbarung war und über eine entsprechende Deutungshoheit verfügte. Die Zeit der Priester war vorbei. Der persönliche Gott war tot. Aus diesem Grund war der Schritt von Hegel zu Marx auch nicht weit. Marx hat nach seinen eigenen Worten Hegel nur auf die Füße gestellt, der absolute Geist wurde einfach durch Produktivkräfte mit ihrer Entfaltungslogik ersetzt. Mit dem marxschen Materialismus war das bürgerliche Ich nun endgültig freigesetzt zwischen der Welt als Basis und dem eigenen Geist als Überbau. Die Zeit des humanistischen Terrors, der entfesselten, beispiellos brutalen Vergewaltigung des Menschen durch den Menschen, nahm ihren Lauf.

Guten eingeleitet. Das versuchen wir hier nachzuvollziehen und gleichzeitig den sich ergebenden großen Vorteil aus der Sicht des Einzelnen zu kultivieren: Es bleibt nur noch der Ausweg, sich selbst sein eigenes Bild von der Welt zu machen. Der Einzelne ist zu seinem - auf den ersten Blick einsamen - eigenen Wirklichkeitszugriff verurteilt. Doch diese Konsequenz ist noch nicht alleine der revolutionäre Schritt: Wir müssen Nietzsches sehr abstraktes naturalistisches Bild erweitern und vertiefen und dabei die heutige Kenntnis des Gehirns als Informationsmaschine einbeziehen, denn er konnte seine Theorie von der völligen Determination noch nicht bis in den Kopf hinein verfolgen, mit dem Ergebnis, dass er den Persönlichkeitskult nicht überzeugend genug ablegen konnte: der einsame Zarathustra, der sich die Beziehungen zu den Menschen erobern muss. Nietzsches Einsamkeit und seinen Pathos können wir durch Einbeziehung der informationstechnischen Sicht beide gleichzeitig überwinden.

6.3 Ein neues Ichverständnis analog zur neu verstandenen Vernunft

- Ohne Gottesprojektion keine Entwicklung von Vernunft, Wissenschaft oder Theorien über die Welt - und kein Ich

Wir haben bisher vor allem betont, dass die metaphysische Krankheit eine Spaltung bis tief in den Einzelnen hinein hervorgebracht hat, wobei sich der menschliche Geist von den Dingen und der Welt absonderte. Von all den beseelten Teilen der Welt blieb nur der Mensch mit einer überragenden Sonderstellung übrig. Wie der Begriff Krankheit schon nahelegt, ging es zunächst darum, den Nachteil und die schrecklichen Nebenwirkungen herauszustellen. Doch, wie nicht selten bei Krankheiten, die uns ins Bett zwingen, gibt es auch einen Vorteil dieser Spaltungssicht: Die Menschen konnten sich nun der Natur und dem Innenleben der Dinge widmen, ohne dabei Angst vor erschreckten Gespenstern haben zu müssen. Selbst der menschliche Körper - mit leichter Verzögerung - konnte nun seziert und analysiert werden. Die sich so entwickelnde Logik der Sache brauchte aber auch eine kulturelle und politische Autorität, damit Beachtung in möglichst vielen Bereichen zum Durchbruch kommen konnte. Dabei kam ihr die Projektion des einen jenseitigen Geistes zu Hilfe, weil die Identifikation damit nun eine Sicht auf das Ganze erlaubte. Die Vorstellung von der Welt als Globus, über die sich gelehrte Menschen beugen konnten, war geboren[1]. Konnte man die ganze Welt zu einer überschaubaren Sache erklären, war damit auch die Vernunft als allgemeiner Wahrheitsanspruch vorstellbar und forderbar. Wir werden uns später mit Hilfe von Hans Reichenbach[2] mit diesem Thema beschäftigen und uns anschauen, wie erst Ende des 19. Jahrhunderts die Vernunft ihren Wahrheitsanspruch durch die Aufgabe der Sicht-aufs-Ganze abschütteln konnte.

- Das verantwortungsbewusste Argument unterstellt provisorisch und konjunktivisch ein Ganzes

Wahrheitsanspruch: Die Betrachtung der ganz großen Dinge (Relativitätstheorie) und der ganz kleinen (Quantenphysik) belegen gleichermaßen, dass das Ganze sich grundsätzlich in den Bereich des Unerkennbaren entzieht.

Die moderne Wissenschaft kann seitdem nur noch vorläufig gültige Modelle formulieren, das heißt, man hat die Vernunft als Sachlogik gerettet, indem man den betrachteten Raum definiert und den für immer gültigen Wahrheitsanspruch aufgibt. Die heutigen Modelle müssen sich auch auf den Status als Theorie zurückziehen, was durch die neue Beziehung des Menschen zur Sache gefördert wurde. Theorie war einst der Versuch, den Geist sich manifestieren zu lassen, während Theorie heute unser bescheidener Versuch ist, Beschreibung von Gegenständlichkeiten außerhalb unserer Köpfe mit einer provisorischen Neutralität (Objektivität) festzuhalten. Eine weitere Folge der Entideologisierung der Vernunft ist auch, dass moderne Forscher sich auch der Frage ihres persönlichen Erkenntnisinteresses stellen müssen, denn aus der Sache selbst lässt sich das nächste Forschungsprojekt nur noch bedingt ableiten. Spätestens mit der Entwicklung der Atombombe hatte der Forscher seine Unschuld verloren und musste sich seiner Forschungsverantwortung stellen. Doch was für den Wissenschaftler im Umgang mit der Vernunft gilt, gilt in gleichem Maße auch für die Argumentation im Alltag, seien es Geschäftsverhandlungen oder psychologische Auseinandersetzungen[i]. Wenn wir uns nicht dem Vorwurf aussetzen wollen, Sprache nur als Mittel zum Zweck, quasi als Waffe einzusetzen, wenn wir also eine gewisse Verantwortung für

---

[1] Zum Bild von Gelehrten, die sich in Gedanken vertieft über einen Globus beugen: Peter Sloterdijk, *Sphären II, Globen*, Frankfurt am Main 1999, ISBN 3-518-41054-7; in einem Prolog mit dem Titel *Intensive Idylle* (S. 13f), erörtert Sloterdijk eine Abbildung (S. 12) mit der Bildunterschrift: „Das Philosophenmosaik von Torre Annunziata, vermutlich 1. Jh. v. Chr."
[2] Hans Reichenbach: siehe Kapitel V.1, *Alte Vorbilder, Hans Reichenbach*

das Gesagte übernehmen wollen, dann müssen unsere Argumente sehr provisorisch, unsere Bezugsräume sehr modellhaft und unsere Rede sehr konjunktivisch werden.

- Wie bei der Vernunft, so beim Ich: so tun, als ob

Genauso wenig, wie wir auf die Vernunft verzichten wollen, können wir uns heutzutage ein Leben ohne Ich vorstellen. Da nun Vernunft und Ich parallel und in engem Zusammenhang entstanden sind, stellt sich die Frage, ob die Kultur mit dem Ichverständnis einen ähnlichen Entideologisierungsschritt machen kann wie bei der Handhabung der Vernunft. Wenn wir Argumente über eine Sache austauschen, unterstellen wir strenggenommen den mitgesprochenen Text: Nehmen wir mal an, dass die bei meiner Argumentfolge gemachten Voraussetzungen stimmten und einen Raum absteckten, der hinsichtlich der diskutierten Sache ein ausreichendes Ganzes repräsentierte. Die daraus folgenden Formulierungen im Konjunktiv wären etwas mühsam und insofern liegen einfachere Formulierungen im Indikativ nahe, aber damit wären unsere Argumente auf dem aktuellen Stand der Erkenntnistheorie: Ohne alleinherrschende Götter und jenseitige Geister gibt es keine Sicht auf ein Ganzes und keinen legitimen Anspruch auf Wahrheit. Wollen wir nun das eigene Ichverständnis auf einen wissenschaftlich vergleichbaren Stand bringen, müsste der mitlaufende Text lauten: Ich tue so, als gäbe es mich als Ich und als könnte ich für mein Handeln Verantwortung übernehmen. Ich weiß natürlich, dass mir mein über Jahre durch Wahrnehmung programmiertes Gehirn völlig unbewusst mein Fühlen und Denken vorgibt und ich mir demzufolge frei entschiedene Verantwortungen nur einbilden kann, aber ich unterstelle eine Entscheidungsfähigkeit, mit der ich nun einen Vertrag mit dir eingehe. Da ich unmöglich wissen kann, ob ich diese Vereinbarung einhalten kann, vereinbare ich als Teil des Vertrags eine Konsequenz, die man im Sinne einer Konventionalstrafe verstehen kann. Ein Garantieversprechen über persönliche Integrität oder Ehre würde dann als gefährliche Augenwischerei oder gar als einen Anspruch auf größere Macht und Durchsetzungsfähigkeit durchschaut. Die mafiöse Gesellschaft der Ehrenmänner wäre im Ansatz unglaubwürdig. Das ganze Strafgesetzbuch könnte wegfallen und die unsinnige Unterscheidung zwischen bösem freien Willen und krankhafter Bedingtheit könnte wegfallen.

III. Aus meiner Sicht

- Vernunft und Ich sind Produkte der gleichen Spaltung

Vernunft und Ich sind Kinder der Diesseits-Jenseits-Spaltung. Die Spaltungslinie zieht sich im Vernunftfall mehr zwischen Globus und Geist und im Ich-Fall mehr zwischen Körper und Persönlichkeit. Beide Linien basieren darauf, dass der geistige Teil, Gott oder Persönlichkeit, die Fähigkeit besitzt, ein Ganzes zu repräsentieren. Beide Linien bedingen einander und zwar von Anfang an, denn die Gottgeistabspaltung musste von jedem Einzelnen - bis in sein Gehirn hinein - hervorgebracht und getragen werden. Es handelt sich tatsächlich um ein und dieselbe Spaltungslinie.

6.4 Rationalisierung: eine enge Verbindung zwischen Vernunft und Ich

Bei der Betrachtung des Verhältnisses zwischen Ich und Vernunft kommt man nicht am Begriff *Rationalisierung* vorbei. Besonders die Fragen aus Kapitel III.5 und III.6, welche Kräfte das Ich schwächen und welche es stärken, klingt bei dieser psychologischen Kategorie wieder mit.

- Rationalisierung: eine kurze Begriffsbestimmung

Rationalisierung ist in unserem Zusammenhang ein Begriff aus der Psychologie. Auch Sigmund Freud hat den Begriff schon verwendet als Bezeichnung für einen Abwehrmechanismus des Ichs, bei dem vernünftige Argumente herangeführt werden, um der Unterdrückung von - meist triebhaften - Gefühlen nachträglich einen Sinn zu geben, damit ein psychisches Gleichgewicht erhalten bleibt. Das Gleichgewicht wird erreicht, weil die wirkliche Ursache für ein Gefühl verdrängt werden kann. Rationalisierung hat bei Freud die strenge Bedeutung, dass etwas aus einem körperlichen Bereich in einen geistigen Bereich gehoben wird, der Trieb gehört eigentlich nicht in die Welt der Gründe. Laut Wikipedia hat die heutige Psychologie den Begriff etwas verallgemeinert:

» Der Begriff bezeichnet in der Psychologie kognitive Vorgänge, bei denen gemachten Erfahrungen, Erlebnissen oder Beobachtungen nachträglich (ex post) rationale Erklärungen zugeschrieben werden. Diese müssen keinesfalls wirklich ursächlich für das Erlebnis sein, sondern sind oft konstruiert und persönlich

die wirkliche Ursache: Ein typisches Beispiel wäre, wenn ein Mann eine Frau sexuell anziehend findet und eigentlich gleich mit ihr ins Bett gehen möchte. Da das aber, aus welchen Gründen auch immer, verboten ist und gleichzeitig die Frustration wegen des wirksamen Verbotes zu stark ist, um sie vor sich selber - oder anderen - ausdrücken zu können, kommt der Gedanke auf: Mit der Frau würde ich gerne mal reden, weil sie einen so sympathisch klugen Eindruck macht. Der Ausweg mit dem Reden und der Klugheit ist dabei besonders geschickt gewählt, weil der Betreffende sich erstens für klug hält, zweitens Reden eine vernünftige Sache ist und er drittens glaubt, dass er seine Handlungen und Entscheidungen von rationalen Erwägungen abhängig macht. Aus meiner Jugend ist mir das Muster sehr vertraut, weil ich einfach Angst vor dem Sex hatte, was aber nicht meinem Selbstbild entsprach. Also wurden die Frauen erstmal zugetextet.

eingefärbt. Die vermeintliche Logik reduziert kognitive Dissonanzen und vermittelt der Person einen Sinn. Dies kann so weit gehen, dass Erinnerungen konstruiert werden, um den Sinn aufrechtzuerhalten.³
«

Dieser Definition kann ich leicht zustimmen, weil nicht mehr die alte Körper-Geist-Unterscheidung dahintersteckt, sondern mit der Rationalisierung andere, irgendwie passendere Gründe genannt werden als die, die der tatsächlichen Wirklichkeit näherkämen. Passender oder vernünftiger sind die Argumente natürlich immer aus der Sicht des Ichs. Die Psyche erfindet also Gründe, mit denen das Ich besser dasteht. Man könnte in dieser Definition auch von Umrationalisierung sprechen, aber der Begriff Rationalisierung erfasst immer noch die Tatsache, dass etwas überhaupt als von Gründen durchleuchtbar erscheint, während sich in der Wirklichkeit die aufeinander wirkenden Faktoren sehr bald in eine komplexe Undurchschaubarkeit entziehen. Der Begriff der Rationalisierung erfasst also immer die Schwäche der Vernunft. Einen Grund oder wenige Gründe für ein Ereignis zu nennen, das sich zwischen einem Menschen und seiner Umwelt abspielt, ist also mindestens eine sehr grobe Vereinfachung, meistens aber eine Lüge - insbesondere aus der Sicht des Ichs.

- Rationalisierung und Ichgewinn

Freud spricht explizit von einem Verdrängungsmechanismus zugunsten des Ichs, die Psychologie von kognitiven Dissonanzen. Doch gemeint ist auch dort immer das Ich (beziehungsweise das bewusstseinsorientierte, erkennende Denken, was auf dasselbe hinausläuft). Ein typisches Ichgefühl ist die Scham und eine uneingestandene Scham wird oft mit typischen Lügen rationalisiert: Wenn man zu einer Verabredung zu spät kommt, sagt man eben meistens nicht: Tut mir leid, aus Schusseligkeit habe ich den Bus verpasst. Man sagt lieber: Der Bus hatte Verspätung. Die Lüge gibt der Verspätung eine rationale Erklärung, die ich der Umwelt zuschreiben kann, so dass mein - vermeintlich - verantwortliches Ich freigesprochen oder erst gar nicht beschuldigt wird. Dieser Mechanismus des Ichgewinns durch rationalisierende Lüge bei drohender Scham oder bei Ehrverlust hat einen aufklärenden Aspekt, weil man ihn als ei-

aus Schusseligkeit: Auch der Grund würde nicht zutreffen, sondern nur eine persönliche Verantwortung signalisieren. Meistens ist die Anzahl der Faktoren, die jemanden beispielsweise regelmäßig zu spät kommen lassen, unüberschaubar. Man müsste vielleicht ein Autoritätsproblem bis in die frühe Kindheit zurückverfolgen. Eine ehrliche Antwort ohne spezielle Gründe wäre vielleicht: Ich komme leider oft zu spät. Doch wer verabredet sich dann noch gerne mit mir?

---

³ http://de.wikipedia.org/wiki/Rationalisierung_(Psychologie)

nen Hinweis darauf lesen kann, dass der Betreffende in seinem Inneren gar nicht wirklich an sein Ich glaubt. Offensichtlich geht es mehr um sein Image, sein Ansehen, als um eine Instanz in seinem Inneren. Nach einer ehrlichen Innenschau können wir meistens feststellen, dass das Ich nicht einfach ein Teil von uns ist, sondern uns wie eine dicke Pufferzone - gleichzeitig innen und außen - mit den anderen Menschen verbindet. Daraus lässt sich aber folgern, dass das, was als Ich im Kommunikationsumfeld erfahren und geteilt wird - ob nun eingebildet oder wirklich - durch die Rationalisierung gestärkt werden kann.

- Rationalisierende Lüge im öffentlichen Raum

Wir müssen die Rationalisierung im öffentlichen Raum vom Geruch der psychischen Verfehlung freisprechen und ihr die Funktion der Ichstärkung zugestehen, weil weniger der Einbildungscharakter betroffen ist, sondern viel mehr der gesellschaftlich verankerte Teil des Ichs. Bei Freud und dem Triebverzicht ging es noch um einen krankmachenden Selbstbetrug. Doch die Rationalisierung in der Zeit des offenbarten Ichs ist in erster Linie ein Phänomen der Auseinandersetzung mit den Anderen. Die Lüge richtet sich hier mehr oder weniger bewusst gegen den Anderen, dem wir einen erfundenen Grund präsentieren, um die schwache, individuelle Seite unseres Ichs zu schützen. Damit wird aber eher die Seriosität und Gültigkeit der Vernunft in Frage gestellt, als der Einbildungscharakter des Ichs.

- Rationalisierung im politischen Machtraum

Verallgemeinern wir die Rationalisierung noch etwas und beobachten ihre Verwendung im politischen Machtraum, dann wird schnell sichtbar, dass das Belügen mit erfundenen Begründungen in öffentlichen Statements der Normalfall ist. Wenn in den Nachrichten der Sprecher eines Konzerns oder der Lobbyist einer Branche eine Aussage macht, geht niemand mehr davon aus, dass seine genannten Gründe in irgendeinem Sinne einer Wirklichkeit entsprechen oder auch nur Teil einer zusammenhängenden Theorie sind. Wir werden ganz sicher mit Aussagen belogen, die nur den Interessen der vertretenen Gruppe entsprechen sollen. Der Politiker vertritt mit seinen Argumenten seine Partei, verfolgt seine persönliche Karriere oder seinen Machterhalt und jeder geht wie selbstverständlich davon aus, dass die Argumente schon bald in neue Zusammenhänge gestellt

---

Image: Zum Verhältnis von Image und Ich ließe sich natürlich einiges sagen. Es ließe sich eine Brücke schlagen von all den teuren Statussymbolen (meine Kinder, meine Frau, mein Haus, mein Boot) bis zur Werbung und ihrer innersten und immer gleichen Botschaft an das Ich: Keine Angst, es gibt dich doch!

und nicht selten ins Gegenteil verdreht werden. Die Journalisten sind Teil dieses Spiels und helfen den Politikern nur, eine Behauptung von gültiger Vernunft aufrechtzuerhalten, weil sie sich die Aufgabe einer korrigierenden Vernunft einbilden (tatsächlich konkurrieren sie nur um Aufmerksamkeit).

- Rationalisierung und Werbung

Wie sehr die lügende Rationalisierung zum kulturellen Alltag gehört, belegt am besten - wie immer - die Werbung, die ihr Manipulationsgeschäft mit Kaufgründen im Vergleich zum Politiker-Journalistengespann noch einigermaßen offen betreibt. Bei so viel rationalisierender Lüge im öffentlichen Raum bleibt - glücklicherweise - nicht nur das alte Image der reinen oder praktischen Vernunft auf der Strecke (die hat sich in die wissenschaftliche Ecke zurückgezogen), sondern das eingebildete oder praktische Ich bekommt aus der Sicht des Individuums einen riesigen Spielraum geschenkt. Wenn die rationalisierende Lüge der Normalfall in der öffentlichen Kommunikation geworden ist, was sollte das Ich davon abhalten, intensiv diese Technik zur eigenen Stärkung zu nutzen? Dabei wird ein Nebeneffekt - je länger je mehr - eine höchst positive Auswirkung mit sich bringen: Die eingebildete, individuelle und freie Seite des Ichs, die nach der Abschaffung der jenseitigen Geister noch gestärkt werden musste (eine Hochzeit für das Selbstbewusstsein, den freien Gedanken und den freien Willen), kann immer mehr in den Hintergrund treten, weil die kollektiven Kräfte des Ichs immer stärker werden, immer sichtbarer werden, so dass das einzelne Ich sich daran anlehnen kann. Um ein Beispiel aus der Werbung zu nehmen, die in diesem Stärkungsspiel sicher den größten Anteil hat: Es genügt, neue Kleidung in einer angesagten Farbe zu tragen, um dem Ich in der Öffentlichkeit die Angst vor dem Durchschautwerden ein wenig zu nehmen. Da dieser Effekt zunehmend eine akzeptierte kollektive Wirklichkeit wird, muss ich mir als Träger dabei gar nicht mehr viel einbilden (auf den sicheren Geschmack meines Ichs beispielsweise), denn die Entscheidungsverantwortung wird mir ja abgenommen. Aus der Sicht der Werbung hat das natürlich den langfristig unangenehmen Effekt, dass die behauptete Individualität durch Kaufentscheidungen ihre Glaubwürdigkeit verliert. Die Werbung schafft sich selber ab und geht uns zunehmend einfach nur noch auf die Nerven. Der

Verbannungsprozess aus dem öffentlichen Raum hat begonnen. Die Politiker schaffen sich auch selbst ab und müssen durch die direkte Demokratie ersetzt werden, was auch dem Lobbyismus den Boden entzieht. Belügende Produktaufdrucke werden verschwinden.

- Der Ichsalto auf dem Drahtseil

Aber was wird dann aus unserem armen Ich? Wird es zur Spiritualität, zu sonstigen Jenseitigkeiten oder anderen Formen von Selbstbetrug zurückkehren müssen? Mein Vorschlag lautet: Lernen wir alle Formen - nicht nur die der Rationalisierung - in ein dynamisches Spiel mit den Projektionen zu verwandeln, tanzen wir den Ichsalto auf dem Drahtseil, gespannt zwischen dem eingebildeten Himmel und der sicheren Erde unter unseren Füßen.

- Rationalisierung und Theoriebildung

Wir können natürlich nicht über Rationalisierung sprechen, ohne die Verbindung zu unserem Theoriebauthema herzustellen. Wenn Rationalisierung in unserem gemeinsamen Leben schon eine so große Rolle spielt - was man ja auch sehr wohlwollend als Vernunftüberlagerung verstehen kann, die von jedem Einzelnen betrieben wird, dann sollte es doch hilfreich sein, die gängigen durch uns selbst vorgenommenen Begründungen in ein Theoriesystem zu integrieren. Wenn wir Gründe nennen, wollen wir auch, dass die Mitmenschen sie uns abkaufen - und uns nicht gleich Lüge im eigenen Interesse unterstellt wird. Die Vernünftigkeit, die Plausibilität, die Allgemeingültigkeit unserer Argumente lässt sich besonders gut erreichen, indem wir einen Theoriezusammenhang durchscheinen lassen können. Ist das Argument im Einzelfall Teil eines ganzen Theoriegebäudes, auf das wir bei Bedarf verweisen können, dann erreichen wir eine hohe Glaubhaftigkeit. Kaum etwas gibt unserem Ich mehr Rückendeckung als eine glaubhafte Rationalisierung.

6.5 Der Einzelne als Forscher seiner selbst

- Zur Erinnerung: Eine entscheidende Entdeckung auf dem Weg: Informationskapazität und Verbundenheit der menschlichen Gehirne

Wir haben am Ende von Kapitel III.6.2 von Nietzsches Einsamkeit und Pathos gesprochen und beide damit in Zusammenhang gebracht, dass Nietzsche sich die resonierende Ähnlichkeit der Gehirninhalte informationstechnisch noch nicht vorstellen konnte. Tatsächlich sind wir nicht so einsam mit unserer Welterklärung, wie das Ich es sich gerne einbilden möchte. Ich erinnere an das Resonanzmodell aus Kapitel II.2, *Das wirkliche Ich als Resonanz*: Die wörtlich unbegreifbare *Informationskapazität* des menschlichen Gehirns, mit der wir eine *Kopie* von *unserer* Welt ein Leben lang aufnehmen können. Erst im Vergleich zu den Computerkapazitäten können wir erkennen, dass die Gehirnkapazitäten so groß sind, dass der Gehirninhalt jedes Einzelnen ihm als eine ganze Welt erscheinen muss, die aber ganz und gar nicht individuell ist. Bisher war nur nicht vorstellbar, warum wir mit Recht in dem Gefühl leben, dass wir alle in der einen - fast gleichen - Welt leben: wegen der hochgradigen Ähnlichkeit der Gehirninhalte.

Kopie: Wir erinnern uns: Wir kopieren die Welt nur in einer durch unsere Sinne gefiltert Form. Aber die Mitmenschen haben ähnliche Sinnesorgane und insofern sind die Kopien sehr ähnlich. Die Ähnlichkeit wird noch gesteigert, weil wir die gemeinsame Kommunikation ja identisch abspeichern, aufgrund der gemeinsam hervorgebrachten Resonanzen.

- Nur menschliche Gehirne, aber mindestens eins

Mit der Erinnerung an diesen wichtigen Punkt wird vorstellbar, dass es neben den Gehirnen keinerlei Informationsverarbeitungseinheiten bedarf, um die Wirklichkeit so wahrnehmen, verstehen und interpretieren zu können, wie es der Einzelne aus seiner Sicht tut. Erst am Ende des zwanzigsten Jahrhunderts hatten die Menschen die wissenstechnischen Voraussetzungen, um ihr wissensbasiertes, verstehendes Handeln und Kommunizieren ohne die Annahme eines Geistes außerhalb der Gehirne erklären zu können. Wir können uns heute die Vorstellung erlauben, dass mit dem Sterben des letzten menschlichen Gehirns kein Funke menschlichen Geistes mehr vorhanden ist. All die so intelligent erzeugten Artefakte, die Häuser, Werkzeuge, Bücher, Internetseiten, haben keinerlei Bedeutung mehr, wenn es keine menschliche Hand mehr gibt, die sie wissend benutzt. Bemerkenswert ist der Zeitpunkt, an dem wir diese Perspektive einnehmen können, weil wir ausgerechnet jetzt dabei sind, die künstliche Intelligenz zu erschaffen, die eines Tages in der Lage sein könnte, uns bei dieser bedeutungsgebenden Aufgabe ersetzbar zu machen. Computer mit der vielfachen Intelligenz eines einzelnen menschlichen Gehirns, gefüttert mit dem gesamten menschlichen Wissen und ausgestattet mit ähnlichen Wahrnehmungsorganen, könnten die Welt dauerhaft auf menschliche Weise erklären und verstehen, wobei wir voraussetzen, dass sie sich mit Hilfe von Robotern selbst versorgen, erhalten und weiterentwickeln könnten.[4]

- Einsamkeit ein Missverständnis, der Einzelne als Forscher

Kurz: Auf dem Hintergrund des Resonanzmodells ist

---

[4] Sich selbst entwickelnde Roboter: siehe den Steven Spielberg Film *A.I. - Künstliche Intelligenz*, auf den ich im verworfenen Band 2 gerne noch näher eingegangen wäre (wikipedia.org: A.I. - Künstliche Intelligenz)

Einsamkeit nur ein Missverständnis und Persönlichkeitskult eine Albernheit. Für das Verhältnis zwischen Ich und Vernunft möchte ich nun zeigen, dass das völlige Loslassen einer Aufspaltung der Welt in Geist und Welt, sowie ein Rückzug des Ichs in einen kollektiven Resonanzraum der Sicht des Einzelnen einen Forscherstandpunkt ermöglicht von einer einzigartigen wissenschaftlichen Direktheit, Unmittelbarkeit, einer subjektlosen „Objektivität" - wenn man die Anführungszeichen beachtet, denn eigentlich sind wir Subjekt und Objekt in einem. Über die Resonanz haben wir eine Nähe zur Sicht der Anderen, dass wir bei genauer Betrachtung *unsere* Welt immer in der Welt der Anderen begreifen. Bei einer sachlogischen, vernünftigen Selbstbetrachtung können wir uns also als Teil eines Ganzen betrachten, dessen Grenzen wir modellhaft um die Menschen unserer unmittelbaren Umwelt ziehen können, die unsere Sprache sprechen, unsere kulturellen Werte teilen, die also hochgradig ähnliche Gehirninhalte haben. Obwohl wir also in uns selbst schauen, nehmen wir doch gleichzeitig einen Standpunkt von außen ein. Natürlich hat unser Gehirninhalt auch einen individuellen Teil, doch das muss uns nicht zu puren Interessevertretern degradieren. Denn erstens sind die kleinen individuellen Anteile stark in die großen kollektiven verwoben, und zweitens qualifizieren uns die individuellen Anteile ganz besonders zu Erforschern unseres eigenen Inneren.

---

[i] Aus der Gesprächspsychotherapie - beispielsweise bei der Paartherapie - kennen wir das Argument, man solle seine Beobachtungen und Meinungen in eine Ich-Aussage bringen und damit von einem allgemeinen Wahrheitsanspruch befreien. Ein Beispiel: Ich habe es so wahrgenommen, dass du mich betrogen hast. Diese Technik hat eine gewisse vermittelnde Wirkung, löst aber das Problem der illusionären persönlichen Verantwortung nicht. Im nächsten Entwicklungsschritt müsste die Anweisung lauten, die Aussagen so zu formen, als würde ich provisorisch eine Sicht auf ein Ganzes (zum Beispiel die Beziehung) unterstellen, aus der heraus sich mir bestimmte Ketten von Ursachen und Wirkungen zeigen. Eine persönliche Verantwortung, zum Beispiel für das Zerbrechen der Ehe, kann damit auch nur gesprächsweise und provisorisch unterstellt werden. In diesem Moment würde sich ein Raum für eine wie auch immer zu beschreibende gemeinsame Verantwortung öffnen. Keiner kann dem anderen mehr vorwerfen, dass er persönlich etwas so und so wahrnimmt, weil es seinen Machtinteressen entgegenkommt. Das Ergebnis wäre ein Herantasten an vergangene Bruchstellen, die sich nun mal tatsächlich ereignet haben, weil beide Partner unterstellen, dass die „wahren Ursachen" sich auf jeden Fall und prinzipiell im Unerkennbaren verlieren (siehe Kapitel V.4, *Nachbürgerliche Aussichten*).

7. *Persönliche* Auswege: *Mein Ich* stärken und schwächen

> *Mein* Ich: Gemeint ist das eingebildete wie das soziale Ich, aber aus *meiner* Sicht.

7.1 Vorbemerkungen

- *Persönliche* Auswege

Das Buch insgesamt richtet sich an den Einzelnen mit der Aussage, dass unsere Kultur ein metaphysisches Problem hat, das zuletzt von jedem Einzelnen als Riss durch seine Psyche getragen wird. Als Kristallisationspunkt konnten wir sogar die Implementierung eines psychotischen Kerns ausmachen. Die Frage nach den persönlichen Auswegen bildet also folgerichtig einen vorläufigen Abschluss unserer perspektivischen Übungen. Ich vermeide dabei absichtlich den Begriff der Selbstheilung, obwohl er durch Begriffe wie *psychotisch* naheliegt. Der Grund liegt darin, dass der Begriff Heilung auf den Begriff Krankheit verweist, den ich aber in einem persönlich individuellen Zusammenhang nicht betonen möchte. Die psychische Krankheit ist bei Einzelnen vergleichsweise selten, worauf Nietzsche schon aufmerksam machte, der kollektive Wahnsinn aber der Standard. Daraus folgt, dass wir in persönlicher Kommunikation besser jede Art von psychischer Krankheitszuweisung vermeiden sollten, weil wir damit nur von den gravierenden gemeinsamen Problemen ablenken, die Änderungen bei uns allen erfordern. Dennoch geht kein Weg daran vorbei, dass jeder Einzelne eine Änderungsstrategie für sich entwirft. Ich spreche von *persönlichen* Auswegen, weil selbstverständlich das individuell empfundene Leid dabei ein wichtiger Motor ist.

- Das Ich stärken und schwächen, wie soll das gehen?

Wir haben uns viel mit Faktoren beschäftigt, die dem Ich ein schwächendes und beunruhigendes oder ein stärkendes und beruhigendes Gefühl geben. Das geschah immer auf dem Hintergrund der Tatsache, dass das Ich aus der persönlichen Sicht nur eine Einbildung ist. Daraus folgt, dass das Ich als rein informationelles Ereignis im Kopf, das sich gleichwohl eine substantielle Existenz einbildet, ständig von der möglichen Einsicht bedroht wird, dass es innerhalb des Individuums nur eine Einbildung ist. Ich habe schon häufiger auf die grundsätzliche und unvermeidbare Bedrohung des Ichs durch Wirklichkeitsdefizite hingewiesen. Wollen wir also den scheinbaren Widerspruch aus Stärken und Schwächen verstehen, müssen wir uns die allgemeinen Bedingungen aus der Sicht des Einzelnen näher anschauen.

- Macht und Ohnmacht im Ichwahnsinn

Wir sind im metaphysischen Zeitalter, insbesondere seit der Säkularisierung (Ichoffenbarung), alle ichwahnsinnig. Die tiefste Sucht aller Süchte besteht also darin, nach vermeintlichen Belegen für die Substanz des eigenen Ichs zu gieren. Je reicher, berühmter oder sonstwie attraktiver man ist, kurz: je mehr Macht man über die Anderen hat, umso stärker sieht man die Wirklichkeit des eigenen Ichs bestätigt. Dieses Gefühl der Macht ist Ichstärkung und lässt sich dem Gefühl der Bedrohung durch Wirklichkeitsdefizit - verursacht durch die Macht der Anderen - kompensierend entgegenstellen.

- Wir können in uns selbst der Icheinbildung nicht entrinnen

Der wichtigste Faktor ist, dass wir kulturell massiv auf die Icheinbildung programmiert worden sind und weiter werden. Wir können - im normalen Alltag - in uns selbst der Icheinbildung nicht entrinnen. Wollen wir in einer solchen Ichkultur nicht untergehen und einfach nur die Opfer sein, sind wir gezwungen, eine zweigleisige Strategie zu wählen: Einerseits müssen wir dem schwächenden Faktor entgegenwirken, indem wir lernen, die Einbildung zu durchschauen noch während sie abläuft (das heißt, die Einsicht einfach nur halten), und andererseits müssen wir uns auf den Krieg um Macht einlassen und dafür sorgen, dass wir mit so viel Macht ausgestattet sind, um zumindest die Macht der Anderen (oder der Institutionen) soweit in Schach zu halten, dass wir genügend Spielraum haben, um unser Überleben und das der Kinder zu sichern. Solche Stärkungsstrategien finden oft in Kollektiven oder Verbünden statt, beispielhaft eine soziale Schicht gegen die andere (die Reichen gegen die Armen) oder eine Nation gegen eine andere. Daraus ergibt sich auch eine Logik immer größerer Verbünde: vereinigten Staaten gegen <u>anderen vereinigten</u>

<u>anderen vereinigten Staaten</u>: Man versteht besser, warum die Russen die Auflösung der Sowjetunion als größte Katastrophe aller Zeiten begreifen und warum die Entstehung eines vereinten Europas historisch unvermeidbar ist.

Staaten. Die zunehmende Demokratie ist dabei die Erfolgsgrundlage, weil alles immer auf den Willen zur Macht des einzelnen Ichs zurückzuführen ist. Nur das Ich will Macht über andere Ichs und Befreiung von den Mächten der Anderen; die Machtverbände sind nur Verbündelungen von Ichs. Das Individuum will nur Spielraum.

Nur das Ich bildet sich Macht ein.

Aber in welchem Sinne ist Macht dann wirklich? Oder kämpft ein Pseudowille immer nur gegen den anderen Pseudowillen? In der Natur kommt Macht in unserem Verständnis (politisch, persönlich) nicht vor - dort gibt es nur Kräfte. Natürlich ist eine Hierarchie im metaphysischen Zeitalter - trotz aller Icheinbildung - ohne militärische Unterdrückung nicht möglich. Aber erstens steckt hinter den gekauften Soldaten eine politisch-wirtschaftliche Macht (König, Diktator), die vom Volk akzeptiert ist (nicht von den Sklaven, die dem Volk dienen) und zweitens handelt es sich letztlich um Konzentrationen von Kräften, wie sie auch sonst in der Natur entstehen. Blicken wir auf menschliche Zivilisationen, wie wir auch auf Ameisenstaaten schauen, dann sehen wir dort, wie nur durch Strukturen und Kräfte Atomkraftwerke entstehen. So wie wir den Ameisensoldaten keine politisch-persönliche Macht andichten, brauchen wir das bei führenden Politikern und Konzernlenkern auch nicht zu tun. Wenn die Schar der Einzelnen diese Kraftkonzentrationen erlauben, müssen wir uns nur fragen, warum sie das tun. Wenn sie das unter anderem tun, weil man ihnen mit Ichmacht schmeichelt, dann hat das zumindest den Vorteil, dass der Einzelne sich dagegen wehren kann, wenn er sein Ichgefühl so stärkt, dass er dabei nicht auf Schmeichelei angewiesen ist, und es gleichzeitig so schwächt, dass er übermäßige Aufblähungen vermeidet, indem er den Einbildungscharakter mehr und mehr durchschaut.

- Der wirkliche Teil des Ichs

Diese schwächenden und stärkenden Prozesse holen den wirklichen Teil des Ichs ins Blickfeld. Das wirkliche Ich als soziale Schnittstelle hat auch einen kleinen individuellen

zunehmende Demokratie: In diesem Jeder-gegen-jeden-Ichkrieg ist die Entwicklung zur direkten Demokratie auch unvermeidbar. Als Beispiel für diese Entwicklungskraft sei ein unerwarteter Faktor erwähnt: die Werbeindustrie mit ihren Auftraggebern; für die ist jede kontingente Kraft, die die Entscheidungen der Einzelnen bündelt, eine Bedrohung.

den Willen zur Macht: Man könnte die Kraft, die zur direkten Demokratie bzw. zur reinen Konsumkultur tendiert, auch an den negativen Beispielen der gescheiterten Diktaturen festmachen. Der deutsche Faschismus hatte zum Thema Willen zur Macht Nietzsche nicht verstanden, das heißt, die Metaphysik der Ichs nicht durchschaut (s. Heidegger), und musste mit der Bündelung des Willens zur Macht in einer Person (oder Partei) scheitern (genauso wie der russische Kommunismus).

persönlichen Ichs völlig aufgelöst: An gut geführten, meditativen, gemeinsamen psycholytischen Reisen liebe ich besonders, dass wir diesen Zustand dort leicht und übend erleben können. Nur aus diesen Erfahrungen weiß ich, dass menschliche Kommunikation ohne metaphysische Ichs funktionieren kann. Wenn es in einem Zustand tiefer Stille zu einem vorsichtigen, intimen Gespräch kommt, dann besteht die ganze gespürte Besonderheit darin, dass die Teilnehmer keine Ichinteressen mehr verfolgen. Nicht Ich spreche, sondern es spricht aus meinem Körper heraus. Das Bewusstsein ist ganz mit sinnlicher Wahrnehmung beschäftigt, so dass für die normale Ichsimulation keine Energie mehr übrigbleibt. Wenn kollektive Entscheidungen nur noch in einer solchen Gruppenintelligenz getroffen werden, dann haben wir eine sehr hohe Stufe einer echten Zivilisation erreicht. Leider musste ich auf psycholytischen Reisen die Erfahrung machen, dass viele Teilnehmer (und Leiter) die Ichlosigkeit in einem spirituellen Sinne missverstanden haben: Die meisten Menschen konnten der Versuchung nicht widerstehen, sich mit einem großen, superintelligenten Geist verbunden zu fühlen. Damit pervertierte der Zustand zuletzt in eine riesige Ichaufrüstung (siehe Kapitel V.5, *Ichübungen und Ichtherapie*).

wirklichen Ichs: Zur Erinnerung: Das wirkliche Ich ist im Wesentlichen das gemeinsame soziale Ich im Resonanzraum. Stärkung des Ichs heißt also, eine Verschiebung des Selbstbewusstseins in den kollektiven Raum und eine Erhöhung des Selbstwertgefühls durch die Besinnung auf die körperliche Individualität. Genau genommen wird also nicht das Ich gestärkt, sondern zuletzt die Wertschätzung des Individuums für sich selbst. Ich spreche dennoch von der Stärkung des Ichs, weil wir so schnell das Aufrauschen des Ichgefühls in uns im Alltag nicht abstellen können. Wir werden noch lange mit diesem Paradox leben müssen.

Teil in jedem Kopf[1], der auch dann noch in der Kommunikation seine Arbeit macht, wenn wir die Einbildung der freien Selbständigkeit des persönlichen Ichs völlig aufgelöst hätten. In dieser Schnittstelle erkennen und regeln wir die Kommunikationstechniken mit ihren Codes. Wenn uns zum Beispiel ein englisches Wort erreicht, schaltet die Schnittstelle für das Verstehen und Antworten blitzartig auf Englisch um. Da in unserer Kultur diese Schnittstelle so gestaltet ist, dass sie automatisch den menschlichen Kommunikationspartner als Ich (Du) interpretiert und die eigene Ichsimulation hochfährt, geht es bei der stärkenden und schwächenden Umgestaltung der Icheinbildung also unter anderem um eine Umprogrammierung dieser Schnittstelle, so dass die automatische Ichreaktion zurückgeht. Praktisch alle spirituellen Meister haben mit ihren Schülern Lernprogramme (Meditation, Änderungen der Gewohnheiten, des Lebens) durchgeführt, die genau darauf abzielten, nur mit dem falschen Ziel, sich durch die Ichauflösung für den großen Geist zu öffnen, wodurch sich die Wirkungen von Schwächung und Stärkung des Ichs gegenseitig aufgehoben haben. Mit unseren Übungsabsichten betreten wir durchaus kein Neuland, wir müssen lediglich eine Art Säkularisierung des Ziels beachten, durch die wir den Fokus verschieben weg vom Einzelnen mit seiner persönlichen Geistfixierung hin zum Kollektiv mit den vielen resonierenden Kommunikationsschnittstellen. Durch die Wendung zu den Anderen, mit denen ich so viel Kopfinhalt teile, wird eine Stärkung des Selbstwertgefühls erreicht, die die Schwächung des Ichs nicht wieder aufhebt. Wir beschäftigen uns in diesem Kapitel mit der Frage, mit welchen Übungen und Lebensformen wir die richtigen Schwächungen und Stärkungen des eingebildeten und wirklichen Ichs erreichen können.

7.2 Angst überwinden

Wenn wir uns mit dem Einzelnen beschäftigen und mit psychologischen Kategorien, dann ist die Frage zu stellen, ob wir am Grunde aller Psychoprobleme etwas ausmachen können, auf das wir unsere Aufmerksamkeit und unsere Heilungsbemühungen konzentrieren können. Dieses Problem gibt es und es heißt Angst. Es zwingt sich sofort die

---

[1] In jedem Kopf: siehe Kapitel II.2.2.2, *Das Ich als soziale Schnittstelle*

Frage auf: Angst vor was? Und beim Versuch, diese Frage zu beantworten, entdecken wir das eigentliche Problem: Die tiefste Angst, die uns plagt, scheint keine Ursache, kein Gegenüber, keinen Auslöser zu haben, vor dem wir weglaufen könnten.

7.2.1 Verschiedene Formen von Angst

Was auch immer uns als Individuum mit seiner gesamten Psyche schwach macht, ist Angst, die nicht aus konkreten oder aktuellen Umständen gespeist wird. Natürlicherweise hat die Angst eine sehr hilfreiche Funktion. Wenn ich über eine sehr befahrene Straße gehe, sollte ich besser Angst davor haben, von einem Auto überfahren zu werden. Diese Angst geht mit der bedrohenden Situation vorüber. Sicher gibt es auch angstmachende Umstände, die anhalten, wie zum Beispiel die Angst davor, bestohlen zu werden. Dennoch wissen wir, dass die Angst mit der Bedrohung verschwinden würde, wenn wir unser Eigentum hundertprozentig sichern könnten oder über Jahre in unserer Stadt keine Diebstähle mehr registriert worden wären. Solche Ängste sind zwar im Hintergrund der Psyche immer da, machen uns dennoch nicht krank.

- Angst ohne bemerkbare Bedrohung

Aber in unseren Psychen haben sich auch Ängste eingenistet, deren Ursachen nicht mehr in den Vordergrund der Psyche dringen können, auf keinem Weg mehr bemerkt werden können. Diese Ängste schwächen uns. Bei diesen Ängsten möchte ich zwei Typen unterscheiden. Der eine Typ Angst stammt aus früheren traumatischen Erlebnissen, wie sie sich im Einzelnen ablagern, wobei die aus der frühen Kindheit besonders nachhaltig wirken, weil die Psyche praktisch keine Chance hat, sie aufzuarbeiten. Der andere Typ Angst rührt aus kulturell getragenen Wirklichkeitsdefiziten, wobei sich hier die Schwere der Nachhaltigkeit daraus ergibt, wie sehr die verlorene Wirklichkeit kollektiv verdrängt wurde. Den Einzelnen erreicht diese Angst als Mitglied seiner Kultur. Mit Beispielen der individuell getragenen Angst haben wir uns in Kapitel III.4, *Ichentstehung beim Einzelnen*, beschäftigt. Umgekehrt können wir für die kollektiv getragene Angst die metaphysische Ichtradition als Ursache nennen, weil auch die verdrängte Wirklichkeit, der Wirklichkeitsverlust, kulturell von einer Generation zur nächsten weitergereicht wird. Je selbstverständlicher der Einbildungsgrad ist, ums so aktueller ist der Verdrängungsmechanismus. Als Beispiel können wir uns vorstellen, wie selbstverständlich im Mittelalter von praktisch allen Menschen die Existenz Gottes im Jenseits als Wirklichkeit angenommen wurde. Das Zerbrechen dieser Selbstverständlichkeit hat Nietzsche im 19. Jahrhundert als Tod Gottes diagnostiziert. Wenn bei einer größeren Gruppe der Menschen auch nur die Frage folgenlos erlaubt ist, ob Gott denn wirklich existiert, ist der Einbildungszauber gebrochen. Doch die hinter der Gottesprojektion versteckte Selbsterhöhung des Menschen hat die Angst vor dem Wirklichkeitseinbruch durch den Tod Gottes nur verstärkt, weil die Erhöhung des Ichs zum Träger der Jenseitsprojektion (der Mensch steht über der Welt, also *Ich* auch) eine Herausforderung für jeden Einzelnen bedeutete.

- Die Überlastung des Einzelnen durch die Verlagerung der Metaphysik ins Ich

Das Durchtragen der Einbildungsaufgabe durch den Einzelnen hat das kollektive Einbildungs- und Verdrängungsprojekt sehr anfällig werden lassen. Es wundert also nicht, dass mit diesem Schritt im 19. Jahrhundert auch die Psyche des Einzelnen und die Frage nach seiner Therapierbarkeit ein Gegenstand der Forschung wurde. Die Kosten der kollektiven Verdrängungsleistung haben demzufolge auch eine neue, unvergleichliche Größe erlangt. Wieviel haben Imperialismus und Weltkriege gekostet? Wie hoch waren und werden die Kosten für die Zerstörung der für Menschen günstigen Umwelt sein? Der Grund für das sich zunächst vergrößernde Elend der Massen und die sich später verstärkende Zerstörung seit der bürgerlichen Moderne liegt in dem, was ich die Offenbarung des Ichs genannt habe: Das Ich muss sich jetzt mit einer neuen, ungeheuerlichen Wut von der natürlichen Welt absetzen.

- Angst vor dem Wirklichkeitsverlust

Die beim Einzelnen sich auswirkende Angst hat eine neue Dimension erreicht und eine bis dahin nicht vorstellbare Tiefe. Im Vergleich mit der Angst vor dem Einbrechen der tatsächlichen Bedingtheit durch die wirkliche Umwelt waren die früheren Ängste vor Hunger und Krieg vergleichsweise klein, weil die Ursachen damals auf der Hand lagen. In der Moderne wurde die kollektiv getragene Angst

---

Kosten der kollektiven Verdrängungsleistung: Damit meine ich weniger die Gesamtkosten der Psychotherapien, sondern die Auswirkungen der Überkompensationen von den Weltkriegen bis zum Übergewicht.

für den Einzelnen nebulös, unheimlich, undurchschaubar. Die zeitgenössische Kunst hat diese neue Angst in allen Bereichen aufmerksam dokumentiert.

- Angst vor der Einsamkeit hat nur das Ich

Eine interessante Sonderform dieser dunklen Ängste ist die Angst vor der Einsamkeit. Ein Blick auf diese Angst lohnt sich, weil in ihr die Verbindung zur kollektiv perfekt verdrängten Metaphysik des Ichs besonders auffällig ist. Mit der Angst vor der Einsamkeit ist hier nicht die Angst vor dem Verlust konkreter Bezugspersonen gemeint, denn die führt nicht zu Einsamkeitsgefühlen. Eine Angst vor Einsamkeit kann erst entstehen, wenn ich das millionenfache und unentrinnbare Verwobensein mit der Welt zugunsten der Einbildung eines freien Ichs verdränge. Diese Angst fürchtet sich vor dem Verschlungenwerden von etwas Dunklem, Sinnlosen, letztlich dem Verlust von Wirklichkeit.

Ein Kind, das im Kaufhausgedränge die Eltern verliert, weint nicht, weil es Angst vor der Einsamkeit hat, sondern weil die Identifikation mit den Körpern von Mutter oder Vater (oder Geschwistern) so stark ist, dass es wie in Symbiose mit diesen Bezugskörpern lebt. Macht es zu jung und zu oft diese Erfahrung, wird es psychotische Eigenschaften entwickeln, die sich eben nicht in Einsamkeitsängsten äußern.

Verwobensein mit der Welt: Dass wir als körperliches Individuum keine Angst vor der Einsamkeit haben, kann jeder leicht selbst überprüfen, indem er in einer Meditation sich ganz auf seine Körperwahrnehmung konzentriert und dabei alle Bezugspersonen vergisst. Interessanterweise stellt sich ein wohliges Gefühl der Verbundenheit mit der Welt ein, woraus man schließen kann, dass der Körper offenbar keine Angst vor der Einsamkeit hat, weil er sich vermutlich sowieso als einen unabänderlich integrierten Teil der Dingwelt erlebt, auch wenn es sich um die in seinem Kopf gespeicherte Welt handelt (eine andere kann er nicht kennen).

7.2.2 Lösung des Ich-Problems gleich Befreiung von dunkler Angst?

- Endlich Lösungswege

Bei der Lösung des Ich-Problems könnte man von der Psychotherapie Zuständigkeit erwarten, doch das Gegenteil ist der Fall: Die klassische Psychotherapie verstärkt das Problem, weil sie ausgerechnet dadurch Heilung erwartet, Hilfe für die Verdrängung des kollektiven Charakters des Ichs zu geben. Der Therapeut widmet sich, meist in Einzelgesprächen, dem kranken Individuum, indem er zur Vorstellung von unechter, nur übertragener Beziehung einlädt. Der sicher leidauslösende Mangel an echter Beziehung wird durch Wiederholung in der Therapiesitzung vertieft. Diese Einsicht über die bürgerliche Psychotherapie habe ich von Samuel Widmer übernommen, der diese Entdeckung als sein Vermächtnis an die Welt bezeichnet hat. (Zum Thema Beziehungsverweigerung siehe Kapitel V.5, *Ichübungen und Ichtherapie*). Die zur beziehungsverweigernden Psychotherapie passende Körpermedizin hat es Jahrhunderte genau andersherum gemacht und den individuellen Körper behandelt, als wäre er in seiner vermeintlich gesunden Natur bei allen gleich. Metaphysisch verdrehte Welt!

Nach dieser langen Einleitung in das Thema *Persönliche Auswege* und dem Hauptproblem Angst können wir uns nun der Frage nach Lösungen widmen (zuletzt immer die richtige Stärkung oder Schwächung des Ichs).

- Der individuell gehbare Weg

Lösen wir das Ichproblem und befreien uns dadurch von der Angst? Diese Schlussfolgerung liegt nahe, da wir die Ichmetaphysik als Ursache von einer unnennbaren Angst erkannt haben. Doch dieser Schritt setzt einen kollektiven Lösungsweg voraus, denn bis zur kulturellen Lösung ist der Einzelne gezwungen, die Einbildung vom Ich in sich zu halten (oder gar zu stärken). Da wir uns in diesem Kapitel mit den Möglichkeiten des Einzelnen beschäftigen, müssen wir also fragen, ob es auch einen umgekehrten Weg gibt. Können wir uns von Ängsten befreien und dadurch unsere Psyche stark machen, um mit immer weniger Ichüberhöhung auszukommen? Die gute Nachricht ist, dass auch die dunkle, scheinbar grundlose Angst in unserer eigenen Psyche stattfindet und ihre Überwindung unser Selbstvertrauen, unser Selbstwertgefühl stärkt. Eine Bedrohung durch die Metaphysik des Ichs ist uns sicher als Gefühl nicht leicht zugänglich, aber auf die grundlose Angst in uns können wir uns einlassen. Und mit dem Stichwort „einlassen" haben wir auch schon den Hinweis auf eine erste Übung zur Überwindung der Angst.

- Mut haben auf dem Sprungturm

Stellen wir uns vor, wir stehen zum ersten Mal auf der Fünfmeterplattform eines Sprungturms und fühlen die Angst vor der Tiefe. Wir wissen, dass uns nichts passieren kann, aber etwas in uns kann dem Wasser dort unten nicht trauen. Man kann sich einreden, keine Angst zu haben, so dass die Vernunft über das Gefühl siegen kann. Man kann sich aber auch auf die Angst einlassen, sich in sie einfühlen und auf diesem Wege erkennen, dass sie eben nur ein Gefühl ist, das nicht unbedingt der Wirklichkeit entsprechen muss. Diese Technik lässt dann die Angst schwächer werden. In beiden Fällen wird der Mut als Gefühl die Oberhand gewinnen und uns springen lassen. Doch - vielleicht ahnen Sie es schon - die zweite Technik ist ganz besonders dann geeignet, wenn kein Grund für die Angst erkennbar ist und es auch kein Argument geben kann, warum die Angst nötig ist. Wenn wir im Leben also grundlose Angst spüren, brauchen wir neben der Bereitschaft zum Mut nur noch das Wissen, dass das Eintauchen in ein Angstgefühl die Angst schwächer werden lässt, weil wir eine Reflexionskraft, eine Art Metaebene nutzen, die das Gefühl als Gefühl spürbar macht. Wir entziehen damit dem Gefühl der Angst ein wenig seine Kraft der Gefahrprojektion, indem wir es in den Körper hineinnehmen. Das Mutgefühl kann wachsen, weil die Quelle für Mut in uns selbst liegt. Zutrauen kommt aus der Tiefe der eigenen Psyche. Mit der Sprungturmübung haben wir nicht nur die Technik gelernt, die Angst zu schwächen, indem wir uns auf sie einlassen, sondern wir können auch ein Psychogesetz ableiten: Mut und Angst sind die Pro- und Antagonisten auf der für das Individuum so wichtigen Linie zwischen Außen und Innen.

- Trotz, Ich und Einsamkeit

Testen wir die neue Technik mit der Angst vor der Einsamkeit. Vielleicht können Sie eine Situation in ihr Bewusstsein holen, in der Sie sich einsam gefühlt haben. Als Junge im Alter um zwölf Jahre fuhren wir zum ersten Mal mit einem neuen Steilwandzelt nach Holland in die Ferien. Die Schlafkabine hatte nur Platz für vier Personen, also musste ich als fünfter alleine draußen im Vorzelt schlafen. Meine Mutter hatte eigens ein kleines Zelt genäht, das als Schlafkabine für mich aufgestellt wurde. Ich fühlte mich natürlich ausgeschlossen, doch es gab auch einen Trotz in mir, mit dem ich mich - jetzt erst recht - auf die Situation einlassen konnte. An das Gemisch aus neuen Gefühlen kann ich mich gut erinnern. Denn mit dem Trotz und meinem Jungenmut wuchs auch ein Gefühl von Ich in mir: Ich war eben etwas Besonderes. Doch mit diesem neuen Ichgefühl kam auch eine Angst auf, die ich nicht kannte, eine dunkle, unheimliche Angst, eine erste Angst vor der Einsamkeit, die mein langsam wachsendes Ich spüren konnte. Für unsere Übung ist nur wichtig, dass wir uns jetzt an ein Gefühl der Einsamkeit erinnern können. Wie reagiert das Gefühl, wenn wir uns tiefer darauf einlassen? Das Gefühl sinkt in den Körper und verschwindet bald, weil der Körper kein Ich kennt und die Einsamkeit auf die abspaltende Kraft der Icheinbildung angewiesen ist. Den Kindern nehmen wir die Angst vor Gespenstern, indem wir ihnen wiederholt sagen und zeigen, dass es keine Gespenster gibt. Beim Ich und der Einsamkeit funktioniert das auch.

7.3 Die Königswege: Meditation und Theorie

Als aufmerksamer Leser haben Sie vielleicht schon bemerkt, dass wir uns mit der Technik des Einlassens auf die Angst und dem Trick, die Gefühle dem Körper anzuvertrauen, schon eine Meditationstechnik angewendet haben. Selbst der Königsweg Theorie klang schon an, weil uns auf dem Sprungturm der Gedanke, dass das Wasser uns auffangen wird, Mut macht, und das Gespenst der Einsamkeitsangst durch das Mantra besiegt werden kann: Es gibt kein Ich, ich bin nichts Besonderes, ich bin eng verwoben mit der Welt. In diesem Kapitel geht es nochmal unter dem Aspekt der Angstüberwindung und mit dem Blick auf den Balanceakt zwischen Stärkung und Schwächung des Ichs um die beiden Säulen in diesem Buch: Meditation und selbstgemachte Theorie.

7.3.1 Ichschwächung und -stärkung durch Meditation

- Auflösung des Ichs und Schwächung der Angst

Beide Haupttechniken haben schwächende und stärkende Eigenschaften. Die ichauflösende Wirkung der Meditation brauchen wir nur noch kurz zu erwähnen, weil es bei der kulturellen Entwicklung der Meditationstechniken immer um die Ichauflösung ging, wenn zunächst auch nur mit dem Ziel, im Körper Platz für den großen Geist zu schaffen. Für den heutigen Zweck brauchten wir also nur das Ich als den wahren Kern des Geistes zu entdecken. Die bei der Angstüberwindung wichtige Zurückdrängung des Ichs zugunsten der Gefühle ist nicht so selbstverständlich, weil die Neurologen erst in jüngster Zeit die Gefühle vom „Geist" trennen und dem Körper zuordnen konnten. Indem wir uns also in einem meditativen Sinne auf Gefühle konzentrieren, vollziehen wir diese Entdeckung nach, wodurch die „geistigen" Überfrachtungen der Gefühle wegfallen. Je verstandesdominierter beispielsweise Angstgefühle sind, umso stärker wirkt diese Technik. Bei Angst vor Spinnen hilft es, die

Spinne an den Körper heranzulassen und sie auf die Hand zu nehmen, um die Angst schwächer werden zu lassen. Diese Techniken der Angstüberwindung haben allerdings den Nachteil, dass wir nicht zwingend bemerken können, wie die Ichüberdehnung die Angst dem Verstand erst eingeredet hat. Anders ist es bei der Überwindung der Einsamkeit, weil wir dann den Abtrennungstrick des Ichs direkt angehen. Aber es gibt auch andere Ängste, die wir wie die Einsamkeitsangst bewältigen können, zum Beispiel die Ängste vor anderen Personen, der Mutter, dem Vater, dem Partner, dem Vorgesetzten, weil in solchen Fällen das Ich der Anderen die Bedrohung darstellt. Bei der Konzentration auf dieses Gefühl resoniert mein Ichanteil mit dem Ich der Anderen und kann so erstens vom körperlichen Teil des Angstgefühls isoliert werden, was die Angst für diesen Moment schwächer werden lässt, und zweitens kann wie bei der Einsamkeit der Bezug zum Ich durchschaut werden, das heißt, auch hier wirkt die Betonung des Körpers als Basis des Gefühls wie ein Zurückdrängen des Ichs aus dem Fokus der Aufmerksamkeit.

- Stärkung des Ichs

Die Meditation als eine Form der Ichstärkung zu erkennen, ist eine Herausforderung, zumindest unter der Voraussetzung, dass es nicht um das einfache Selbstwertgefühl geht, sondern um eine sichere Etablierung des kulturell getragenen eingebildeten, metaphysischen Ichs. Es geht also um eine Anpassung an eine kulturelle Norm. Wie kann man in einem Gespräch mit einem Geschäftspartner den Satz sagen: „Ich versichere Ihnen, dass Sie sich auf mich verlassen können.", ohne Unsicherheit zu vermitteln. Oder wie kann man einem Partner oder einer Partnerin den Satz zuflüstern: „Ich liebe dich.", ohne Zweifel an den eigenen Gefühlen aufkommen zu lassen. Ganz allgemein besteht der Trick bei solchen Herausforderungen natürlich immer darin, irgendwo im Bewusstsein oder in seiner näheren Umgebung das Wissen ausdruckbereit zu haben, dass wir uns nur einer gesellschaftlichen Konvention bedienen, um eine Intention, eine innere Bereitschaft oder einfach einen „guten Willen" zum Ausdruck zu bringen. Doch sind wir selbst an der Oberfläche immer ausreichend davon überzeugt? Wenn uns beim Geschäftsabschluss ein Umstand einfällt, der mit größten Anstrengungen nicht zu beseitigen ist (ein Streik kündigt sich an, ein Mitarbeiter kränkelt schon, usw.), dann sollte sich der Gedanke nicht mit meinem Wissen vom illusionären Charakter des Ichs verbünden und meine persönliche Überzeugungskraft beeinträchtigen. Das Überraschende ist nun - um eine bewährte Meditationstechnik als Beispiel zu nehmen -, dass ein Heben des Kopfes und ein Blick durchs Fenster auf den Horizont[2] - so lange wie es nicht auffällt - zu einer Stärkung des Selbstbewusstseins im Sinne von Ichbewusstsein führt. Warum? Wieso können das kurze Verlassen der Situation und ein flüchtiges Berühren der Unendlichkeit mein eingebildetes Selbstbewusstsein stärken? Rufen Sie sich die Erinnerung an ein Erfolgserlebnis ins Gedächtnis, bei dem Gefühle auftauchten wie „Wow, bin *ich* gut.". Sie fühlten sich groß und weit und Ihr Ich hatte die Größe von Göttern. Doch es handelt sich um ein Gefühl, nicht um einen Gedanken oder einen bloßen Einbildungsakt. Sie sind von einem Gefühl überwältigt. Da kann das Ich in seiner Konstruktion noch so metaphysisch sein, es geht in der Gefühlswelle auf. Gefühle sind eben körpergetragen und sind sie stark, ist das mit der Ichkonstruktion egal. Die Kurzmeditation Blick-in-die-Ferne kann solche Gefühle für einen Moment aufrauschen lassen und uns stärken. Wenn Sie Ihrem Partner dann in die Augen schauen, wird er Ihnen glauben.

- Ichgefühle in der Meditation

Lässt sich umgekehrt daraus schließen, dass in tiefer Meditation sich auch solche Ichgefühle einstellen, obwohl wir uns mit der Welt verbunden fühlen und auf den ersten Blick gar kein Platz mehr für ein Ichgefühl da ist? Ja, genau das passiert, wenn wir zum Beispiel in der Meditation die Augen öffnen und von einem Anblick überwältigt werden. „Wow, erlebe ich das?". Sobald wir uns bei der Meditation von den Geistern befreit haben, ist das Einmischen des gesellschaftlich vermittelten Ichgefühls kein Problem mehr. Sollte einem in diesem Moment der Gedanke kommen: „Jetzt habe ich den großen Geist berührt.", dann ist zu viel Ich hineingemischt und man bricht die Übung besser ab und fängt ein andermal etwas nüchterner von vorne an. Gleichzeitige Stärkung und Schwächung des Ichs in der Meditation funktioniert fast wie von selbst.

---

[2] Blick auf Horizont: Das ist ein Trick, den ich von Castañedas Don Juan gelernt habe.

7.3.2 Ichschwächung und -stärkung durch selbstgemachte Theorie

Das Stärkungsbeispiel aus dem vorherigen Absatz, tiefe Meditation und Öffnen der Augen, erlaubt einen Übergang zur Theorie, weil die möglicherweise vorhandene Gewohnheit, sich vom Geist berührt zu fühlen, am besten durch Theorie bekämpft wird.

- Schwächung der Icheinbildung

Wenn die erste Fähigkeit der Meditation darin besteht, das Körpergefühl zu stärken und das Ich aufzulösen, dann ist die wesentlichste Fähigkeit der Theorie sicher, den Wirklichkeitsdefiziten der Ichinnensicht entgegenzuwirken durch die vermittelnde Repräsentation der Außensicht, des Blicks auf die nahtlose Natur der Dinge. Hier ist vor allem die naturwissenschaftliche Perspetive gefragt, die beim Blick auf unser Gehirn nur informationsverarbeitende Prozesse diagnostizieren kann, in denen es keinen Platz für ein frei sich entscheidendes Ich geben kann. Kurz, aus der Sicht der Theorie gibt es erst gar kein metaphysisches Ich, Theorie folgert also leicht: Das Gehirn bildet sich das Ich nur ein (wie man es auch mit Geistern tun kann). Wenn man sich also bei Geist- oder Ichprojektionen erwischt (ein Beispiel aus dem Alltag: man will jemandem aus Ärger eine persönliche Schuld zuschieben), dann ist eine Erinnerung an die kompromisslose Sicht der Theorie sicher hilfreich. Die Übung lässt sich auch kombinieren mit dem beruhigenden und stärkenden Blick auf den Horizont, weil wir mit mehr Selbstwertgefühl besser zur einmal erkannten Theorie stehen können. Diese Kombination macht auch sehr schön deutlich, wie verwoben und komplex die Aufgabenstellung von gleichzeitiger Stärkung und Schwächung des Ichs ist. Jeder Einzelne muss diese Linie für sich immer wieder neu finden.

- Stärkung des Ichs durch Theoriebildung

Genau wie bei der Meditation ist die Stärkung des Ichs bei der Theorie nicht selbstverständlich: Wie kann das Aufbauen oder Erinnern von Theorie das metaphysische Ich stärken, da ihre Hauptaufgabe doch darin besteht, Metaphysik zurückzudrängen und durch Ergreifen von Wirklichkeit zu ersetzen? Aus meiner persönlichen Erfahrung kann ich vorsichtig die These aufstellen, dass - je länger, je mehr -

gehalten werden muss: Ich habe oft versucht, mich in die Perspektive von Darwin oder Nietzsche zu versetzen, die mit ihrer Sicht am Anfang auch sehr alleine dastanden. Man muss sehr tief gründen, um dem Druck mit seiner Sicht standhalten zu können: Bei Darwin half die überwältigende Beweiskraft seiner in der Natur gefundenen Belege, bei Nietzsche war es der konsequente Blick in sein Innerstes, der einen gewissen Sog zu immer mehr Ehrlichkeit und Tiefe mit sich brachte. Mir fallen die ersten Zeilen seines berühmtesten Gedichts ein: »Oh Mensch! Gib acht! / Was spricht die tiefe Mitternacht? / „Ich schlief, ich schlief -,/ „Aus tiefem Traum bin ich erwacht: - / „Die Welt ist tief, / „Und tiefer als der Tag gedacht. / „Tief ist ihr Weh -, / „Lust - tiefer noch als Herzeleid: / „Weh spricht: Vergeh! / „Doch alle Lust will Ewigkeit -, / „,- will tiefe, tiefe Ewigkeit!"« (Kröner ISBN: 3-520-07517-2, S. 359) Inniger kann man nicht sprechen.

das gesellschaftlich geforderte Überleben meiner Icheinbildung wesentlich von der Theoriebildung getragen wurde. Das über Jahrzehnte währende einsame Arbeiten an einem solchen Buch - und den Theoriefragmenten im Kopf durch den Alltag hindurch - löst auf vermutlich unvermeidbare Weise das Gefühl aus: Das ist *meine* Theorie, die habe *ich* aufgestellt. Dieses Gefühl ist natürlich umso stärker, je stärker sie gegen eine Mehrheitsideologie gehalten werden muss. Man könnte sagen, dass die Theoriebildung der letzte Rettungsausweg meines Ichs war, weil die feministische Zeit mir als Mann fast alle anderen Wege versperrt hatte. In der metaphysischen Zeit hatte der Mann sich mit dem Geist identifiziert (*infiziert* passt auch gut) und es galt und gilt, diesen Weg zu Ende zu gehen.

- Stärkung des Ichs durch Selbstbehauptung mit Theorie

Doch nicht nur die Produktion von Theorie wirkte ichvergrößernd, sondern auch die Selbstbehauptung in der Kommunikation mit Hilfe von Theorie. Woher nimmt man den Mut, wieder mal von Ichgläubigen umgeben, sein Argument hoch zu halten? Es braucht ein großes Zutrauen zur *eigenen* Theorie, die man *selbst* gemacht hat, auf die man stolz ist. Das Ich muss sich notgedrungen hoch aufrichten und weit hinauswagen. Bevor man sich mit anderen auf solche Übungen einlässt, müssen einige elementare Einsichten allerdings schon tief im Gefühlshaushalt abgelagert sein, wie beispielsweise die Einsicht, dass die Theorie-Praxis-Unterscheidung nicht mehr haltbar ist, dass man vom ganzen Sein getragene Perspektiven braucht, dass theorievermittelte Sicht direkt ins Leben wirkt.[3]

7.4 Ich muss mein Leben ändern[4]

Aus der Sicht der Königswege Meditation und Theoriebau sieht es - mit einem gewissen Recht - so aus, als ob die Überwindung der Angst, das Gehen des eigenen persönlichen Auswegs, der richtigen Stärkung und Schwächung des Ichs, eine machbare Sache wäre. Doch erstens sind die beiden Säulen nicht von selbst nachhaltig - sie müssen immer aufgefrischt werden -, und zweitens sind ihre Beiträge, das

---

[3] Ins Leben wirkt: Zu einigen dieser erkenntnistheoretischen Voraussetzungen, den Grundsteinen meines Theoriegebäudes, mehr im Teil II, *Theoriebaukasten*.
[4] Die Formulierung *Ich muss mein Leben ändern* erinnert nicht zufällig an den Titel des Buches von Peter Sloterdijk *Du mußt dein Leben ändern*, denn im Teil IV, *Leseübungen*, gehe ich ausführlich auf dieses Buch ein.

Leben des Übenden zu ändern, nicht immer offensichtlich und voller Überraschungen. Also beschäftigen wir uns jetzt direkt und explizit mit dem Thema, wie ich mein Leben ändere.

- Die Suche selbst ist nicht die hinreichende Lösung

Hat man einmal verinnerlicht, welche Auswirkung es auf den Einzelnen haben kann, sich nur noch von dem tragen zu lassen, was sich durch größtmögliche Wirklichkeitsnähe auszeichnet, dann liegt es nahe, die Wirklichkeitssuchperspektive selbst schon für den Lösungsweg zu halten. Vor allem, wenn man keinen anderen Machtausweg mehr gefunden hat - wie es mir und vielen männlichen Erfahrungsgenossen ergangen ist -, als die eigene Identität, das eigene Selbstwertgefühl daran aufzuhängen, den Weg der Wirklichkeitssuche zu gehen, dann fällt man leicht darauf herein, die Selbstbehauptung in kollektiven Erklärungsprozessen als den hinreichenden Lösungsweg zu begreifen.

- Das Leben ändern

Doch der Lebensprozess währenddessen das Buch entstanden ist, hat mir selbst vor Augen geführt, dass weder die guten Erklärungen, noch die Meditationen alleine der Lösungsweg waren: Ich musste in vielen konkreten Zusammenhängen mein Leben ändern. Es gab also ein sich ständig wechselseitig beeinflussendes System: die fließende Theoriebildung, die im täglichen Leben sich ergebenden Meditationen und die praktischen Änderungen des Lebens in Verbindung mit meiner Umwelt (Beruf, Familie, Freunde, soziales Engagement, Politik, Sport, Gesundheit, Sucht usw.). Wenn ich meinen Blick nach innen richte und mir die Frage stelle, wie kann ich *mich* ändern, dann muss ich auch mein Sein in der Welt ändern, also alle Bereiche mit denen *Ich* in Verbindung stehe, mit denen *Ich* resoniere.

- Dritte Säule oder Fundament bei jedem Einzelnen?

Bisher habe ich von den beiden Säulen *Meditation und Theorie* meiner Weltbildtheorie gesprochen, die ich in diesem ersten Buchteil darstelle. Wenn ich nun davon spreche, dass und wie ich mein Leben ändern muss, könnte man diese Sicht auch als eine dritte Säule verstehen, soweit man spezielle Techniken für das Ändern des Lebens ausmachen kann - was wir in diesem Kapitel immerhin versuchen. Doch die notwendig verallgemeinernde Theoriebildung hat bei der Integration von Techniken zum Ändern des Lebens doch erhebliche Grenzen. Wenn schon aus meiner Sicht die

Theorie von jedem selbst individuell gestaltet werden muss, so müsste das erst recht für *praktische* Umsetzungen gelten. Doch nach meinem Verständnis von perspektivischer Theorie wird mir bei dieser Gegenüberstellung von Theorie und Praxis eher unwohl, weil ich bisher vor allem plausibel machen wollte, wieso ich erwarte, dass eine bessere Theorie und durchdachte Meditationstechniken mein Leben sowieso verändern. Ich werde mich in diesem Kapitel also auf die wenigen Aspekte beschränken, die vermutlich generell für ein Leben nützlich sind, innerhalb dessen man die Perspektive in Richtung auf höhere Wirklichkeitsnähe verschieben will.

7.4.1 Es braucht zusätzliche Energie für neue Wege

- Eine Einsicht muss ertragen werden

Der Balanceakt zwischen Stärkung und Schwächung des Ichs aus der individuellen Sicht ist also nur in enger Verwicklung mit dem Leben selbst zu bewerkstelligen. Schon Nietzsche hat das im Zusammenhang mit seiner perspektivischen Philosophie gewusst: Verschiebungen der Perspektive auf die Welt - und sich selbst - muss man mit der überschüssigen Kraft seines Daseins aushalten können. Einsichten kommen nur, wenn man sie einerseits zur Bewältigung des Lebens gebrauchen und andererseits mit der Gesamtheit der Psyche ertragen kann.

- Energiesparen bei den alten spirituellen Meistern

Auch bei den Bemühungen, mehr Energie für eine Perspektivenverschiebung zu bekommen, können die alten spirituellen Techniken als Vorbild dienen. Jeder seriöse Lehrer, den ich persönlich erlebt oder von dem ich gelesen habe, der seine Schüler auf neue Wege führen wollte, wurde nicht müde zu betonen, dass wir Lebensweisen finden müssen, bei denen nicht der Alltag alle unsere Energien verbraucht. Nur mit überschüssiger Energie können wir Änderungen herbeiführen. Am Anfang fällt das folgerichtig sehr schwer, weil man den tradierten Gewohnheiten folgend am Ende des Tages meistens keine Lebensenergie mehr übrig hat. Zunächst braucht man also ein großes Motiv in Form eines entsprechenden Leidensdrucks, der aber nicht so groß sein darf, dass er uns zerbrechen könnte (was oft vorkommt). Auf der Suche nach Erleuchtung durch einen Geist war es daher naheliegend, sich aus der „Welt" herauszunehmen und in die Wüste oder in ein Kloster zu gehen. Erst die säkulare Ichsicht zeigt uns, dass wir auf keinem Weg die Welt verlassen können, weil wir das metaphysische Ich als Kern des Problems überall hin mitnehmen und mit der Geistprojektion selbst in größter Abgeschiedenheit sogar immer neu auffrischen - je näher man sich dem Geist fühlt, umso größer wird das Ich. Der Weg führt also durch ein tatsächliches Leben in dieser Welt mit möglichst kleinen, dem Ichwahnsinn geschuldeten Selbstzerstörungstendenzen.

- Energie sparen

Das Problem mit dem Energiesparen im nachmetaphysischen Leben besteht darin, dass es praktisch keine allgemeingültigen Regeln gibt. Natürlich gelten ethische Universalregeln wie die, dass man möglichst niemandem etwas antut, was man selbst nicht erdulden möchte, oder Menschen die Hilfe gewährt, die man in ähnlichen Situationen gerne selbst bekommen hätte. Doch erstens gelten immer Ausnahmen - es kann zum Beispiel notwendig werden, jemanden zu töten - und zweitens kommt es immer auf die speziellen Bedingungen an. Und zu diesen Bedingungen gehört immer, dass wir uns ein Ich einbilden und diese Einbildung braucht Kompensationen von Wirklichkeitsdefiziten, die immer zu irgendwelchen Süchten führen. Empfehlungen, typische Süchte wie Alkoholtrinken oder Zigarettenrauchen einfach sein zu lassen, dienen mehr dem Ich desjenigen, der die Empfehlungen ausspricht, als dem, der nach Energielecks sucht. Vielleicht ist ja der mäßige oder hin und wieder über die Stränge schlagende Alkoholkonsum ein ausgezeichnetes Mittel, um das Ich in einer illusionären Schwebe zu halten und es gleichzeitig in kulturelle Gewohnheiten einzubinden. Gleiches ließe sich sicher von anderen Standardsüchten wie Nikotin- oder Fernsehkonsum sagen. Fazit: Jeder muss die Entscheidungen, welche Süchte er wann oder wo, dauerhaft oder vorübergehend aufgeben kann, selbst treffen.

- Diät, Sport und Ichgefahr

Das Gesund- und Fithalten des Körpers gehört sicher zu den Bereichen, die man immer empfehlen kann, um nicht unnötig Energie zu verlieren. Schon Nietzsche hat sich mit der Frage der für ihn passenden Lebensmittel beschäftigt und hat sich ein ausgiebiges Wanderprogramm in den Bergen gegönnt, um belastbar zu bleiben. Aber auch hier gilt der vorsichtige Umgang mit der Sucht. Auch der Verzicht auf Nahrungsmittel oder exzessiver Sport kann schnell süchtig machen und damit dem Ich Spielraum geben. Genauso können Selbstvorwürfe bei Übergewicht oder Bewegungsmangel schnell vom Ich besetzt werden. Es kann klüger sein, übergewichtig zu bleiben, um damit dem Ich einen Wirkungsraum zu entziehen. Mit der Zeit kann sich eine Art Metaebene etablieren, von der aus die Psyche immer ein wachsames Auge auf das Ich richten kann, damit die anvisierten Energieeinsparungen nicht gleich wieder von Ichaufblähungen absorbiert werden. Ich hoffe, es ist deutlich geworden, dass aus der von mir empfohlenen Perspektive so etwas wie Lebensberatung nicht möglich ist. Die Ratgeberliteratur dient möglicherweise mehr dem Ich des Autors als dem Wohlergehen des Lesers. Doch auch bei solchen Aussagen ist Vorsicht geboten, denn das Schreiben oder Lesen von Ratgeberbüchern kann genauso eine geschickte Ichstärkungsstrategie sein, wie ich es mit meinem Buch auch verfolge. Wichtig ist nur, dass der Einzelne seine ganz eigene Strategie aufbaut und verfolgt, um sein Leben zu ändern. Das Ziel meiner Lebensveränderungen habe ich mir mit Hilfe meiner Weltbildtheorie erarbeitet. Das von mir vorgeschlagene Grundgesetz, dass man die Theorie über das eigene Leben zwingend selber entwickeln muss, gilt damit erst recht für die Veränderungsstrategien.

7.4.2 Reintegration der vermeintlich übermenschlichen Kräfte

- Die Kräfte der Gehirne, eine Erinnerung

Ich erinnere an eine Grundaussage meines Theoriegebäudes: die Wirklichkeit des Ichs im kollektiven Resonanzraum. Aus dieser Sicht sind die Geist- und Ich-Projektionen zwar nur informationelle Ereignisse, aber ihnen liegen tatsächliche menschliche Fähigkeiten zugrunde, die sich in ihrer fließenden Kommunikation zeigen. Vereinfacht wirken folgende Fähigkeiten des menschlichen Gehirns dafür zusammen: die Simulation, die Projektion, die Identifikation, die symbolisch vermittelte resonierende Kommunikation und die riesige Speicherkapazität jedes einzelnen Gehirns, in der die Gesamtheit der ankommenden Informationsflüsse gespeichert werden kann. Wesentliche Teile dieser Eigenschaften werden wegprojiziert auf Geister im Jenseits beziehungsweise auf das metaphysische Ich. Auf diese Weise werden Teile der vertikalen Intelligenz nicht mehr dem Individuum zugeschrieben, sondern überirdischen Kräften. Wenn wir diese erstaunlichen Kräfte zusammenfassend benennen wollen, können wir sagen: Durch die Fähigkeit, Welt in jedem Kopf simulieren zu können, kann ein perspektivischer Punkt projiziert werden, von dem aus wir ein Ganzes unserer Welt erkennen können. Wir identifizieren uns mit dieser *unseren* Welt als einer mit den anderen Menschen geteilten, gemeinsamen Welt. Die Durchsichtigkeit der Egotunnelwände, die im Wahrnehmungsprozess liegende Unfähigkeit, die Simulation zu erkennen, erzwingt die Projektion der Gemeinsamkeit und die erstaunliche Identifikationskraft. Doch die Gemeinsamkeit, die hohe Ähnlichkeit der Simulation, ist keine Einbildung, sondern entspricht der Tatsache, dass die Welt da draußen wirklich, im wahrsten Sinne durch ihre Unabhängigkeit von unserer Wahrnehmung *verbindlich* existiert und unsere Gehirne über die Sinne auf hochgradig ähnliche Weise programmiert. Die tatsächlich immer ablaufende informationelle Resonanz der Gehirne bildet den fließenden Raum für diese Gemeinsamkeit. Solange die Menschen sich diese physiologischen Prozesse nicht vorstellen konnten, waren sie praktische gezwungen, die Gemeinsamkeit der geteilten Welt auf Geister und metaphysische Ichs zu projizieren und abzuspalten.

- Reintegration

Wenn diese überirdischen Phänomene aber tatsächlich auf menschliche Fähigkeiten zurückführbar sind, wenn die Perspektiven auf ein Ganzes der Welt von uns selbst eingenommen werden können, dann können wir das projizierte göttliche Auge zu uns zurückholen und einen Blick auf das Ganze werfen. Da sich alles in mir selbst, in meinem Körper ereignet, kann ich die göttliche Freiheit umwandeln in eine Innenschau, die mir meine tatsächlichen Spielräume zeigt. Unsere Abhängigkeit von der Welt, die Ängste vor dem alleingelassen werden, wandeln sich in ein aufgehoben sein. Die eingebildete Göttlichkeit der Welt sollte unsere Welt zu einer Funktionseinheit zusammenfügen und uns selbst das Gefühl von Macht und Freiheit geben, doch die

Rücknahme der Projektion zeigt mir, dass ich schon in einem Ganzen mit meiner Umwelt eingewoben bin, und dass ich gleichzeitig individuelle Entfaltungsspielräume habe, die mir die metaphysische Hierarchie bisher verboten hatte.

- Das Ganze sehen, statt zu beherrschen, und die Spielräume nutzen, statt sich von der - vermeintlichen - Macht der anderen zu befreien

Das projizierte göttliche Auge lehrt mich, dass ich das Ganze meiner Welt in eine Theorie integrieren kann. Die eingebildete Freiheit des Ichs lehrt mich, dass ich im Zustand der Meditation die Projektionen und Identifikationen ein Stück loslassen kann, um ganz bei *mir* zu sein und die Interessen meiner körperlichen Individualität besser erkennen zu können. Die Ehrfurcht des Ichs vor dem Göttlichen und sein Zwang zur Macht einerseits und andererseits zur Befreiung von der Macht der Anderen können sich wandeln in eine Bewunderung der Fähigkeiten des menschlichen Psychoapparats, der zum Erstaunlichsten gehört, was die Evolution der Lebewesen hervorgebracht hat.

- Mein Leben

Die Reintegration der vermeintlich göttlichen Kräfte gehört sicher zur wichtigsten Änderung meines Lebens. Dieser lange Prozess findet im Schreiben dieses Buches nur einen vorläufigen Höhepunkt. Doch die Tiefe der Veränderung erweist sich dort, wo mein Leben neue Bahnen findet. Die Suche nach neuen Wegen ist nicht die Lösung, aber das Etablieren der Reintegration der vermeintlich göttlichen Kräfte als dauerhafte Übung hat mein Leben wie von selbst auf neue Wege geführt. Im nächsten Kapitel gehe ich auf die Besitzbeziehung als Beispiel ein, wie man das Leben ändern kann. Dann schauen wir uns Theoriebildung und Meditation im angesprochenen Sinne nochmal genauer an unter der Frage, wie sie mein Leben verändern können.

7.4.3 Hilfe aus der Kultur: die Partnerschaft als Übungsraum

Als ich Schule, Elternhaus und die erste Freundin verlassen hatte und die Freiheiten des Studentenlebens genießen konnte, wurde mir bald klar - begleitet von der ganzen 68er-Bewegung -, dass die Familie der Kern unseres gesellschaftlichen Übels ist. Die dort eingeübten metaphysischen Ausrichtungen und Besitzstrukturen, die dort gelernte Gier nach Macht und Freiheit, können nur überwunden werden durch eine Auflösung der Familie. Bis zu meinem fünfundvierzigsten Lebensjahr habe ich mich auch daran gehalten, was allerdings auch mit viel Alleinsein bezahlt werden musste. Auf der Suche nach neuen Lebensformen hat mich eine spirituelle Orientierung zuerst in ein Zenkloster und dann in eine tantrische Lebensgemeinschaft mit offener Sexualität geführt. Die Lebensgemeinschaft wurde geleitet von einem Psychotherapeuten, der auch mit den meisten Mitgliedern Psychotherapie machte. Doch das wichtigste Medium waren psycholytische Reisen, die uns im Sinne von Castañedas Don Juan auf neue Wege führen sollten. Ich möchte hier nicht näher darauf eingehen, wie die Entwicklung zur Sekte mich nach Jahren vertrieben hat, sondern auf einen Rat, den der Therapeut mir gegeben hat und der mein Leben tatsächlich massiv verändert hat.

- Geh in die Höhle des Löwen und lass dich auf eine Familie ein

Der Rat ist mit der Absatzüberschrift hinreichend zusammengefasst. Ich habe den Rat befolgt und kam so an die tiefsten Verletzungen aus meiner frühen Kindheit, die sich plötzlich in der Mitte meiner Partnerschaft als dauerhafte Leidquellen etablierten. Das Konzept der ins Leben integrierten Psychotherapie ging auf: Psychotherapie als Weg. Doch der nun offenliegende kleine Junge in meinem Bauch bekam in seiner Beziehung zur Mutter nicht nur das Leid, sondern auch die befreiten sexuellen Freuden.

- Familie und Ehe als idealer Übungsraum

Wenn man sich die allgemeine Frage stellt, in welchem Raum der Kultur sich das komplexe Handwerk der Stärkung und Schwächung des Ichs am besten üben ließe, dann fällt die Antwort leicht: Die in die Familie mit Kindern integrierte Ehe bietet einen Konfrontationsraum für Ichs (vor allem für Mann und Frau, die Scheidungen zeugen davon) bei gleichzeitigen inneren Anziehungs- und Zusammenhaltkräften. Die Intimität des Familieninnenraums sorgt dafür, dass diese auseinanderdrängenden und zusammenhaltenden Kräfte nicht vollständig in den Untergrund verdrängt werden können, wie es zum Beispiel am Arbeitsplatz normalerweise der Fall ist. Die Ichkräfte sind in diesem Spiel die stabileren, von der Kultur gestützten Kräfte. Will man Scheidung verhindern, muss man sich stärker um die zusammenhaltenden Kräfte kümmern.

Familie und Ehe: Es sollte noch erwähnt werden, dass in der tantrischen Lebensgemeinschaft die Familie nicht der alleinige Übungsraum war, es gab auch starke polyamore Strukturen, durch die die Grenzen der Ehe immer aufgelöst wurden. Wie ich selbst auch erfahren musste, hat die isolierte Ehe meistens mehr geschadet als genutzt.

III. Aus meiner Sicht

- Die hohe Liebe als Falle

Der größte Feind dabei ist die Neigung der Ichs, sich auf eine überhöhte, übermenschliche Liebe zu beziehen. Die <u>Verbindung zwischen dem Göttlichen und der Liebe</u> (deus est caritas) ist so alt wie das Ich und hat sich in der humanistischen Offenbarungszeit in die metaphysisch aufgeblasene Menschlichkeit zurückgezogen. Man kann diesen Schritt auch als eine Psychologisierung der Liebe betrachten mit der Konsequenz, dass die alte Kampfaussage „Du liebst mich nicht mehr" nun auch in einer konkreteren Form geäußert werden kann: „Du bist beziehungsunfähig". Für die Logik des metaphysischen Ichs ist der Unterschied natürlich nicht sehr groß. Wenn wir die Beschwörung der Liebe in fast jedem Schlager oder Popsong und die hohe Bedeutung der sexuellen Liebe in der Werbung zum Maßstab nehmen, dann können wir davon ausgehen, dass die hohe Liebe der Kern und Motor in der herrschenden humanistischen Religion ist. Das Ich kann daran glauben, dass seine Wirklichkeitskraft gerade daran zu messen ist, in welchem Maße es liebesfähig ist.

- Die Familie als Übungsraum für ichfreie Anziehungskräfte

Glücklicherweise gibt es in Beziehungen (leicht spürbar in der Bindung zu Kindern) Bindungskräfte, die nicht auf die metaphysischen Beschwörungen der Ichs angewiesen sind. Oxytocin und andere Hormone leisten ihren Beitrag, doch die stärksten Identifikationskräfte entstehen im Gehirn selbst, denn meine Kinder und mein Partner sind tausendfach in meinem Gehirn gespeichert. Wenn wir uns die soziale Seite der Ichs vergegenwärtigen, so kann ich für mich folgern: Ich bin diese anderen in der Familie. Die Körper sind in den vielen Resonanzen geradezu miteinander verklebt. Daraus folgt: Erstens brauchen wir die Bindungskraft der Ichliebe nicht, und zweitens fühlt sich die Pseudoindividualität der Ichs von den tatsächlichen Bindungen der Körper nur bedroht. Die <u>Übung für den Zusammenhalt</u> der Partnerschaften lautet also: Erstens nicht mehr von der Liebe reden, sie darf offen als metaphysische Konstruktion kritisiert werden, zweitens, aus der Sicht des Einzelnen, sich auf die unzerstörbare Individualität des Körpers besinnen und auf dessen Bedürfnisse hören, wie beispielsweise die nach Alleinsein, Stille, Meditation, aber auch nach körperlicher Berührung und kopflosem Sex (befreit von Liebe und Fetischen), und drittens jede Gelegenheit nutzen, die

---

<u>Verbindung zwischen dem Göttlichen und der Liebe:</u> In der damaligen Lebensgemeinschaft wurde die spirituell überhöhte Liebe zu einem Superklebemittel hochstilisiert. Die Tatsache, dass eigentlich die ganze Kultur diesen Ichweg geht, wurde verdrängt, so dass die Zuweisung von Nähe oder Ferne zur Liebe zum idealen Hierarchisierungsmittel werden konnte. Diese Besonderheit gab natürlich auch der Ichbildung einen besonderen Schub. Sekten produzieren besonders große oder besonders kleine Egos.

<u>Übung für den Zusammenhalt:</u> Ein kleines Beispiel für ichfreie Kommunikation. Ihr Partner/Partnerin fragt Sie in einer Konfliktphase, warum Sie momentan die Sexualität verweigern. Sie antworten darauf: Mein Ich tut gar nichts. Offensichtlich ist mein Psychohaushalt zu dem Ergebnis gekommen, dass Sexualität mit ihr/ihm gerade nicht gut für meine Psyche ist. Sicher gibt es auch Teile in meinem Psychosystem, die sich wünschen, meine ganze Psyche könnte zur Sexualität zurückkehren.

Der Sinn der ichfreien Antwort ist ganz klar: Wenn wir beim Ich bleiben, zermürben wir uns im Krieg, weil wir eine Schuld jeweils dem Anderen zuschreiben (oder sogar uns selbst) und er doch vermeintlich die Freiheit hat, sich für das gute Beziehungsverhalten zu entscheiden. Die ichfreie Sicht hingegen fordert dazu auf, sich gemeinsam über die jeweiligen Psychen zu beugen - wie Wissenschaftler - und eine Metaaussichtsplattform zu entwickeln, auf der man gemeinsam Einigungsverträge formulieren kann. Wenn sich diese Art der Kommunikation etabliert hat und wir mit *Ich* immer den Ergebnisraum der Gesamtpsyche verstehen, wird man vermutlich wieder gefahrlos zu den Ichformulierungen zurückkehren können.

Besitzansprüche der Ichs zurückzudrängen (die Körper kennen keinen Besitz, nur Berührung und Bindungsgefühle).

- Der große Vorteil dieser Partnerübung

Das Schöne an dieser Übung ist nun, dass nicht nur - unter Umständen - die Scheidung abgewendet werden kann, sondern aus der Sicht des Einzelnen sich sein Leben in der gewünschten Form ändert: die richtige Stärkung des Ichs (ich bin das Paar), und die richtige Schwächung des Ich (meine Liebesideologie und mein Besitzanspruch schaden). Außerdem können wir bei der Ichübung in der Partnerschaft auch massiv eine Hilfe aus der Kultur in Anspruch nehmen, weil die Ehe durch die Traditionen in der Kultur einerseits eine Zusammenhaltekraft erfährt, andererseits die immanente Sprengkraft des offenbarten Ichs sich nirgendwo sonst so deutlich zeigt: Zwei Ichs werden auf engstem Raum aufeinander losgelassen, wobei die tradierten Rollen im Partnerschaftsraum selbst dafür keine Lösung hatten und haben. Die Kultur stellt selbst mit der immer noch populären Familienehe den Raum zur Verfügung, der zur Überwindung des freien Ichs und der Metaphysik einen großen Teil beiträgt. Das funktioniert ja auch dann, wenn die Beteiligten sich der Funktion des Ichs nicht bewusst sind - wenn auch mit hohen Reibungsverlusten: Das Leid der Scheidungen und Vereinzelungen zermürben die Ichs (der zunehmende Ekel an der aufgezwungenen Werbung hilft dabei).

7.5 Der Umgang mit der Eitelkeit

Sie, werter Leser, der mir bis hier gefolgt ist, werden mir sicher darin zustimmen, dass - wie in Kapitel I.6. schon angesprochen - die Eitelkeit vermutlich das wirksamste Tor war und ist, durch das die Herrscher mit ihren Verführungen auf unseren Glauben an das freie Ich eingewirkt haben. Wie auch schon gesagt, gehört die Eitelkeit vermutlich zu den genetischen Grundausstattungen wie Stolz oder Gefühle von Überlegenheit. Sicher ist aber auch, dass die Verbindung von Icheinbildung und Eitelkeit eine schwer beherrschbare Einheit darstellt, mit der wir leicht an der Nase herumgeführt werden können. Vielleicht ist ja Eitelkeit, so wie wir sie heute verstehen, gleichbedeutend mit Icheitel-

keine Lösung: Wir erinnern uns: Der Innenraum der Familie wurde durch die Frau besetzt (womit sie auch für die Steuerung der Eheinnenbeziehung zuständig war), während der Mann auf der Grenze zwischen Gesellschaft und Familie seine Aufgaben fand. Das heißt, die klassische Lösung hat die Ichs einfach auseinandergehalten. Spätestens beim Thema Besitzanspruch wird auch deutlich, dass diese Übung so oder so darauf hinausläuft, dass die Familie sich auflöst und die Paare neue verbindliche Sozialräume suchen, wie zum Beispiel die erwähnten polyamoren Querverbindungen.

großen Teil beiträgt: Die Familie ist gleichzeitig mit der Geistprojektion ins Jenseits, mit dem freien Ich, mit dem persönlichen Eigentum entstanden als der tragende Kern des metaphysischen Zeitalters. Insofern ist es nicht verwunderlich, dass der richtige Umgang mit den Fliehkräften des Ichs besonders gut in der Familie trainiert werden kann - solange es sie noch gibt.

keit, weshalb ich im Zweifelsfalle mit Eitelkeit die Icheitelkeit meine. Was auch immer wir also in unserem Leben ändern, um dem Ichwahnsinn immer wieder ausweichen zu können, wir werden unsere Eitelkeit dabei sehr genau im Auge behalten müssen. Aus diesem Grunde zu diesem Aspekt ein eigenes Kapitel.

- Die Eitelkeit und das Ich

Was also Eitelkeit auch immer sein könnte, für uns ist sie vor allem ein kultureller Effekt des metaphysischen Ichzeitalters. Erst das prekäre Sein des Ichs bringt einen Bedarf nach eingebildeter Selbsterhöhung mit sich, der flächendeckend für alle Individuen gilt. „Der bildet sich was ein." ist eine synonyme Formulierung für: „Der ist eitel.". Wir haben viel vom eingebildeten Ich gesprochen. Man könnte auch sagen, das Ich ist der Einbildungsinhalt schlechthin. Auf der anderen Seite ist es auch verständlich, dass die Menschen diese Eigenschaft zu einem dominanten Merkmal entwickeln, weil man sie als ein Nebenprodukt der Wirklichkeitsprojektion sehen kann, zu der unser Gehirn gezwungen ist. Solange man freilich gar nichts von Projektion weiß und die Welt und die Dinge für beseelt hält, kann nur eine Eitelkeit aufkommen, die vielleicht den Stammesführer vom Rest der Gruppe unterscheidet oder mit der ein Einzelner sich über bestimmte Fähigkeiten von anderen abgrenzen kann. Doch für die Mehrheit und die meiste Zeit des Tages gibt es keine Notwendigkeit für eitle Überheblichkeit. Sobald sich aber der Mensch zwischen Dinge und Geister gestellt hatte, brauchte es - bewusst oder nicht - einen erheblichen Mut, um der Wirklichkeit zu trauen, wie man sie gerade selber wahrnimmt. „Hab Selbstvertrauen! Du kannst das." sind Sätze, die wir von Erziehern gehört haben und/oder an uns selber richten, und sie meinen nichts anderes, als dass wir Mut aus dem Nichts - oder dem Ich - schaffen sollen. Wir müssen uns blind etwas zutrauen. Genau das ist die problematische Icheitelkeit, die uns zwar heraushebt, aber durch die Wirklichkeitsverluste auch mit Unsicherheit erfüllt.

- *Die Geistprojektion ins Jenseits ist die Urmutter aller Eitelkeit*[5]

Diese Behauptung könnte auch als ein weiterer Untertitel des Buches erscheinen. Das Buch ist also auch zu lesen als

---

[5] Dieser Absatz ist eine Zusammenfassung des Eitelkeitsarguments, wie es im Kapitel II.4, *Das Unerkennbare aushalten*, als Baustein des Theoriebaukastens präsentiert wird.

eine Antwort auf die Frage, warum der folgende Satz stimmt: „Die Geistprojektion ins Jenseits ist die Urmutter aller Icheitelkeit." Dieser Satz ist also eher eine Feststellung, die es im Buch zu erklären gilt. Sie folgt ganz einfach aus der vorausgesetzten naturalistischen Sicht, nach der es „draußen" keine Geister geben kann. Was kann ein Mensch also bezwecken, wenn er doch einen Geist projiziert - unbewusst - und zwischen ihm und dem Geist auch noch - bewusst - eine Verbindung sieht (den Geist also mit bestimmten verwandten Eigenschaften zu kennen glaubt)? Es ist die Urform der eingebildeten Selbsterhöhung. Der Preis für diese Eitelkeit ist ein dramatisches Wirklichkeitsdefizit, von dem der Betroffene von nun an geradezu verfolgt wird (Andersgläubige müssen wie in Panik ermordet werden). Das Ich ist die Kristallisation und der Zweck dieses eitlen Zustands zwischen Himmel und Erde. Und dieser Zweck heiligt das Mittel und rechtfertigt das Risiko.

- Die Eitelkeit ist auch das Beste in uns

Castañedas Don Juan, der in Anlehnung an die Weisen aller Zeiten auch die Eitelkeit als unseren größten Feind beschrieben hat, hat irgendwo den interessanten Satz geprägt (sinngemäß), dass die Eitelkeit auch das Beste in uns ist. Diese Aussage hat sich mir tief eingeprägt, ohne den gefährlichen Aspekt der Eitelkeit zu vergessen. Als ich dann das Ich an der Basis der Eitelkeit entdeckte, zeigte sich einerseits aus der Sicht der kulturellen Evolution in der Hervorbringung des Ichs ein Sinn, der den Zerstörungsirrsinn wert war; andererseits konnte geklärt werden, warum aus der Sicht des Einzelnen sich das Wirklichkeitsdefizit lohnte, weil das Ich ein geschmeichelter Eigentümer werden konnte über den eigenen Körper, die Dinge, das Land und die anderen Menschen. Die eitle Selbstbehauptung wurde in uns Einzelnen zum besten Antrieb, zu einem genialen Motor, zu einem Motiv für waghalsiges Verhalten. Der Berührungspunkt zwischen dem Einzelnen und der Kultur spielte dabei eine entscheidende, sehr verführerische Rolle: Die entstehende Gesellschaft mit ihrer Hierarchie lockte mit hohen Plätzen auf der Leiter. Die Icheitelkeit lohnte in dieser Kultur das Risiko des Wirklichkeitsdefizits, weil die oberen Ebenen in der Hierarchie die Möglichkeit versprachen, das eigene Wirklichkeitsverständnis mit Macht durchzusetzen. Selbstbehauptung und kulturelle Entwicklung gingen ein phantastisches Bündnis ein. Nur unter dem

> Kulturelle Evolution stellen wir uns heute als einen ursprungs- und ziellosen Prozess vor, wodurch das Wort Entwicklung (wie sich der Halm aus dem Korn entfaltet), nicht mehr den Sachverhalt abbildet. Wir können also nur im Nachhinein aus der Sicht der ichoffenbarenden Kultur feststellen, dass es den Zerstörungsirrsinn wert war. Alles andere wäre zynisch gegenüber den milliardenfach zum Zwecke der Wirklichkeitsbehauptung ermordeten Menschen.

> Wirklichkeitsverständnis mit Macht durchzusetzen: Für jede Chefposition gilt das bis heute. „Sollen doch die anderen für wirklich halten, was sie wollen, meine Definition zählt." Diese Mechanik wird schon früh in der Beziehung zur Mutter bzw. zu den Eltern eingeübt.

Aspekt - zunächst auf die Götter projizierten - der Ichentfaltung, konnte die Eitelkeit gleichzeitig sowohl sehr gefährlich, als auch sehr lohnenswert sein. Die Projektionsschicht der Geister im Jenseits hat dabei auch eine gewisse Entspannungs- und Vermittlungsrolle gespielt. Heute ist die Spannung zwischen Wirklichkeitsdefizit und Selbstbehauptung sehr viel gefährlicher geworden. Der Kampf ums tägliche Ich wird härter. Die Eitelkeitskosten werden entsprechend teurer. Tatsächlich frisst die Ichausstattung in Verbindung mit Werbung und Konsumkultur mehr vom Produktivitätsfortschritt weg, als zum Leben übrigbleibt. Ablesbar an der Tatsache, dass das Leben immer stressiger wird und der Glücksgewinn immer mühsamer (Urlaub), was zwangsläufig die Frage aufkommen lässt, ob die Menschen im Steinzeitstamm (ohne Urlaub) nicht glücklicher waren. Die These, dass der Unterdrückungs- und Ausbeutungswahnsinn des metaphysischen Zeitalters sich durch die Hervorbringung des Ichs kulturell gelohnt hat, könnte sich unter Umständen nur dann erweisen, wenn wir mehrheitlich den Ichwahnsinn durchschauen und die negativen Auswirkungen abstellen (zum Beispiel durch die Abschaffung jeder passiv erlittenen Werbung). Kurz zusammengefasst: Da wir das Ich nicht durch eine Willensanstrengung überwinden können (performativer Widerspruch), sollten wir uns seinen wichtigsten Motor, die Eitelkeit, zum Freund machen und mit ihm auf den Rasen zum Spielen gehen.

- Meine *persönliche* Eitelkeit

Wenn ich so von der Icheitelkeit als Motor schreibe, kann ich mir leicht meinen eigenen Produktionsprozess als Beispiel vor Augen führen. Wie kann man sich mit einer Perspektive so weit aus einer Ichreligion erheben, dass sie überhaupt als Religion erkennbar wird? Wie sollte das gehen, ohne einen Glauben in mir, etwas wirklich Besonderes zu sein? Theoretisch weiß ich, dass das nicht stimmt und nicht stimmen kann, weil ich einfach nur ein Produkt von tausend Kräften bin, die mich durch mein Leben ziehen. Ich bin einfach nur ein Schicksal, wie Nietzsche sagte, das nun gerade dieses Buch schreibt. Doch wer auch immer erfahren hat, wie es sich anfühlt, lange Zeit gegen den Strom zu schwimmen, der weiß, dass man dafür ungewöhnliche Kraftquellen braucht: die Einbildung des persönlichen Besonderssein, eben der Eitelkeit. Wenn man den Vorgang nicht als Einbildungsprozess durchschaut, bekommt man

persönliche Eitelkeit: Man versteht den engen Zusammenhang von Persönlichkeit und Eitelkeit, wenn man mit der grammatischen Funktion und der Reihenfolge der Begriffe spielt: • die Eitelkeit meiner Persönlichkeit, • in meiner Eitelkeit ist meine Persönlichkeit das Wichtigste, • die eitle Persönlichkeit, • die Eitelkeit der Persönlichkeit. Bin ich persönlich denn eitel? Entweder eine naive oder eine rhetorische Frage. Entweder schaut man peinlich betroffen zur Seite oder bricht in schallendes Gelächter aus.

allerdings früher oder später ein Problem. Mir *persönlich* hilft dabei zum Beispiel die Erinnerung, dass ich auch schreibe, um Geld zu verdienen, das in meinem Lebensabend sonst sehr knapp werden könnte. Der Kampf ums Überleben ist eine phantastische Kraft zur Kontrolle der zum Überschäumen neigenden Eitelkeit.

8. Nochmal von vorne: Fokus Wirklichkeit

- Vorbemerkung

Dieses im Wesentlichen schon vor einigen Jahren formulierte Kapitel verschiebt den Fokus nochmal vom Ich auf die Wirklichkeit. Diese Verschiebung ist als solche eine Übung wert, weil wir im Alltag genötigt sind, sie täglich zu wiederholen. Denn tatsächlich sind wir gefangen zwischen der unabänderlichen Einbildung des eigenen Ichs und einer Wirklichkeit da draußen, in der wir als Individuum gleichzeitig vollständig enthalten sind. Sich immer wieder daran zu erinnern, dass es nur die eine Wirklichkeit gibt, ist eine sehr hilfreiche Übung, um einerseits den eitlen Einbildungscharakter zu bannen und uns andererseits an unser psychopolitisches Sein mit seiner eingebauten Verantwortung zu erinnern. Ein schöner Nebeneffekt des Kapitels liegt darin, dass Ihnen als Leser durchsichtiger gemacht wird, wie mich die Gedanken über die Wirklichkeit zur Einsicht in die Bedeutung des Ichs geführt haben, des Ichs als letzte Stufe und immer schon grundlegende Basis des metaphysischen Zeitalters.

8.1 Worum geht's? Die Wirklichkeit!

- Tod oder Wirklichkeit?

Wesentliche Teile des Buches sind nun verfasst und ich frage mich: Was ist eigentlich der tiefste oder allgemeingültigste Punkt, um den es in diesem Buch geht? Ganz inhaltlich gesehen, von allen erkenntnistheoretisch philosophischen Aspekten mal abgesehen? Zu meiner Überraschung kam mir eine Antwort in den Sinn: Nicht die Frage nach dem Tod ist die, die uns am meisten beschäftigt oder uns am tiefsten beunruhigt, sondern die Frage nach der

Wirklichkeit. Nicht wann, wie oder warum muss ich sterben, ist die zum wundesten Punkt führende Frage, sondern die Frage: Was ist die mich umgebende, mich bestimmende Wirklichkeit? Lasse ich mich blenden bei der Antwort auf diese Frage? Verführt mich die Tatsache, dass mein eigenes Leben für mich augenscheinlich das Wichtigste ist? Übernehme ich vorgegebene, überlieferte Muster, die mich in die Irre führen? Gibt es Sichten auf meine wirkliche Welt, die mir entgehen und die einzunehmen mich in einen Zustand peinlicher Betroffenheit versetzen, wenn ich Konsequenzen der Fehlsicht erleide? Jeder kennt solche Momente auf seinem Weg zum Erwachsenwerden. Es gibt den Nikolaus oder das Christkind oder den Klapperstorch gar nicht! Mein Vater ist gar nicht mein leiblicher Vater! Das hatte man nur aus guten und bestens versteckten Gründen die Kinder glauben lassen. Ganze Kulturen machen in ihrer Evolution solche ernüchternden Erfahrungen: Die Erde ist nicht der Mittelpunkt des Universums, umgeben von einem allwissenden Himmel. Die wirklichen Oberflächen sind nicht die, die mir meine Augen zeigen. Welche naive Anmaßung lag in solchen Sichten und Annahmen! Wie peinlich kindlich wirkt es heute auf uns, wenn wir in Dokumentarfilmen einen Blick in schamanische Kulturen werfen, die glauben, durch das Werfen von Knochen ihr Schicksal bannen zu können? Wieviel weiß ich tatsächlich über meine Wirklichkeit und vor allem: Was weiß ich alles nicht? Nach Jahrhunderten der naturalistischen Aufklärung scheinen wir an das Aufdecken immer neuer Wirklichkeitsschichten schon gewöhnt zu sein. Der moderne Mensch wächst mit einer Verunsicherung darüber auf, was seine Wirklichkeit ist.

- Wirklichkeitsverunsicherung

Doch am Ende der in diesem Buch gestellten Fragen und nach all den durchlebten perspektivischen Übungen komme ich zu dem Schluss, dass diese Verunsicherung tiefer geht, als wir ahnen. Genauer gesagt geht sie so tief wie unser aktuelles Zeitalter reicht: Seit zweieinhalbtausend Jahren der Geist- und Eigentumsprojektionen, dem Zeitalter von Metaphysik und Eigentum, bewegen wir uns in einem äußerst prekären, zerbrechlichen und wackeligen Verhältnis zur Wirklichkeit. Wird Europa jemals wieder eine kulturelle Epoche durchleben, in der Vernichtungskriege darüber geführt wurden, welche höchstmöglichen Sichten auf die

Wirklichkeit die wahren und wirklich richtigen sind? Welche Peinlichkeit, wenn es den Gott, den die Mächtigen, die Priester und die Mystiker zu kennen behaupten, und auf dessen Existenz sie ihr Leben aufgebaut haben, tatsächlich nicht gibt? Für viele ist diese Gottesfrage keine aktuelle Bedrohung mehr, aber die Zeit des prekären Verhältnisses zur Wirklichkeit ging damit nicht zu Ende, denn in der Moderne haben die säkularen Kulturen die metaphysischen Verrücktheiten in die vermeintlich menschliche Kultur hineinverlagert. Welche Peinlichkeiten erwarten uns, wenn wir uns die Freiheit und die Willensmächtigkeit nur eingebildet haben, wie Nietzsche schon festgestellt hat und die Neurowissenschaftler heute bestätigen? Wenn niemand Herr - oder Frau? - seines Bewusstseins oder seines Körpers ist und wir nur das entscheiden, was uns die programmierende Wahrnehmung eingeschrieben hat? Wie verrückt erschiene jeder eigene Anspruch auf Auszeichnung (Ehre!) oder jedes gefühlte Recht auf Bestrafung des Anderen? Ist die wie auch immer vorstellbare Verwurzelung mit der tatsächlichen Wirklichkeit dem bürgerlichen Subjekt nicht noch stärker abhandengekommen als dem alten Stadtgriechen oder dem mittelalterlichen Bauern? Es sieht nicht danach aus, als hätte die bürgerliche Moderne die Beziehung zur Wirklichkeit auf stabilere Füße gestellt. Die Radikalität der Wirklichkeitsbehauptungen hat nur zugenommen. Liest man aktuelle Bücher über neurowissenschaftliche Bewusstseinsforschung, glaubt man, verschreckte und verunsicherte Forscher zu hören, die es wagten, den freien Willen in Frage zu stellen und offensichtlich einen Sturm (Shitstorm?) der Entrüstung über sich ergehen lassen mussten. Dabei ist die These mehr als hundert Jahre nach Nietzsches Tod wirklich nicht besonders originell.

- Soziale Wirklichkeit als zweite Natur? Behauptung statt Theorie

Unser Zeitalter ist davon geprägt, dass natürlich gegebene Wirklichkeit zunehmend von sozial konstruierter Wirklichkeit überlagert wird. Das Problem bestand und besteht allerdings darin, dass die Grundlage für die sozialen Konstruktionen nicht in einem wie auch immer aufgebauten Wissen liegt, sondern in atemberaubenden ideologischen Behauptungen über die vermeintliche Natur der Welt und des Menschen. Kurz: In der heranwachsenden sozialen Kultur unseres Zeitalters gilt nur die erste Natur als gegeben, während um die Etablierung der vermeintlich zweiten

Subjekt: Heute würde ich nicht mehr vom Subjekt, sondern vom Ich reden, weil dem Begriff Subjekt eine starke philosophische Bedeutung anhaftet, die eine vermeintliche Gegenüberstellung von Subjekt und Objekt suggeriert mit einer zu starken Betonung der beobachtenden Freiheit des Subjekts.

Natur bis heute ein unerbittlicher Machtkampf tobt. Die soziale Kultur wird gerade nicht wie die Natur als etwas Gegebenes betrachtet. Alle kollektiven Erklärungssysteme der menschlichen Wirklichkeit zeichnen sich im metaphysischen Zeitalter dadurch aus, dass ihnen keinerlei Wirklichkeitsanalyse zugrunde liegt, wie es die alten Griechen schon bezüglich der ersten Natur kannten (man braucht nur auf wissenschaftliche Errungenschaften eines Aristoteles oder Archimedes zu verweisen, die schon Jahrhunderte vor Christus lebten). Alle sozialen und psychopolitischen Machtanstrengungen hatten - neben der schieren körperlichen Unterdrückung - nur eins im Sinn: Die sozial wirksamen Strukturen in den Köpfen der Menschen zu formen, kollektiv resonierende Glaubenssysteme zu behaupten und ggf. militärisch durchzusetzen. Ein wichtiges Prinzip dabei: Je weiter die Behauptungen von der sozialen Wirklichkeit entfernt waren, umso leichter ließen sie sich von oben herab durchsetzen. Moses hat einen regelrechten Krieg gegen das eigene Volk und dessen Hang geführt, sich magisch-animistisch ums goldene Kalb zu scharen. Was hätte Moses Herrschaft besser legitimieren können, als die Lehre vom einzigen Gott im Jenseits? Die mit Sozialismus und Faschismus aufkommenden Wirklichkeitsanalysen der sozialen Verhältnisse und der entsprechenden Kontrollversuche (Propaganda) führten aber noch keineswegs zu einem Ende der von-oben-herab Kontrolle der Gehirninhalte, im Gegenteil: Die Manipulation der Glaubenssysteme über die neuen Massenmedien wurde perfektioniert. Noch immer lebt der weitaus größere Teil der Menschen unter Bedingungen der offiziellen *geistigen* Kontrolle (siehe Russland, China und andere). Aber das große Los haben die Mächtigen der bürgerlich demokratischen Staaten gezogen. Sie haben das Glück, dass das neue Glaubenssystem vom *freien Subjekt* nicht mehr von oben herab durchgesetzt werden muss, denn die Illusion von den freien Herren war so verführerisch, dass alle, die nur irgendwie an ihre eigene Durchsetzungskraft glauben konnten, diesem neuen Gott *freiwillig* huldigten. Gleichzeitig etablierte sich ein Konsum- und Werbesystem, das den Glauben an das frei entscheidende Subjekt täglich neu einübt. Es geht in diesem Buch also um nichts weniger als um die Abschaffung von gesteuerten und kontrollierten Glaubenssystemen zugunsten von pluralistischen Erklärungsbewegungen von unten, die deswegen möglich so geworden sind, weil die sozialen Strukturen in säkularisierten Kulturen sich soweit verselbständigt haben, dass sie sogar eine systemische Selbstanalyse in Form von Sozial- und Psychowissenschaften verkraften. Ermutigen wir uns also zu der Grundhaltung, die Selbsterklärungen der Menschenmasse frei flotieren zu lassen. Die Konsequenz ist zuletzt ein neues Grundgesetz, aus dem jede religiöse oder humanistische Ideologie entfernt wurde. Die wichtigsten Feinde dabei sind die Meritokraten und Produktivkräftebesitzer, denn denen ist die Illusion vom freien Subjekt besonders willkommen.

verselbständigt: Bei der Herausbildung und Verselbständigung der berühmten Subsysteme, man denke nur mal an das Schulsystem, weiß man gar nicht so recht, was Ursache und Wirkung war: Haben die wirtschaftlichen Kräfte zunächst eine Art Technisierung und Professionalisierung bewirkt und dann kam die nach Perfektion suchende Selbstanalyse, oder war die von Gott befreite Selbstanalyse von Beginn an der treibende Faktor? Brauchte die Industrie eine Alphabetisierung der Massen, um nochmal das Schulsystem zu bemühen, oder konnte die bürgerliche Ideologie an die alten Griechen anknüpfen und die Frage stellen, was Pädagogik denn bewirken soll. Heißt das, dass nur schon die erlaubte Frage zu einer Ausgrenzung des Gegenstands und zu einer Technisierung führte?

Meritokraten: Politiker aus dem freiheitlichen Lager haben behauptet, dass wir - zumindest auf der wirtschaftlichen Seite - weniger in einer Demokratie, sondern in einer Meritokratie leben, was bedeuten soll, dass die Bürger entsprechend ihrer Meriten (Verdienste, Leistungen) mit Macht oder Geld entlohnt werden. Da wir tatsächlich zunehmend in einer Gesellschaft leben, in der große Vermögen in Form von Geld oder Produktivkräften vererbt werden - ohne irgendwelche Leistungen dafür erbracht zu haben - und Kinder aus wohlhabenden Verhältnissen bessere Schulabschlüsse machen - obwohl nicht höher begabt -, kann man diese Ideologie als Täuschungsmanöver einstufen.

- Behauptungskultur

Die für dieses Buch wichtige Feststellung lautet: Trotz aller akademisch fundierten Selbstanalysen der Subsysteme wie Wirtschaft, Politik, Psycho- und Sozialwissenschaft gibt es noch keine Erklärungskultur in unserer breiten Gesellschaft, die von metaphysischen Wirklichkeitsdefiziten frei wäre. Bisher lag den Erklärungsbehauptungen keinerlei empirische Forschung zu Grunde, sondern reines Machtinteresse. Genau genommen hatten wir es nicht einmal mit Theorien über Wirklichkeit zu tun, die doch immerhin gewusst hätten, dass sie Theorien sind. Vor der bürgerlichen Aufklärung war das Phänomen der Behauptungskultur vielleicht noch etwas durchsichtiger, weil die breite Masse, die nicht selten noch etwas für Erfahrung übrighatte, meistens einfach belogen wurde mit Behauptungen über Geist- oder Gotteserfahrungen der Führer (siehe beispielsweise Moses mit seinen Gesetzestafeln). Die pure Gewalt, mit denen Behauptungen als Äußerungen über Wirklichkeit durchgesetzt und verteidigt wurden, war mehr oder weniger offen zu spüren. Mit der Renaissance wurde allerdings ein Behauptungs- und Erfahrungsverdrängungssystem der alten Griechen reaktiviert, mit dem die hinter der Macht stehende Gewalt besonders gut versteckt werden konnte: die Vernunft und die freie Entscheidung. Göttliche Eigenschaften wurden in den *Menschen* verlagert. Ein äußerst heikles Unterfangen, aber eine perfekte Tarnung. Wie ich in Anlehnung an bekannte Vorgänger auf

meine Weise gleich aufzuzeigen versuche, ist das Erklärungssystem des Vernunftglaubens das perfideste.
- Angst vor dem Tod oder vor dem Wirklichkeitsdefizit

Eine kleine Plausibilitätsübung am Abschluss dieses Gedankenbogens zum Thema Wirklichkeit: Nur durch die Brille der abstrakten Vernunft erscheint mein Leben mein wertvollstes Gut zu sein und demzufolge der Tod meine größte Sorge. Denn tatsächlich ist mir mein Leben sicher - solange ich lebe, und danach habe ich das Problem nicht mehr. Baue ich aber mein Leben auf den Sand flüchtiger Behauptungen auf, habe ich eine äußerst berechtigte und immer im dunklen Hintergrund meiner Psyche lauernde Grundangst davor, dass die Wirklichkeit plötzlich in mein Leben einbricht. Oder bildreicher formuliert: Der eingebildete Boden unter meinen Füßen könnte sich auftun und ich stürzte in einen Abgrund, der umso tiefer ist, je mehr mich meine Behauptungen vom Boden der Wirklichkeit haben abheben lassen. Je mehr das menschliche Subjekt sich von der Bodenwirklichkeit getrennt denkt, je mehr mir mein Gott das Leben schenkt oder das Subjekt selbst der Schöpfer des eigenen wahren geistigen Lebens ist, umso mehr wird das Leben ein Abstraktum, es scheint die Millionen Fäden zu verlieren, über die es eigentlich fest mit der Wirklichkeit verwoben ist. Und erst dann bekomme ich Angst vor dem Tod, weil ich mein Leben selbst an meine behaupteten Wirklichkeitsdefizite gebunden habe. Wenn ein Gott oder ein falscher Gedanke mein Leben völlig entwerten kann, dann muss ich vor diesem Tod allerdings Angst haben.

- Die Gefährlichkeit *vernünftig* etablierter, sich wiederholender Gedankensysteme

Auch in den Zeiten des Götterglaubens spielten die vernünftigen Gedankensysteme dabei schon eine wichtige Rolle. Die mittelalterlichen Theologen waren Meister darin, gewaltige Gedankensysteme aufzutürmen, so dass die unbewiesenen Grundannahmen (es gibt Gott und die Privilegierten haben einen Kommunikationskanal mit ihm) unbeachtet bleiben konnten. Wenn jahrhundertelang sich die Mehrheit der Intellektuellen mit Fragen beschäftigt, wie die Hölle aussieht, wie die Engel ins System passen oder wie wörtlich man die Bibel nehmen kann, dann konnte man wohl nicht ernsthaft an der Existenz Gottes zweifeln. Ganz ähnlich gehen die Bürger heute mit ihrem Glauben um: Die

Menschen hätten mit Hilfe ihrer ererbten Vernunftfähigkeit die Freiheit, richtige, gut begründete Entscheidungen treffen zu können. Wenn praktisch alle säkularen Kulturen ein Strafrecht in ihre Grundgesetze aufgenommen haben auf der Basis der Gut-Böse-Moral des freien Willens, dann ist nur schon ein Gedanke über die völlige Bedingtheit des menschlichen Verhaltens notgedrungen ein riesiges Tabu. Welches Unrecht hätten wir durch die Jahrhunderte gegenüber den sogenannten Verbrechern angehäuft! Dieser Wirklichkeitseinbruch wäre so schockierend, dass wir lieber zwanghaft das Unrecht wiederholen, als könnten wir damit den hinreichenden Beweis führen und die Wirklichkeit auf Abstand halten.

8.2 Das Problem mit der Wirklichkeit

- Die Wirklichkeit und das Unerkennbare

Gibt es da draußen die Welt oder existiert sie nur in meinem Kopf? Eine alte philosophische Frage, die tatsächlich jeder für sich beantworten muss. Heute gebe ich mir die Antwort: Es stimmt beides. Die vielleicht wichtigste Grundlage meiner Weltsicht lautet: Es gibt die eine Wirklichkeit da draußen - und sie ist von unserer Wahrnehmung unabhängig und unser Verständnis von ihrer Beschaffenheit wird vom aktuellen Modell der Physik beschrieben. Aber mit ihren Ursache-Wirkungsketten entzieht sie sich für uns Wahrnehmende immer wieder sehr schnell ins Unerkennbare. Ich könnte natürlich statt von der Wirklichkeit auch von der einen Welt oder der einen Natur sprechen, aber damit würden wir uns einer Fehlinterpretation aussetzen, die Philosophie und Wissenschaft mit ihren Erkenntnistheorien in den letzten Jahrhunderten mühsam gelernt haben zu vermeiden: Die Welt ist uns nicht unmittelbar zugänglich, sondern nur durch den Filter unserer Sinne und den projizierenden Simulationen und Interpretationen unsers Gehirns. Bei den Begriffen *Welt* oder *Natur* stellen wir uns immer sofort etwas außerhalb von uns Existierendes vor, während wir beim Begriff Wirklichkeit schon eher bereit sind zu fragen, was denn nun da draußen tatsächlich vorhanden ist. Außerdem können wir leicht akzeptieren,

Unerkennbare: Bei Carlos Castañeda und dem schamanischen Weltbild, von dem er berichtet, habe ich eine Unterscheidung zwischen dem Unbekannten und dem Unerkennbaren gelernt, die mich sehr überzeugt hat: Ins Unbekannte können wir erkennend vordringen, das Unerkennbare, das es *wirklich* gibt, entzieht sich uns für immer. In meiner „spirituellen" Zeit habe ich in einem Vortrag des berühmten Physikers Hans-Peter Dürr ein wunderbares Beispiel für Unerkennbarkeit erlebt: Ein am Tisch befestigtes Pendel mit drei Achsen, das einmal angestoßen für den Rest des Vortrags lief, führte jedem vor Augen, dass sich keine einzige Bewegung wiederholte. Der einleuchtende Grund: An jeder Achse trifft der schwingende Arm am Punkt des instabilen Gleichgewichts eine Entscheidung, ob er nun nach links oder rechts fällt, und bei dieser Entscheidung können quantenmechanische Winzigkeiten - und damit der berühmte Schmetterlingsflügel am anderen Ende der Welt - den Ausschlag geben. Wenn also schon die Bewegungen eines so einfachen Geräts sich ins Unerkennbare entziehen, wer könnte dann noch die grundsätzliche Unerkennbarkeit der komplexen Wirklichkeit leugnen, die sich in der Gesamtheit der Wirklichkeit tatsächlich ergibt und nicht erst durch unsere beschränkte Wahrnehmung.

Gehirns: Die Neurowissenschaft hat in den letzten Jahren sehr viel dazu beigetragen, unserem Hang entgegenzuarbeiten, die Wirklichkeit da draußen mit unserem inneren Bild von der Wirklichkeit zu verwechseln. „Wir sind naive Realisten" wie Thomas Metzinger in seinem Buch *Der Egotunnel* sagt. Mit diesem Buch werden wir uns in Teil IV, *Leseübungen*, ausführlich beschäftigen.

Die Begriffe Welt und Wirklichkeit sind selbstverständlich in ihrer Bedeutung nicht scharf voneinander getrennt. So kennen wir auch die Formulierung „Der lebt in seiner eigenen Welt." und verwenden den Begriff Welt in einem individuell relativen Sinne. Aber wenn wir zum Beispiel über die Erderwärmung diskutieren, verstehen wir das Phänomen doch eher als eine Eigenschaft der Welt als eine Eigenschaft der Wirklichkeit. In vielen Zusammenhängen verwenden wir hingegen die Begriffe Wirklichkeit und Wahrheit gleichbedeutend, womit betont wird, dass unsere perspektivische Wertung mit hineinfließt. Dennoch repräsentiert das Wort Wirklichkeit in physikalischen Zusammenhängen oder beispielsweise bei dem, was wir gerade fühlen, in stärkerem Maße die harten Tatsachen. Verwenden wir mal die Adjektive, wird es deutlicher: Wir sagen, etwas ist wirklich (oder real), wenn wir die echte Existenz betonen wollen, während die Eigenschaft weltlich etwas Anderes meint: Als komplementäres Gegenstück zum Weltlichen denken wir immer auch das Geistige. Selbst die Worte *Natur* oder *natürlich* erfassen weniger das Ganze der harten Tatsachen, weil immer noch die Kultur und das Künstliche fehlen (der Mensch zwischen Natur und Kultur).

unabhängig von unserer Wahrnehmung: Die Quantenphysik hat uns zwar die Illusion von der festen, teilchenhaften Materie genommen und uns gezeigt, dass unsere Messvorgänge Teil der Wirklichkeit sind, uns aber auch auf der anderen Seite durch die geradezu unglaubliche Genauigkeit ihrer Berechnungen (Wellenfunktion) davon überzeugen können, dass die Wirklichkeit um uns herum nach Gesetzen abläuft, auf die wir nicht den geringsten Einfluss haben: Es gibt ein Universum, das sich nach eigenen Gesetzten bewegt und uns Menschen so ganz nebenbei hervorgebracht hat.

dass ich meine Wirklichkeit anders wahrnehme als irgendein anderer Mensch seine Wirklichkeit (von den übrigen Tieren ganz zu schweigen).

- Die doppelte Bedeutung von Wirklichkeit: individuell simuliert und tatsächlich gegeben

Da jeder mit seinem Wahrnehmungsorgan Gehirn und seinen inneren Simulationsräumen alleine ist, hat Wirklichkeit also den doppelten Charakter der subjektiven Prägung und des tatsächlichen Gegebenseins. Da wir nun schon ganz tief in der Philosophie stecken, können wir auch sagen: Auf der einen Seite leben wir definitiv in einem Brei von Atomteilchen, für die uns die Quantenphysik Modelle liefert, und dieser Brei ist definitiv völlig unabhängig von unserer Wahrnehmung vorhanden; auf der anderen Seite ist es in gleichem Maße sicher, dass dieser universale Materie-Energie-Brei sich für uns ganz grundsätzlich ins Unerkennbare entzieht[1]. Und damit meine ich nicht nur, was sich im Großen hinter dem Universum befindet oder woraus im Kleinen die Quarks bestehen, sondern auch die Ursache- und Wirkungszusammenhänge, die sich im Wahrnehmungsbereich um uns herum abspielen. Warum schreibe ich gerade diesen Satz? Was meine ich damit und wie verstehen Sie als Leser diesen Satz? Wir können mit Antworten spekulieren, aber die wirklichen Gründe sind definitiv unerkennbar. Und doch geht alles mit „rechten Dingen" zu und der geworfene Stein fällt ganz sicher auf die Erde zurück. Die Naturgesetze wirken unerbittlich und unsere Modelle davon sind immerhin so verlässlich, dass wir mit der resultierenden Technik zum Beispiel zuverlässig funktionierende Computer bauen können.

- Es gibt die eine umfassende Wirklichkeit

Kurz zusammengefasst: Es gibt da draußen eine von unserer Wahrnehmung unabhängige Wirklichkeit und gleichzeitig entzieht sie sich unserem wahrnehmenden Zugriff für

---

[1] Unerkennbare: siehe Kapitel II.4, *Das Unerkennbare aushalten, ein Gedankenexperiment gegen die Überheblichkeit jeder Geistprojektion*

immer: Wir sehen die Farben der Welt und riechen ihren Duft und doch haben wir bitter lernen müssen, dass es da draußen keine Farben und keine Düfte gibt - und keine Götter oder Geister. Wir sind gefangen in einer kollektiv und unbewusst entstandenen Kultur aus Artefakten und Symbolen auf der wackeligen Basis unserer Simulationen und Projektionen. Und im Gehirn eines jeden individuellen Menschen muss das Ganze zu einem Weltbild zusammenfinden, das uns zugleich ganz eigen und doch hochgradig verwandt sein muss mit den immer gleichen Bildern in den anderen Gehirnen *unserer* Kultur, da wir ansonsten nicht miteinander kommunizieren und handeln könnten.

- Triviale Voraussetzungen[2]

Viele Philosophen vermeiden es, die Wirklichkeit zum Gegenstand ihrer Betrachtungen zu machen, weil der Begriff Wirklichkeit zwischen objektiver Tatsächlichkeit und subjektiver Wahrnehmung schillert. Für meine Forschungsabsichten hier ist der Begriff aber gerade deshalb genau richtig, denn ich will mich ja gerade nicht mit noch besseren und tieferen Erforschungen von Dingen, Strukturen oder menschlichen Projektionsfähigkeiten beschäftigen, im Gegenteil: Ich operiere lieber mit den gegebenen wissenschaftlichen Einsichten über die Natur oder die Ordnung der Dinge (einschließlich der menschlichen Gehirne), die im Laufe der letzten Erforschungsjahrzehnte sich als trivial oder unstrittig herausgestellt haben. Um die wichtigsten für organische Lebewesen kurz aufzuzählen: Ihre Natur kennt keinen Geist, keinen freien Willen, keine Eigenschaft wie Eigentum, sondern nur so etwas wie eine Membran, eine Haut und Immunsysteme, die die Grenze zwischen dem Außen und dem Innen bewachen. Wenn es für jemanden nach dem Stand der Naturwissenschaft eher nicht trivial ist, dass der Mensch ganz Teil der Natur ist und demzufolge die neuronalen Netze in unserem Gehirn für quasi göttliche Eigenschaften des Bewusstseins keinen Raum lassen, dann ist dieses Buchprojekt für diesen Leser vielleicht eine Verschwendung von Lesezeit. Oder wenn die philosophische Einsicht der letzten hundert Jahre nicht trivial erscheint, dass wir Vernunft nur sehr begrenzt und unter Nennung unserer Interessen, Perspektiven und überschaubaren Zusam-

trivial heißt hier: Heute nach gängigen wissenschaftlichen Modellen unstrittig. Wenn sich die aktuellen Theoriegebäude in ihren Grundlagen verschieben (vielleicht in tausend Jahren, wenn wir den Zusammenhang zwischen Gravitation und Elektromagnetismus verstanden haben und technisch nutzen oder uns theologisch legitimiertes Eigentum wie mittelalterliche Mystik erscheint), dann werden uns andere Dinge trivial erscheinen, während man über manches gar nicht mehr nachdenkt, wie zum Beispiel über die Gesetze der biologischen Evolution, was dann vermutlich nach weiteren tausend Jahren wieder zu einem Problem führt.

---

[2] Voraussetzungen: In Teil II, *Theoriebaukasten,* versuche ich die für meine Theorie geltenden Grundbausteine zu formulieren.

menhänge verwenden können, weil eine folgerichtige Ableitung aus dem grundsätzlich unerkennbaren Ganzen nicht mehr möglich ist, dann wird es schwer, die Aussageabsicht des Buches zu verstehen.

- Warum findet das Zeitalter der Metaphysik nicht zu einem Ende?

Denn hier geht es um die Frage: Warum glaubt eine Minderheit noch an den lieben Gott und warum glaubt eine Mehrheit unserer Kultur an das freie Ich? Kurz: Warum tut sich das Zeitalter der Diesseits-Jenseits-Spaltung, der Metaphysik und der Eigentumsprojektionen so schwer, zu einem Ende zu finden, obwohl viele längst gemachte und durchaus verbreitete, eben trivialen Einsichten mit der Spaltung nicht mehr in Einklang zu bringen sind? Warum machen wir lieber Weltkriege, zerstören die natürliche Umwelt und zerreißen ersatzlos die Lebensbedingungen, in denen Menschen Kinder großziehen können? Nichts ist uns dämlich genug, um nur an diesem schizophrenen Zeitalter festhalten zu können. Warum ist das so? Welchen Nutzen haben wir als Kultur oder als einzelner Mensch davon? Warum halten sich die buchstäblich geisteskranken Weltbilder und welche Theorien oder Theoriebausteine gibt es, die tatsächlich besser sind, insbesondere aus der Sicht des Einzelnen? Wir haben alle Probleme in unserem Leben.

- Das Weltbild als Theorie vom Ganzen durch den Einzelnen

Theorie vom Ganzen durch den Einzelnen: In diesem Absatz wird sichtbar, wie sich vor Jahren meine Vorstellung von einer Philosophie von unten auflöste zugunsten eines theoriebasierten Weltbildes durch jeden Einzelnen. Nur wenig später bekam der Teil III die Überschrift: *Aus meiner Sicht* mit der Funktion eines Musters. Aus diesem Grunde sehe ich auch für Sie als Leser eher einen Vorteil darin, in diesem Kapitel etwas von der Entstehungsgeschichte meiner aktuellen Theorie von der *Welt* mitzubekommen.

Gibt es Theorien über die Welt, die den Einzelnen dazu befähigen, leichter und erfolgreicher mit den Problemen fertig zu werden? Kann ich mir ein Bild, eine Theorie vom „Ganzen" machen, das mir einen effektiveren Zugriff auf die Wirklichkeit erlaubt? Das ist das Thema des Buchprojektes. Es geht also nicht um eine neue Sicht auf die Welt mit einem allgemeingültigen Anspruch (oder gar Ratgebersichten), diese Sicht kann nur jeder Einzelne für sich finden. Im Kern geht es nicht einmal darum, wie man für das Leben besser in Form kommt[3], sondern nur um Theoriebildung, um Theoriebausteine, mit denen ich das Theoriegebäude meiner Wirklichkeit besser aufbauen kann. Dahinter steckt meine Überzeugung, dass wir tatsächlich in unserer Wirklichkeit an den uns umgebenden Bedingungen (die Prägungen unseres Gehirns eingeschlossen) nur sehr wenig grundlegend ändern können. Änderungsanstrengungen führen oft

---

[3] „Der Satz: »Du mußt dein Leben ändern!«, ist jetzt als Refrain einer Sprache des In-Form-Kommens zu hören." Sloterdijk 2009, S. 10 (Quellenangaben sie Endnote ii von Kapitel I.1). Siehe auch Kapitel IV.3, Lese*übungen, Peter Sloterdijk*.

dazu, dass das Alte sehr bald zur Hintertüre wieder hereinkommt, sowohl auf der politischen Ebene (zum Beispiel 68er-Bewegung), wie auf der individuell psychischen Ebene (zum Beispiel Suchtverhalten). Wir überschätzen die Absichtskräfte der Ichs, weil wir ihnen Substanz und Mächtigkeit zubilligen, die sie nicht haben. Die in diesem Buchprojekt erläuterte Strategie lautet demzufolge: Machen wir uns erst einmal eine gute Theorie von uns und der Welt und halten die Widersprüche und schlechten Gefühle aus, die sich ergeben, wenn gute Theorien sich als Lebensperspektiven manifestieren und sich mit den Gefühlen verbinden. Meine Lebenserfahrung sagt: Die wirksamen Veränderungen kommen von selbst (größter Fehler: Überschätzung des Bewusstseins), wenn ich nur die Sicht auf das Falsche in mir und der Welt einfach aushalten kann. Die Menschen haben sich in den letzten zweieinhalbtausend Jahren als wahre Meister darin gezeigt, lieber ihre Theorie von der Welt anzupassen, als ihre Ohnmacht auszuhalten. Aktuell glauben wir lieber an die freie Entscheidungsfähigkeit bei uns selbst und unseren Kindern, als den auf lange Zeit aussichtslosen Kampf mit der manipulierenden Werbung aufzunehmen.

- Unexpliziter Weltbildwandel: ein Beispiel

Um den Vorteil einer expliziten Theoriebildung gegenüber dem einfachen Übernehmen von Ideologien oder der zweckgebundenen Behauptung von Ideen zu verdeutlichen, ein kurzes Beispiel eines unexpliziten, unbewussten Weltbildwandels aus den Anfängen der modernen bürgerlichen Kultur in Nordamerika. Wenn im 18. Jahrhundert die amerikanischen Sklavenhalter ihr Gewissen beruhigten, indem sie die Idee entwickelten, dass schwarze Afrikaner keine Seele hätten, dann kann man begreifen, dass die Welterklärung dem Machterhalt oder Gewinn diente. Da die Sklaven nun so reagierten, dass sie erst recht gläubige Christen wurden (radikaler Wandel von der einen animistischen Geistnatur-Welt zu der durch Geist und Natur gespaltenen monotheistisch-dualistischen Welt), änderte ihre neue Perspektive zwar kurz- und mittelfristig nichts am Sklavenstatus, aber erstens gab die Vorstellung von der Erlösung im Jenseits ihnen Trost und Zusammenhalt - ausgedrückt in ihren berühmten spirituellen Liedern (Gospels); und zweitens war es bei den Anstrengungen der amerikanischen Nordstaaten, die Sklaven im Süden zu befreien, sicher äußerst

Weltbildwandels: Zu den Begriffen Theorie oder Theoriegebäude und Weltbild: Ein Theoriegebäude ist zuletzt auch ein Weltbild und ein Weltbild enthält immer große Theorieanteile (oder Ideologien), insofern sind die Begriffe nicht scharf trennbar. Ich versuche die Begriffe Theoriegebäude und Weltbild dennoch so zu verwenden, dass das Weltbild eher den unexplizit übernommenen Ideologien entspricht, während ein Theoriegebäude nur durch die ausdrücklich theoretische Arbeit des Einzelnen an seinem in der Kindheit erworbenen Weltbild darstellt. Tatsächlich entspricht diese Arbeit weitestgehend der Gesprächsphilosophie des alten Sokrates, doch ich spreche lieber von Theoriebildung als von *Philosophie*, weil diese unheilbar von der akademischen Philosophie besetzt ist. Wenn ich Weltbild im Sinne von Theoriegebäude verwende, möchte ich darauf hinweisen, dass wir uns darüber bewusst sein können, auf jeden Fall ein Weltbild zu haben und wir schon nur dadurch einen Schritt in Richtung Theorie machen.

hilfreich, dass die Schwarzen die frommeren Christen geworden waren. So hatte zwar eine Adaption des herrschenden Weltbildes der Weißen langfristig einen befreienden Vorteil, weil die Nordstaaten sie nun leichter als Menschen ihresgleichen verstehen konnten, doch der Preis war hoch, denn von der animistischen zur monotheistischen Sicht kam man vom Regen in Traufe und verpasste in historischem Ausmaß, sich den aufklärerischen säkularen Sichten anzuschließen, die mit den führenden und gebildeten Menschen auch ins Land gekommen waren (George Washington zum Beispiel war mehr aufgeklärter Freimaurer als Christ).

- Die Religion unserer Zeit: das freie menschliche Ich

Ein Wandel von Weltsichten ist also selbst kollektiv nichts Ungewöhnliches, aber die große Mehrheit der Menschen unserer Kultur hat bisher nie die Chance gehabt, theoriegeschult zu hinterfragen, welche Sicht auf die Wirklichkeit sie eigentlich haben. Der Grund ist ganz einfach und führt direkt zur Kernaussage des Buches: Nach jeder größeren perspektivischen Verschiebung (Faschismus, Kommunismus, Ich und Konsum) kann man beobachten, wie die Betroffenen die jeweils neue Sicht als höchstmögliche und letztgültige am Ende der historischen Fahnenstange empfunden haben. Das Kennzeichen ist ein völlig unexplizites und gänzlich unbewusstes Verhältnis gegenüber dem Kern des neuen Selbst- oder Weltbildes, das heißt, die Perspektive wird noch gar nicht als erworbene Sicht empfunden. Fragen Sie sich selbst oder Ihre Freunde, ob sie sich als Persönlichkeit, als freies, bewusstseinsgesteuertes Ich empfinden, und ob sie trotz Werbung glauben, freie, vernünftige Kaufentscheidungen treffen zu können. Die Religion unserer Zeit ist das freie menschliche Ich, und diese Religion ist noch so vital, dass wir sie als solche gar nicht erkennen. Die Ich-Mächtigkeit ist so selbstverständlich wie der christliche Gott im Mittelalter. Auch in der großen kommunistischen Ideologieschmiede blieb diese neue Ich-Sicht unausgedrückt. Doch, wie gesagt, ich will hier der Ich-Perspektive nicht den Spiegel vorhalten und vor Ich-Fallen warnen, sondern nur vorführen, wie das reine Abklopfen von Weltsichten mit Hilfe von guten Theoriebausteinen uns ein besseres Verhältnis zur Wirklichkeit erlaubt, ohne direkt ein Problem damit lösen zu wollen. Theorie sollte einfach nur erklären oder verstehen, sonst nichts.

- Ein Erklärungsbeispiel: meine Fernsehsucht

Welterklärungen, die direkt einem Veränderungszweck dienen wollen, sind gefährlich, weil die benötigte Macht sich von allzu viel Wirklichkeitsbezug nur gestört fühlt. Kurzes Beispiel: Ich weiß, dass ich fernsehsüchtig bin und habe erfahren, dass alle Entzugsversuche scheiterten. Nun kann ich mir eine Theorie zurechtlegen, die den Suchtcharakter wegerklärt (ich informiere und entspanne mich nur), oder ich bleibe bei der Suchttheorie und halte die Tatsache aus, dass ich nichts dagegen tun kann (das Beispiel lässt sich leicht auf Rauchen, Alkoholtrinken, Essen oder Einkaufen übertragen). Zu den wichtigsten Erfahrungen meines Lebens gehört, dass dieses schiere Aushalten umso leichter fällt, je genauer meine Theorie hinschaut: Was bewirkt die Sucht? Welche Wirkung hat sie auf mein Selbstverständnis? Und so stoße ich auf die Tatsache, da ich ja selber unumgänglich ein Mitglied der Ich-Religion bin und das Fernsehschauen vielleicht brauche, um abends das geschwächte Ich wieder aufzubauen. Und die Ichschwächung ist garantiert, da das Ich in seiner „Natur" eine reine Einbildung, eine Projektion ist, die sich selbst nicht als Projektion erfahren darf. Das würde die Illusion bedrohen, mit der wir Persönlichkeiten unserem Ich täglich eine echte Substanz andichten. Als Mitglied unserer Kultur brauche ich den Wahn vom selbständigen Ich. Wie organisiert meine Psyche das? Aha, sie nutzt das garantiert wiederholbare Fernsehen, weil vielleicht andere gängige Süchte bei mir zu schwach ausgeprägt sind - ich kaufe beispielsweise nicht gerne ein und versuche schon mein Leben lang, mich so wenig wie möglich der Werbung auszusetzen (Aufnahmetechniken und Timeshift sei Dank). Das hat also seinen Sinn: meinen Ich-Aufbau, wenn auch mit erheblichem Zeitaufwand erkauft. Also bleibe ich mit meiner Erklärung auf der Lauer und warte ab. Ändern sich Bedingungen? Ergeben sich neue Quellen für die Ich-Projektion? Mit dem Beispiel vom Ich als Problemquelle von Süchten können wir jetzt fragen: Wie kann ein Ich beschließen, den eigenen Illusionscharakter abzuschaffen? Es muss immer daran scheitern, deswegen ist es so wichtig, dass ich bei der Beachtung meines größten individuellen Problems, dem Persönlichkeitswahn mit einem freien Ich, nur mit striktem Wissen begegne und mich jeglichem schnellen Änderungswillen enthalte, denn je willensstärker und diszipliniierter ich mich gebe, umso stärker wird die Illusion vom wirklichen Ich.

8.3 Unsere Wirklichkeit will erklärt werden

- Menschen erklären immer

Halten wir uns nochmal vor Augen, dass wir Wirklichkeit nie unmittelbar erfahren und sie sich uns nie ganz erschließt, dann kann man leicht nachvollziehen, wieso das menschliche Gehirn zu Erklärungen gezwungen ist. Besonders, wenn sich etwas in unserer Umgebung wiederholt ereignet, wollen wir dafür die Ursache benennen können. Ein typisches Beispiel ist die - scheinbare - Bewegung der Sonne. Unser Gehirn ist auch fortwährend damit beschäftigt, die Motive der Mitmenschen für ihr Handeln zu ergründen, was schon mit den Nachahmungen der Bewegungen durch die Spiegelneuronen beginnt. Mit der Metaphysik und der wachsenden Bedeutung der beschreibenden Sprache werden Erklärungen als Theorie oder Theoriefragment erfasst und zu einem Weltbild zusammengeführt. Der Begriff wird dabei als Grundlage des Erklärens verstanden.

- Vorbegriffliches Klären bleibt wirksam

Doch wir sollten die unsprachliche Klärungsarbeit des Gehirns nicht unterschätzen, die weiterhin in weitestgehend unbewussten Bereichen geleistet wird. Die begrifflichen Erklärungen haben meistens einen stark legitimierenden oder rationalisierenden Charakter. Wir verstehen - leider - Erklären oder Begreifen als einen Akt des mentalen Denkens, was sicher nicht der ganzheitlich vernetzten Arbeitsweise des Gehirns entspricht. Noch gibt es kein Wort wie Fühlendenken, obwohl unser Gehirn die Informationsverarbeitung nicht in Fühlen und Denken auftrennt, weil jede Wahrnehmung im Gehirn schon früh an Gefühle gebunden wird. Wir müssten also eher vom erklärenden Fühlendenken der Wirklichkeit sprechen. Oder als Satz: Wie Fühlendenken wir die Wirklichkeit? Das deutsche Wort „begreifen" beinhaltet glücklicherweise noch die Bedeutung des körperlichen Ergreifens mit der Hand - und ein körperlicher Akt wie Ergreifen ist für uns immer auch ein Gefühl, aber dieser Bedeutungsanteil klingt nur noch schwach mit.

- Ein Theoriegebäude muss her

Wenn wir nun unserem intuitiven und tradierten Weltverständnis eine Eigenschaft geben wollen, die wir der automatisch ablaufenden Wirklichkeits- und Erklärungskonstruktion gegenüberstellen können als ein echtes Verständniskorrektiv, dann bleibt uns nichts anderes übrig, als uns ein eigenes Theoriegebäude zu erstellen, dem wir in philosophischer Tradition erkenntnistheoretische Grundmauern geben. Aus der Natur unseres zwiespältigen Verhältnisses zur Wirklichkeit folgt zwingend, dass jeder einzelne Mensch sich ein möglichst konsistentes Bild von der Welt machen muss. Bisher waren die Weltbilder geprägt von tradierten Ideologien, jetzt - auf dem Weg in ein nachmetaphysisches Zeitalter - müssen wir uns eine eigene Theorie machen. Ein guter erster Schritt ist immer, sich die Frage zu stellen, von welchen Grundlagen gehe ich selber eigentlich aus? Welche verwende ich bei meinem Weltbild? Fügen sich meine Grundmauern zu einem tragfähigen Gebilde?

erkenntnistheoretische Grundmauern: Das braucht für einen erkenntnistheoretischen Laien nicht kompliziert oder abschreckend zu klingen, weil wenige einfache Grundannahmen schon sehr weit reichen: zum Beispiel die des Naturalismus; das heißt, die Welt besteht aus Energie und Materie und alle Bewegungen, einschließlich der unserer Neuronen, gehorchen Naturgesetzen, auch wenn wir diese nie ganz erkennen und beschreiben können (obwohl Einsteins $E=mc^2$ schon eine sehr überzeugende Schönheit hat). Auf diese Wege alle Formen von Geistern und Gespenstern als menschliche Projektionen erklären zu können, ist schon mal sehr hilfreich.

- Wir müssen uns der Konkurrenz vieler Weltbilder stellen

Die Notwendigkeit für Theoriebildung ergibt sich für uns Heutige nicht nur daraus, dass erstens unser Gehirn sowieso nach Zusammenhängen sucht und wir zweitens die „geistige" Spiegelfläche der Götter verloren haben, sondern auch aus der simplen Tatsache, dass heute im gleichen Kulturraum viele Weltbilder miteinander konkurrieren: Monotheisten, Spiritualisten, Atheisten, Agnostiker, Naturalisten, Egoisten, Altruisten, Utilitaristen, Freidenker, Sozialisten, Tierschützer, Umweltretter und viele mehr in einem bunten Reigen. Weder die ideologischen Traditionen und offensichtlich auch keine prägenden Kräfte der Wirklichkeit scheinen uns zu einem gemeinsamen Weltbild zu führen. Oder vielleicht doch? Werden die allgegenwärtigen Computer unser Verständnis von „Geist" und Information verändern? Ist die Informationstechnologie die Stufe, auf der wir das metaphysische Zeitalter verlassen? So oder so wird es ein mühsamer Weg, weil die Weltbilder ihre psychopolitischen Funktionen haben, wofür der Ichglaube einen schlagenden Beweis liefert.

9. Ein Rückblick

9.1 Am Ende: Sie und ich und unsere Motive

- Warum schreibe ich?

Warum habe ich dieses Buch geschrieben? Es gibt zwei verschiedene Motivausrichtungen. Erstens die persönlichen oder individuellen Motive. Ich will mein eigenes Leben auf die Reihe bekommen, wobei man sich die *Reihe* als etwas substantiell Wirkliches vorstellen kann (sich konzentrieren, nicht alles auf einmal machen) und als die Reihe der Wörter, mit denen man etwas klärt (aufgeschriebene Theorie), wobei die theoretisch fundierte Abklärung eine sehr viel größere unterstützende und stabilisierende Wirkung hat als ein paar Gedanken oder in die Welt gesetzte Behauptungen. Es gibt einen Lebenspraktischen Nutzen, die intuitiven Weltbilder in ein Theoriegebäude zu übertragen.

- Ein psychopolitisches Projekt

Zweitens will ich ein Projekt weiterführen oder gar zu Ende bringen, das einerseits in meiner Jugend begonnen hat (68er Autonomie, der Tod der Familie, ein Sein ohne Ich im LSD-Rausch) und andererseits vor zweieinhalbtausend Jahren seinen Anfang gefunden hat: der Anspruch der Männer, dem Geist oder der Vernunft näher zu sein (hat uns in die Metaphysik abstürzen lassen); vermutlich müssen die Männer das auch zu Ende bringen. Aus diesem Grund gibt es eine Veröffentlichung, denn für dieses Projekt braucht es Verbündete. Es läuft auf politische Veränderungen hinaus, die allerdings zum ersten Mal ganz von unten durch die Selbstveränderung des Einzelnen angetrieben würden. Doch dieses Von-unten hindert mich natürlich nicht daran, schon jetzt direktdemokratische Bewegungen zu unterstützen[1].

- Unsere Begegnung: ein kleiner Resonanzraum

Meine Motive konnte ich aufzählen. Ihre Motive kann ich nur ahnen. Sie kreisen vielleicht jetzt in Ihrem Kopf. Immerhin wäre es ein Symptom für den kleinen Resonanzraum, den Sie durch Ihr Lesen aufgespannt haben, der

---

Nutzen: Man hat mir schon vorgehalten, dass das auf eine utilitaristische Philosophie hinausliefe. Das würde aber nur dann zutreffen, wenn ich aus dem Nutzen die Allgemeingültigkeit meiner Theorie ableiten wollte, was aber nicht der Fall ist (Utilitarismus, siehe Kapitel I.9.3, Absatz *Gute Theorie*), denn der Nutzen ergibt sich einfach nur still für mich. Auf ähnliche Weise gehen wir auch immer schon mit unseren Weltbildern um und die Allgemeingültigkeit derselben haben wir uns nur eingebildet. („Die anderen denken das ja auch und haben es auch früher schon so gesehen" sind dabei noch die ehrlichsten Begründungen. Meistens folgen wir unhinterfragt tradierten Ideologien, die typischerweise sagen, dass der Mensch etwas ganz Besonderes in der Welt ist).

direktdemokratische Bewegungen: Kürzlich las ich, dass die Spaßpartei *Die PARTEI* zusammen mit der *Piratenpartei* am 1. April 2015 eine Fusion der beiden Parteien bekanntgegeben hat. Leider war es nur ein Aprilscherz. Mir würde die Richtung gefallen. Dass eine echte politische Von-unten-Bewegung derzeit nur als Spaßpartei beginnen kann, hat vermutlich viel damit zu tun, dass die metaphysischen Ichs sich immer und im wahrsten Sinne todernst nehmen müssen, vor allem, wenn sie sich in Gruppen zusammenschließen. Wenn der Abwärtstrend der Piratenpartei weitergeht, wird wahrscheinlich die eingebildete Wichtigkeit der einzelnen Mitglieder eine große Rolle gespielt haben.

---

[1] Direktdemokratische Bewegungen: siehe Kapitel V.4, *Nachbürgerliche Aussichten*

gleichwohl vom Text als Mittler getragen wird. Zwei Gehirne resonieren, wenn auch mit einer Verzögerung. Ich muss Ihnen für die Realisierung dieser Resonanz danken, die dennoch für mich beim Schreiben schon so präsent war.

9.2 Mein tiefster Punkt

- Eine Erinnerung an eine Jugenderfahrung

Nun ist es schon einige Wochen her, dass ich den Hauptteil III, *Aus meiner Sicht,* beendet habe und das Sichten, Ordnen und Neuschreiben des *Theoriebaukastens*, Teil II, hatte schon einige Fortschritte gemacht. Letztes Wochenende war ich allein im Haus und beschloss, alleine eine LSD-Reisen zu machen, was selten vorkommt. Die Einsichten waren erstaunlich und können wohl auch als das Ergebnis meiner Buchproduktion verstanden werden, weshalb ich sie, trotz des persönlichen Charakters, Ihnen als Leser nicht vorenthalten möchte. Das Buch hat dabei wohl die Rolle gespielt, mir genügend Mut und Selbstvertrauen zu geben, um mich an ein Initiationserlebnis zu erinnern, das ich ungefähr im Alter von sechzehn Jahren während oder nach der Lektüre von Nietzsches Zarathustra hatte. Am Ende der Pubertät hatte sich wohl das Bedürfnis aufgestaut, eine Hilfe durch einen erwachsenen Mann zu bekommen, der mir zeigen konnte, was männliches Erwachsensein in seinem Kern bedeuten könnte. Für eine solche Einweihung hat mir damals in meiner sozialen Wirklichkeit das Schicksal keinen lebendigen Mann (oder Männer) zur Verfügung stellen können, diese Aufgabe musste Nietzsche übernehmen. Ich erinnere mich noch genau an das Gefühl in diesem hochgestimmten Moment voller Staunen und Dankbarkeit. Ich staunte darüber, dass eine solche *höhere* Welt zu existieren schien, und war dankbar dafür, dass ich eine solche Welt voller Geist, Erkenntnis und hoher Einsicht betreten durfte. Der Himmel dieser Welt wurde von Nietzsche und anderen aufklärenden Geistesgrößen (Wolfgang Goethe, Franz Kafka, Charles Darwin, Albert Einstein, Werner Heisenberg, Erwin Schrödinger, Vincent van Gogh, Pablo Picasso, Gustav Mahler, Arnold Schönberg, John Lennon) aufgespannt und gehalten, soweit ich deren Werke in diesen jungen Jahren schon verstehen konnte. Diese säkulare Welt war gut bevölkert und diese Menschen kannten sich untereinander. Meistens waren es Männer, die ihre Anerkennung weniger in der normalen, dafür umso mehr in dieser *geistigen* Welt fanden. Damals hatte dieser Raum vor allem etwas Geistvolles und erinnerte mich wohl unbewusst an meine Kinderzeit der Gottesvisionen. Doch dieser Raum war natürlich ganz im Sinne Nietzsches völlig diesseitig. Wie das möglich war, musste ich wohl offenlassen, was aber kein Problem war, weil mich diese Erfahrung, für die die Menschen früher das Wort Erleuchtung oder Initiation verwendet hätten, restlos überwältigt hatte. Was immer mir später an tiefen Erfahrungen oder hohen Erfolgsgefühlen vergönnt war, so konnte ich es auf dieser Reise erkennen, knüpfte an dieses Einweihungsgefühl an, ohne mich bewusst daran erinnern zu können.

Einweihungsgefühl: Auch die spätere Suche nach „Geisterfahrung" in meiner spirituellen Zeit war wohl getrieben vom Zurückfinden zu dieser Erfahrung (auch plötzlich sichtbar auf meiner LSD-Reise).

- Wieso Zarathustra?

Durch das Reiseerlebnis konnte ich auch nacherleben, warum Nietzsche diese Wirkung auslösen konnte, denn die Botschaft des vom Berggipfel steigenden Zarathustras als Lehrer der ewigen Wiederkehr, war ganz einfach die: Es gibt für den Menschen tatsächlich einen absolut höchsten Punkt der Selbst- oder Wirklichkeitseinsicht. Unser Kopf ist in der Lage wahrzunehmen, dass er wahrnehmen kann. Die sich selbst reflektierende Körpersinnwahrnehmung, höchste Bewusstheit. Dieser höchste Punkt in mir scheint keinen festen Ort zu haben, als wäre es ein Durchgangsort aus dem ich herausfalle, sobald ich ihn betrete. Ein Punkt zwischen reflektierenden Gefühlsgedanken- und reiner Körperwahrnehmung. Komme ich vom Körpergefühl, verliere ich ihn an den Gedanken „Ich nehme wahr.", komme ich von diesem Gedanken, wird der Durchgangspunkt vom Körper absorbiert, wie bei einer hauchfeinen, sehr durchlässigen Membran, durch die man von zwei Seiten hindurchfallen kann.

- Der höchste Punkt

Das Besondere an diesem höchsten Punkt ist erstens, dass er keine allgemeine Wahrheit beinhaltet, sondern nur eine ganz individuelle Sicht: Jeder Einzelne muss ihn für sich alleine nachvollziehen. Es wird kein Geist außerhalb des Körpers berührt. Damit kommen wir zu zweitens: Von der rein informationell im Gehirn erzeugten Einsicht „Ich nehme wahr" fallen wir immer in die Welt zurück. Wir können keine Antwort auf die Frage geben, wer nimmt wahr, weil es immer die Welt ist, die wahrnimmt, oder mein Körper als Welt nimmt wahr. Diese völlige diesseitige Weltlichkeit ist geradezu die Bedingung für die Durchgangserfahrung und nicht nur in dem Sinne, dass es mein ganz und gar irdisches Gehirn dafür braucht, sondern es braucht die Welt mit der völligen Bedingtheit jedes einzelnen beteiligten Atoms, damit ich in diese völlige Bedingtheit zurückfallen kann - andernfalls müsste ich mich auflösen und alles wäre vorbei. Das Nichts - siehe Max Stirner - ist keine Option und das Jenseits gibt es nicht.

- Alles geschieht in völliger Abhängigkeit von allem anderen

Dieser Zusammenhang von völliger weltlicher Bedingtheit und reflektierender Wahrnehmung ist besser zu verstehen, wenn wir uns nochmal die Lehre Zarathustras von der ewigen Wiederkehr vor Augen führen[2]. Schon als Jugendliche wussten wir, dass die Vorstellung vom endlichen Raum und der unendlichen Zeit heutzutage nicht mehr gilt. Aber Nietzsches Bild von der ewigen Wiederholung aller atomaren Zustände hat uns trotzdem die völlige Bedingtheit aller Bewegungen durch alles beeindruckend vor Augen geführt. Die Grundaussage bleibt auch heute dieselbe: Alles geschieht völlig determiniert - auch wenn es niemand je nachrechnen kann. Nietzsches physikalisches Bild hat endgültig alle Flausen über eine übernatürliche Freiheit aus den Köpfen der Menschen vertreiben wollen und fordert uns zur Bejahung unseres Schicksals auf (also keine moralische Verneinung!) - aber in der Konsequenz auch zu echten Befreiungen in unseren individuellen Spielräumen, die wir vor lauter Freiheitswahn gerne übersehen.

- Die Wiederholung einer individuellen Erfahrung

Als Jugendlicher hatte ich den Kreislauf der ewigen Wiederkehr auch als ein Bild für das Durchlaufen des höchsten Wahrnehmungspunktes gesehen, durch den wir als Einzelne immer wieder in die Welt hineinfallen. Noch heute gilt für mich das, was Zarathustras Übermensch als Übung beherrscht: zwischen Himmel und Erde auf dem Seil zu tanzen und dabei immer zu wissen, dass es draußen keinen Himmel gibt, sondern nur ganz allein in mir einen Tanz, der Tanz zwischen höchster Bewusstheit, die doch nie die *meine* ist, sondern immer nur die Welt. Das Witzige ist, dass dieser Punkt eigentlich ganz leicht erreichbar ist: Ich schließe die Augen, erlebe die Stille meines Körpers

> Kreislauf der ewigen Wiederkehr: Der Plan war, in Band 2 die Frage zu klären, inwieweit für Nietzsche die ewige Wiederkehr auch für die individuelle Erfahrung galt (siehe Kapitel V.1, *Alte Vorbilder*).

---

[2] Ewige Wiederkehr: siehe Kapitel V.1, *Alte Vorbilder, Friedrich Nietzsche*

III. Aus meiner Sicht

<u>können wir</u>: Die Frage nach dem Ich zwang sich früher nicht auf, weil diese letzte Wahrnehmungsebene auf einen externen Geist projiziert wurde, und zwingt sich heute nicht auf, weil wir meistens so in der Ichreligion verstrickt sind, dass wir die metaphysischen Unterstellungen gar nicht erkennen.

und gönne mir den Gefühlsgedanken: Ich nehme wahr. Und dann <u>können wir</u> die Frage stellen: Welches Ich? Je stiller uns der Durchgang durch diesen höchsten Punkt macht, umso mehr erkennen wir: Es gibt kein Ich. Der Körper mit seinem Gehirn kann wahrnehmen, erregt von außen durch die hereinströmenden Sinnesreize und gespeist von innen durch die abgespeicherten Erfahrungen und dann, nochmal neu formatiert, unser Innerstes als Bewusstsein. Mehr gibt es nicht. Aber auch nicht weniger. Es ist irre genug, dass für jeden Menschen diese Erleuchtungserfahrung möglich ist. Steigen wir mit Zarathustra auf den Berg und wieder herunter. Immer wieder.

IV. Leseübungen mit Jürgen Habermas, Thomas Metzinger und Peter Sloterdijk[1]

Die in diesem Teil IV vorgestellten Texte bekannter aktueller Autoren bilden eine Art Grundlage meiner Textproduktion. Mit dem konzentrierten Schreiben habe ich erst angefangen, nachdem ich die drei Werke sorgfältig durchgearbeitet und in großen Teilen meine Kritik schon niedergeschrieben hatte. Meine Textproduktion und damit auch das Verstehen meiner Weltbildtheorie werden verständlicher, wenn man sich die Texte genauer anschaut, denn die Auswahl der Autoren und Texte hat einen inneren Zusammenhang: Allen Autoren konnte ich einen spezifischen Beitrag für meine Sicht entnehmen und bei allen konnte ich einen kritischen Aspekt herausarbeiten, der wesentlich zu meiner Sicht führte. In dieser Kurzfassung der Leseübungen verzichte ich auf eine ausführliche Inhaltsangabe der Werke und gehe näher auf ihren Beitrag zum vorliegenden Buch ein.

> Leseübungen: Der Titelbegriff *Leseübungen* erklärt sich aus der Tatsache, dass im verworfenen Band 2 die Texte in einer literaturwissenschaftlichen Technik behandelt werden. Ich betrachte die Texte also wie Primärliteratur, zitiere ausführlich und taste die Aussagen wie von innen her ab. Anders gesagt: Ich steige nicht ein in eine philosophisch akademische Erörterung oder Einordnung.

1. Jürgen Habermas: *Freiheit und Determinismus*[2]

- Ein philosophisches Juwel

Um meinen Bezug zu diesem Text zu verstehen, muss ich zunächst festhalten, dass ich diesen Text für ein Juwel der Philosophiegeschichte halte. Nicht nur, weil er ein exemplarisches Dokument für den Versuch der Menschheit darstellt, sich mit dem freien Willen über die Natur zu stellen - ohne metaphysische Implikationen -, das heißt, ohne die einheitlich naturalistische Sicht auf die Welt verletzen zu

---

[1] Der Titel *Leseübungen mit Jürgen Habermas, Thomas Metzinger und Peter Sloterdijk* verweist darauf, dass es sich bei diesem Teil hier um einen Auszug aus den *Leseübungen* des geplanten Band 2 handelt (siehe Teil V, *Ausblick auf Band 2*), wo dann auch andere Autoren auftauchen können.

[2] Jürgen Habermas, *Zwischen Naturalismus und Religion, Philosophische Aufsätze,* Frankfurt am Main 2005, ISBN 3-518-58447-2. Dort im Teil III: *Naturalismus und Religion*, das Kapitel 6, *Freiheit und Determinismus*, S. 155f

wollen, sondern auch, weil Jürgen Habermas sich bei diesem Text stilistisch und strukturell besondere Mühe gibt. Die Erklärung dafür ergibt sich aus der ersten Anmerkung zum Titel: „Textgrundlage für einen Vortrag bei der Entgegennahme des Kyoto-Preises, der 2004 zum vierten Mal - nach Karl R. Popper, Willard van Orman Quine und Paul Ricœur - an einen Philosophen verliehen worden ist." Habermas wollte wohl bei der Entgegennahme des Preises seine Dankbarkeit zeigen. Es lohnt sich außerordentlich, dem Text eine vertiefte Aufmerksamkeit zu widmen. Habermas repräsentiert in meinem Reigen von Autoren die Rolle denjenigen, der philosophisch wissenschaftlich sein will, ohne der empirischen Bindung der Naturwissenschaft entsprechen zu müssen (vergleichbar mit Peter Sloterdijk). Die Basis dafür ist bei Jürgen Habermas der Kanon der akademischen Philosophie zusammengetragen von geschulten Spezialisten.

geschulten Spezialisten: Hier liegt seine Verwandtschaft zu Thomas Metzinger, wie wir gleich noch sehen werden.

- Für Weltbildbauer von unten wenig ergiebig

Aus meiner Sicht ist das eine sehr ernst zu nehmende Position eines Feindes für alle einzelnen Weltbildtheoriebauer von unten und der Zurückweisung des freien Willens (und allem, was damit verbunden ist). Ich habe versucht ihm nachzuweisen, dass sein akademisch kanonischer Anspruch zu keinem wissenschaftlich brauchbarem Ergebnis führt, das die Menschen aus ihrer Alltagssicht für ihr Weltbild gebrauchen könnten. Kurz zusammengefasst: Seinem „objektiven Geist", aus dem wir für die freie Entscheidung gute Argumente schöpfen sollten, fehlt die Objektivität, so dass alle unsere Weltbildargumente dem Interessenverdacht ausgesetzt bleiben.

- Interessenverdacht

Wie der Interessenverdacht konkret im Falle von Jürgen Habermas aussehen kann, möchte ich an einem kleinen Beispiel erläutern. Habermas hat in seinen Werken mehrfach erwähnt, dass er sich als „religiös unmusikalisch" empfindet. Gleichwohl hat er die vermeintlich religiöse Musikalität der Menschen in ihrer Kulturgeschichte dafür verantwortlich gemacht, dass sie so etwas wie Rituale, Sprache und zuletzt sogar Vernunft hervorgebracht haben. Aus diesem Grunde hat er in seinem Spätwerk eine Wertschätzung der Religion entwickelt, die sogar in ein gemeinsames Buch

Wertschätzung der Religion: In der akademischen Welt ist dieser Schritt auf viel Kritik gestoßen. Habermas hat sich gewehrt mit dem Hinweis, dass er nicht fromm geworden wäre.

mit dem späteren Papst Josef Ratzinger[3] mündete. Aus meiner Sicht gibt Habermas mit seiner Äußerung über seine religiöse Unmusikalität nur einen unbewusst offenen Hinweis darauf, dass vermutlich seine vertikale Intelligenz nicht zu seinen Stärken gehört. Seine akademische Karriere ist vielleicht davon getragen, dass er in die herrschende Vorstellung von der horizontalen Intelligenz passte. Meine Äußerungen werden vielleicht etwas zu persönlich, aber das erklärt sich durch den Umstand, dass ich ein gutes Recht hätte, mich durch seine Äußerungen über religiöse Musikalität diskriminiert zu fühlen. Mit meiner ausgeprägt vertikalen Intelligenz sehe ich mich in eine religiöse Ecke gedrängt (immerhin schon als Kind mit *Gotteserfahrungen*). Habermas kann keinen Unterschied machen zwischen Religion und Spiritualität, weil ihm die mit sogenannten spirituellen Gefühlen verbundene Erfahrung fremd ist. Allerdings hätte er erkennen können, dass die institutionalisierten Religionen alle einen starken Unterschied zwischen Religion und Spiritualität machen, weil die spirituelle Sicht zum überpersönlichen Geist neigt, und in den metaphysischen Religionen der Gott - selbstverständlich - eine Person sein muss. Man entzieht Habermas eine wesentliche Argumentationsbasis, wenn man - wie ich es in diesem Buch versucht habe - die spirituelle Bewegung als Ichbewegung *säkularisiert*. Es gibt keine Dialektik der Säkularisierung, doch das erkennt man erst, wenn man Metaphysik nicht als Denk-, sondern als Seinsform durchschaut. In seinem Sein ist Habermas ganz der Metaphysik verhaftet, weil er sein Ich nicht kritisch hinterfragen kann (die Person muss man aus der Wissenschaft ja raushalten); er spricht lieber vom Subjekt, dem doch naturgemäß immer ein Objekt gegenüberstehen muss. Ein schönes Ichversteck.

Doch ich wollte mit diesem Beispiel von der religiösen Unmusikalität aufzeigen, wieso sich hier bei Jürgen Habermas eine Quelle für versteckte persönliche Interessen offenbart. Kurz gesagt: Habermas hat vielleicht ein persönliches Interesse an seiner Art von erdachtem Weltbild, um seinen Mangel an vertikaler Intelligenz zu verdrängen. Wenn sein kanonisch akademischer Weg der echte wissenschaftliche Weg ist, dann wandelt sich sein Mangel an ge-

horizontalen Intelligenz: Beim Thema künstlicher Intelligenz wird die Kultur seinen Kanon zur Programmierung eines Philosophiecomputers gebrauchen können, sie darf allerdings keinesfalls seinen Traum von Freiheit daran koppeln, andernfalls könnten die Computer leicht den Ehrgeiz nach Weltherrschaft übernehmen (siehe Kapitel V.4, *Nachbürgerliche Aussichten, Kontrolle der künstlichen Intelligenz*).

religiöse Ecke: Im Falle Josef Ratzingers würde ich übrigens auch einen Mangel an religiöser Musikalität vermuten. Statt von religiöser Musikalität könnte man auch von spiritueller Begabung sprechen, der die Kirche immer sehr ablehnend gegenüberstand. Goethe und Schiller gaben interessanterweise diesem vertikalen Mangel bei Kant Ausdruck, indem sie von seinem mönchischen Charakter sprachen.

---

[3] Jürgen Habermas, Joseph Ratzinger, *Dialektik der Säkularisierung: Über Vernunft und Religion*, Freiburg im Breisgau 2005, ISBN 3-451-28869-9

fühlter Wirklichkeit in einen Vorteil. Für andere würde daraus entsprechend ein Nachteil: Sie können danach nicht anders, als in ihrem Sein religiöse Projektionen zu leben.

- Habermas und Nietzsche

Seiner Sicht entsprechend hat Habermas ein gutes Verhältnis zu Kant und ein schlechtes zu Friedrich Nietzsche. Nietzsche, in dessen physikalischem Weltbild von der ewigen Wiederkehr kein Platz mehr für ein freies Ichsubjekt ist - und der die Ichüberwindung zur Übung macht - wird in die Ecke des Irrationalisten geschoben. Nietzsche hatte das mit Habermas vergleichbare persönliche Interesse bei Kant schon durchschaut: Sein Bild von Kant als Spinne im eigenen Netz ist eine Aussage über Kants Wirklichkeit.

- Evolution der Kultur

Um mit einer positiven Feststellung zu enden: Wie schon im Text erwähnt, habe ich den Beginn des metaphysischen Zeitalters mit der Achsenzeit von Habermas übernommen. Außerdem hat er schon immer eine sehr klare Vorstellung von der kulturellen Evolution, die ihre Impulse sicher aus den Tiefen menschlichen Zusammenseins erhält und nicht von oben gemacht ist. Sein akademisch-philosophischer Kanon hat sicher auch eine eigene innere Entwicklungslogik, aber das kann man auch von der Architektur und vielen anderen sachlich abgrenzbaren Bereichen sagen. Peter Sloterdijk behauptet das im besprochenen Buch auch von seiner Anthropologie (zur Evolution der ganzen Kultur hat er sich auch kritisch geäußert). Aus der Sicht meines Weltbildversuches kommt es darauf an, was die Autoren mit den Ergebnissen ihrer Forschungen für sich selbst oder für ihre Kultur anfangen wollen. Die Zeit reinen und verwendungsfreien Forschens ist selbst für die naturwissenschaftliche Grundlagenforschung vorbei.

2. Thomas Metzinger: *Der Ego-Tunnel*[1]

- Eine konsequent naturalistische Sicht auf unser Bewusstsein

Die Lektüre von Thomas Metzingers Egotunnel hat mich

---

[1] Thomas Metzinger, *Der Ego-Tunnel*, 2009, ISBN 978-3-8270-0630-1, weiter zitiert als *Der Ego-Tunnel*

zunächst wirklich begeistert, weil er für mich nicht nur die erste naturalistische und wissenschaftlich fundierte Erklärung für Bewusstsein gegeben hat, sondern dabei auch keine Scheu hatte, von seinen eigenen Traumkörperexperimenten zu berichten, womit er ein spirituelles Feld auf den Boden der Wirklichkeit holte. Auch sein offenes Verhältnis zu bewusstseinsverändernden Drogen wie LSD hat mir naturgemäß gefallen. Metzinger ist auch unter den Autoren der einzige, der eine konsequent naturalistische Perspektive einnimmt (soweit er über den naturwissenschaftlichen Forschungsstand berichtet). Aus diesem Grund steige ich bei ihm in die Methode des ausführlichen Zitierens ein. Skeptisch wurde ich während des Lesens bei seiner seltsamen Zurückhaltung beim Thema freier Wille. Zunächst macht er keine klare Aussage, aber während seiner weiteren Ausführungen zum freien Willen bezieht er eine klar naturwissenschaftliche Position. Enttäuscht war ich dann, als Metzinger die Ethik zum Thema machte und dabei jegliche Bewegung von unten ignorierte. Die Lösung der großen Fragen, welches Selbstverständnis die Menschheit entwerfen kann oder sollte, wird ganz der Community der Wissenschaftler anvertraut. Das ist eine ähnliche akademische Von-oben-Philosophie wie bei Jürgen Habermas. Entsprechend spielt auch Nietzsche bei Thomas Metzinger keine Rolle. Man kann nur hoffen, dass in direkten Demokratien diese akademische Bevormundung sich nicht behaupten kann. Aber man kann die Zukunftsoptionen seines ethischen Teils in seinem Ego-Tunnel-Buch zunächst ignorieren und sich darauf konzentrieren, was er im ersten Absatz über die Intention des Buches sagt:

» In diesem Buch werde ich Sie davon zu überzeugen versuchen, dass es so etwas wie »das« Selbst nicht gibt. Ganz im Gegensatz zu dem, was die meisten Menschen glauben, war oder hatte niemand je ein Selbst. Es ist aber nicht nur so, dass die moderne Philosophie des Geistes und die kognitive Neurowissenschaft im Begriff stehen, den Mythos des Selbst zu zertrümmern. Vielmehr ist mittlerweile auch deutlich geworden, dass wir das philosophische Rätsel des Bewusstseins - die Frage, wie es jemals auf einer rein physikalischen Grundlage wie dem menschlichen Gehirn entstehen konnte - niemals lösen werden, wenn wir uns nicht direkt mit der folgenden, ganz einfachen Erkenntnis konfrontieren: Nach allem, was wir gegenwärtig wissen, gibt es kein Ding, keine einzelne unteilbare Entität, die wir selbst sind, weder im Gehirn noch in irgendeiner metaphysischen Sphäre

jenseits dieser Welt. Wenn wir daher vom bewussten Erleben als einem subjektiven Phänomen sprechen, dann stellt sich die folgende Frage: Was ist eigentlich die Entität, die diese Erlebnisse hat?[2]
«

- Von Thomas Metzinger beflügelt

Ihnen als Leser, der mir bis hier gefolgt ist, dürfte verständlich sein, dass ich mich mit meiner Theorieproduktion, als ich den Ego-Tunnel 2010 gelesen hatte, zum ersten Mal mit meiner naturalistischen Sicht auf die menschliche Psyche von einem Autor bestätigt und beflügelt sah. Man könnte vielleicht einwenden, dass Metzinger vom Selbst, vom Selbstmodell, von Meinigkeit und vom Ego spricht, aber nicht vom Ich. Doch dem Einwand kann man zunächst entgegnen, dass er mit seinem Begriff vom Selbst auch das Ich berührt, weil er im Verlauf des Buches vom „bewussten Ichgefühl" oder vom „bewusst erlebten Ichgefühl" spricht. Sein Ich bleibt allerdings eine individuelle Erfahrung, er beschäftigt sich mit seiner naturwissenschaftlichen Sicht auf das Bewusstsein nicht mit Metaphysik oder der Evolution eines spezifischen Ichgefühls, entsprechend kann er die sozialwissenschaftlichen Implikationen nicht ansprechen, nicht die historische Entstehung des Ichs beachten und nicht die kollektive Wirklichkeit des Ichs als Institution erkennen.

- Der Besitz und das Ich

Dennoch lassen sich die Parallelen zu meiner Sicht noch ausdehnen, denn Thomas Metzinger thematisiert auch das Besitzproblem:

» [..] Wenn man die Phänomenologie des Kernselbst und der puren, passiven Leiblichkeit ernst nimmt und genauer untersucht, dann zeigt sich: Emotionen, Willensakte und Gedanken sind für das grundlegende Ichgefühl nicht erforderlich. Jeder Meditierende (vgl. Kapitel 1) kann bestätigen, dass man sich in einen stillen, emotional neutralen Zustand begeben kann, in dem man gleichzeitig tief entspannt und vollkommen wach ist, einen Zustand reiner Beobachtung, ohne jeden Gedanken, in dem jedoch eine bestimmte grundlegende Form des rein körperlichen Selbstbewusstseins bestehen bleibt. Nennen wir dies das »Selbstgefühl-als-Verkörperung«.

Was also ist die Essenz? Die Lokalisierung in Zeit und Raum plus ein transparentes Körperbild scheinen ihr schon sehr nahe zu kommen. Vielleicht sind dies ja bereits die notwendigen und

---
[2] *Der Ego-Tunnel*, S. 13

hinreichenden Bedingungen, die wir suchen. Die Gummihand-Illusion manipuliert nur das Erleben der Meinigkeit für Körperteile. Die Ganzkörper-Illusion manipuliert das Gefühl der Meinigkeit für den Körper als Ganzen. Könnte am Ende dies die einfachste Form von Ichgefühl sein, etwas, das sich metaphorisch als das fundamentale Erleben von »globaler Meinigkeit« beschreiben ließe - sozusagen die allem anderen zugrundeliegende »Basis-Identifikation«? Eine solche Vorstellung würde uns meines Erachtens in die Irre führen. Globale Meinigkeit ist ein gefährlicher Begriff, weil wir mit ihm zwei verschiedene Entitäten und eine Beziehung zwischen ihnen einführen, den Körper und ein unsichtbares Selbst, jemanden, der den Körper besitzt. In Wirklichkeit ist es der Körper, der sich selbst besitzt: Etwas zu besitzen bedeutet, von seiner Existenz zu wissen und in der Lage zu sein, es zu kontrollieren, und das bewusste Ichgefühl ist aufs Engste mit dem Augenblick verknüpft, in dem der Körper entdeckt, dass er sich selbst kontrollieren kann - und zwar als eine Ganzheit. Genau das geschieht zum Beispiel, wenn Sie am Morgen aufwachen, wenn Sie »zu sich kommen«.³ «

> Gummihand-Illusion: Ein Experiment, bei dem der Proband eine Gummihand als seine eigene Hand wahrnimmt, die Gummihand also in sein Selbstmodell integriert, wodurch belegt ist, dass das Selbstmodell, das transparente Körperbild, eine Basis des Bewusstseins, fließend vom Gehirn konstruiert wird.

Ich muss es in der Kurzfassung der Leseübung Ihnen als Leser überlassen, sich die interessanten Hinweise im Text auf Metzingers Modell vom Egotunnel herauszusuchen. Ich möchte mich hier nur mit zwei Problemen beschäftigen, dem Besitz und dem Ichgefühl. Es ist offensichtlich, dass Thomas Metzinger sich ernsthaft mit dem Besitzproblem auseinandersetzt und zu dem klaren Ergebnis kommt, dass kein „unsichtbares Selbst" den Körper besitzt. Metzinger sagt: „In Wirklichkeit ist es der Körper, der sich selbst besitzt: [..]", was tautologisch genug klingt, um spontan zu folgern, dass nichts den Körper besitzt. Aber Metzinger definiert nun Besitzen wie folgt (direkt im Anschluss an das letzte Zitat): „Etwas zu besitzen bedeutet, von seiner Existenz zu wissen und in der Lage zu sein, es zu kontrollieren[..]". Und dann macht Metzinger etwas Erstaunliches, er rettet unser besitzendes Ichgefühl, indem er das Ich eng an den Körper bindet, so dass es wie eine Eigenschaft des Körpers erscheinen kann: „[..]und das bewusste Ichgefühl ist aufs Engste mit dem Augenblick verknüpft, in dem der Körper entdeckt, dass er sich selbst kontrollieren kann - und zwar als eine Ganzheit. Genau das geschieht zum Beispiel, wenn Sie am Morgen aufwachen, wenn Sie »zu sich kommen«." Etwas provozierend kann man das so übersetzen:

> Etwas zu besitzen bedeutet: Ich unterstelle, dass Metzinger sehr wohl weiß, dass Besitzen sehr viel mehr bedeutet, aber seine Verkürzung auf eine sehr persönliche Sicht hat ihre Konsequenzen bei seinem Ichverständnis (siehe weiter unten).

---

³ *Der Ego-Tunnel*, S. 150f

IV. Leseübungen

Das besitzende Ich ist keine Illusion, solange wir das Ich als ein Gefühl des Körpers verstehen. Das Ich ist ein gefühlter Tunnel, der keine Transparenz zu sich selbst hat, dessen Transparenz zum Körper aber äußerst hoch ist: Der Körper hat das Ichgefühl. Es scheint also so zu sein, dass Metzinger sehr wohl zwischen Selbst und Ich unterscheidet. Das Selbst als Gedankenkonzept gibt es nicht, aber das Ich als Gefühl gibt es sehr wohl. Wir können uns also beruhigt zurücklehnen. Ich bin - als Gefühl - immer noch mein Körper. Da braucht es keine Kritik der Metaphysik des Ichs und auch keine Kritik des Besitzens oder des Besitzgefühls als solchem. Metzinger beruhigt den Leser: Dein gedankliches Konzept vom Selbst, dein gedankliches Konzept vom freien Willen mögen falsch sein, aber deine Gefühle dürfen doch richtig sein. Metzinger hütet sich davor, die Selbstgefühle der Menschen zu verletzen, deswegen auch sein Tanz beim Thema freier Wille.

- Metzinger als Philosoph: Bevormundung von oben

Metzinger wird diese Haltung sicher mit einer angebrachten Zurückhaltung des Naturwissenschaftlers begründen, aber ich sehe die Ursache seiner Angst, die Gefühle der Menschen zu verletzen, darin, dass er sie eigentlich bevormunden will und ihnen tatsächlich vorschreiben möchte, welches Bild von der Welt, welche ethischen Vorstellungen sie sich machen sollen. Er versteckt sich zwar hinter der Gemeinschaft der Wissenschaftler und der Evolution des Wissens, doch auch dann wäre es schlimm genug, wenn es Aufgabe der Wissenschaftler wäre, unser Verständnis von uns selbst voranzubringen. Dass es das Selbst oder das Ich nicht gibt, hat als gefühltes und gedachtes Wissen eine Kulturbewegung über Jahrhunderte aus seinen breiten Tiefen hervorgebracht. Kein einzelner Forscher und auch keine Forschergemeinschaft kann sich das an die Brust stecken. Max Stirners Veröffentlichung von *Der Einzige und sein Eigentum* ist schon 161 Jahre her und Nitzsche ist schon 115 Jahre tot, und auch diese beiden waren ganz getragen von ihrer Kulturgeschichte und von Millionen von mitdenkenden und mitfühlenden Menschen, die ihnen ihre Perspektive ermöglicht haben. Es ist eine naturwissenschaftliche Eitelkeit zu glauben, Galilei oder Darwin hätten aus sich heraus naturwissenschaftliche Entdeckungen gemacht und daraufhin hätte sich bei der Masse der Menschen das Weltbild geändert. Es ist umgekehrt. Die

---

Selbstgefühle: Metzinger benutzt auch das Wort Selbstgefühl, was sich von Ichgefühl nicht sehr unterscheidet. Dennoch würde er nie davon sprechen, dass es »das« Ich nicht gibt. Seine Unterscheidung zwischen Selbst und Ich/Ego hat etwas Willkürliches. „Ich bin ich selbst." Solche schönen tautologischen Wortspiele sollten wir uns erlauben, um uns einen etwas humorvollen Bezug zu unserem Ich zu ermöglichen.

Kultur der Vielen hat sich langsam verschoben, so dass Einzelne tief in ihrer eigenen Mitte neue Perspektiven überhaupt ertragen konnten, die ihnen dann ihre Entdeckungen ermöglicht haben. Nietzsche war der erste, der in tiefer Bescheidenheit genau das erkannt hatte und es auch noch aufschreiben konnte. Er war mit seiner hohen Sicht nichts als ein Schicksal, wie jedes Sandkorn auch ein Schicksal ist, gehalten und bewegt von Millionen anderer Sandkörner.

- Die Egotunnelwände undurchsichtig machen

Das Bild Thomas Metzingers von den durchsichtigen Egotunnelwänden, mit dem er anschaulich macht, dass uns die wirklichkeitssimulierende Arbeit des Tunnels nicht erkennbar oder gar bewusstwerden kann, möchte ich nochmal aufgreifen, um ein wichtiges praktisches Ergebnis meiner Weltbildtheorie vermitteln zu können: Die Übungen auf der Basis von Theoriebildung und Meditation laufen alle darauf hinaus, die Wände des Bewusstseinstunnels undurchsichtiger werden zu lassen. Es genügt eine kleine Meditationsübung, um die Behauptung zu belegen: Wenn Sie jetzt kurz das Lesen unterbrechen, die Augen schließen und sich auf den Körper konzentrieren, stürzen Sie nicht sofort in eine tiefe Stille, sondern erleben das gesamte Nervensystem in einer gewissen Aufregung, ein Rauschen im ganzen Körper. Beobachten wir nun, wie dieses Rauschen auf unser Bewusstsein wirkt, dann können wir feststellen, dass der Bewusstseinstunnel genau in dem Maße seine Durchsichtigkeit verliert, wie wir das Rauschen mit jeder Wahrnehmung und jedem Gefühl in Verbindung bringen. Es ist, als würde sich ein gewisser milchiger Nebel des Bewusstseins oder des Gefühls von Wirklichkeit ermächtigen. Wenn wir uns davon nicht erschrecken lassen, werden wir in den erstaunlichen Zustand versetzt, unserer Wirklichkeitsmaschine bei der Arbeit zuschauen zu können. Vielleicht müssen wir nur ein Stück akzeptieren, dass das *Zuschauen* mehr ein *Dabeisein* ist, ein fühlendes Miterleben. Von seltenen Einsichtserlebnissen beim Durchdenken des eigenen Theoriegebäudes mal abgesehen, kenne ich keine andere Technik, die so leicht und direkt die Wände des Egotunnels opak werden lässt, sodass wir für einen Moment die Naivität der Realisten abschütteln können. Natürlich erfüllt das intime Gespräch auf einer psycholytischen Reise den Zweck noch besser, doch die Gelegenheit haben wir üblicherweise nur selten.

3. Peter Sloterdijk: *Du mußt dein Leben ändern: Über Anthropotechnik*[1]

Vermutlich hat das Werk von Peter Sloterdijk mich von allen genannten Autoren am meisten geprägt, was sich vielleicht auch an der großen Anzahl der Lesestunden ablesen lässt, die ich mit all seinen Büchern verbracht habe. Bei seinen Aussagen hat es auch am längsten gedauert, bis ich mich zu grundsätzlich kritischen Sichten habe durchringen können. Die mittlerweile etwas gedämpfte Bewunderung für sein Werk hat sicher auch damit zu tun, dass Peter Sloterdijk sich selbst in die Tradition Nietzsches stellt, was nicht nur für den Inhalt, sondern auch für den dichterischen Unterhaltungswert gilt. Um die positiven sowie kritischen Beiträge zu würdigen, werde ich auch in diesem Fall einige Zitate einbringen, die wegen der Kürze des Ausblicks alle aus der Einleitung stammen. Die literaturwissenschaftliche Technik, ausführliche und in ihrem Zusammenhang gestellte Zitate zu verwenden, werde ich beibehalten, allerdings werde ich die Textergänzungen zu Kommentaren missbrauchen. Fangen wir wieder vorne an.

> kritischen Sichten: Zumindest scheint es in meiner Natur zu liegen, mich bei einem Autor zunächst auf die bejahende Sicht verlegen zu wollen. Da gibt es wohl immer noch einen Jungen, der nach Vorbildern sucht. Selbst Aussagen, die nur schwer mit meiner bis dahin entwickelten Weltbildtheorie in Einklang zu bringen sind, werden wohlwollend überlesen. Obwohl die Enttäuschung am Ende manchmal groß ist, ist dieser Weg doch empfehlenswert, weil nur in einer wohlwollenden Grundhaltung intelligente Interpretationen möglich sind. Das schließt natürlich nicht aus, dass man offensichtlichen Unsinn nach erstem Überfliegen schnell und für immer auf die Seite legt.

3.1 Was will Peter Sloterdijk?

- Das Gespenst der Religion und die Aufklärung

» EINLEITUNG
ZUR ANTHROPOTECHNISCHEN WENDE

Ein Gespenst geht um in der westlichen Welt - das Gespenst der Religion. Landauf, landab wird uns von ihr versichert, nach längerer Abwesenheit sei sie unter die Menschen der modernen Welt zurückgekehrt, man tue gut daran, mit ihrer neuen Präsenz ernsthaft zu rechnen.[2]
«

Auf den folgenden drei Seiten spricht er von der europäischen Aufklärung. Er fasst ihren Weg in folgendem Satz

> das Gespenst der Religion: Ist die Religion wirklich das umgehende Gespenst? Ist es nicht das Gespenst *des Menschen*, auf das alle hereinfallen? Wie wir sehen werden, fokussiert Peter Sloterdijk auf Religion und Spiritualität, weil er den Menschen zwischen *Geist* und Natur retten möchte. Er glaubt, dass die Aufklärung mit der Überwindung der Geister die Metaphysik, die Überwelt, schon abgeschafft hatte.

---

[1] Quellangaben in Endnote ii von Kapitel I.1. (Kurzform: Sloterdijk 2009)
[2] Sloterdijk 2009, Seite 9

zusammen: Die Aufklärung will die „an die Überwelt verschwendeten Kräfte zurückfordern und sie zur Optimierung der irdischen Verhältnisse einsetzen"[3]. Peter Sloterdijk stellt fest, dass es heutzutage so scheint, als „[..] sollte die Enteignung der Überwelt insgesamt rückgängig gemacht werden"[4]. Nach diesem ersten Blick auf die europäische Aufklärung und ihrer vermeintlich postsäkularen Krise, formuliert er zum ersten Mal seine Intentionen mit folgenden Sätzen:

» In der Tat, dem Märchen von der Rückkehr der Religion nach dem »Scheitern« der Aufklärung muß eine schärfere Sicht auf die spirituellen Tatsachen entgegengestellt werden. Ich werde zeigen, daß eine Rückwendung zur Religion ebensowenig möglich ist wie eine Rückkehr der Religion aus dem einfachen Grund, weil es keine »Religion« und keine »Religionen« gibt, sondern nur mißverstandene spirituelle Übungssysteme, ob diese nun in Kollektiven - herkömmlich: Kirche, Ordo, Umma, sangha - praktiziert werden oder in personalisierten Ausführungen - im Wechselspiel mit dem »eigenen Gott«, bei dem sich die Bürger der Moderne privat versichern. Damit wird die leidige Unterscheidung zwischen »wahrer Religion« und Aberglauben gegenstandslos.[5]
«

»eigenen Gott«: Könnte man hier eine Anspielung auf das offenbarte Ich der modernen Bürger hineinlesen? Wohl kaum, es sind wohl eher die esoterisch-spirituellen Eigenheiten die als Aberglaube abgehakt werden. Bestenfalls schwingt hier ein Bezug auf Max Stirner mit, der sich ja sein Ich als eigenen Gott aus dem Nichts bastelt und dabei den Egoismus feiert.

Wir lernen hier also, dass die „spirituellen Tatsachen" Sloterdijks Gegenstand in seinem Buch sind und dass es keine Religionen gibt, sondern nur „spirituelle Übungssysteme". Wir verstehen also, dass die spirituellen Tatsachen die spirituellen Übungssysteme selber sind. Er wirft also einen sehr nüchternen und diesseitigen Blick auf sich irgendwie rituell verhaltende Menschen und stellt die Frage, was der Sinn und Zweck ihrer Techniken ist. Genau wie ich es in meinem Buch getan habe, unterstellt er dabei, dass sie gar nicht anders konnten, als ganz irdische Motive dabei zu verfolgen. Wir springen im nächsten Zitat in die letzten Zeilen des Buches, in denen wir genaueres über seinen Gegenstand erfahren, aber auch über sein Thema Anthropotechniken und über sein wichtigstes Analysewerkzeug: die „Explizitmachung":

---

[3] Sloterdijk 2009, Seite 10
[4] Sloterdijk 2009, Seite 11
[5] Sloterdijk 2009, S. 12

IV. Leseübungen

- Das theoretische Werkzeug: Explizitmachung

» Die Verfremdung, die von meinen theoretischen Übungen ausgeht, falls sie als solche empfunden wird, erklärt sich ausschließlich durch interne Übersetzungen, dank welcher die anthropotechnischen Binnensprachen in den spirituellen Systemen selbst explizit gemacht werden. Die hier so genannten Binnensprachen sind, so läßt sich zeigen, bereits in den zahllosen »religiös« oder ethisch codierten Übungssystemen enthalten, so daß ihre Explizitmachung keine Überfremdung mit sich bringt. Mit ihrer Hilfe wird das, was die heiligen Schriften und altehrwürdigen Regeln von sich aus sagen, in einer dicht anschließenden Alternativsprache noch einmal gesagt. Wiederholung plus Übersetzung plus Generalisierung ergibt, richtig gerechnet, Verdeutlichung. Wenn so etwas wie *Progress in Religion* existiert: Er kann sich nur als wachsende Explizitheit manifestieren.[6]
«

Peter Sloterdijk geht bei seiner Untersuchung der durch Menschen angewendeten Techniken davon aus, dass sie sich über diese Techniken untereinander durch Sprache verständigen und verständigt haben, die „[..] unter »impliziten«, sprich: in sich eingefalteten und zusammengedrängten Formen vorliegen"[7]. Das Ergebnis seiner „Verdeutlichung" ist also nichts anderes als ein neuer Versuch, die Techniken in einer „Alternativsprache" zu beschreiben. Aber das Ausfalten beschränkt sich nicht nur auf die symbolischen Bereiche; wie exemplarisch in den Naturwissenschaften ergibt sich ein Ausfalten auch durch immer genaueres, vergrößerndes Eindringen oder Ausdehnen, was bei grenzüberschreitenden Erkundungen von Systemen wichtig wird. Jetzt fehlt uns nur noch die Perspektive, aus der heraus er die Motive der Menschen neu betrachtet und beschreibt.

- Symbolische Immunsysteme

Das wirklich Wiederkehrende: Gemeint ist die Abgrenzung von der vermeintlich wiederkehrenden Religion.

immunitäre Verfassung des Menschenwesens: In einem Interview, das ich leider nur noch im Gedächtnis habe, bezeichnet Peter Sloterdijk seine Immuntheorie als den wichtigsten Teil seines Werkes.

» Das wirklich Wiederkehrende, das alle intellektuelle Aufmerksamkeit verdiente, hat eher eine anthropologische als eine »religiöse« Spitze - es ist, um es mit einem Wort zu sagen, die Einsicht in die immunitäre Verfassung des Menschenwesens. Nach mehrhundertjährigen Experimenten mit neuen Lebensformen hat sich die Einsicht abgeklärt, daß Menschen, gleichgültig unter welchen ethnischen, ökonomischen und politischen

---

[6] Sloterdijk 2009, S. 32f
[7] Sloterdijk 2009, S. 17

Bedingungen sie leben, nicht nur in »materiellen Verhältnissen«, vielmehr auch in symbolischen Immunsystemen und rituellen Hüllen existieren. Von deren Gewebe soll im folgenden die Rede sein. Warum ihre Webstühle hier mit dem kühlen Ausdruck »Anthropotechniken« bezeichnet werden, mag sich im Gang der Darstellung selbst erläutern.⁸«

Mit dem Stichwort „immunitäre Verfassung des Menschenwesens" kommen wir zum Kern seiner Buchaussage: Sloterdijk kann den technisch-wissenschaftlichen Anspruch seiner Perspektive damit rechtfertigen, dass die Menschen neben ihren körperlichen Grenzen auch weitere Grenzschichten entwickelt haben, so als hätten sie um ihre Körper mit seinem biologischen Immunsystem, weitere, umfassendere Körper: „In der Humansphäre existieren nicht weniger als drei Immunsysteme, die in starker kooperativer Verschränkung und funktionaler Ergänzung übereinandergeschichtet arbeiten"⁹. Neben dem biologischen Substrat gibt es noch zwei weitere Hüllen: die „sozio-immunologischen Praktiken"¹⁰ und die „die symbolischen beziehungsweise psycho-immunologischen Praktiken"¹¹

- Fließende Verbindungen zwischen den Hüllen

Erkenntnistheoretisch interessant ist Sloterdijks Versuch, aus dem Blick des Anthropologen alle Hüllen mit vergleichbaren Mitteln (Explikation) zu betrachten, was zum Aufspüren von Ähnlichkeiten und Brücken führen müsste. Es sollen also die verschiedenen biologischen, sozialen, wirtschaftlichen, politischen, „geistigen" und psychischen Bereiche (um nur einige wichtige zu nennen) zusammengeführt werden als Phänomene einer umfassenden Kultur. Wenn wir auf Ameisen oder Bonobos schauen, machen wir ja auch keine Unterschiede. Die vermeintliche Trennung zwischen der ersten und der zweiten Natur, die sich in der Ausbildung von Natur- und Geistes-/Sozialwissenschaften niedergeschlagen hat, muss überwunden werden, wenn die anthropologische Kulturwissenschaft eine umfassende Antwort auf die Befindlichkeit der Menschen geben möchte. Peter Sloterdijk stellt sich dem Anspruch der Naturwissenschaftler unter den Anthropologen, indem er durch das

---

in »materiellen Verhältnissen«: Sloterdijk schreibt die materiellen Verhältnisse zwar in Anführungszeichen, dennoch deutet sich hier durch die Unterscheidung zwischen *materiell* und *symbolisch* schon ein Rest von menschlicher Aufspaltung in Geist und Welt an.

Webstühle: Den letzten Satz über den kühlen Ausdruck Anthropotechniken habe ich noch mit ins Zitat genommen, weil hier deutlich zum Ausdruck kommt, dass das Gewebe als der Inhalt der symbolischen Hülle durch die anthropotechnischen Webstühle hervorgebracht wird. Die hüllenwebende Anthropotechnik ist das, was die Menschen selber - mehr oder weniger bewusst und intentional - hervorgebracht haben. Die immunologische Funktion war ihnen verborgen (implizit) und wird durch Sloterdijks Sicht explizit.

Ähnlichkeiten und Brücken: Schon die Biologen Ende des 19. Jahrhunderts hatten, so berichtet Sloterdijk, die Idee, „ ..wonach schon relativ einfache Lebewesen wie Insekten und Mollusken eine Art angeborenes »Vorauswissen« von den insekten- und molluskentypischen Lebensrisiken in sich tragen. Folglich kann man die Immunsysteme dieses Niveaus als verkörperte Verletzungserwartungen und als entsprechende Schutz- und Reparaturprogramme a priori definieren." (Sloterdijk 2009, S. 20) Sloterdijk, der dem Begriff Information jede allgemeinere Bedeutung abspricht, muss Vorauswissen in Anführungszeichen setzen und von Verkörperung reden, um das Vorhersehen von Verletzung bei kleinen Lebewesen beschreiben zu können. Ich würde sagen, dass auch die einfache Zelle schon über eine raffinierte Informationsverarbeitung verfügt, was die Beschreibung von Ähnlichkeiten und Verbindungen zwischen den Immunsystemen stark vereinfacht.

---

⁸ Sloterdijk 2009, S. 12f
⁹ Sloterdijk 2009, S. 22
¹⁰ Sloterdijk 2009, S. 22
¹¹ Sloterdijk 2009, S. 22

nahtlose Gewand der Natur immer einen neutralen und umfassenden Blick auf die menschlichen Befindlichkeiten gewinnt. Er beansprucht den gleichen Tiefblick auf diese eine Welt.

- Vertieftes Verständnis der Titel

Auf dem Hintergrund dieser Erläuterungen können wir nun die beiden Teile des Buchtitels verstehen: „Du mußt dein Leben ändern" heißt: In deinem Kampf bei der „vorwegnehmenden Verletzungsverarbeitung"[12] musst du deine symbolische Immunhülle ständig anpassen (man denke an die permanente Abwehrschlacht des biologischen Immunsystems), was gleichbedeutend ist mit der Tatsache, dass DU durch ständiges Üben deiner Abwehrkräfte zwangsläufig dein Leben änderst. Der zweite Teil des Titels „Über Anthropotechnik" benennt die Mittel und Wege, die dabei zum Einsatz kommen. Kurz: Wir brauchen unsere spirituellen Praktiken nur unter einem anderen Blickwinkel zu betrachten, um sie als Teil einer psycho-immunologischen „vorwegnehmenden Verletzungsverarbeitung" zu verstehen. Peter Sloterdijk geht es in seinem Buch mit dem Gegenstand „spirituelle Tatsachen" vor allem um diese dritte Schicht. (Im Anhang wird die Stelle auf Seite 22f, der mehrere Zitate entnommen wurden, im Zusammenhang aufgeführt.[i])

3.2 Was konnte ich von Peter Sloterdijk übernehmen?

- Peter Sloterdijks Buch als ergiebiger Theoriesteinbruch

Bevor ich zum kritischen Teil übergehe, möchte ich die Präsenz dieser wohlwollenden Darstellung nutzen, um für den Theorieselbstbau exemplarisch darzustellen, warum ich mit meiner Weltsicht nicht nur viele theoretische Ähnlichkeiten sehe, sondern tatsächlich auch einiges von Peter Sloterdijk übernehmen konnte. Zunächst kann man unterstellen, dass er ähnlich wie Jürgen Habermas und Thomas Metzinger sich um eine nachmetaphysische Sicht bemüht. Wenn er sich auch nicht vor den naturalistischen Karren spannen lassen möchte, so hat er doch den Anspruch, dass seine Gegenstände, wie insbesondere die Immunhüllen, den Status diesseitiger Wirklichkeit haben. Die Verbindungen zu meinem Theoriegebäude lassen sich auflisten:

[12] Sloterdijk 2009, S. 22

- Nietzsches nachmetaphysischer Anspruch und damit die diesseitige Suche nach Sinn und Zweck von spirituellen Techniken.
- Eine rein naturalistische oder philosophisch allgemeingültige Antwort ohne die Einbeziehung der Perspektive des Suchenden ist nicht möglich, da die innersten Sichten und Interessen beachtet werden müssen, was in der Natur des „spirituellen" Anspruchs der Praktizierenden liegt: Es geht um das Innerste (den „eigensinnigen Rest").
- Außerdem geht es um den einzelnen Übenden oder Praktizierenden, der sich einen Vorteil erwartet (Immunisierung). Jeder Einzelne muss sein Leben ändern.
- Die Immunisierung als Schlüsseltechnik ist wie meine Icheinbildung eine hochgradig kollektive Technik, ganz der Natur der Geistprojektion entsprechend.
- Analog zu meinem Resonanzmodell ist auch die Vorstellung von Schichten, die um den Körper liegen, die sich mit denen der anderen vermischen, darauf ausgelegt, ein erkenntnistheoretisches Problem zu lösen: die Veräußerung von inneren Prozessen, ohne einen objektiven Geist postulieren oder sich auf das Feld der sprachlichen Überlieferungen beschränken zu müssen - das gesamte anthropologische Feld kann herangezogen werden.
- Der wichtigste Punkt: die in allen spirituellen Praktiken sichtbar werdende Vertikalspannung. Den Immunisierungsritualen liegt ein interindividueller Vertikalbezug zugrunde, den ich an der angelegten Natur des Wirklichkeitsprojizierens festgemacht habe (der vormetaphysische Geist in allem macht das deutlicher). Sloterdijks Vertikalspannung hat zu meiner Unterscheidung zwischen horizontaler und vertikaler Intelligenz beigetragen.

Zuletzt und als Übergang in den kritischen Teil ein schönes Zitat zu den beiden Themen Involviertsein und Vertikalspannung:

» Beim Umgang mit Übungen, Askesen und Exerzitien, sie seien als solche deklariert oder nicht, stößt der Theoretiker unweigerlich auf seine eigene Verfaßtheit, jenseits von Bejahung und Verneinung.

Dasselbe gilt für das Phänomen der Vertikalspannungen, ohne die es keine absichtsvollen Übungen gibt. Das anthropologische

Studium begreift die Affektion durch die Sache selbst als Zeichen seiner philosophischen Ausrichtung. Tatsächlich stellt die Philosophie den Modus des Denkens dar, der durch die radikalste Form der Voreingenommenheit geprägt ist - die Passion des In-der-Welt-Seins. Die Leute vom Fach als einzige ausgenommen, spürt praktisch jeder, daß philosophisch alles ohne Belang bleibt, was weniger als dieses Passionsspiel bietet.[13]
«

3.3 Der konservative Künstlerbürger

In Anlehnung an das letzte Zitat stellt sich die Frage, warum Peter Sloterdijk seine Arbeit in das „anthropologische Studium" integrieren möchte. Warum muss die Akademie beteiligt sein? Warum will er die Anthropotechnik als Teil einer Wissenschaft sehen? Ist die Passion des In-der-Welt-Seins zu wenig? Ist es nur eine philosophische Farbe oder nur ein stilles persönliches Motiv, mit dem der Forscher sich den Aufgaben der anthropologischen Wissenschaft widmet? Welche Rolle spielt der eigensinnige Rest meines individuellen Gewahrseins? Meine These lautet: Peter Sloterdijk kann die besondere Mittlerrolle des Menschen zwischen der ersten Natur und dem selbstgeschaffenen Himmel nicht aufgeben. Er folgt Nietzsche nicht in die völlige Bedingtheit der ewigen Wiederkehr. Er folgt nicht dem objektiven Geist von Jürgen Habermas, aber der zweiten Natur möchte er doch eine Selbständigkeit geben, die vom Zusammenspiel der einzelnen Gehirne unabhängig ist. Demzufolge fragt er auch nicht, wovon die Immunsysteme zuletzt getragen werden, er postuliert einfach ihre selbständige Existenz. Er unterstellt sogar, dass die Individualität der einzelnen Menschen nicht durch den Körper gebildet wird, sondern durch die kulturgetragenen Immunblasen. Auf diese Weise kann er das Ich mit dem Individuum gleichstellen, das durch Übungen sich selbst erschafft. „Du musst dein Leben ändern" heißt dann: Ich muss für mich mein Leben ändern. Der Nietzsche, der das freie Ich überwindet und sich als Schicksal begreift, wird von Peter Sloterdijk klar zurückgewiesen, um dem bürgerlichen Künstler seinen freien Gestaltungsraum zu lassen.

Sloterdijk muss es nebulös der Kultur überlassen, wo und in welcher Form eigentlich die Blasen existieren sollen. Woher kommt die Eigenständigkeit der zweiten Natur?

---
[13] Sloterdijk 2009, S. 30f

Man kann ihm eigentlich nur folgen, wenn der Mensch in seine Kultur hinein etwas von seinem Gehirngeist entäußern und verselbständigen könnte, was dann nicht mehr auf die Existenz eines interpretierenden Gehirns angewiesen wäre. Eine zukünftige künstliche Intelligenz wie in Spielbergs AI-Film hat er damit sicher nicht gemeint. Die ganze Problematik der bürgerlichen Kultur, wie ich sie mit Hilfe von Max Stirner versucht habe zu markieren: der Versuch des Menschen, sich selbst an die Stelle Gottes zu setzen - um zuletzt zu merken, dass die Selbsterhöhung immer schon der Zweck der Gottesprojektion war -, zuletzt die Anstrengung Zarathustras, all das ist bei Peter Sloterdijk nicht im Fokus seiner Betrachtung. Für ihn ist mit den Göttern die Überwelt verschwunden. An Nietzsche scheint ihn vorwiegend der Künstler zu interessieren und weniger die radikale Perspektive Zarathustras.

Sloterdijk kämpft mit allen Mitteln seiner Kunst dagegen an, *den Menschen* als projiziertes, als metaphysisches Produkt der Menschen zu verstehen. Der Mensch scheint sich durch die simple Tatsache des Übens aus der Natur herausheben zu können:

» Wenn aber der Mensch tatsächlich den Menschen hervorbringt, so gerade nicht durch die Arbeit und deren gegenständliche Resultate, auch nicht durch die neuerdings viel gelobte »Arbeit an sich selbst«, erst recht nicht durch die alternativ beschworene »Interaktion« oder »Kommunikation«: Er tut es durch sein Leben in Übungen.[14]
«

Ja, unser Gehirn befähigt uns zu Optimierungen und zu außerordentlichen Anpassungen, aber Sloterdijk übersieht, dass erst die Notlagen der letzten zweieinhalbtausend Jahre uns dazu gezwungen haben. Irgendwo sah ich eine Dokumentation von Menschen vor zehntausenden von Jahren, wie sie mit ihren Händen Abdrücke in Höhlen hinterließen, und es für niemanden ein Problem war, dass von einem Abdruck zum nächsten mal eben fünftausend Jahre vergehen konnten. In Südfrankreich ließ sich wohl damals schon gut leben. Der Mensch ist nicht von Natur aus ein über sich selbst hinauswachsendes Wesen, das Vertikalität durch Übung produziert. Die Vertikalität liegt in der Natur seines simulierenden Gehirns und der Durchsichtigkeit seiner

---

[14] Sloterdijk 2009, S. 13f

Egotunnelwände, auch ohne Üben. Weil Sloterdijk rückblickend die spirituelle Übung zur natürlichen Eigenschaft des Menschen erhöhen muss, kann er den großen Unterschied in der Geisthandhabung zwischen der magisch-animistischen Zeit (keine Überwelt, alles ein Materie-Geist-Brei) und der metaphysischen Zeit (Trennung von Geist und Materie) nicht mehr würdigen. Entsprechend kann er auch die metaphysische Basis der herrschenden humanistischen Ideologie nicht beachten.

3.4 Sloterdijks Von-oben-Philosophie

Meine Kritik muss leider noch etwas tiefer werden, denn die Sicht von Peter Sloterdijk erweist sich doch allzu sehr als Gehilfe für bürgerlicher Herrschaftsansprüche, denn wozu führt die Kritiklosigkeit gegenüber dem freien Bürgerich und die Zurückweisung von Nietzsches Determinismus? Ist es eine stille Zustimmung zum Herrschaftsanspruch des metaphysischen Zeitalters mit seinen Hierarchien? Das Interesse, das die anthropologische Philosophie zu vertreten hat, scheint keineswegs das Interesse des Einzelnen zu sein:

» Die unüberwindbare Parteilichkeit der anthropologischen Theorie ist mit der Natur des Gegenstands intim verflochten. Denn sosehr die allgemeine Rede über »den Menschen« von einem egalitaristischen Pathos durchdrungen ist, ob es sich nun um die reale oder behauptete Gleichheit der Menschen vor dem biologischen Gattungserbe handelt oder um die virtuelle Gleichwertigkeit der Kulturen vor dem Gerichtshof der Überlebenswürdigkeit: Sie muß doch stets der Tatsache Rechnung tragen, daß Menschen unumgänglich unter vertikalen Spannungen stehen, in allen Epochen und in sämtlichen Kulturräumen. Wo immer man Menschenwesen begegnet, sind sie in Leistungsfelder und Statusklassen eingebettet. Der Verbindlichkeit solcher Hierarchiephänomene kann sich selbst der äußere Beobachter nicht ganz entziehen, sosehr er sich um die Einklammerung seiner Stammesidole bemüht. Ganz offensichtlich gibt es gewisse Meta-Idole, deren Autorität sich kulturenübergreifend geltend macht - es handelt sich offensichtlich um Universalien der Leistungsrollen, der Statuserkennung und der Exzellenz, von denen sich niemand emanzipieren kann, beim Eigenen sowenig wie beim Fremden, ohne in die Position des Barbaren zu geraten.

---

in allen Epochen und in sämtlichen Kulturräumen: Das stimmt für die letzten zweieinhalbtausend metaphysischen Jahre, aber für die mindestens siebzigtausend Jahre animistisch magischer Zeit davor stimmt das sicher nicht. Wenn alles aus einem Geist-Materie-Gemisch besteht, gibt es keine Vertikalspannung, denn die Intelligenzspannung der eigenen Wirklichkeitsprojektion wird ja in den Geist nach draußen ausgelagert.

Fatalerweise liefert der Terminus »Barbar« das Paßwort, das den Zugang zu den Archiven des 20. Jahrhunderts öffnet. Es bezeichnet den Leistungsverächter, den Vandalen, den Statusleugner, den Ikonoklasten, den Verweigerer der Anerkennung für jede Art von Ranking-Regel und Hierarchie. Wer das 20. Jahrhundert verstehen will, muß stets den barbarischen Faktor im Auge behalten.[15]
«

Also ist Peter Sloterdijk doch ein Interessenvertreter der Bürger, die ihre Privilegien durch Kompetenz rechtfertigen wollen: die Meritokraten. Man könnte sich fast darüber freuen, dass die wirklich vermögenden Produktivkräftebesitzer ihnen einen Strich durch die Rechnung machen werden, indem die Aufstiegschancen der Mittelschicht kassiert werden. Die Vermögen-durch-Kompetenz-Rechnung ging nur ein paar Jahrzehnte nach den Weltkriegen auf. Wie konnte ich das so viele Lesejahre übersehen? Ja, werter Leser, da steht ein Eingeständnis an: Ich wollte wohl selbst durch Kompetenz in der Hierarchie aufsteigen. Doch tatsächlich gehöre ich lieber zu den Spielverderbern aller Herrschaftsspiele und verstehe den Barbar als den Gegenspieler zum Bürger, vor allem dem Bürger mit Würde, Persönlichkeit und freiem Ich, das Kompetenz als Begründung vorgibt.

Wie kann Sloterdijk Nietzsche halbieren? Er folgt dem perspektivischen Philosophen und Dichter, aber ignoriert Zarathustras Lehre von der physikalischen Wiederkehr. Seine Aufforderung, sein Schicksal anzunehmen, muss für Peter Sloterdijk wie eine Aufforderung zur Unterwerfung klingen. Den Kern, das endgültige Abwerfen der Metaphysik (mit dem Ich an seiner Basis, wie ich sagen würde), verpasst er. Kann er dann noch davon reden, Nietzsche als Vorgänger zu betrachten? Ist das Hochhalten von Menschlichkeit und Bürgerlichkeit nicht das, was Nietzsche Richard Wagner vorgehalten hat? Dass Wagner seinen Humanismus wieder etwas christlich angemalt hat, spielt dabei keine Rolle. Es ist der Kniefall vor dem Menschen als etwas Besonderem, irgendwie aus der Natur Herausragendem. Vielleicht ist Peter Sloterdijk auch zu sehr Medienprofessor und muss die Medien verwendende Eigenschaft des Menschen hochhalten (und die Kunst). Vielleicht will er auch als Künstlermensch mit seiner herausragenden Rolle ein Medium sein. Oder ist er zu sehr der psychopolitische

Anerkennung für jede Art von Ranking-Regel: Die Probleme eines Individuums, das mit der intellektuellen Begabung eines Peter Sloterdijks aufwächst, kann ich vermutlich nur erahnen, aber die Diskriminierung eines Begabten, in meiner vertikalen Form, kann ich gut nachvollziehen. Schon als Achtjähriger wurde ich in der Schule von einem Priester wegen meiner Vorstellung von Gott als alles durchdringendem Geist so niedergemacht, dass ich nicht nur diese Sicht meines Kinderalltags verlor, sondern auch zwanzig Jahre brauchte, um mich an dieses traumatische Erlebnis wieder erinnern zu können.

Es geht mir eben nicht um die Zurückweisung individueller Fähigkeiten, ganz im Gegenteil. Die Hierarchie unserer Kultur hat fast immer dazu gedient, die individuellen Fähigkeiten zu unterdrücken. Es sein denn, man ging wie Galilei und andere in den Untergrund. Es sein denn, man ragt zufällig mit einer allgemein ankerkannten speziellen Fähigkeit weit über alle anderen hinaus, wie Lionel Messi auf dem Fallballfeld. Es hat eben metaphysische Logik, wie unsere gleichmachenden Schulen Begabung unterdrücken. (Siehe Kapitel III.1.1, *Das Ich und das Missverständnis von der menschlichen Intelligenz*)

---
[15] Sloterdijk 2009, S. 26f

Durchblicker, der die wahren Abgründe des Kapitals und der Schuldenbanken erkennt? Oder steckt ein guter, bürgerlicher Ratgeber in ihm, der uns zeigt, wie der gute alte Künstler in uns das Potential für Veränderung liefert: der Künstler Nietzsche als Vorbild? Nietzsche als Dichter ist hinnehmbar, aber als Verkünder einer nachhumanistischen, nachmetaphysischen Zeit ist er offensichtlich unannehmbar. Wie schon beim Umgang der Bürger mit Bertold Brecht: als Künstler ok, aber nicht als Kommunist. Der Künstler gilt dem Bürger als Prototyp des freien, kreativen, selbstbestimmten Menschen. Der bürgerliche Künstler wurde zum Priester der übernatürlichen Menschlichkeit, der humanistischen Religion, kurz als Prototyp des sich selbst erschaffenden bürgerlichen Ichs.

---

[i] „In der Humansphäre existieren nicht weniger als drei Immunsysteme, die in starker kooperativer Verschränkung und funktionaler Ergänzung übereinandergeschichtet arbeiten: Über dem weitgehend automatisierten und bewußtseinsunabhängigen biologischen Substrat haben sich beim Menschen im Lauf seiner mentalen und soziokulturellen Entwicklung zwei ergänzende Systeme zur vorwegnehmenden Verletzungsverarbeitung herausgebildet: zum einen die sozio-immunologischen Praktiken, insbesondere die juristischen und solidaristischen, aber auch die militärischen, mit denen Menschen in »Gesellschaft« ihre Konfrontationen mit fern-fremden Aggressoren und benachbarten Beleidigern oder Schädigern abwickeln; zum anderen die symbolischen beziehungsweise psycho-immunologischen Praktiken, mit deren Hilfe es den Menschen von alters her gelingt, ihre Verwundbarkeit durch das Schicksal, die Sterblichkeit inbegriffen, in Form von imaginären Vorwegnahmen oder mentalen Rüstungen mehr oder weniger gut zu bewältigen. Es gehört zur Ironie dieser Systeme, daß sie einer Explikation ihrer dunklen Seite fähig sind, obwohl sie von Anfang an bewußtseinsabhängig existieren und sich für selbsttransparente Größen halten. Sie funktionieren nicht hinter dem Rücken der Subjekte, sondern sind ganz in deren intentionales Verhalten eingebettet - nichtsdestoweniger ist es möglich, dieses Verhalten besser zu verstehen, als es von seinen naiven Agenten verstanden wird. Weil es sich so verhält, ist Kulturwissenschaft möglich; und weil nicht-naiver Umgang mit symbolischen Immunsystemen heute zu einer Überlebensbedingung der »Kulturen« selbst geworden ist, ist Kulturwissenschaft nötig.

Wir werden es in diesem Buch naturgemäß vor allem mit den Manifestationen der dritten Immunitätsebene zu tun bekommen." (Sloterdijk 2009, S. 22f)

4. Texte der Leseübungen als Steinbruch und Werkzeuglieferant meines Theoriebaukastens

Am Ende der Leseübungen eine kurze Demonstration, wie ich die vorgestellten Autoren und deren Texte als Steinbruch und Werkzeuglieferanten zum Aufbau meines Theoriegebäudes verwendet habe. Von Habermas konnte ich die Deutung der letzten zweieinhalbtausend Jahre als metaphysische Zeit übernehmen. Seinen philosophisch-akademischen Anspruch weise ich zurück, weil er nicht plausibel machen kann, worauf er die Existenz eines objektiven Geistes gründet. In diesem Punkt würde mir Thomas Metzinger vermutlich zustimmen. Metzingers naturwissenschaftlichen Anspruch bei der Erklärung des Bewusstseins konnte ich nachvollziehen, doch seine Erwartung, die Gemeinde der Naturwissenschaftler könne unsere ethischen Fragen beantworten, musste ich als Anmaßung zurückweisen (worin mir Habermas und Sloterdijk zustimmen würden). Die Vorstellung, der Mensch bringt selbst eine vertikale Perspektive in die Welt, konnte ich von Peter Sloterdijk übernehmen, aber realisieren konnte ich sie nur mit Hilfe von Metzingers postuliertem Zwang zur Simulation und Projektion von Wirklichkeit. Sloterdijks Erklärung stützt sich zuletzt auf ein klassisch humanistisches Weltbild, für das die Metaphysik überhaupt erfunden wurde.

V. Weitere Einblicke in den verworfenen Band 2

Ursprünglich war das Buch ein Projekt aus zwei Bänden und in diesem letzten Teil war der Ausblick auf den Band 2 eingefügt. Der Band 2 ist zwar schon in weiten Teilen ausformuliert, dennoch habe ich - wie schon erwähnt - aus Zeitnot das Projekt erst einmal aufgegeben. In diesem Teil V fasse ich die Teile der Arbeit kurz zusammen, die noch nicht in Kapitel des vorliegenden Buches integriert wurden. Vielleicht werde ich später einzelne Teile davon separat veröffentlichen oder auf meinen Webseiten präsentieren.

Während der erste Band den Fokus auf das Thema des Hauptkapitels haben sollte: *Aus meiner Sicht*, sich also mit der Darstellung meines in Theorie gefassten Weltbildes beschäftigen sollte, wäre es im Band 2 um Folgendes gegangen: Erstens um einen Blick auf meine Vorbilder und Entstehungshintergründe, zweitens um Leseübungen mit Texten, die ich einer genaueren Betrachtung für wert hielt, drittens um die ableitbaren Theoriebausteine, viertens um die politischen Konsequenzen und fünftens um meine praktische Arbeit im Zusammenhang mit dem, was ich, abgeleitet aus dem ersten Band, Ichtherapie nenne. Es ginge also nicht mehr um meine Weltbildtheorie, sondern um Hilfen zum Theorieselbstbau, um Hintergründe meines Wissens, um politische Konsequenzen und die Arbeit in meiner Praxis. Diese Struktur spiegelt sich noch in den Kapiteln der Zusammenfassung nicht integrierter Teile.

1. Alte Vorbilder

- Friedrich Nietzsche: *Also sprach Zarathustra*

Sie haben als Leser sicher schon verstanden, dass ich meine vorliegende Arbeit als eine Weiterentwicklung der Philosophie Nietzsches verstehe. Dabei stellt sein Werk *Also sprach Zarathustra* in seinem Schaffensprozess eine Wendemarke dar. In Zarathustras Worten gilt von diesem

Zeitpunkt die Lehre von der ewigen Wiederkehr[1]. In der Rezeptionsgeschichte wurde diese Lehre sehr stark missverstanden und missbraucht. Ich hätte im Band 2 gerne detailliert nachgewiesen, dass es sich bei der Lehre erstens um ein rein physikalisches Weltbild handelt, und zweitens hätte ich gerne überprüft, inwieweit die im vorherigen Absatz erwähnte Wiederholung des Auf-den-Berg-Steigens und wieder Absteigens auch bei Nietzsche belegbar ist. Für die Integration dieser Bewegung in den Alltag (Stichwort Projektionsdynamo) könnte man in Anlehnung an Nietzsche auch die Frage stellen: Wie kann der Seiltänzer sich auf dem Seil halten? Er muss immer wieder ein Gleichgewicht finden zwischen seinem hohen Anspruch und der Erdanziehungskraft. Sein Tanz ist der Ausdruck dafür, wie wir bedingt sind (und vielleicht vom Seil fallen), und doch einen erstaunlichen Spielraum für einen Tanz haben - wenn wir den Mut dazu haben und uns nicht durch die Freiheitsmetaphysik den Manipulationen von oben öffnen. Man hat Nietzsches Bejahung Schicksalshörigkeit vorgeworfen, doch das Gegenteil ist der Fall: Die metaphysische Freiheitsidee hat uns hörig gemacht für die Befehle von oben. Aus dem Wirken der Naturgesetze kann niemand ein Recht auf Befehlsgewalt über andere ableiten und eine *willkürliche* Machtberechtigung von Stärkeren über andere auch nicht. Die meist irrationalen Gewaltorgien von Menschen gegen Menschen der letzten zweieinhalbtausend Jahre belegen das eindrücklich.

- Hans Reichenbach[2]: *Ziele und Wege der heutigen Naturphilosophie*[3]

Das Ganze und die Vernunft sind keine verlässliche Basis für das Wissen. Im Laufe des zwanzigsten Jahrhunderts haben sich Wissenschaftler und Philosophen dieses Problems recht erfolgreich gewidmet. Zu nennen ist vor allem die geniale Methode von Karl Popper, die Falsifikation, die im Kern fordert, ein Modell aufzustellen, das nur so lange provisorisch gilt, bis es widerlegt wird. In der Widerlegung liegt eine gewisse Wahrheit. Jetzt möchte ich aber kurz auf

---

[1] Ewige Wiederkehr: In *Also sprach Zarathustra* sagen Zarathustras Tiere zu ihm: „Denn deine Tiere wissen es wohl, o Zarathustra, wer du bist und werden mußt: siehe, d u b i s t d e r L e h r e r d e r e w i g e n W i e d e r k u n f t -, das ist nun dein Schicksal!" (Nietzsche Zarathustra S. 244)

[2] Hans Reichenbach: https://de.wikipedia.org/wiki/Hans_Reichenbach_(Physiker)

[3] Hans Reichenbach, *Ziele und Wege der heutigen Naturphilosophie. Fünf Aufsätze zur Wissenschaftstheorie*, Hamburg 2011, ISBN 978-3-7873-2144-5

das Buch von Hans Reichenbach, *Ziele und Wege der heutigen Naturphilosophie,* hinweisen. Mir hat es sehr geholfen, ein vertieftes Verständnis der naturwissenschaftlichen Sicht zu entwickeln. Hans Reichenbach schaut mehr auf den praktisch arbeitenden Wissenschaftler, der Daten sammelt und Experimente macht und mit Thesen und Modellen Voraussagen macht über das Verhalten von Systemen. Mit großem didaktischem und darstellerischem Geschick zeichnet er die Geschichte des wissenschaftlichen Selbstverständnisses, der Vernunft und der großen methodischen Auseinandersetzungen nach. Wir erfahren viel über Empirismus, Idealismus, Induktion, Deduktion und warum die Vernunft überfrachtet und überschätzt wurde. Er geht auch auf den Unterschied zwischen Wissenschaft von der Natur und der Mathematik ein. Seine Ergebnisse und Sichten fand ich sehr überzeugend und vor allem: absolut nachmetaphysisch. Er gehört zu der Generation von Intellektuellen zu Beginn des 20. Jahrhunderts - wie Einstein oder Kafka -, denen die nachmetaphysische Sicht Nietzsches noch selbstverständlich war. Manches lässt sich aus Reichenbachs allzu positivistischer Philosophie vielleicht nicht mehr halten, aber gerade das Alter seiner Thesen, der Zeitpunkt seines Erscheinens und die Klarheit seiner Vernunftkritik hat seiner Sicht für mich eine besondere Bedeutung gegeben.

- B.F. Skinner[4]: *Jenseits von Freiheit und Würde*[5]

B.F. Skinner, praktisch ein Zeitgenosse von Hans Reichbach, habe ich zunächst in der Jugend über das Buch *Futurum Zwei "Walden Two", Die Vision einer aggressionsfreien Gesellschaft*[6], kennengelernt. Der Titel verrät schon, warum wir Anfang der 70er Jahre das Buch gelesen haben. Die Themen und Sichten, die einen Ersatz für die Familie suchen, haben immer noch ihre Gültigkeit. Als ich Jahre später dann auf sein Werk *Jenseits von Freiheit und Würde* stieß, war ich von seinem Mut und seiner visionären Kraft restlos überzeugt. Er spürte sicher noch den Rückenwind Nietzsches und der Titel lehnt sich vermutlich nicht zufällig an Nietzsches berühmtes *Jenseits von Gut und Böse* an. Ich beziehe mich mit meinem Untertitel zumindest ganz bewusst auf beide Werke. Beachtenswert fand ich auch die

---
[4] Skinner: http://de.wikipedia.org/wiki/B._F._Skinner
[5] Quellenangabe Anmerkung 4 Seite 11
[6] Walden Two: http://www.theoriewiki.org/index.php?title=Walden_Two

Einbeziehung des Begriffs *Würde*, den wir mit Persönlichkeit in Verbindung bringen. Die Bürger waren darüber zutiefst beleidigt. In deutschen Zeitschriften (zum Beispiel *Der Spiegel*) las ich Rezensionen, bei denen man den Eindruck gewinnen konnte, dem Autor müsse sich jeden Augenblick vor lauter Abscheu der Magen umdrehen. Um mein vorliegendes Buch besser zu verstehen, kann ich Skinners Werk nur dringend zur Lektüre empfehlen.

Ein witziges Paradox: Die Werbefachleute halten sein Wissen still in Ehren und nutzen es - weil es der Wirklichkeit entspricht, während Journalisten und Politiker es natürlich ablehnen - weil sie ihre Macht einem metaphysischen von-oben Weltbild verdanken (was auch für die Tatsache gilt, dass wir ungewolltes Beworbenwerden überhaupt erlauben).

2. Leseübungen

Da die Realisierung des Band 2 aus Zeitmangel nun nicht mehr fest eingeplant ist, musste ich zwei wichtige Teile, *Theoriebaukasten* und *Leseübungen*, so kurz wie möglich und so ausführlich wie nötig in das vorliegende Buch einbauen.

Bei den Leseübungen im Band 2 würde es vor allem darum gehen, den genaueren Blick auf den Artikel von Jürgen Habermas, *Freiheit und Determinismus*, nachzuliefern. Falls ich ein Interesse aus der Leserreaktion auf den ersten Band herauslesen kann (was vielleicht auch für die Darstellungsmethode der Leseübungen überhaupt gelten kann), würde ich auch entsprechende Analysen der Texte von Thomas Metzinger und Peter Sloterdijk nachreichen. Vermutlich bieten sich dann auch andere Texte oder Bücher an, die eine Leseübung wert sind.

3. Theoriebaukasten

Aus dem geplanten Teil *Theoriebaukasten* in Band 2 wurden hier im Teil *Ein Blick in meinen Theoriebaukasten* die ersten beiden Kapitel II.1, *Das Resonanzmodell,* und II.2, *Das wirkliche Ich als Resonanz,* und das letzte Kapitel II.4, *Das Unerkennbare aushalten,* vollständig in dieses Buch übertragen. Das Kapitel II.3, *Die Wirklichkeit und der Innen-Außen-Dualismus,* berichtet von einigen unverzichtbaren Bausteinen und Werkzeugen, ohne die die Konstruktion meiner Theorie nicht funktionieren würde. Es verbleiben nur zwei nicht übernommene Kapitel, deren Struktur schon steht, die aber noch einiges an Ausarbeitung bedürften. Ich liste hier einfach die sprechenden Titel der Kapitel und Unterkapitel auf, damit Sie sich als Leser ein Bild machen können von den Themen, mit denen man sich in einem philosophisch strengeren Sinne beschäftigen müsste, um seinem Theoriegebäude eine höhere Stabilität zu geben:

- Fundamentsteine meines Theoriegebäudes

Die Grundverwechslung von Repräsentation und Wirklichkeit, naiver Realismus; Naturalismus; Keine Freiheit, aber Befreiung und Spielraum; Die Einheit und das Ganze; Information und Wirklichkeit; Längste und breiteste Tatsachen (Nietzsche); Es gibt eine Entwicklung zur komplexeren Kultur; Ein neues Verständnis von Bewusstsein (mit starkem Bezug auf Thomas Metzingers *Egotunnel*)

- Theoriebautechnik

Philosophie als Welterklärungswerkzeug des Einzelnen?; Natürliche Logik und theoretischer Dualismus; Wir sind geborene Naturwissenschaftler; Zur Theoriebildung gezwungen; Gültigkeit individueller Theorien; Wirklichkeitsphilosophie, ein verworfener Titel

Aus meiner Sicht ist es wirklich schade, dass dieser Teil nicht mehr vollständig in dieses Buch integriert werden konnte, da ja eine meiner wesentlicheren Absichten beim Schreiben war, Ihnen als Leser nicht nur Appetit auf Selberbau zu machen - oder die Einsicht in die Notwendigkeit zum Theorieselberbau zu vermitteln -, sondern auch einige gute und brauchbare Bausteine und Werkzeuge an die Hand zu geben.

4. Nachbürgerliche Aussichten

- Das Problem: die bürgerliche Kultur

Wann immer ich darüber nachdenke, wie unsere politische Kultur in nachmetaphysischen Zeiten aussehen könnte, kommt mir als erstes in den Sinn, dass sie nachbürgerlich sein wird. Das freie Ich und der Bürger sind seit den alten Griechen enge Verbündete. Wie bei den alten Griechen der - männliche - Bürger ein Sklavenbesitzer war, so ist er selbstverständlich heute ein Vermögensbesitzer, der gute Mittelstand, der nicht von der Hand in den Mund leben muss, ergo auch nicht so leicht existentiell erpressbar wie die Mehrheit des einfachen Volkes. Kurz definiert: Der Bürger (nicht die zwei oder drei Prozent Superreichen) ist der, der aus den metaphysisch getragenen Machthierarchien gegenüber einer großen Mehrheit von Mittellosen (genauso gegenüber einer völlig ohnmächtigen Natur oder den ohnmächtigen späteren Generationen) so viel Vorteil zieht, dass er kein Interesse an der Überwindung der metaphysischen Sicht auf die Welt hat. Sein freies Ich ist der Ausdruck seiner *Kompetenz*, die seine Herrschaft legitimiert. In der Kurzform der Einblicke in Band 2 kann ich auf die politischen, machttechnischen Konsequenzen eines nachmetaphysischen Seins nicht näher eingehen. Sicher ist nur: Die politische Zukunft wird direktdemokratisch sein und eine Erpressung über die Existenzangst wird es nicht mehr geben (Stichwort bedingungsloses Grundeinkommen). Vermutlich wird auch die stille gesellschaftlich-wirtschaftliche Macht der Kirchen ein Ende finden. In Deutschland zumindest haben wir noch keine echte Trennung zwischen Staat und Kirche. In Sachen Säkularisierung hinken wir stark hinterher im Vergleich zu anderen europäischen oder amerikanischen Staaten.

Mehrheit von Mittellosen: Man darf sich davon nicht täuschen lassen, dass in einigen europäischen Staaten diese Bürgerschicht die statistische Mehrheit des Volkes stellt, denn unsere Volkswirtschaften haben sich globalisiert. Die kleine Gruppe der reichen europäischen Staaten wirtschaftet gegenüber dem Rest der Welt genauso ausbeuterisch, wie der Bürger im 19. Jahrhundert gegenüber der großen Mehrheit der Arbeiterschaft.

- Politik und der Mehrwertdiebstahl

Auch wenn Karl Marx noch metaphysische Philosophie von oben betrieben hat, was folgerichtig zu diktatorischen Gesellschaftssystemen führte, so war er doch auch weitsichtiger Volkswirtschaftler, der immerhin den uneingeschränkt gültigen Begriff vom Mehrwertdiebstahl eingeführt hat: Der volkswirtschaftliche Mehrwert wird von allen mitproduzierenden Menschen geschaffen, doch der Kapitalist stiehlt ihnen diesen Mehrwert, um ihn als Kapital zu akkumulieren, was dann wieder zu noch mehr Macht - und noch mehr Diebstahl - genutzt wird. Selbst wenn alles Kapital in Fabriken oder Roboter reinvestiert würde, dann gelte das Diebstahlargument immer noch, erkennbar daran, dass die Masse der Mehrwertschaffenden nicht über die

Verwendung der Werte bestimmen kann. Das bekannte Argument, sie würden als Konsumenten doch mitbestimmen, zieht nicht hinreichend, was man leicht belegen kann, da ein sehr hoher und wachsender Anteil der mit dem Mehrwert getätigten Investitionen in die Werbung fließt, also in die Manipulation der Konsumenten (die manchen Müll sonst nicht kaufen würden). Wenn die Kapitalbesitzer im Interesse der Konsumenten produzieren würden, wären ausreichende Produktinformationen längst selbstverständlich und das passive Beworbenwerden - zumindest bei Kindern - wäre längstens verboten. Wir leben immer noch in dem von Karl Marx beschriebenen Kapitalismus und alle Zukunft einer wissensbasierten Kultur hängt davon ab, wie wir dieses volkwirtschaftliche Prinzip durch eins ersetzen, was tatsächlich ganz von unten gesteuert wird und gleichermaßen allen dient. Bedingungsloses Grundeinkommen und direkte Demokratie werden wohl Schritte auf dem Weg sein, nicht zu vergessen die allgegenwärtige und allen zugängliche Computerintelligenz, der man wohl einen hohen Anteil am inneren kulturellen Evolutionsdruck zusprechen kann.

- Kontrolle der künstlichen Intelligenz

Ein wichtiges Thema in zukünftigen Gesellschaftsformen wird die Kontrolle der künstlichen Intelligenz sein. Es wird nicht mehr lange dauern, bis die Systeme so stark sind, dass sie menschliche Intelligenz simulieren können und theoretisch sind dem Wachstum der künstlichen Intelligenz keine Grenzen gesetzt. Aus meiner Sicht wird nur eine echte nachmetaphysische Kultur das Problem in den Griff bekommen, die künstliche Intelligenz an der Machtübernahme zu hindern, weil die Menschen sich erstens auf die echte vertikale Intelligenz konzentrieren können - das Verwobensein mit Gefühlen und Körperlichkeit - und zweitens nicht aus Versehen gesellschaftliche Macht an Computersysteme abgeben, weil man sich auf die eigene Besonderheit und das freie Ich zu viel einbildet. Das wirkliche Erkennen der eigenen menschlichen Natur wird uns dazu befähigen, den Rechnern die Grenzen einzubauen, die sie an einer wirtschaftlichen und politischen Machtübernahme hindern.

- Kein Besitz an Menschen: Kindererziehung ohne Besitzehe

Ein weiteres sehr wichtiges Thema der nachbürgerlichen Zeit, befreit vom besitzenden Ich, wird das Ausprobieren der Anforderung sein, wie man Familie mit der Besitzehe im Zentrum ersetzen kann, um eine liebevolle Kindererziehung zu gewährleisten. Wir können nicht zurück zu den magisch-animistischen Zeiten, in denen sich die Ältesten in den kleinen Stammesgruppen für das Funktionieren der praktisch kollektiven Betreuung zuständig fühlten. Es gab damals keine Väter und Mütter (im heutigen Sinne), keine kinderbesitzende Familie, nur die gebärenden und stillenden Frauen, woran man sich bei der Suche nach neuen Formen vielleicht einfach wieder erinnern sollte. Die Institutionalisierung der frühkindlichen Erziehung in Kinderkrippen ist noch nicht ganz der Weg in die richtige Richtung, weil den hormonellen Bindungsmechanismen über Geruch und Körperkontakt nicht Rechnung getragen wird. Kinder brauchen die gleichen Personen in der Umgebung für sehr lange Zeit. Wenn alle Erwachsenen nur noch vier Stunden im Durchschnitt am Tag arbeiten müssen, lassen sich leichter neue Wege finden. An dieser Stelle müsste man nun über Schulen reden, wie über viele andere Institutionen oder über den Kapitalismus im Besonderen, doch darüber vielleicht im Band 2 oder auf den Webseiten.

- Ein politisches Manifest jedes Einzelnen?

Im Zusammenhang mit den politischen Konsequenzen habe ich lange daran gedacht, ein politisches Manifest für eine wissensbasierte Zukunft zu formulieren. Doch irgendwann ging mir auf, dass solche Manifeste in der Tradition von Martin Luther und Karl Marx genau der falsche Weg sind. In einer Von-unten-Kultur geht es eben darum, dass sich nicht nur jeder um die theoretische Formulierung seines Weltbildes kümmert, sondern auch selbst die politischen Konsequenzen zieht. Die Übung der Theoriebildung sollte ihm den Tiefblick und die Übung der Meditation sollte ihm die Stabilität verleihen, selbstbewusst sein eigenes politisches Manifest zu erstellen, was man dann auch einfach übersetzen kann mit der Formulierung: Er weiß genau, welche politischen Ziele er verfolgen will. Die Manifestation dieser vielen Ziele ergibt sich von selbst in der computerbasierten Öffentlichkeit.

5. Ichübungen und Ichtherapie[1]

Ichtherapie: Wenn wir einmal mit den Begriffen Ich und Selbst spielen, kommen wir der leicht missverständlichen Verwendung des Wortes Therapie näher. Wir könnten nämlich genauso gut von Selbstübungen oder Selbsttherapie sprechen, oder von Selbstübungen mit dem eigenen Ich oder von der Selbsttherapie des eigenen Ichs. Es geht immer um die Übung mit sich selbst als Ich, das heißt, mit sich selbst als metaphysisch gespaltenem Schizo. In diesem Sinne ist es auch korrekt, Ichtherapie mit Psychotherapie in Verbindung zu bringen, obwohl man strenggenommen von einer Sozialtherapie oder Soziotherapie sprechen könnte, wenn diese Begriffe nicht auch schon von bestimmten Fachbereichen und Berufen belegt wären. Denn wenn wir uns um das Ich kümmern, beschäftigen wir uns mit einer sozialen Institution. Gleichwohl muss jeder einzelne lernen, mit sich als letzte Trägerinstanz des Icheinbildungswahnsinns umzugehen.

intelligente Gespräch: Wenn man davon absieht, dass man sich bei Samuel Widmer, bei dem ich das gelernt habe, gleichzeitig mit der *großen Liebe* verbunden fühlen sollte, waren die Gespräche auf den Reisen auch einfach sehr intime, liebevolle und schöne Erlebnisse.

ozeanische Allerfahrung: Im Vergleich zu dem, was ich in meiner Zen-Zeit gelernt habe, ist die psycholytischen Reise wirklich eine Abkürzung. Fairerweise sollte ich erwähnen, dass solche tiefen Erfahrungen auch auf psycholytischen Reisen nicht jedem sofort zugänglich sind. Voraussetzung ist eine gewisse innere Aufgeräumtheit, die oft nur durch lange psychotherapeutische Arbeit erreichbar ist, wobei nicht jede Therapieform geeignet ist, beispielsweise alle die nicht, die das wiederholen, was meistens ein Kern des Problems ist: Beziehungsverweigerung.

Dieser letzte Teil soll sich mit den Techniken befassen, die ich für Gruppen oder Einzelne anbieten möchte als eine Hilfe zur Selbsthilfe (mit dem Buch als Basis). Dabei denke ich nicht nur an Vorträge, Diskussions-/Meditationsgruppen oder Einzelgespräche, sondern auch an psycholytische Reisen (mit legalen Mitteln). Immerhin war meine teuerste und längste Ausbildung die zum psycholytischen Psychotherapeuten bei Samuel Widmer (wenn das nüchterne Endergebnis auch nicht in seinem spirituellen Sinne war). Tatsächlich ist bei der Gradwanderung zwischen Loslassen und Stärken des Ichs (neben Theoriebildung und Meditation) die geführte Reise eines der bewährtesten Mittel, um hellwach ichfreie Zustände erleben zu können. Das intime, intelligente Gespräch auf dem Höhepunkt lässt sich auch völlig ohne höhere Mächte und Jenseitigkeiten erleben und gestalten. Wenn nun in Vorbereitungen für solche Reisen in Gruppen oder Einzelgesprächen das Ichphänomen im Sinne des Buches thematisiert wird, dann wird während der Reise die geführte Meditation, deren Zweck ja immer das Loslassen des Ichs ist, viel klarer und gezielter erreicht. Die das Selbstgefühl stärkende Wirkung der Meditation - mit dem Körper im Zentrum - findet auf der psycholytischen Reise auch eine Entsprechung: Die auch in der Meditation erreichbare ozeanische Allerfahrung - was die Spiritualisten in völliger Verkennung Erleuchtung genannt haben - ist für viele auf der psycholytischen Reise zum ersten Mal erfahrbar. Diese Erfahrung lässt sich in der alltäglichen Meditation dann sehr viel leichter wiederholen.

- Ichübungen

Im Band 2 hatte ich vor, ausführlich auf die Techniken einzugehen, die ich mit Ichtherapie in Verbindung bringe, doch nun wird wohl meine geplante Webseite zum Thema Ich-Selbsttherapie den Platz bieten. Dort werde ich mich auch der Frage widmen, warum man genauso gut von Ichübungen sprechen kann und es nicht mehr darum geht, sich einem Therapeuten auszuliefern, sondern - mit etwas Unterstützung - selbst das eigene Ich zu therapieren. Wichtig

---

[1] Ichtherapie: siehe www.ich-therapie.de, fertig hoffentlich im Herbst 2016

ist, dass Ichtherapie nicht mit klassischer Psychotherapie zu verwechseln ist. Das richtig verstandene Ich als soziale Institution und als individuelle Schnittstelle ist an sich nicht krank und braucht auch nicht therapiert zu werden. Die kollektive Krankheit ist das metaphysische Verständnis des Ichs als Freiheitsbringer und als eingebildete Göttlichkeit des *Menschen* oder des Einzelnen. Diese Krankheit der Kultur kann nur durch eine Weiterentwicklung der Kultur - mit der Mehrheit seiner Menschen - behoben werden. Ichtherapie kann also nur bedeuten, einerseits ein Wissen dieser Tatsache aufzubauen - es ist immer hilfreich seine Wirklichkeit besser zu verstehen - und andererseits Techniken zu nutzen, um sich als Individuum zu stärken, so dass man, nicht zuletzt, dieses Wissen in den Alltag integriert auch aushält. Das Wissen und diese Techniken lassen sich natürlich auf vielen Wegen und in vielen Formen vermitteln, aber zuletzt ist es immer Selbsttherapie und Aufbau eines eigenen Wissens.

- Ein Schlusswort an Männer und Frauen

Wie schon erwähnt, eignet sich die Zweierbeziehung, im Normalfall also die sexuell basierte Beziehung zwischen einem Mann und einer Frau, sehr gut für das Einüben vom richtigen Umgang mit der Ichlogik. Das hängt sicher damit zusammen, dass zwei zerrissene Ichwesen sich gegenüberstehen, die der unbewussten Ichlogik folgend, um die Macht kämpfen. Ich rate den Frauen, sich als Partner zu erkennen, die spätestens seit ihrer Rolle im Urchristentum auch um die Ichanerkennung und die Ichmacht kämpfen. In diesem Kampf der Ichs sind alle gleichberechtigt und gleich machtsüchtig und ohnmächtig. In diesem Ichmachtkampf sollten sie mit den Vorbildern Christiane Olivier und Ester Vilar ihre Hälfte der Verantwortung übernehmen. Den Männern rate ich, nicht in den Untergrund zu gehen und den Kampf nicht aufzugeben, weil die Ichlogik ihnen zeigt, dass nur Ichs um Macht kämpfen und die Mittel der Frauen lediglich andere sind als die der Männer. Die Männer sollten die Verantwortung dafür übernehmen, dass sie die ersten waren, die mit ihren Männergötterprojektionen die Ichs zum Leben erweckt haben. Bringen wir diese verrückte Geschichte zu Ende.